Jeff Lucas

Hupe, wenn du Christ bist
Dinosaurier auf der Kanzel

und andere inspirierende Geschichten
zum Auftanken

Über den Autor

Jeff Lucas ist Redner und Autor mit internationalen Verpflichtungen sowie Vizepräsident der Evangelischen Allianz in Großbritannien. Er ist wöchentlich im Radio zu hören und schreibt regelmäßig Beiträge für zahlreiche christliche Zeitschriften. Seit 25 Jahren ist er verheiratet und hat zwei erwachsene Kinder.

Jeff Lucas

Hupe, wenn du Christ bist

Dinosaurier auf der Kanzel

und andere inspirierende Geschichten zum Auftanken

Die englischen Originalausgaben erschienen
im Verlag Authentic Lifestyle, a division of Authentic Media,
United Kingdom, unter folgenden Titeln:
„Lucas on Life"
„Lucas on Life 2"
© 2002, 2003 by Jeff Lucas
© der deutschen Ausgabe 2008 Gerth Medien GmbH, Asslar,
in der Verlagsgruppe Random House GmbH, München
Beide Titel aus dem Englischen übersetzt von Roland Renz.

Best.-Nr. 816 321
ISBN 978-3-86591-321-0
1. Auflage 2008
Umschlaggestaltung: Hanni Plato
Umschlagfoto: Getty Images
Satz: Typostudio Rücker
Druck und Verarbeitung: GGP Media GmbH, Pößneck
Printed in Germany

Inhalt
Hupe, wenn du Christ bist

Dank 11
Einleitung 13

Evangelisation
Der Mann im Zug 17
Plakate und Gummiprediger 21
Wer hat das Licht ausgemacht? 25
Nie mehr Feindflug 28
Das erste Mal 31

Wachstum
Potenzial 34
Zuhören 37
Achtung, Bauarbeiten! 39
Der schmale Pfad 41
Wähl mich, bitte! 44
Gott ist unterwegs 47
Hupe, wenn du Christ bist 50
Wie man Zynismus überlebt 53
Denkzettel aus der Autowaschanlage 59
„Entschuldigung, dein Hintern brennt" 61
Die einstudierte Rolle 63

Die Realität
Glücklichsein ist Pflicht 69
Ruhm 71
Ärger aus Chichester 76

Tradition
Sandwichbelag 80
Möbelrücken 84
Traditionsbewusstsein 89
Kana 92

Sex
Einmal Mr. Bean sein 95
Bitte keinen Sex, wir sind Christen!................................. 98

Beziehungen
Ein Hoch auf Sue! 102
Tut mir Leid! 104
Genug der Worte... 107
Der anonyme Brief 109
Ein Freund in Not 112

Der Tod
Von jetzt an bis in Ewigkeit 116
Das riesengroße Haus 119
Meine allererste Beerdigung.. 123

Gebet und Prophetie
Lasset uns beten (?) 127
Engel per Anhalter und Fred Feuersteins Gaben............ 133
Das Gehirn bleibt ausgeschaltet 136
Ein Hofnarr 139

Entscheidungen
Entscheidungen, Entscheidungen 146
Der Bungeespringer 149
Ein Job in Italien 153

Glaube
Weiterschalten 158
Turbovögel 163
Der Schlüsselanhänger 171

Verfügbarkeit
Vortreten zum Abschlag 178
Ausreden 182

Einfluss
Eine 1plus für Einfluss 185
Tage in Rot 189

Inhalt
Dinosaurier auf der Kanzel

Dank 205
Einleitung: Ein paar freundliche Begrüßungsworte 207

Einstellungssache
Gottes seltsames Volk 213
Die britische Krankheit 216
Jeder braucht einen Kuss 220
Vive la Différence! 222
Die Dinge und ihre Gefahren 225
Das Dorf 228

Führungsqualitäten
Ein Unfall 233
Klone und Boxershorts 238
Ein Freund, den niemand will 241

Glaube
Der Tauchlehrer 246
Der Bahnhof von Pemberton 250
Unwirklichkeit 256
Auf dünnem Eis 260

Entscheidungen
Wohin jetzt? 264
Sünden für Dumme 270
Extrameilen 274

Ewigkeit
Der Überfall 279
Wieder einmal: die Wiederkunft 284
Nach Hause 287

Einheit
Alte Schätze 293
Bloße Gemeinschaft 297

Flugzeuggeschichten
Flugangst 300
Die Macht des Rufes 304
Gnadenmissbrauch 307
Lob des Zweifels 310

Elternschaft
Fahrstunde 314
Der Ritt 316
48 Stunden 320

Anbetung
Sind wir doof? 323
Der allzu menschliche Gottesdienst 326
Altarrufe 329
Willkommen zu Hause 332
Hinterlassenschaft 335

Jesus
Achtung, Abgrund 339
Partys und Wunder 342
Ziele, Kräfte und Postleitzahlen 344
Dinosaurier auf der Kanzel 353

Evangelisation
Wahnsinnslogik 357
Die Gruppe 360

Religion
Ein Volk von Reaktionären? 364
Wie man Christ wird – *oder lieber nicht?* 368
„Dreh mal leiser" 374
Josie Beckham 380

Hupe, wenn du Christ bist

und andere inspirierende Geschichten zum Auftanken

Dank

Leben hat etwas mit Freundschaft zu tun – Freundschaft mit Gott, mit seinem Volk und mit denen, die noch nicht dazu gestoßen sind. Dankbar bin ich meinen Freunden, mit denen ich ein Glas auf das Leben leeren kann. Chris und Jeanne, Ishmael und Irene, Dary und Bonnie, Ken und Debbie, Lindsay, Dinah und Stuart, Ben, Paul und Priscilla, Malc und Kathy, Ian und Andie, Dave und Pat, Adrian und Pauline, Dave und Sandra und Stuart und Irene sind nur ein paar von denen, die meine Lebensreise bis jetzt so bereichert haben ...

Meine Kollegen im Leitungsteam von Spring Harvest sind mir auch zu vertrauten Freunden geworden: Rachael, Ian, Gerard, Alan und der hoch geschätzte Pete, genannt „Euer Bischofswürden".

Mein Dank gilt den beiden Kirchen, zu denen ich inzwischen gehöre: der *Revelation Church* in Chichester und der *Timberline Church* in Fort Collins, Colorado.

Ich bin den Verlegern der Zeitschriften *Compass* und *Christianity & Renewal* dankbar.

An meine engsten Gefährten auf der Lebensreise, Kay, Kelly und Richard: Ich liebe euch.

Einleitung

Liebe Leser,

es ist beileibe nicht so, dass ich mich mit diesem Buch als eine Art Born der Weisheit oder als selbst ernannten Experten darstellen wollte. Nichts könnte weiter von der Wahrheit entfernt sein. Ich bin zur Zeit 44 Jahre alt (älter aussehend, habe einiges durchgemacht), und Sie brauchen nicht viele Kapitel im Buch zu lesen, um zu merken, dass ich im Hinblick auf die Kunst des Lebens noch in den Kinderschuhen stecke. Deswegen ist dieses Buch kein „7-Schritte-Ratgeber zum sicheren Erfolg" mit einem Bild der gelassen-glücklichen Familie Lucas, die hinten auf dem Einband fröhlich vor sich hin grinst.

Eigentlich bin ich eine Art begabter Knallkopf. Mein Bekenntnis zur Dummheit ist keine Pseudo-Demut, sondern entspricht den Tatsachen. Schöpfen Sie daraus Hoffnung – Gott hat auch für Knallköpfe Verwendung. Er hat ja auch sonst keine Wahl.

Das macht Mut, oder?

Manchmal glaube ich, dass ich nur existiere, um meine Freunde zu unterhalten. Wer sich in meine Gesellschaft begibt, wird Zeuge eines scheinbar nie endenden Stroms seltsamer und lächerlicher Begebenheiten, die überall da passieren, wohin ich komme. Traurig daran ist (für mich – meine Freunde haben ihren Spaß), dass die meisten Merkwürdigkeiten mir nur zustoßen, weil ich zu albern oder geistig nicht voll da bin ...

So wie heute: In letzter Zeit verspürte ich das starke Bedürfnis, im Trend zu sein. Deshalb schleppte ich meinen alternden Körper zum Teenie-Trendausstatter „Quiksilver" und kaufte eine hübsche blaue Jacke. Am Vormittag wollte ich mit meiner Frau Kay und ein paar Freunden spazieren gehen, die ideale Gelegenheit, eben erwähnte Jacke vorzuführen. Das tat ich und erwartete von meinen weniger modebewussten Freunden etwas Bestätigung und Bewunderung: „Wie findet ihr sie? Sieht gut aus, was?"

Sie bogen sich vor Lachen.

Ich war durch die Gegend gelaufen, nicht ahnend, dass hinten am Kragen ein großes Etikett hing: „Sonderangebot – nur noch kurze Zeit!" Der Preis war mit einem Filzschreiber in großen Buchstaben hingekritzelt.

Deshalb ist dieses Buch keine Sammlung von tiefsinnigen Weisheiten oder philosophischen Gedanken. Stattdessen habe ich Geschichten und Episoden zusammengestellt, die hoffentlich zum Lachen anregen, manchmal auch zum Weinen und hin und wieder zum Nachdenken.

Ich bin Christ, gebe dabei aber kein tolles Bild ab. Ich liebe Gott sehr, aber praktisch bringe ich da einiges durcheinander. Beim Beten schlafe ich ein und frage mich manchmal morgens beim Aufwachen, in welcher Welt ich gelandet bin. Man sagt mir nach, dass ich meine Kinder schon mal anschreie und unfreundlich zu meiner Frau bin.

Ich gebe offen zu, dass ich mit Scheuklappen durchs Leben gehe. Ich war in den letzten 20 Jahren im christlichen „Vollzeitdienst" und weiß deshalb wenig von den alltäglichen Unannehmlichkeiten in der vollgestopften U-Bahn, vom Druck kurzfristiger Deadlines, von Arbeitslosigkeit und all den anderen täglichen Stresssituationen, die typisch sind für das Leben im 3. Jahrtausend. Aber ich habe erfahren, was es bedeutet, Schritte im Glauben zu tun und Gott vertrauen zu müssen, dass er mich mit dem nächsten Notwendigen versorgt, und ich habe mehr an göttlichen Eingriffen erlebt, als ich es verdiene.

In einem sehr konservativen evangelikalen Blatt wurde eins meiner ersten Bücher rezensiert und ich als „liberaler Arminianist mit mystischen Tendenzen" gebrandmarkt. Der Verlag schickte mir eilends ein Belegexemplar mit der Rezension. Anscheinend war man etwas nervös wegen der ziemlich bissigen Bemerkungen. Bei sorgfältiger Analyse der Rezension (weil konstruktive Kritik die einzige Chance für Entwicklung bietet) stellte ich fest, dass die Einschätzung als „Arminianist" mit meiner Überzeugung zu tun hat, dass Gott seinem Volk gegenüber offen eingestellt ist, dass nicht alles auf ewig schon in Stein gemeißelt und von Anfang an fixiert ist. Wenn das so wäre, was hätte es dann für einen Sinn zu beten? Wenn der Ablauf der Geschichte vor Beginn der Zeit feststünde, Gott uns aber den Eindruck gäbe, es sei nicht so, um uns zum Beten aufzufordern, dann wäre das nichts anderes als Betrug. Ich glaube, dass durch Gebet – und deshalb auch durch uns – Veränderungen bewirkt werden können. Das ist eine spannende Sache und macht mir Lust, gleich jetzt hinter dem Fahrradschuppen niederzuknien und ein Gebet zu sprechen ...

Dann habe ich herausgefunden, dass man mir „mystische Tendenzen" unterstellt, weil ich glaube, dass Gott auch heute durch prophetische Worte redet und die Gaben des Geistes nicht nur zeitweilig verliehen worden sind. Die Seiten des vorliegenden Buches sind gespickt mit Berichten von Prophetien und Heilungen. Zudem hört man mich, auch wenn diese Aussage schon sehr strapaziert und missbraucht wurde, immer mal wieder sagen: „Gott hat zu mir gesprochen". Natürlich halte ich mich dabei an den Anker der Heiligen Schrift, die für mich Gottes verbindliche Autorität darstellt. Doch meine Verpflichtung gegenüber der Bibel erlaubt mir nicht, eine Realität auszublenden, die überdies in ihren Seiten deutlich hervorspringt: die Realität des übernatürlichen Gottes und seiner übernatürlichen Gemeinde. Wenn man mir dafür das Etikett „mystisch" anhängt, dann stelle ich mich freudig an die Seite einer wachsenden Schar von Christen weltweit, die durch das Wirken des Heiligen Geistes, eine seiner Gaben oder Manifestationen berührt und verändert wurden. Sie sollten unbedingt bedenken, dass die

Episoden, von denen Sie lesen werden, sich im Laufe von 25 Jahren ereignet haben, damit Sie nicht denken, meine Familie und ich seien der Sucht verfallen, ständig entrückt zu grinsen und überirdische Segnungen zu empfangen. Aber was Sie lesen, ist passiert und passiert immer noch.

Was hat es mit der „liberalen" Schublade auf sich? Ich bin mir da nicht ganz sicher, aber ich habe mich gefragt, ob es damit zusammenhängt, dass ich nicht nur an ein Leben vor dem Tod glaube, sondern auch Spaß daran habe. Ich lache gern und glaube nicht, dass Freude nur das unterirdische Aufflackern eines für den Himmel reservierten Gefühls ist.

Mich macht die intensive Ernsthaftigkeit nervös, die im Gewand der Nüchternheit daherkommt. Ich kann nicht viel mit Predigten anfangen, die so „tief" sind, dass keiner die leiseste Ahnung hat, worum es dem Prediger eigentlich geht. Kurz gesagt, ich habe kein Interesse daran, zur Heiligenstatue zu gefrieren. Ich möchte offen – und hoffentlich nicht anstößig – über Themen wie Sex, den Tod und manches andere reden, das wir gern auf Zehenspitzen umgehen, weil es nicht „schicklich" ist. Vielleicht sind Sie nicht immer meiner Meinung, aber ich hoffe, dass Sie die Stimme meines Herzens hören und im Zweifel den Angeklagten freisprechen.

Danke, dass Sie dieses Buch gekauft haben. Und wenn Sie es noch nicht gekauft haben sollten und dabei sind, es im christlichen Buchladen zu begutachten, dann kaufen Sie es jetzt. Bitte, bitte ...

Vielen Dank

Jeff Lucas
Chichester 2001

Evangelisation

Der Mann im Zug

Er hat keinen Namen, dieser Mann. Ich habe ihn in meiner geistigen Schublade unter „Z" wie „Zug" abgelegt. Wir sind uns nur zweimal begegnet.

Meine Kenntnisse über den *Homo sapiens eisenbahniensis* sind spärlich. Von seinem allgemeinen Erscheinungsbild her muss er irgendwas zwischen 30 und 50 sein und irgendwo in der Gegend von Chichester wohnen. Seine Gesichtshaut ist rötlich, er wirkt übergewichtig, ist nicht gerade ein begnadeter Rasierkünstler und steht mit Seife wohl absolut auf dem Kriegsfuß. Sein Gürtel hängt schief, und seine sämtlichen Sachen sind sogar an frostigen Wintertagen nur ansatzweise zugeknöpft. Außerdem ist er, bei einer leichten Schwäche für alles, was nach „New Age" klingt, besonders ausgeprägter Anhänger der Transzendentalen Meditation.

Das erste Mal trafen wir uns vor einem Jahr. Ich hatte meine Bahnreise mit fast militärischer Genauigkeit geplant. In meiner Tasche steckten sämtliche Papiere, mein Notebook, das Handy und andere Wichtigkeiten in drangvoller Enge. Fest entschlossen, meine Zeit so gut wie möglich zu nutzen, hatte ich sogar vor Besteigen des Zuges die Toilette aufgesucht, wodurch ich nicht nur Zeit sparte, sondern auch dem Pesthauch der Giftzone entging, die ansonsten als Reisezug-WC bekannt ist.

Ich fühlte mich lebendig, effektiv und, ehrlich gesagt, in geistlicher Hinsicht ziemlich auf der Höhe. Erst am Abend zuvor hatte ich eine tiefe und so richtig echte Begegnung mit Gott erlebt, bei der ich mein Versprechen erneuert hatte – ich rede hier von einer tiefen, tiefen Sehnsucht –, in meinem Alltag klarer evangelistisch zu wirken.

Ich klappte das Notebook auf und schaltete es ein. Und plötzlich stieg der „Mann im Zug" in mein Abteil, zog umständlich die Tür hinter sich zu und setzte sich mir gegenüber, obwohl es viele freie Plätze gab. Ich starrte intensiv auf den Bildschirm, der noch leer war. Der Computer fuhr immer noch hoch – der Mann aber fing sofort an zu reden.

Er gehörte zu den Menschen, die man (politisch unkorrekt) als „einfach" bezeichnen würde. Anscheinend verwickelte er jeden, der ihm begegnete, in ein intensives Gespräch, als ob er ein alter Freund wäre. Wie komisch, dass in unserer technisierten Einsamkeit die Bereitschaft zur Geselligkeit als Zeichen geistiger Zurückgebliebenheit gedeutet wird.

Er fing also an und ließ sich von meiner angeblichen Konzentration auf den immer noch elendig schwarzen Bildschirm nicht beeindrucken. Kein Vorgeplänkel im Stil „Schönes Wetter heute/Was ein bisschen Sonne schon ausmacht/Ist das der Zug zur Victoria Station?" Er sprang unbeholfen mit beiden Beinen mitten in mein Leben.

„Was machen Sie da?", fragte er, wobei ein Lächeln erschreckend ruinöse, gelbe Zähne aufblitzen ließ.

„Ich schreibe einen Artikel über das Christentum", erwiderte ich und merkte selbst, wie selbstgefällig ich mich anhörte. Hatte ich mich doch durch dies mutige Bekenntnis in eine Reihe mit sämtlichen Märtyrern des Glaubens gestellt ...

„Sie glauben doch nicht etwa an den ganzen Kram, oder?", schoss er zurück. Kein nervöses Zittern in seiner

Stimme. Das Notebook zeigte gerade, dass Windows 95 nunmehr bereit sei. Mit einem Auge auf dem Bildschirm und dem andern auf dem „Mann im Zug" bestätigte ich, dass ich tatsächlich an die Sache mit Jesus glaube, holte tief Luft und fragte, wie er das denn sehe. Eigentlich wollte ich das ja gar nicht wissen. Ich wollte arbeiten.

In den nächsten 20 Minuten erklärte er mir seinen geistlichen Standpunkt, vor allem, warum er das Gefühl hatte, dass die Christen nicht im Recht wären, wenn sie Gott exklusiv für sich beanspruchten. Das Notebook piepte und mein Handy klingelte zweimal, er aber ließ sich kaum Zeit zum Luftholen.

Wir liefen in Worthing ein, und er ging. Doch als er die Tür hinter sich zugeschlagen hatte, kam er außen um den Zug herum und rief mir noch ein paar Gedankenfetzen durch das offene Fenster zu, laut, aber freundlich. Als der Zug dann weiter ratterte, winkte er mir zum Abschied nach wie einem alten Freund.

Dann vergaß ich ihn, den „Mann im Zug". Bis gestern.

Ich hatte am Sonntag über das Evangelisieren gesprochen. „Ich schäme mich nicht des Evangeliums" war der Text aus dem ersten Kapitel des Römerbriefs gewesen. Nach der Predigt zerschmetterten wir Tontöpfe als Demonstration unserer Entschlossenheit, „unser Licht leuchten zu lassen". Symbolische Handlungen sind so wundervoll – und einfach.

Am Montagmorgen saß ich wieder im Zug nach London und vertiefte mich ins lebhafte Gespräch mit einer sehr kompetent wirkenden Dame – „Eigentlich bin ich Verlegerin" –, die zu einem geschäftlichen Treffen unterwegs war. Wir unterhielten uns über dieses und jenes, über das Restaurieren von Häusern, Handwerker, das Leben in Chichester und so weiter. Da ging die Tür zum Abteil auf, und der „Mann im Zug" trat ein. Sein Gürtel war direkt unter der Brust verzurrt, sein weit offener Hosenschlitz wirkte unwahrscheinlich riesig. Er erkannte mich nicht, wahrscheinlich hatte er seit unserer Begegnung Tausende von Gesprächen geführt, aber er begrüßte mich und die Dame wie alte Freunde. Nach einem verstohlenen, blitzschnellen Blick auf das schwarze Loch in seiner Hose wandte die Dame sich diskret ab. Ich sagte „Hallo" und starrte in banger Erwartung auf meine Schuhe.

In den nächsten 20 Minuten informierte er mich umfassend über seine Gallensteine und die Medikamente, die sein Arzt ihm verschrieben hatte. Ob ich wohl Methadon nehmen würde? Er zeigte mir seinen brandneuen Yin-Yang-Ring aus Elfenbein, sicher eine Menge wert, aber gerade mal für fünf Pfund von einem Kumpel erstanden, was als unglaublich betrachtet werden müsse, denn Elfenbein sei ja ein Edelmetall, nicht wahr?

„Es sind Elefantenstoßzähne", sagte ich leise und dachte daran, den offenen Hosenschlitz zur Sprache zu bringen.

Das Abteil füllte sich mit dem muffig-sauren Geruch eines ungewaschenen Körpers. Die Dame verzog die Nase und missbilligte das Ganze mit finsterem Blick; der Mann redete weiter; ich trieb den Zug mental mit einem anpeitschenden Gebet vorwärts. Der „Mann im Zug" schaute mir in die Augen, und sein fragender Blick schien mir geradewegs in die Seele zu dringen, als wüsste er, dass er eine Zumutung war, ein Querschläger; als wüsste er, dass ich ihn ganz gern losgeworden wäre.

Er konnte doch wohl kein Engel sein, oder? Einer, der jedes Mal auftaucht, wenn ich Süßholz rasple oder ernste Gebete zum Thema Evangelisation spreche? Ein schlampiger, ungewaschener Engel mit Gallenblasenproblemen und einer kleinen Methadonabhängigkeit? Ein Seraphim mit Yin-Yang-Ring und einer himmlischen Gleichgültigkeit gegen offene Hosenschlitze und Zahnbürsten? Nein, ein Engel ist er wahrscheinlich nicht.

Aber er ist Jesus, wenn man Jesus Glauben schenkt. Ihm einen Becher kühles Wasser zu reichen oder die Uhrzeit zu sagen ist so, als würde man es für Jesus tun. So steht es in der Bibel. Natürlich ist in diesem Sinne die Dame mit ihrer gewählten Aussprache auch Jesus. Unsere Einstellung zu den Armen erlaubt uns keine Vorurteile gegen die Reichen: Alle haben das Evangelium nötig.

Tontöpfe zerschmettern und gute Absichten formulieren ist einfacher – aber wir, der „Mann im Zug" und ich, setzten die Unterhaltung fort, bis wir nach Worthing kamen. Und als der Zug nach London weiter ratterte, fragte ich mich, wie es wohl in der Welt aussähe, wenn jeder Christ auf Erden alle anderen Menschen so behandelte, als seien sie Jesus selbst.

Wäre das Erweckung?

Plakate und Gummiprediger

Immer wieder begegnen mir diese aggressiven Evangelisten. Vor kurzem fuhr ich mit der U-Bahn. Dabei stolperte mir zufällig ein zahnloser Botschafter des Evangeliums über den Weg. Als ich mich am Fahrkartenschalter anstellte, kam dieser Bruder mit seinen schweren Anfechtungen im Kaubereich die Schlange entlang.

„Wer von euch ist gläubig?", zischelte er und fügte schnell hinzu: „Es gibt einen Himmel und eine Hölle. Entscheidet euch für Jesus!"

Er griff nach einem Faltblatt, dessen Inhalt aus bunten, mittelalterlich anmutenden Darstellungen beider Lebensziele bestand. Er öffnete es und blätterte hastig durch Momentaufnahmen von Sündern, die auf dem ewigen Höllengrill rösteten, wobei sie zu allem Überfluss noch mit Forken gepiekt wurden.

„Wohin soll es also gehen, in den Himmel oder in die Hölle?", drängte er.

Eine nervöse Dame sagte, sie wolle eigentlich nur nach Upminster. Ich machte mich aus dem Staub.

Das nächste Mal passierte es in einem Einkaufszentrum. Ein kleiner, grauhaariger Mann stand steif wie ein Ladestock da, den rechten Arm erhoben. Trotzig hielt er ein Plakat in Übergröße hoch. Ich schaute verstohlen auf das Poster. „Tut Buße!", dröhnte der Text in fett gedruckten Gothic-Lettern. „Das Ende ist nah!" Ich schlug die Augen nieder und hoffte, schnell vorbeizukommen, aber es sollte nicht sein. Er bot eine Multi-Media-Präsentation auf: Plakat *und* Stimme. Für so eine schmächtige Person war das Organ erschreckend laut und dröhnend.

„Der Herr lässt sich nicht spotten!", donnerte er. „Die Hölle ist eine Realität! Lass heute noch ab von der Sünde!"

Meine Strategie, mit hängendem Kopf und eilenden Schrittes vorbeizupreschen, versagte jämmerlich. Er nahm Blickkontakt mit mir auf, und einem Laserstrahl gleich drang mir das Verhör in die Seele. „*Sie* da ... wo werden *Sie* die Ewigkeit verbringen?"

Ich war nicht in der Stimmung für ein brüderliches Gespräch von 300 Dezibel und hatte auch kein Poster, also murmelte ich: „Im Himmel, vielen Dank", und floh in den Schutz eines Ladens.

In der Helligkeit und Wärme fühlte ich mich wieder sicher, aber irgendwie verfolgt, allerdings nicht von der Frage nach der Ewigkeit. Beim Blick aus dem Fenster auf den grauen Mann, der gerade ein neues Opfer anfiel, überkam mich das Unwohlsein wie ein Leichentuch. Seine Tapferkeit war unbestritten, wie er da mit seinem angeknickten Poster stand, aber war das auch klug? Konnte er mit diesem Holzhammer-Stil irgendeine *gute* Nachricht bringen, oder schreckte er die Passanten mit seinem apokalyptischen Kinnhaken nicht einfach nur ab? Hätte Jesus seine Botschaft etwa so verkündet, oder hielt es der Mann eher wie einer der zornigen alttestamentlichen Propheten? Ich glaube schon, dass es eine Hölle gibt, mit der ich nichts zu tun haben will. Man könnte also argumentieren, dass die Botschaft des kleinen grauen Mannes angemessen war – aber ist denn die Hölle der Eckpfeiler unserer Botschaft? Ist das nicht eher Jesus?

Wie ich da also geistesabwesend und ziellos durch den Laden schlenderte, forschte ich nach meinen eigenen Anliegen beim Thema Evangelisation. Alle unsere Methoden „freundschaftlich/gesellschaftlich relevanter Angebote für Suchende in Form guter, also nicht schlechter Nachrichten" können uns nicht vergessen lassen, dass wir Christen meist verunsichert sind und uns einfach nicht wohl in unserer Haut fühlen, wenn es heißt, anderen unseren Glauben zu vermitteln.

Ich habe Erfahrungen mit fast allen evangelistischen „Methoden" gesammelt, die es gibt. Ich habe eine Phase hinter mir, wo ich wirklich den Eindruck hatte, Gott und seinem Reich einen total guten Dienst zu erweisen, indem ich so viele Menschen wie möglich mit meiner Botschaft belästigte und als „Evangelisationsopfer" betrachtete. Ich probierte diese Holzhammermethode auch an meinem Vater aus, der damals noch kein Christ war. Meine „warmherzigen" Versuche, ihm von der Liebe Gottes zu erzählen, liefen ungefähr so ab:

Papa liest ruhig die Zeitung, sagt nichts. Ich betrete das Zimmer.

Jeff: „Hallo, Papa. Wie du dem Inhalt meines täglichen evangelistischen Vortrags entnehmen kannst, bin ich Christ. Außerdem weißt du es durch das Exemplar von *Journey into Life*, das ich dir unter das Kissen gelegt habe, nur für den Fall, dass du in nächtlicher Stunde deine Meinung ändern solltest. Du gehörst zur Zeit *leider* noch nicht zu den Auserwählten. Daher wirst du für lange Zeit im feurigen Pfuhl schwimmen müssen. Einen schönen Tag noch."

Papa liest still seine Zeitung weiter. Ich verlasse das Zimmer.

Dann aber kann das Pendel weit ins andere Extrem ausschlagen. Unser Leben richtet sich an der Guten Nachricht aus, wir sind der Meinung, „Salz und Licht" zu sein, sagen bei alledem tatsächlich aber kein einziges Wort von Jesus. Wir gratulieren uns zum „Evangelisationsstil ohne Verstellung" und meinen, durch unser Leben Zeugnis genug zu sein. Es heißt doch auch, dass man sein Christsein nur im Notfall mit Worten predigen soll, nicht wahr? Jeder Außenstehende hält uns für nett, sogar ziemlich cool, lernt aber leider so nie den Jesus kennen, der für uns alle gestorben ist. Wir lassen uns darauf ein, „Gutmenschen" zu werden, aber ohne Begründung oder Erklärung für unsere Nettigkeit.

Mein Regal ist voller Bücher über „die" richtige Evangelisationsmethode. Ich weiß aber ganz genau, dass ich nicht zur Zielgruppe irgendwelcher Menschen gehören wollte, wenn ich kein Christ wäre. Ich hätte keine Lust, Empfänger von Monologen sein zu müssen, bei denen mir kaum die Chance zu einer Antwort gewährt wird. Ich hätte keine Lust, mir sagen zu lassen, dass meine Ansichten falsch oder dumm sind. Ich hätte keine Lust, gönnerhaft oder erpresserisch behandelt, bedroht, verhört oder eingeschüchtert zu werden. Man dürfte mir auch nicht das Gefühl vermitteln, überhaupt nichts vom Leben zu verstehen.

Rebecca Manley-Pippert hat dem Gefühl der Krise Ausdruck verliehen, in der viele von uns stecken: „Ein Teil von mir stellte insgeheim fest, dass man so eine Form der Evangelisation nicht einmal seinem Hund antun sollte, geschweige denn einem Freund."[1]

Würde also Jesus ein himmelschreiendes Plakat zur Hand nehmen? Er gab sich nicht mit unpersönlichen Botschaften zufrieden; er schickte nicht bloß ein Fax vom Himmel, auf dem sein Kommen und sein Sterben angekündigt wurden. Stattdessen ist er höchstpersönlich zu uns gekommen; er ließ sich herab in unser Elend und wurde Mensch. Er wollte die Kraft des Heiligen Geistes nicht für sich selbst behalten, sondern wirkte beispielsweise in der Mittagspause mit sanfter verbaler Gewalt auf die Frau am Brunnen ein.

Bitten wir Jesus um Hilfe, als Gute Nachricht wirksam zu sein. Unsere Freunde (und vielleicht auch der Hund) werden es uns danken.

Anmerkung
---
[1] Rebecca Manley Pippert, *Out of the Saltshaker* („Raus aus dem Salzstreuer"), Inter Varsity Press

Wer hat das Licht ausgemacht?

Die Plätze im Flugzeug werden für Menschen mit nur einer Gesäßhälfte entworfen. Ich aber habe zwei, sozusagen die komplette Ausstattung. Beide habe ich auf einem Flug nach Manchester auf einen Platz gezwängt und schnell nach dem fehlenden Ende des Sicherheitsgurtes gesucht, das geheimnisvoller Weise unter der Person neben mir verschwunden war, einem offensichtlich mit fünf Gesäßhälften gesegneten Menschen. Ich schnallte mich mit diesem beruhigenden Klicken an und atmete erleichtert auf. Den kurzen, einstündigen Flug wollte ich voll nutzen: Zeit zu lesen, zu dösen, nachzudenken, zu beten ...

Ich zog mein (christliches) Buch hervor, das Flugzeug startete und die Flugbegleiter fingen eifrig an, gesalzene Erdnüsse zu verteilen – ideales Futter angesichts der Lufttrockenheit an Bord. Plötzlich merkte ich, wie mein Nachbar mir über die Schulter auf die Buchseiten starrte. Ich hatte ihn bei meiner Gurtsuche ja schon unfreiwillig näher kennen gelernt, aber eigentlich nicht beachtet.

Er stopfte sich eine Erdnuss in den Mund und sprach mich an. „Was lesen Sie denn da?"

Mein Gehirn schaltete auf den „christlichen" Modus und erwog eine angemessene Reaktion. In Millisekunden überlegte ich mir, dass die Antwort weder gummiweich noch knallhart lauten sollte: *„In der Tat ist es ein christliches Buch, mein Freund, was mich auf die Frage bringt: Sind Sie sich darüber im Klaren, wo Sie die Ewigkeit verbringen, sollte dieses zerbrechliche Flugzeug zu Boden stürzen und in einem Feuerball verglühen ...?"* Ich hatte häufig darüber gepredigt, dass Christen reflektierende und sensible Zeugen für Christus sein müssen. In meinen jungen Jahren als Christ war ich so scharf darauf, „Zeugnis abzulegen", dass ich jedes Gespräch, unpassend oder nicht, auf das Thema Gott hin zerrte:

„Jeff, möchtest du ein Käsesandwich?"

„Nein danke, denn ich habe ja das Brot des Lebens ..."

Wie also sollte ich die Frage dieses Mannes nach meinem Lesestoff mit aller Umsicht beantworten? Ich räusperte mich und sagte bedeutungsschwanger: „Es ist ein Buch."

Der Mann bedachte mich mit einem Blick, den er wahrscheinlich seit dem Tag nicht mehr verschossen hatte, als er bemerkte, dass er mit einer Gesäßerweiterung geschaffen worden war.

„Ja, das ist mir aufgefallen. Was für ein Buch ist es denn?"

Panik! Wie sollte ich dem Mitreisenden meine Lektüre offenbaren, ohne ihm den Eindruck zu vermitteln, er sitze neben einem frommen Fanatiker fest?

„Mhmmmm, das ist ein ... Quizbuch" ... (wenn man das Wort „christlich" sehr, sehr schnell ausspricht, hört es sich bei zusammengepressten Lippen wie „Quiz" an).

„Aha. Worum genau geht es?"

„Äh ... um ... Gtt." (Prinzipiell gleiche Wirkung bei schneller Aussprache.)

„Oh. Was machen Sie denn beruflich?"

Jeder Muskel meines Körpers spannte sich an bis zur totalen Starre. „Ich, äh ... ich lehre", sagte ich und gratulierte mir innerlich zur Antwort, die sich viel, viel besser anhörte als „Pastor", „so eine Art Priester" oder „Gemeindeleiter".

„Ach, Sie sind also Lehrer", erwiderte er, wodurch meine Selbstzufriedenheit sofort verdampfte und frischer Schweiß auf meine Stirn trat.

„Nein, das nicht. Ich ... mhm ... predige. Ich lehre ... aus der Bibel." Und mit einem Hauch von Mut im Herzen schob ich hinterher: „Ich bin unterwegs zu einer christlichen Veranstaltung, bei der ich heute Abend einen Vortrag halte." So, jetzt war es heraus. Ich lehnte mich zurück, und die Fragen blieben vorerst aus.

„Und was genau wollen Sie den Leuten heute Abend von Gott erzählen?", fuhr er dann fort.

Also erstattete ich Bericht. Er warf nicht gerade die Erdnüsse fort, er warf sich auch nicht um Vergebung flehend auf den Boden nieder, doch hörte er zu und stellte Fragen. Das gab mir die Chance, die Zeit im Flieger auf die beste aller Arten zu nutzen und ihm die großartige Nachricht von der Liebe Gottes näher zu bringen.

Doch als wir gelandet waren, dämmerte mir, dass der arme Mann mich wirklich hatte nötigen müssen, damit ich ihm widerwillig etwas vom Evangelium erzählte. Ich war so entschlossen, möglichst cool und unaufdringlich zu bleiben, dass mir der Eifer verloren gegangen war, die weltbeste Botschaft zu vermitteln, die manchmal begeistert, manchmal aber auch unbequem ist.

Kann es sein, dass wir dieses Thema der Ewigkeit, die Schärfe und Dringlichkeit, die in der Botschaft Jesu steckten, aus den Augen verloren haben? Haben wir als Gegenreaktion auf Angst machende „Hölle-Tod-und-Teufel"-Predigten vielleicht die Realität vergessen, dass unsere Botschaft absolut lebenswichtig ist? Hat das Salz seine Würzkraft verloren?

Elton John hat sich bei der Trauerfeier für Prinzessin Diana ganz gut gemacht. Doch als die halbe Weltbevölkerung vor dem Fernseher saß, haben wir, die christliche Kirche, die Jesus dient, der sich das Licht der Welt nennt, Milliarden Menschen nur eine flackernde, schwindende Kerze im Wind und viel heiße Luft in Form von süßlichen Worten über Diana präsentiert. 1 Korinther 13 wurde zusammenhanglos zitiert und Diana als eine Art Heilige dargestellt, statt auf den hinzuweisen, der die Schlüssel zu Leben und Tod in der Hand hält. Doch wer bin ich schon, mahnend den Finger zu heben, wenn ich selbst nicht bereit bin, die Gute Nachricht klar, mitfühlend und voller Dringlichkeit weiter zu sagen?

Jemand sollte wirklich mal das Licht anmachen!

Nie mehr Feindflug

Der Nachmittag hatte ruhig begonnen. Mein Sohn Richard und ich bummelten in einem regelrechten Kaufrausch die Worthing High Street entlang auf der Jagd nach CDs, Stereozubehör und sonstigen Dingen, die auf die Männchen unserer Spezies so faszinierend wirken. Plötzlich erspähte ich „sie". Banditen genau in unserer Richtung in 300 Meter Entfernung: drei Hare-Krishnas. Natürlich waren sie inkognito, die Schufte, ganz ohne orange Gewänder/Trommeln unter der linken Achselhöhle/kahl geschorene Köpfe. Nein, sie trugen Sportmützen und Anoraks. Ich aber durchschaute sofort ihre Maskerade. Es waren auf jeden Fall Hare-Krishna-Jünger. Richard musste sofort informiert werden.

Ich zischte ihm also aus dem rechten Mundwinkel zu. „Guck mal! Da vorne. Typen mit Eimern, sehen aus wie vom Hundezüchterverein. Sind aber in Wirklichkeit Hare-Krishnas. Da mischen wir uns ein. Vorwärts!"

Richard war schon früher mit mir Einkaufen gewesen, konnte für diesen Einsatz also als Veteran gelten. Vor Wochen hatten wir uns schon mal mit einem Paar tief fliegender Krishnas befasst. Uns war ein etwas irreführender Trick aufgefallen, den sie zum Spendeneintreiben bei arglosen Passanten anwandten: Sie klapperten mit ihren Eimerchen und baten um milde Gaben für Behinderte. Der Trick funktionierte; die Eimer füllten sich nach und nach bis zum Rand. Nur Richard und ich hatten festgestellt, dass die Krishnas eigentlich gar kein bestimmtes Programm vorweisen konnten, wie den Behinderten geholfen werden sollte. Sie hatten vor, das Geld für Krishna-Lehrmaterial aufzuwenden, mit dem Behinderte angeworben werden sollten, sich ihnen anzuschließen. Das war die „Hilfe". Voller gerechten Zorns legte ich mich scharf in die Kurve, und Richard und ich machten uns zum Kampf bereit.

Der Schlachtplan war einfach: Wir zwei mussten uns in straffer Formation an den Feind heranpirschen und dann so langsam werden, dass einer der Sammler die Möglichkeit erfasste, auf uns zuzugehen. Wir könnten ihm dann zu verstehen geben, dass wir trotz der Verkleidung seine wahre Identität erkannt hatten. Dann würde er es mit dem Geschütz des Evangeliums zu tun bekommen. Mir schoss das Adrenalin durch den Körper, als es in den Kampf ging.

Wir mussten dreimal vorbeilaufen, bis sie den Köder annahmen. Beim letzten Mal näherten wir uns im Schneckentempo, ausgerüstet mit einem etwas dümmlichen, aufgesetzten Grinsen, das besagte: „Kommt und holt euch mein Geld."

Es klappte. Entweder war den Krishnas unser dreifacher Annäherungsversuch nicht aufgefallen, oder sie dachten vielleicht, wir wollten unbedingt spenden.

„Hallo, Sir, möchten Sie eine Spende für die Behinderten geben?"

Jetzt ganz ruhig. Nichts übereilen. Schau ihn an, atme tief ein und halte dich sachte bereit, ihm einen Bibelvers um die Ohren zu klatschen.

„Sind Sie von Hare Krishna?", erkundigte ich mich mit fester Stimme, jetzt ganz ruhig, sogar freudig erregt, denn ich wusste, dass er in Rauch aufgehen würde.

„Ja, Sir, bin ich", kam die erwartete Antwort – und plötzlich schlug aus heiterem Himmel das Unheil zu. Mein Gehirn fror ein; mein Mund trocknete in Sekundenschnelle aus; meine smarte Waffe zur Sektenentlarvung hatte Ladehemmung, und mir fiel kein einziger zusammenhängender Satz mehr ein, ganz zu schweigen von Bibelstellen.

Richard schaute mich an und wartete darauf, dass ich dem Mann seine erste Erlösungssalve verpasste – doch da kam nichts. Alles, was ich gerade noch schaffte, war ein schwaches: „Na dann – nein, danke." Es war Zeit, sich davonzumachen, und zwar schnell. Ich gab Richard ein Zeichen, mir zu folgen, und eilte fort, um schnell mit der Menge zu verschmelzen. Es hatte nicht sollen sein.

Der Krishna-Jünger war sauer und rief mir auf dem Rückzug nach: „Entschuldigen Sie mal. ENTSCHULDIGUNG ... ich bin ein MENSCH. Sie haben mich gerade wie einen Unmenschen behandelt, und DAS KANN ICH NICHT LEIDEN."

Ich blieb stockstEif stehen. In mir flatterte der Magen. Andere Passanten blieben auch stehen und starrten mich neugierig oder verächtlich an, als hätte ich eine ansteckende Krankheit. Ich drehte mich um und schaute dem Krishna-Jünger ins rot angelaufene Gesicht. Noch langsamer als vorhin bewegte ich mich zu ihm zurück. Jetzt war es wohl angebracht, mich zu entschuldigen.

„Tut mir Leid. Ich bin Christ, und ich habe mich gerade ganz blöd benommen. Ich wollte Ihnen die christliche Botschaft sozusagen um die Ohren schlagen, aber mir fiel überhaupt nichts mehr ein ... Tut mir Leid, dass ich so respektlos gewesen bin."

Richard war wie betäubt und berichtete später seiner Mutter von dem Vorfall. „Echt, Mama, Papa hat sich zehn Minuten lang bei einem Typen entschuldigt, der Harold Krishna hieß."

Und der Mann mit dem Eimer hat mich gelehrt, dass wir bei unserem Evangelisationsdrang die Menschen nie wie Missionsobjekte, Kunden und ganz bestimmt nie wie Feinde behandeln dürfen. Nichtchristen sind keine Trophäen oder Zahlen einer Statistik. Sie sind menschliche Wesen mit Gedanken, Gefühlen und Meinungen, die allesamt von ihrem Schöpfer mit Würde ausgestattet wurden. Sie wurden vom Sündenfall beschädigt, ebenso wie wir.

Ich bin froh, dass ich den Krishna-Jüngern in Worthing begegnet bin.

Ich gehe nicht mehr auf Feindflug.

Das erste Mal

Mein Herz klopfte wild in der Brust, als ich in den grob gezimmerten Bau mit Wellblechdach trat. Plötzlich war ich in einer seltsam fremden Welt. Der Lobpreisleiter ruderte windmühlenartig mit den Armen und rang mit einem Lächeln, das auf sein ganzes Gesicht überzugreifen drohte. In der Versammlung waren die meisten Augen feucht, und manche Leute hielten die Arme erhoben.

Nanu? Wem winkten sie denn zu? Wollten sie um Erlaubnis bitten, auf die Toilette zu gehen – eine Hand, wenn es nicht so dringend war, zwei, wenn man *unbedingt jetzt* musste? Viele hatten die Augen fest geschlossen, manche murmelten leise vor sich hin, andere sprachen scheinbar Russisch – oder gar Mandarin?

Ein totales Durcheinander, fand ich, aber es sollte noch viel schlimmer kommen. Abrupt endete das Lied, jeder setzte sich, und erst da sah ich es. Welcher vernünftige Mensch würde auf die Idee kommen, mitten im Gottesdienstraum einen Mini-Swimmingpool aufzustellen?

Der Pastor trat auf, eine imposante Erscheinung in seinem langen schwarzen Gewand, nur die Anglerstiefel störten den Gesamteindruck ein wenig – ein Dracula der Gewässer. Jetzt gesellte sich ein anderer Mann zu ihm in den Pool. Plötzlich ergriff Reverend Dracula den Unglücklichen und tunkte ihn unter Wasser. Er war jetzt getauft, und mir reichte es. Draußen in meinem Auto fasste ich den Entschluss: Diese Christen sind verrückt. Mit denen wollte ich nie wieder etwas zu tun haben.

Dann merkte ich, dass ich meinen Mantel im Gemeinderaum liegen lassen hatte.

Ich schlich mich zurück und wurde sofort vom grinsenden Jugendleiter abgefangen. In meinem ganzen Leben hatte ich noch nie so viele Zähne in einem menschlichen Kopf gesehen. Er lud mich zum „Nachglühen" ein. Wie jetzt? Wollte dieser Haufen den Tag mit Brandstiftung ausklingen lassen? Ich ging rein und gesellte mich zu den Nachglühern. Draculas Opfer kam auf mich zu. Feucht, wie er war, reichte er mir die Hand und redete nicht lange um den heißen Brei. „Hallo. Bist du Christ?"

Ich murmelte etwas Unverständliches und stellte plötzlich fest, dass ich Gott nicht kannte, es aber eigentlich schon ganz gern wollte. Diese Leute hatten mich verwirrt und geärgert, aber ich musste wissen, was es mit diesem breiten Lächeln auf sich hatte, das sie alle im Gesicht hatten. Ich teilte meinem noch tropfenden Freund mit, ich sei kein Christ, könnte mir aber vorstellen, einer zu werden.

Seine Worte trafen mich bis ins Mark: „Dann musst du in den kleinen Raum da hinten."

Horror! Dracula musste da drin sein, wo Schränke aus Edelstahl und glänzende Skalpelle auf mich warteten. Doch in dem „kleinen Raum" erklärte mir mein tropfnasser Freund das Evangelium, ganz ohne Nachhilfe durch Spritzen oder Gummihandschuhe. Plötzlich war es 22 Uhr abends und ich Christ. Ich trat hinaus in einen vermeintlich leeren Gemeinderaum. Dann sah ich sie und hörte die Freudenrufe.

Jeder Einzelne aus dieser kleinen Versammlung hatte gewartet, um mich in ihrem Kreis willkommen zu heißen. Mit unverhohlenem Entzücken standen sie in langer Schlange da, und ich ging langsam die Reihe entlang und wurde umarmt und begrüßt und ermutigt. Ich hatte die Gemeinschaft der Christen entdeckt – die Kirche. Sie waren in fast allem, was hier gesagt und getan wurde, Lichtjahre von meiner Kultur entfernt. Aber sie liebten Gott, sie liebten einander und sie liebten mich. Ich war zu Hause.

Wachstum

Potenzial

„Jesus sah ihn an und sagte: ‚Du bist Simon, der Sohn von Johannes. Du wirst einmal Petrus genannt werden'" (Johannes 1,42).

Alles kann sich in einem Augenblick verändern – besonders dann, wenn Jesus sich einmischt. Nur drei Worte aus seinem Mund haben vor 2000 Jahren das Leben eines zerlumpten Haufens ganz gewöhnlicher Menschen völlig umgekrempelt. Er schlenderte auf ein paar Fischer zu, die schwitzend über ihre verklumpten Netze gebeugt waren, und lud sie mit den Worten ein: „Folgt mir nach."

Ein Steuereintreiber hockte an seinem Tisch und traute sich nicht aufzuschauen. Er, mit dem eigentlich niemand befreundet war, hörte das gleiche leise: „Folge mir nach." Und alles wurde anders, weil „das Leben" anfing.

Nur drei Worte. Mit der Berufung dieser ersten Jünger machte Jesus keine Partei auf, verkündete kein Manifest, präsentierte keinen Plan oder eine Strategie. Vielmehr verlangte ihn nur nach der Gemeinschaft mit Petrus, Jakobus, Johannes und Matthäus, eine Art mobile Dauerparty! Die Toten wurden auferweckt und tanzten, die Tauben hörten den Rhythmus der Musik, und die Blinden sahen wieder Farben und Formen. Menschen, denen von der organisierten Religion immer wieder die Tür vor der Nase zugeschlagen worden war, schlossen sich dem fröhlichen Treiben an. Wasser verwandelte sich in Wein, es gab Brot für 5000, die Damen der Nacht wurden zu Ehrengästen an einem Tisch der Gerechtigkeit und der Freude. Und das alles fing an mit den Worten „Folgt mir nach."

Ob die Jünger wohl darüber nachgegrübelt hatten, was ohne die „zufällige" Begegnung mit Jesus aus ihnen geworden wäre? Er war von einem Augenblick auf den anderen ihr Dreh- und Angelpunkt, ihr Verbindungsglied, ihre Revolution geworden. Dreißig Sekunden nach der Begegnung mit Jesus war *alles* anders geworden, und an Normalität war nicht mehr zu denken. Drei Worte von ihm, und der Kampf ums Überleben war zum Leben selbst geworden, die Dunkelheit floh beim plötzlichen Kommen des Lichts: Ein umwälzender Wandel, so absolut und total, dass Jesus ihn mit den Worten „neu geboren" beschrieb; die Auslöschung des alten Lebens und eine völlige Neuordnung.

In der Begegnung steckte Potenzial. Jesus erkannte, wer und was Simon war, und er begann ohne Umschweife, den stämmigen Fischer zu informieren, dass neue Pläne auf ihn warteten: Pläne, die ihn in eine Persönlichkeit verwandeln sollten, die er sich in seinen wildesten Träumen nicht ausmalen konnte. Simon Petrus hätte irgendein anonymer Niemand werden und bis zum Ende seiner Tage als einfacher Fischer leben können. Sein Leben wäre heute unter dem Staub und Abfall der Geschichte verborgen. Er hätte ein Sünder von Format werden können, ein Ehebrecher oder Kleinkrimineller, der sich die schmalen Einkünfte als Fischer durch Betrug oder Intrigen aufbessert. In jedem von uns steckt das Potenzial für Gutes oder Böses, doch wenn wir Jesus begegnen, öffnen wir die Tür zu einem Leben auf höherem Niveau – ein Leben, das sich hoch wie die Stratosphäre über den bloßen Überlebenskampf erhebt.

Denken Sie einmal über sich selbst nach. Haben Sie sich schon mal gefragt, wo Sie heute stehen würden, wenn Sie nicht auf Jesus gestoßen wären? Ich habe mir diese Frage gestellt. Wen hätte ich geheiratet? Wäre diese Beziehung noch intakt? Mit 22 habe ich mich für den Dienst in der Gemeinde entschieden. Welche beruflichen Wege hätte ich sonst eingeschlagen, und wäre ich damit zufrieden gewesen? Was ist mit meiner Fähigkeit, über den eigentlichen Sinn des Lebens nachzudenken? Wäre ich nicht Christ geworden, wie würde ich dann mit meinem Leben fertig werden? Hätte ich meine Fragen unter einer Existenz begraben, bei der man arbeitet, um Geld zu verdienen, mit dem man Dinge kauft, um es zu ertragen, wieder zur Arbeit zu gehen, um Geld zu verdienen? Hätte ich den Schmerz des Lebens mit Drogen, Alkohol oder lieblosem Sex betäubt?

Ich hätte ja beinahe Jesus verpasst. Ich war so nahe dran, vor der wichtigsten Einladung meines Lebens davonzulaufen. Am Tag, als ich Christ wurde, war ich bereits fluchend und schimpfend aus dieser kleinen Gemeinde gerannt, um nie zurückzukehren, weil ich überzeugt war, dass all die begeisterten Gläubigen in eine Irrenanstalt gehörten, so sehr hatte mich diese strahlende, fröhliche Verrücktheit aus der Fassung gebracht. Ich weiß noch, wie ich ins Auto sprang, mir eine Zigarette anzündete und mich noch einmal fluchend bei meinem Freund ausließ, der mitgekommen war: „Das war's (...), ich geh nie wieder in so eine (...) christliche Gemeinde, so lange mein (...) Leben dauert ... die sind doch alle (...) ..."

Dann merkte ich, dass ich bei der eiligen Flucht meinen Mantel da hinten im Wellblechbau gelassen hatte. Mir blieb nichts übrig – ich musste noch einmal zurück in den Zoo. Ich lief in den Vorraum, um mir den Mantel so schnell zu greifen, dass ich mich ein für alle Mal aus dem Staub machen konnte.

Doch der grinsende Jugendleiter wartete auf mich mit dieser lächerlichen Einladung.

Mein Kopf sagte: *Kneipe, Mantel her.* Mein Mund sagte: „Ja, warum nicht, ich würde gern mitkommen, danke schön."

Eine halbe Stunde später knieten mein verschreckter Freund und ich im Hinterzimmer und beteten darum, dass Jesus die Führung in unserem Leben übernehmen möge. Mein Freund war mir als Ein-Mann-Suchtrupp aus dem Auto nachgekommen, um mich herauszuholen, und auch er war geblieben und wurde Christ. Innerhalb von Minuten war alles anders geworden. Ich hatte das „Folge-mir-nach" selbst gehört.

Heute, nach 22 Jahren, bin ich so froh, dass ich diese Chance nicht verpasst habe. Ich bin froh, dass Jesus damals die Führung übernommen hat. Ich bin froh, dass er nicht nur sah, wer ich war, sondern auch, was aus mir werden könnte. Ich bin froh, dass ich meinen Mantel vergessen habe.

Zuhören

Ich hatte einen langen Flug in die USA hinter mir. Flüge in der Touristenklasse vermitteln das Gefühl, 9 Stunden lang mit den Beinen hinter den Ohren gesessen zu haben, und man serviert ein Essen, das wie die Luftaufnahme von einem Bauernhof aussieht. Ich mietete ein Auto und informierte die Dame hinter dem Schalter kühl, dass ich – nein, danke! – keine Belehrung nötig hatte, wie man diesen Wagen bedient.

Unter einem mondlosen Himmel fuhr ich nach Süden und rieb mir die Müdigkeit aus den Augen. Es war lange nach Mitternacht, als ich in die Dunkelheit der kleinen Stadt in Oregon einfuhr, die mein Ziel war. Ich wollte bei Chris und Jeanne übernachten, die unsere besten Freunde geworden waren. Beim Einparken vor dem Haus stellte ich fest, dass rundum geschnarcht wurde; beim Ausladen sollte ich wohl besser sehr leise sein.

Als ich Sekunden später die hintere Tür öffnete, wurde es laut. Ein ohrenbetäubendes Alarmsystem war von hintersinnigen Menschen in den Mietwagen eingebaut worden, damit auch jeder Außerirdische in Millionen von Kilometern entfernten Galaxien hören konnte, dass hier ein Auto gestohlen wurde. In der gesamten Stadt wachten ansonsten freundliche Menschen fluchend auf. Ich geriet in Panik und rannte ein ums andere Mal um das Auto – in Notsituationen eine ausgezeichnete Strategie!

Im Haus hörten meine Freunde die Kakophonie draußen, lächelten sich wissend zu und sagten: „Anscheinend ist Jeff angekommen." Chris kam auf Socken rausgerannt (natürlich hatte er mehr als nur Socken an, aber man weiß ja, was ich meine).

„Hey, Jeff, willkommen in Amerika. Schnell, ins Auto", schrie er gegen das nukleare Frühwarnsystem an, das unter der Haube hervor dröhnte. Nachdem die Leute in unmittelbarer Nachbarschaft geweckt worden waren, rissen wir jetzt den Rest der Stadt aus dem Schlaf. In vorher abgedunkelten Häusern gingen die Lichter an. Der Alarm wurde lauter und kreischte sich durch ein ausführliches Repertoire an ohrenbetäubenden Melodien. Wir bogen auf den dunklen Vorhof einer Tankstelle und dachten fieberhaft nach.

„Klemmen wir die Batterie ab", sagte ich.

„Nein, sehen wir mal in die Bedienungsanleitung", sagte er.

„Drehen wir noch ein paar Runden um das Auto", sagte ich.

„Nein, rufen wir die Mietwagenfirma an", sagte er. Und dann warf Chris einen Blick auf die Autoschlüssel in meiner verschwitzten Hand. Seine Augen wurden schmal.

„Jeff ... ist das da an der Schlüsseltasche ein Panikknopf?"

Ich erwiderte, ja, da sei tatsächlich ein Knopf mit dem Wort „Panik" fein säuberlich darunter.

„Wäre es möglich, Jeff, dass du zufällig diesen Knopf gedrückt hast, o du Geschöpf mit dem Gehirn einer Rennmaus?"

Ich bestätigte, dass so etwas möglicherweise der Fall gewesen sein könnte. Ich drückte nochmals auf den Knopf. Erhabene Stille breitete sich aus, und um uns her ward ein lieblicher Frieden. Ein Polizeiwagen kreuzte auf, zweifellos von dem Lärm herbeigerufen. Wir duckten uns hinter das Armaturenbrett: Lärmverbrecher auf der Flucht. Und plötzlich erinnerte ich mich an die freundliche Dame bei der Autovermietung, die mir noch Ratschläge hatte geben wollen – doch ich war zu genervt gewesen, zu sehr von meiner eigenen Erfahrung überzeugt, zu sicher, um zuzuhören.

Hören wir doch lieber Gott zu. Hören wir unseren Freunden zu. Hören wir manchmal auch unseren Feinden zu. Sie mögen uns wohl nicht, und ihre Worte könnten hässlich verpackt sein, doch vielleicht enthalten sie ein Körnchen Wahrheit.

Zuhören ist besser, als eine Runde nach der andern in ohrenbetäubendem Lärm zu drehen.

Achtung, Bauarbeiten!

Wir hatten gerade die Handwerker da, wie man so sagt. Tatsächlich waren sie anderthalb Jahre lang „da", hatten also eigentlich ihren ständigen Wohnsitz bei uns. Alles fing ganz gut an: Erst tauchte ein lustiger Typ mit der üblichen in den Kniekehlen hängenden Jeans auf. Sein Bauch lächelte uns in einem Streifen zwischen der Jeans und dem schmuddeligen Shirt an. Auch sein Gesicht wirkte wie ein Smiley-Sticker, als er unser Haus demolierte und sich über die Reparaturen vorheriger Handwerker lustig machte.

Mich erfüllte sogleich Bewunderung für die Geschicklichkeit dieses unerschrockenen Baumeisters. Das Heimwerken gehört nicht zu meinen Gaben, wie man als Christ zu sagen pflegt. Das bedeutet Folgendes: Wenn ich ein Regal aufbauen will, fängt die ganze Familie an, heulend und zähneklappernd Stoßgebete gen Himmel zu senden. Elektrische Anschlüsse machen mir besonders zu schaffen. Ich bekomme bei den Steckern nie die Drähte mit den passenden Farben zusammen, weswegen ich fast meine Mutter auf dem Gewissen habe, die den Stecker vom Wasserkocher in eine von mir installierte Dose steckte. Wenigstens bekam sie dabei eine kostenlose Dauerwelle, auch wenn es tagelang etwas unangenehm nach verbranntem Haar roch.

Bei unserem Umbau hat fast alles außer der Konstruktion des neuen Schornsteins gut geklappt. Er funktioniert dann, wenn der Wind nicht stark genug ist, um eine Feder ganz leicht zum Zittern zu bringen. Die leichteste Brise dagegen verursacht dicke, beißende Rauchschwaden in unserem Wohnzimmer. Gasmasken setzen wir nur ungern ein, und es ist ein bisschen langweilig, wenn man beim Fernsehen wegen des Rauchs eigentlich gar nichts sieht.

Der Rauch war allerdings nicht die Hauptursache für unseren Ärger. Es war nicht das ständige Klappern genagelter Stiefel auf den Treppen, die 17 Millionen Tassen Tee oder die interessanten Ausdrücke unserer treuen Handwerker, wenn sie ihren Daumen mit dem Hammer trafen. Der ganz große Stress wurde nicht verursacht von der optimistischen Lebensweisheit „Immer das Beste draus machen", mit der sie den handbreiten Spalt unter einer schlecht sitzenden Tür verteidigten: Der würde doch die Luftzirkulation verbessern.

Nein, der Stress ergab sich aus der anhaltenden Unfertigkeit. Wir wohnten im Dauerzustand des „Bald-fertig", und mit letzter Energie sagten wir uns immer wieder, dass es nicht mehr lange dauern würde. Kurzum, wir befanden uns im Dauerumbau.

Eine ähnliche Frustration befällt mich fast jeden Morgen, wenn sich meine Augenlider heben und ein neuer Tag meiner unfertigen Existenz beginnt: ein Mensch im Umbau. Eine Reise kann ja ganz spannend sein, doch hin und wieder wünschte ich mir, mal nicht „unterwegs" zu sein und mich mit den immer gleichen Grundlagen herumzuplagen, sondern wenigstens den Rang eines „Juniorchefs" der Geistlichkeit erlangt zu haben und mich einfach mal eine Weile ausruhen zu können.

Aber vielleicht soll ich auch erfahren, dass Gott nicht wartet, bis ich vollkommen bin, um mich zu lieben. Er betrachtet mich als sein Werkstück: Bröckelnder Putz, wackelnde Dachziegel, abgenutztes Parkett und so weiter. Und er versteht wohl auch, dass mir der Schmutz, Staub und Schutt des nie endenden Umbaus meines Lebens allmählich reichen. Deshalb werden wir in der Bibel aufgefordert, auf der Rennstrecke zu bleiben, die vor uns liegt. „Nur Geduld, Gott ist mit mir noch nicht fertig!", ist mehr als ein lustiger christlicher Spruch, mehr als eine Ausrede, wenn wir uns blamiert haben. Unsere Mitmenschen und wir sollten eigentlich ein Warnschild um den Hals tragen: „Achtung Baustelle – Gott ist an der Arbeit."

Der schmale Pfad

Ich, meine Damen und Herren, bin jetzt zahlendes Mitglied im hiesigen Fitnessstudio. Ich habe meine Beitrittsgebühr entrichtet, und mittlerweile räumt monatlich ein gewichtiger Überweisungsauftrag mein Konto ab, der wirklich schlagende Beweis meiner athletischen Bestrebungen.

Mein Beitritt zur „Turnschuhfraktion" war seit langem überfällig. Die Löcher an meinem Gürtel gingen mir aus.

Nicht nur, dass meine Füße unter dem geweiteten Umfang meines Bauches unsichtbar wurden; zudem wurde beobachtet, wie Kinder und kleine Tiere unter dem Schatten meines Bauches Zuflucht suchten. Schon das Aufschlagen der Bibel brachte mich außer Atem. Von den Evangelien bis zu den Briefen klappte es mit dem Weiterblättern, aber der Wechsel vom Alten zum Neuen Testament zeigte mir meine Grenzen auf, und ich ahnte, dass die Verwendung einer großen Konkordanz mich tatsächlich ins Aus befördern könnte. Körperliche Arbeit beschränkte sich bei mir auf das Training des rechten Armmuskels, das sich beim Heben eines Hamburgers zum Mund ergab. Da musste etwas geschehen.

Ich zwängte mich in meine alten Sportsachen, die in Mode waren, als Emil Zatopek sein Leistungshoch hatte, und machte mich zur „Evaluation" auf in die Folterkammer. Ein schlecht gelaunter Trainer mit vorwurfsvollem Gesichtsausdruck („Schon wieder so einer!") ließ mich auf einem Laufband rennen und in ein Ding pusten, das wie ein Staubsaugerschlauch aussah und roch. Dann jagte er mir ein paar Watt Elektrizität durch den Körper, um meinen Fettgehalt zu messen. Das Ergebnis bewies, dass praktisch alles an mir außer meinen Zehnägeln wahrhaftig aus 1-A-Qualitätsspeck bestand. Also verschrieb er mir einen rigorosen Tagesablauf, der mich in Bruce Willis verwandeln sollte, und zwar mit freundlicher Unterstützung von Step-Geräten, Ruderapparaturen, die einem bei jeder Bewegung in die Hose beißen, und des dämonischen Fahrrads, das immer bergauf fährt.

Nun also verfügte ich über den Schlüssel zu einem stählernen Körper. Alle Leser wissen, was jetzt passierte: Ich war zweimal da. Das erste Mal fand ich es toll und war entschlossen, dem geistlichen Amt den Rücken zu kehren, um eine bemerkenswerte Karriere als Bodybuilder anzustreben. Ach, *zweimal täglich* wollte ich zum Training, nicht nur einmal. Bald würde ich als Muskelpaket am Strand christliche Literatur verteilen und jedem Heiden Sand ins Gesicht treten, sollte er die Abnahme des Traktats aus meiner gestählten Hand verweigern.

Beim zweiten Mal hasste ich jede Sekunde. Ich stolperte mit hochrotem Kopf aus dem Studio, schnappte mit wogender Brust nach Luft und bot rundum ein Bild des Jammers.

Ich bin nicht mehr hingegangen. Natürlich denke ich jeden Tag daran, und das schlechte Gewissen macht mir zu schaffen. Diesen Zustand bewältige ich durch Verdrängung. Ich denke nicht daran, weiter geschnittene Sachen zu kaufen. Die Mitgliedskarte steckt in der hinteren Tasche von Jeans, die *sehr* eng sitzen. Ich strebe Fitness an, glaube an Fitness und sehne mich danach, fit zu sein. Ich will mich bloß nicht auf die Schritte einlassen, die vom Wunsch zum Erlangen des Ziels getan werden müssen.

Den gleichen traurigen, schlaffen Zustand erlebe ich häufig in meinem geistlichen Leben. Aus irgendeinem Grund will ich glauben, dass es Reife ohne Mühe, Entwicklung und Wachstum ohne Kosten, Entschlossenheit oder Entscheidungen gibt. Ich verwechsle die Erlösung, die mir ohne eigene Kosten zusteht, mit der Heiligung, die zielgerichtete Disziplin erfordert. Heiligkeit ist tausendfaches Handeln.

Der Apostel Paulus teilte seinem Jünger und Freund Timotheus mit, er möge sich „in der Gottseligkeit üben". Das Wort „üben" heißt im Griechischen *gymnazo*. Klingt das vertraut? Ja, es ist die Wurzel unseres Wortes „Gymnasium" (griechisch für „Turnhalle"). Paulus teilt Timotheus und ebenso uns mit, dass Reife sich nicht automatisch einstellt. Wir müssen uns sozusagen ins Gymnasium begeben und uns ohne jede Gesetzlichkeit um Disziplin bemühen, wenn wir im geistlichen Sinne Muskeln entwickeln wollen.

Es wird Zeit. Ich habe eine dringende Verabredung mit einem dämonischen Fahrrad.

Wähl mich, bitte!

Unser Dachboden ist ein Katastrophengebiet. Koffer, die nie mehr das Tageslicht sehen werden, kämpfen mit verblichenen Zeitungen um Raum. Dort liegen ein paar furchtbar verbogene eiserne Tischleuchter, einst von gequälten Seelen gestaltet: Lampen, die das Tageslicht nie hätten erblicken dürfen. Unser Dachboden gleicht den Überbleibseln von Harmagedon.

Es war während meines jüngsten Aufstiegs unter die Dachsparren, als ich meine alten Fußballschuhe aus der Schulzeit entdeckte. Ich ließ meine Finger das müde, rissige Leder entlanggleiten, auf dem immer noch der Schlamm von vor 30 Jahren klebte, und erinnerte mich an einen schrecklichen Tag in meiner unheilvollen Fußballkarriere. Das Spiel selbst war eine Katastrophe für mich: Nach zehn Minuten stoppte unser Sportlehrer und Schiedsrichter das Ganze und fragte mich, warum ich mich als Mittelstürmer betätige, wo ich doch Verteidiger war. Ich werde leicht rot. An diesem Tag glühte ich wie eine rote Ampel, als ich langsam zu meiner rechten Verteidigungsposition zurückschlich.

Doch die Begebenheit, die sich wirklich in mein Gedächtnis eingekerbt hat, fand vor dem Spiel selbst statt – als die Mannschaften gewählt wurden. Kennen Sie das Verfahren noch aus der Schulzeit? Zwei Kapitäne, unglaublich gute Athleten, stehen abseits vom bunten Haufen möglicher Mannschaftsmitglieder, deren Augen flehend blicken, im Herzen den Hilferuf: „Wähl mich, bitte." Klar, die besten Spieler werden schnell rausgepickt. Übrig bleibt eine deprimierte Gruppe von Unfähigen, die unbedingt als Nächste ausgesucht werden wollen. Nur vier von uns waren noch da, dann drei, dann zwei, dann ... ich. Einer der beiden Kapitäne rümpfte die Nase, als ob ich der letzte verkrüppelte Weihnachtsbaum vor dem Fest wäre, und sagte: „Na gut ... dann nehmen wir halt Lucas." Wieder mal wurde ich rot.

Dieser Augenblick meiner persönlichen Geschichte soll nicht auf die Goldwaage gelegt werden. Auch wenn er damals qualvoll war, glaube ich nicht, dass solche Erlebnisse meiner seelischen Gesundheit wirklich geschadet haben. Doch als ich im Dämmerlicht des Dachbodens wieder mal die alten Fußballschuhe in der Hand hielt, sinnierte ich einen Moment lang über die Schande nach, die es bedeutet, nicht gewollt und nur zwangsweise erwählt zu sein.

Dann erinnerte ich mich an ein Wort von Jesus, das jeden von uns aufmuntern sollte, der nicht gerade ein genialer Sportler ist: „Nicht ihr habt mich erwählt, sondern ich habe euch erwählt" (Johannes 15,16). So normale und kaum vorzeigbare Existenzen wie Petrus mit seinem großen Mundwerk und der zweifelnde Thomas, ja sogar der Verräter Judas wurden aus der Masse ausgewählt und bekamen die Einladung, die ihr Leben, ja, die ganze Ewigkeit verändern sollte, nicht bloß 90 Spielminuten. Sie wurden erwählt, seine Jünger zu sein, seine Lehrlinge – und auch uns hat er in sein Team gerufen.

Bemerkenswert, dass er gerade uns dabei haben will. Immerhin sieht er als Trainer jede Schwäche, die wir haben. Wir können vielleicht die große Mehrheit täuschen, aber er sieht unsere unbeholfenen Bemühungen wie unter einer Lupe. Wir schießen daneben und behelfen uns gern mal mit einem Foul, und er schaut bei alledem zu. Er kennt uns und liebt uns trotzdem. Und er hat den höchsten Ablösebetrag der Geschichte bezahlt – sein eigenes Leben, sein Blut –, so dass wir auf seiner Seite spielen können.

Bleibt das Problem: Wie spielt man im Team von Jesus? Was heißt es, ein Jünger Jesu zu sein? Ich habe oft gedacht, dass es für Typen wie die Zwölf einfacher war – denn sie wurden von einem Jesus aus Fleisch und Blut ausgewählt und konnten 3 Jahre lang bei ihm sein. Für uns kann die Sache etwas komplizierter aussehen. Wie können wir Jesus in einer Welt nachfolgen, in der Moral und Güte und Werte verachtet werden, in der Spiritualität eine Modesache ist, den Christen aber scheinbar immer die rote Karte gezeigt wird?

Ist Jüngerschaft ein so erhabener Begriff, dass man ihn eigentlich nur auf die Märtyrer der Vergangenheit oder die verfolgte Kirche von heute verwenden kann? Das sollten wir lieber gleich klären, weil eben der Jesus, der uns erwählt hat, uns auch beauftragt, hinauszugehen und andere zur Ausbildung für sein Team zu gewinnen (Matthäus 28,19). Wenn wir im Johannesevangelium lesen und Jesus und das Thema Jüngerschaft näher betrachten, entdecken wir, dass das Leben mit ihm kein träumerisches Ideal für Wüstenmönche und missionarische Pioniere ist, sondern ein Lebensstil, auf den wir alle uns einlassen können.

Wenn wir berufen sind, „Jünger zu machen", dann heißt das: Auch die andern sollten daran arbeiten, uns zu Jüngern zu machen. Lieder mit dem Inhalt „Er ist alles, was ich brauche" versteifen sich auf die Idee, dass wir außer Gott selbst auf niemand anders angewiesen sind. Man trällert solche Liedchen vor sich hin, aber die Aussage stimmt theologisch vorn und hinten nicht. Wir brauchen andere Menschen, damit sie uns helfen, genau die Jünger zu werden, die Jesus möchte. Deshalb ist die Kirche mehr als ein Gesangsverein oder ein Zentrum für biblische Lehren – sie muss die Gemeinschaft sein, in der man Jünger wird, die Schmiede, in der Menschen mit Charakter und Bedeutung geformt werden.

Ich persönlich glaube, zur Jüngerschaft gehört die freiwillige Verpflichtung, anderen beim Aufräumen ihres Dachbodens zu helfen. Kommen Sie doch mal rüber. Vielleicht springt eine formschöne Tischlampe für Sie raus, ganz umsonst ...

Gott ist unterwegs

Ich wäre so gern dabei gewesen.

Es war ein heißer Sonntagabend, die Bänke voll besetzt, und es wurde Zeit für den Schlusssegen. Der Pastor, herrlich beindruckend in seinem schwarzen Anzug mit dem strahlend weißen Klerikerkragen, trat auf die Bühne und stellte sich majestätisch vor dem offenen Taufbecken auf. Noch vor einigen Minuten hatte eine Reihe strahlender frisch gebackener Christen freudig von ihrem Weg zu Gott erzählt, um dann ins kühle Nass zu steigen und sich taufen zu lassen. Jetzt war es Zeit, dem Abend den Abschluss zu verleihen.

„Möge der Herr euch alle segnen", sagte der Pastor und lächelte wohlwollend auf seine Herde nieder. „Wir sehen uns nächste Woche wieder ..."

Mit diesen Worten trat er zurück – direkt ins Becken. Ich wäre so gern dabei gewesen, um es selbst zu sehen. Verletzt hat er sich nicht. Großzügig stimmte er ins fröhlich schallende Gelächter ein, als er sich tropfnass in die Sakristei zurückzog. Ich mag es, wenn in der Kirche mal was „schief geht" ...

Ich wäre so gern dabei gewesen, als der ziemlich übergewichtige Anbetungsleiter (vom Typ her ein Sklaventreiber) von der Gemeinde verlangte, die Hände zu erheben, und zwar sofort! ... Als er selbst dann die Arme hochnahm, stöhnte seine Gürtelschnalle ein letztes Mal auf und explodierte. Die Hose rutschte ihm auf die Knöchel und gab ziemlich elefantöse Boxershorts preis, die mit Disney-Figuren bedruckt waren. Mir wurde erzählt, dass Mitglieder der Gemeinde sich Bibeln zwischen die Zähne klemmen mussten, um – vergeblich – Lachkrämpfe zu verhindern.

Meine Lieblingsgeschichte „kirchlicher Schieflagen" aber fand in den USA bei einem großen Weihnachtskonzert statt. Unsere amerikanischen Verwandten sind ja berühmt für ihre Mega-Produktionen: Man besorgt echte Kamele und Esel, engagiert ein komplettes Orchester und ist in der Lage, „Engel" 20 Meter hoch an unsichtbaren Stahlseilen durch die Luft fliegen zu lassen. Der Chor in Samt und Seide sang mit glänzenden Augen, die Musiker spielten perfekt ihre Noten, und die Kamele hatten zum Glück ihre Verdauung im Griff. Es war ein erhebender Augenblick, als schließlich „Gabriel" seinen Auftritt hatte (Norman, ein unglückseliger Diakon, der unfreiwillig zum Freiwilligen ernannt worden war). Die Menge hielt den Atem an, während er über den Zuschauern in die Höhe glitt ... Da schlug das herrliche Missgeschick zu. Der Elektromotor, der Normans Seil zog, brannte durch, und er blieb stehen, so urplötzlich, dass er wild zu schaukeln anfing. Die Drähte an Normans Flügeln verwickelten sich miteinander, und er wirbelte immer schneller um die eigene Achse. Ich hätte diesen himmlischen Ventilator für mein Leben gern gesehen!

Denken wir aber mal über dieses lebhafte Bild nach: Ein Mann dreht und dreht und dreht sich um sich selbst ... und wir merken, dass dieses Rotieren genau der Zustand ist, mit dem sich viele Christen beschreiben lassen. Die rotierenden Heiligen sind nicht offen rebellisch, kehren nicht der Gemeinschaft den Rücken zu oder erheben drohend die Faust gen Himmel. Es sind nette, gute Menschen mit gesunder Lehre im Kopf und dem Herzen am rechten Fleck, wie man so schön sagt. Nur dass die „Wirbler" sich, geistlich gesehen, bei allem Rotieren nicht fortbewegen. Ihr Wachstum verzögert sich. Ihr Christentum wird schal und statisch. Es kann den Besten passieren, dass sie sich auf der Stelle drehen.

Stellen wir uns einen abgewrackten Haufen hebräischer Sklaven vor, die vor etwa 3500 Jahren nach Gott schrieen, der sie von der Nilpferdpeitsche, den drohenden Blicken und zusammengebissenen Zähnen ihrer ägyptischen Antreiber befreien sollte. Gott eilte wieder einmal als Retter und Erlöser hinein in ihre Geschichte, und die große Reise – der Exodus – fing an. Es war weitaus mehr als eine Flucht. Aus den Ausgestoßenen und Flüchtlingen wurde das erwählte Volk, zum Aufbruch in ein verheißenes Land berufen. Anfangs steckte die Reise voller Abenteuer. Der Prinz von Ägypten, Mose, kehrte dem Luxus des Pharaonenpalasts den Rücken, um Gottes Volk zu führen. Ein übernatürliches Ereignis jagte das andere. Es war ein Wunder, als sich das Rote Meer auf Moses Befehl gehorsam teilte und anschließend auf die riesige Armee der Ägypter niederstürzte. Gott selbst war unterwegs ihr Navigationssystem. Während die Hebräer den Säulen aus Feuer und Rauch folgten, erkannten sie, dass Jahwe einzigartig ist, ein dynamischer Gott, immer mobil. Was für ein Gegensatz zu den heidnischen Religionen jener Zeit, die keine Hoffnung und keinen langfristigen Plan beinhalteten. Sie boten dunkle magische Rituale, mit denen die „Götter" überredet werden sollten, im jeweiligen Jahr eine gute Ernte wachsen zu lassen: Es ging um Manipulationen, um „Wenn-dann"-Deals. Die Hebräer aber waren berufen, dem Gott zu folgen, der unterwegs war, dem göttlichen Wanderer, der Tag für Tag an der Spitze seines Volkes einherzog. Die Bundeslade wurde als lebendige Erinnerung an den Gott, der inmitten seines Volkes war, in einem Zelt aufbewahrt. Gegen Ende der Richter-Zeit wurde die Lade in einem festen Bauwerk untergebracht, doch es blieb die Ahnung, dass die angemessene Unterbringung für den Thron Jahwes eigentlich ein Zelt war, der Inbegriff von Mobilität, Reisen mit leichtem Gepäck.

Doch die Geschichte jener frühen Wanderer nahm kein glückliches Ende. Während sie zweifelten, murrten und rebellierten, gerieten sie immer mehr vom Kurs ab. Gott war immer noch bei ihnen, doch durften sie nicht in das Land der Verheißung, das er ihnen bereitet hatte. Der Gott, der unterwegs ist, ließ zu, dass sie ihre Tage mit Rundwanderungen zubrachten. Sie bewegten sich zwar, aber nicht auf ein Ziel hin: eine 40-jährige Irrfahrt im Kreis. Sogar Mose sollte sterben und das verheißene Land nur fern am Horizont sehen. Der Ausflug blieb im Sand stecken.

Was also ist mit uns, Jahrtausende später? Viele von uns haben einen „Exodus" erlebt, einen Auszug aus unserem persönlichen Ägypten: Wir haben das gottlose, hoffnungslose Leben hinter uns gelassen. Manche von uns haben den Ruf des umherziehenden Jesus gehört, der immer noch sagt: „Komm, folge mir nach." Andere, die zu lange am Straßenrand versackt waren, die sich nur noch um die eigene Achse drehten, werden sich noch einmal anrühren lassen und seine Hand ergreifen, dieses Mal mit festerem Griff. Vielleicht kommt der große Abenteurer und lädt uns ein, das schwere Gepäck loszuwerden, das uns niederdrückt. Oder er befreit unsere Füße von der Sünde, in der man sich so leicht verstrickt, die uns zu Fall bringt, wenn wir uns auf den Weg machen wollen.

Wie wird es sein: Vorwärts, aufwärts ins verheißene Land – oder immer nur im Hamsterrad? Fortschritt oder Kreisverkehr? Der Gott, der unterwegs ist, lädt uns freundlich zur Entscheidung ein.

Hupe, wenn du Christ bist

Es ist ein heißer Sommertag, alles klebt, und ich sitze irgendwo auf der Autobahn fest. Der Verkehr tröpfelt wie immer im Schritttempo. Gelangweilt schaue ich mir meine Leidensgenossen an. Einige Fahrer sitzen verspannt hinter dem Steuer und klopfen darauf herum, andere untersuchen eingehend mit dem Finger ihre Nasenlöcher oder singen laut mit, was das Radio ausplärrt. Wie üblich eben. Aber heute ist irgendetwas anders. Mir fällt plötzlich auf, dass auf vielen

Autos hinten ein Fisch klebt, und ich erinnere mich an einen blöden Witz:

Frage: Woher weiß man, ob ein Fisch Christ ist?
Antwort: Weil an seinem Rücken ein Auto klebt.

Ich lache nicht. Das geht nicht, wenn man auf der Autobahn im Stau steht.

Da! Noch ein „christliches" Auto – zu erkennen an der großen Auswahl von verblassenden Stickern am Rückfenster: „Unterwegs zu Spring Harvest" (ein großes, jährlich stattfindendes christliches Festival in England, Anm. d. Ü.), „Wir kommen gerade von Spring Harvest" „Nur noch ein Jahr bis zum nächsten Spring Harvest", und als nützlicher Hinweis: „Wenn die Entrückung kommt, hat dieses Auto keinen Fahrer mehr."

Ich bin erleichtert. Das Auto hat noch einen Fahrer, also hat man mich nicht zurückgelassen, und ich stelle fest, dass ich in einem christlichen Stau stecke. Oder nehmen die Leute etwa an einer Gebetsfahrt rund um die Hauptstadt teil: „Zähfließender Verkehr für Jesus" oder so was? Ein Fenster wird geöffnet, und ein leiser Hauch von Graham Kendricks neuester CD weht zu mir rüber: *„Now That's What I Call Make Way"* (Anspielung auf: „Bereitet dem Herrn den Weg").

Dann fällt der Groschen. Es ist Sommer und damit Saison für Tausende von Christen, sich neue Sandalen anzulegen und zu einer der vielen christlichen Großveranstaltungen aufzubrechen, die überall im Land abgehalten werden. Sie bieten für jeden Geschmack etwas. Man lädt die Zelte in den Kombi, und wenn man Charismatiker ist, dann spannt man für die Anbetungsfahnen noch einen Anhänger an. Wir rollen los, fahren meilenweit und hoffen auf sonnige Tage und tiefe Begegnungen mit Gott.

Die Pilger zu christlichen Veranstaltungen sind meist ein geduldiges Völkchen. Es ist nicht leicht, 10 Stunden fahren zu müssen und wegen des Fischaufklebers nicht laut fluchen oder unanständige Handzeichen geben zu dürfen. Bei der

Ankunft am Campingplatz/Freizeitheim/Seminarzentrum fehlt, wie man so hört, gern mal das eine oder andere Detail – zum Beispiel das Waschbecken oder die Eingangstür.

Dann wäre da noch das Wetter. Vor ein paar Jahren wurde eine christliche Großveranstaltung von einem ungeheuren Sturm heimgesucht. Ein oder zwei Camper, die gerade zum großen Zelt wollten, fanden sich plötzlich auf einem Baum wieder und fragten sich zweifellos, ob sie der Herr durch ein Wunder dorthin transportiert hatte. Natürlich sind auch die Toiletten stets ein Thema. Besonders das legendäre Greenbelt-Festival war für seine sanitären Anlagen berühmt. Wenn jemand in diese Grube hineinfiel, war er im Grunde auf einen Gnadenschuss angewiesen.

Natürlich braucht man bei all diesen Veranstaltungen Lehrpersonal und Prediger für die Inspiration, was für diese armen Menschen auf harte Arbeit hinausläuft, besonders dann, wenn das Programm im Wochentakt wiederholt wird. Das eine Jahr war ich vier Wochen lang als Redner bei Spring Harvest engagiert. Jeden Tag stand ich auf der Bühne, lieferte meinen Vortrag ab und machte stundenlange Lobpreiszeiten mit. Noch monatelang danach wachte ich manchmal mitten in der Nacht davon auf, dass ich aus vollem Halse schrie: „Jesus, dein Licht" ...

Was also ist der Sinn der Sache? Die Kritiker der Veranstaltungskultur machen uns weis, man sollte doch besser zu Hause bleiben und am eigenen Ort seinen Glauben leben, statt die Zeit mit „christlichen" Veranstaltungen zu verschwenden. Aus so einer Nörgelei spricht der Geiz. In Wirklichkeit ist es großartig, einmal aufzubrechen, neue Lieder zu singen, sich neu inspirieren zu lassen und gemeinsam mit Freunden ein paar Hähnchen auf dem Grill einzuäschern. Gott selbst macht anscheinend Überstunden, wenn sich die Leute extra Zeit für ihn nehmen.

Als ich gerade frisch bekehrt war, machte ich bei einer Jugendfreizeit auf der Isle of Wight mit. Das hat mich völlig umgekrempelt. Klar, natürlich waren meine Reaktionen auf die abendlichen Predigten etwas übereifrig. Ich ging hinterher jedes Mal nach vorn; wenn man einen extra Aufruf nur für analphabetische einbeinige Korbflechter gemacht hätte, wäre ich trotzdem nach vorn gekommen, weil ich alles haben wollte, was Gott mir zu bieten hatte. Doch diese Sommerfreizeit spielte in meiner Erfahrung als Christ eine prägende Rolle. Deshalb bin ich überzeugt, dass solche Zeiten sehr wertvoll sind – weil auch Gott daran teilnimmt.

Wieder auf der Autobahn. Gerade habe ich auf einen anderen christlichen Sticker reagiert, der mich zum Hupen auffordert, wenn ich Christ bin. Gehorsam habe ich gehupt, aber aus der spontanen Geste des Fahrers schließe ich, dass er selbst überhaupt kein Christ ist. Ganz sicher nicht ...

Wie man Zynismus überlebt

Dem Prediger traten jetzt echte Schweißperlen auf die Stirn. Mit blitzenden Augen lief er eilig die lange Reihe der wartenden und betenden Menschen entlang, deren Hände sich ihm entgegenstreckten. Ihre Augen waren fest geschlossen. Sie konzentrierten sich auf eine andere Welt. Aus dem Abstand von drei Stuhlreihen schaute ich nachdenklich zu. Die Szene kam mir allzu bekannt vor.

Im Lauf der letzten und hitzigen Jahre der geistlichen Erneuerung war ich in Hunderten von Gottesdiensten gewesen, durch die der Heilige Geist wehte und uns mit dem überwältigenden Gefühl seiner Gegenwart buchstäblich von den Füßen fegte. Ich selbst war dabei oft auf den „Boden der Tatsachen" gekommen. Das Gedränge auf dem Läufer hier störte mich daher nicht. Woher also kam dieses beständig nagende Fragezeichen in meinem Kopf? Meine Nervosität hatte schon vorher bei der Predigt eingesetzt. Anscheinend war der Redner gerade von „phänomenalen" und „außergewöhnlichen" Veranstaltungen in Indien zurückgekehrt, bei denen – Zitat – „Hunderttausende von blinden Augen geöffnet worden waren und sich Hunderttausende von tauben Ohren aufgetan hatten". Schnell unterdrückte ich den respektlosen Gedanken, dass eine solche Lawine von Wundern den relativ unbekannten Redner gewiss auf das Titelblatt des *Time Magazine* gebracht hätte. Und wieso war nur von einzelnen Organen die Rede und nicht von den dazugehörigen Menschen?

Als er nun ans Werk ging, kehrte meine Nervosität zurück. Ich hatte nichts gegen die theatralisch-leidenschaftlichen Rufe „Im Namen Jeeesu!", während er durch die Reihen eilte, auch nichts gegen die Comic-artige Haltung der Fänger, die zu ermitteln versuchten, in welche Richtung die Geistereilten wohl fallen würden; mit ausgestreckten Armen warteten sie auf den nächsten Zusammenbruch. Ich ging der Quelle meines Unbehagens näher auf den Grund: Dieser Prediger *schlug* die Leute! Er rammte ihnen die Handfläche gegen die Stirn und schob die Köpfe weit zurück, so dass ihnen wenig anderes übrig blieb, als umzufallen.

Meine Gefühle schwankten zwischen Ärger und schlechtem Gewissen. Ich war sauer und leicht deprimiert wegen des offensichtlichen Zirkustricks, bei dem das Umfallen der Leute so nötig ist, dass man ruhig kräftig schubsen darf. Ich hatte ein schlechtes Gewissen, bei einem Mann Gottes so etwas überhaupt zu denken – vielleicht war das eben sein Stil? Ich versuchte, mit geschlossenen Augen und zugehaltenen Ohren zu beten und hoffte, das alles würde bald vorbei sein.

Ich beschreibe diesen Augenblick so deutlich, weil er ein weit verbreitetes Dilemma demonstriert. Welche Haltung sollten wir gegenüber Manifestationen, Wundern, Berichten über Goldstaub und Zahnplomben einnehmen? Wenn Gott wirkt, ballt so mancher seine Faust und kämpft gegen etwas, das er nicht versteht, während andere ihre Arme in die Luft werfen und anscheinend bereit sind, alles anzunehmen, was ihnen erzählt wird. Die Zyniker im Lande häufen sich – und auch die Naiven.

Den Zynismus fürchten wir zu Recht: Es ist ein Krebsgeschwür, das die Hoffenden gern befällt. Das Herz des Zynikers ist kalt und unfähig, sich von dem Gott erwärmen zu lassen, der wirklich kommt und unter seinem Volk wirkt. Der Zynismus übernimmt den empfindsamsten Anbeter und macht aus ihm einen passiven Zuschauer mit abwehrend vor der Brust gekreuzten Armen, einen kühlen Analytiker mit Stoppuhr und Notizblock unter dem Arm und einem Gesichtsausdruck, der besagt: „Wage es ja nicht, mir zu nahe zu kommen".

Wer die Macht des Zynismus bezweifelt, möge an die Pharisäer denken, die einen verwesenden Lazarus beobachten – und riechen – konnten, als er aus seinem Grab taumelte, und anschließend davoneilten, um zu beraten, wie sie den Verantwortlichen für diese Auferstehung loswerden könnten. Sie haben mit eigenen Augen zugesehen, doch der Zynismus hatte ihre Herzen selbst beim Anblick eines offensichtlichen Wunders verblendet. Zynismus schmilzt nicht dahin, wenn sich die Flamme der Erweckung entzündet. Ganz im Gegenteil, er verhärtet sich noch in der Hitze.

Wenn Gott kommt, werden die Pharisäer noch pharisäischer und die Hoffenden noch hoffnungsvoller. Man braucht nur ins Evangelium zu schauen. Der Zyniker lächelt selbstgefällig und fühlt sich erfahrener als der naive und einfältige Rest, doch er befindet sich im Zugriff einer Krankheit, eines Wahns. Es gibt nur eine Kur gegen den Zynismus: Wir müssen Buße tun. Zynisch zu sein ist nur eine andere Bezeichnung für Unglauben.

Doch als anderes Extrem lauert uns eine einfach gestrickte, gedankenlose Naivität auf. Ohne jedes Hinterfragen identifizieren wir uns mit jedem prophetischen Wort und achten weder auf Inhalt noch Geist. Man bringt eine neue „Offenbarung", und wir werfen alle Bedenken ab, denn wir wollen keinen kritischen Eindruck machen oder uns dem „Fluss des Geistes" entziehen. Dieser stillschweigende Anpassungsdruck kann in einer Atmosphäre der Begeisterung sehr intensiv empfunden werden, zum Beispiel wenn die Gemeinde nach Erweckung strebt. Vergleichbar ist das dem Gefühl, von einer riesigen Menschenmenge im Fußballstadion mitgerissen zu werden: Die Schultern sind fest eingekeilt, die Füße verlieren den Bodenkontakt – man ist nur noch ein Schwimmer im Strom. Man bekommt schon ein schlechtes Gewissen beim bloßen Erwägen der Möglichkeit, dass hier irgendetwas nicht stimmen könnte. Wenn jeder mitmacht, kann das doch wohl kein Irrweg sein?

Es ist zwar ein extremes Beispiel: Aber damals in Jonestown waren tatsächlich alle Anhänger des Sektenführers David Koresh irregeleitet, als sie Orangensaft mit Zyankali tranken. Eine ähnliche Gruppendruck-Wirkung kann auch unsere Fragen und Bedenken zum Verstummen bringen. Wir wollen uns nicht mit jenen Kritikern in eine Reihe stellen, die jedes Mal, wenn Gott sich zeigt, negative Presse machen. Auf gar keinen Fall wollen wir an den Verräter Judas oder den Zweifler Thomas erinnern, was leicht passieren könnte, wenn wir unbequeme Fragen stellen. Also schweigen wir und machen uns im Stillen Sorgen.

Gibt es einen gangbaren Weg zwischen diesen beiden Extremen – eine sozusagen „gesunde" Skepsis? Ich glaube schon. Es gibt einen biblischen Auftrag, diesen Mittelweg einzuschlagen. Wie Paulus an seine Freunde in Thessaloniki schrieb: „Prüft aber alles, und nehmt nur an, was gut ist" (1 Thessalonicher 5, 21). Dieses Gebot folgt der Mahnung auf den Fersen, die Paulus zuvor ausspricht: „Unterdrückt nicht das Wirken des Heiligen Geistes. Verachtet nicht die Weisungen, die er euch gibt." Diese Prüfung wird also nicht als negative, skeptische Reaktion auf das Wirken Gottes betrachtet, sondern vielmehr als positive Pflicht für alle, die die Wärme der Flamme des Heiligen Geistes empfinden und durch die Propheten seine Stimme hören.

Wir schaffen eine Umgebung, in der diese Prüfung stattfinden kann, wenn wir den Menschen Mut machen, Fragen zu stellen, manchmal sogar unbequeme Fragen, um zu Klarheit und Echtheit zu finden. Wann immer Gott wirkt, kommen auch Fragezeichen auf. Der Pfingsttag brachte einen Kraftausbruch, viele Fragen und Missverständnisse mit sich. „Was bedeutet das?", wurde in der Menge gefragt. Wir täten gut daran, uns auch für diese Frage Zeit zu nehmen. Manchmal glaube ich, dass wir Charismatiker uns vielleicht mit *Gefühlen* auskennen, aber zu wenig *denken*. Jesus aber hat seine wunderbaren kleinen Geschichten erzählt, um seine Zuhörer zum Fragen und Nachdenken anzuregen, damit es beim geistlichen Ringen und dem Schlagabtausch in einer Debatte zu neuen Entdeckungen kommt.

Fragen schützen uns vor gnostischer Bedeutungslosigkeit. Es hat so manches Mal gegeben, wo ich gern einen Propheten unterbrochen hätte, der sich in nebulösen Ankündigungen erging: „Du sagst, wir seien am Rande eines dritten Durchbruchs in himmlischen Orten, wenn wir das Kennzeichen des neuen Werkes begrüßen, das Gott für die Hungrigen und Durstigen tut. Aber was um Himmels Willen meinst du damit?"

Ich bin wirklich dankbar für die Chance, am Aufbau von Gottes Reich beteiligt zu sein, Menschen voller Leidenschaft und Hingabe um mich zu haben, die nach Gott suchen, aber trotzdem keine peinlichen Fragen scheuen, die uns auf der Suche nach dem Willen Gottes weiterhelfen.

Wir sollten bei solchen Fragen aber auch auf unsere Einstellung achten. Paul Reid sagt, dass die Arbeit der Kirchen von Menschen blockiert wird, die „zu allem eine Meinung haben und sich für nichts einsetzen". Was sind unsere Motive und die Ausgangspunkte unserer Fragen? Haken wir nach, weil wir aus tiefstem Herzen die Schlechtigkeit einer Sache beweisen wollen – oder vielmehr das Gute daran? Vielleicht ist das mein Problem mit manchen aus den Kreisen derer, die so vehement gegen Toronto, Pensacola und alles andere geschrieben haben, was mit Erweckung zu tun hat. Anscheinend fängt man mit der Prämisse an, die Sache sei schlecht, und sammelt dann beweiskräftige Informationen für den eigenen Standpunkt, statt eine ausgewogene Analyse zu präsentieren. So eine Methode ist unfair und nicht angemessen.

Zynismus blüht außerdem auf, wenn unsere Erwartungen unrealistisch sind: Bei Idealisten ein weit verbreitetes Problem. Wir alle haben unausgesprochene Erwartungen, wie etwas sein sollte, und zwar zu Recht. Wir vergessen dabei aber, dass unsere Mitstreiter genau wie wir fehlbare menschliche Wesen sind. Wer länger als ein halbes Jahr eine Kirche besucht und niemals etwas oder jemanden bemerkt hat, das ihn stört, ist wahrscheinlich klinisch tot. Wir müssen unsere Hoffnungen an einem realistischen Verständnis für die Schwachheit des menschlichen Wesens ausrichten.

Es gibt nur eine Möglichkeit, auf dem schmalen Grat zwischen Unglauben und nutzloser Einfältigkeit das Gleichgewicht zu halten. Es geht um Gnade.

Und zu welchem Ergebnis bin ich bei jenem Evangelisten mit der nachhelfenden Hand gekommen? Gut, er mag gesalbt sein; aber ich würde gern ein paar medizinisch fundierte Berichte aus Indien zu lesen bekommen. Und er sollte aufhören, die Leute zu schubsen.

Anmerkung

Die Anekdoten in diesem Kapitel sind meinem Buch *Gideon: Power from Weakness,* Kingsway Publications 1999, mit freundlicher Genehmigung entnommen.

Denkzettel aus der Autowaschanlage

Mal ehrlich – fühlen Sie sich manchmal einfach so total *normal?* Nicht, dass ich Ihnen einen Minderwertigkeitskomplex andichten will, doch manchmal ist man sich sehr bewusst, dass man nur mit Wasser kocht und einfach ziemlich durchschnittlich ist.

Ich hatte so eine Normalitätskrise, als ich vor ein paar Jahren eine größere Leiterkonferenz besuchte. Schon die Bezeichnungen von solchen Konferenzen können recht einschüchternd sein. Meine nannte sich *Ökologische Apostel und Propheten vereint für das Universum* – oder so ähnlich. Ich begab mich in den Speisesaal und saß einer Frau gegenüber, die so unglaublich „vollmächtig im Namen des Herrn" aussah, als ob sie Bollwerke niederreißen könnte. „ICH BIN EINE WAFFE GOTTES!" stand gleichsam auf ihrer Stirn geschrieben – eine wahrhafte Reinhardina Bonnke. In bedeutsamem Schweigen verzehrte sie ihr Mahl.

Gleich fühlte ich mich wieder so ... mittelmäßig. Diese Frau kannte wahrscheinlich das 3. Buch Mose auswendig und trieb noch vor dem Frühstück Dämonen aus.

Ich beschloss, mich dennoch vorzustellen. „Äh, hallo, ich heiße Jeff ... Jeff Lucas." Ich rechnete halb damit, dass sie vom Teller aufsehen und mit himmlischem Glanz in den Augen sowie der Autorität einer Prophetin sagen würden: „Ja, weiß ich. Ich habe dich 1953 in einer Vision geschaut."

Doch sie sagte nichts Derartiges. Sie begrüßte mich nur mit einem freundlichen „Hallo" und stellte sich vor.

„Haben Sie eine gute Woche hinter sich?", fragte ich. Eigentlich nur, um überhaupt etwas zu sagen.

„Nein, die war eigentlich ganz schlimm."

Ich bemühte mich, einen mitleidigen Eindruck zu erwecken, doch innerlich war ich beflügelt. Gut! Frau Vollmacht hatte also einige Härten durchlebt. Damit erwies sie sich als menschlich, und es war nicht so, dass sämtliche Umstände sich sogleich ihrem geistgeführten Gebet beugten.

„Äh ... was ist denn passiert?", fragte ich hoffnungsvoll.

Die Frau beschrieb dann, wie sie mit ihrer Familie zur Autowaschanlage gefahren war. Daraus entwickelte sich eine persönliche Krise größeren Ausmaßes. Anscheinend hatte die Frau Gottes die Plastikkarte eingesteckt, war in die Anlage gefahren (es handelte sich um eine, bei der man im Wagen sitzen blieb) und jenen freudigen Augenblick erleben dürfen, da die großen Bürsten sich gehorsam zu drehen anfangen und die Wasserstrahlen unablässig näher kommen. Dann wurde sie plötzlich unsicher und beschloss, nochmals zu überprüfen, ob die Wagenfenster auch wirklich zu waren. Sie griff also nach der Fensterkurbel. Die ging ab, und sie hielt sie entgeistert in der Hand. Dann rutschte die Scheibe zu ihrem völligen Entsetzen ganz nach unten und verschwand sang- und klanglos in der Tür. Dadurch entstand eine riesige gähnende Öffnung, die mit Sicherheit den Einlass von Tausenden Litern schmuddeligen, schaumigen Wassers begünstigen würde. Sie würden ertrinken! Die Frau sah sich auf der vergeblichen Suche nach irgendetwas im Auto um, womit die klaffende Öffnung verstopft werden könnte, damit das Fahrzeug nicht zu einer Kreuzung aus Noahs Arche und der Titanic wurde. Doch ihr fiel nur eines ein, was eine einigermaßen wasserdichte Versiegelung ergeben würde ... ihr eigenes Hinterteil.

Ich gab mir wirklich Mühe, nicht zu lachen, aber beim bloßen Gedanken an die nun folgende Szenerie war mir danach, mich auf den Boden zu werfen und mit den Beinen in der Luft zu strampeln. Ein Teil meiner Heiterkeit entstand aus dem befreienden Gefühl der Erkenntnis, dass hier eine Frau saß, die Gott wirklich liebte und seine Autorität in ihrem Leben wirken ließ. Gleichzeitig war sie ein Mensch, der wahrscheinlich genau wie ich ziemlich gut wusste, wie man idiotische Dinge anstellt, wie schwachsinnig man manchmal reagieren kann und wie sich eine totale Niederlage anfühlt. Sie war normal. Ich bin normal. Und auch Sie sind normal.

Doch der alles andere als normale Gott, dem wir dienen, hat anscheinend Freude daran, Tongefäße wie uns (der Schatz Gottes steckt in „irdenen Gefäßen") zu nehmen und uns für den Aufbau seines Reichs zu verwenden. Dazu gehört auch ein „mächtiger Krieger", der sich ängstlich in einer Weinpresse versteckte (Gideon), ein stotternder Prophet (Jeremia), ein König mit einer Schwäche für schöne Frauen (David) und eine ganze Armee anderer Hoffnungsloser (menschlich ausgedrückt), die sich als hocheffektive Werkzeuge in den Händen unseres ungewöhnlichen Gottes erwiesen.

Sie fühlen sich immer noch normal? Herzlich willkommen im Abenteuer Leben!

Anmerkung

Die Anekdoten in diesem Kapitel sind meinem Buch *Gideon: Power from Weakness*, Kingsway Publications 1999, mit freundlicher Genehmigung entnommen.

„Entschuldigung, dein Hintern brennt"

Der BMW war groß, blau und von makelloser Schönheit. Ich bewunderte ihn sehnsüchtig, wobei ich mir Worte wie „Haben!" aus dem Kopf zu schlagen versuchte. Er gehörte Chris und Jeanne, zwei guten Freunden.

Sonst bin ich eigentlich kein Autofan. Ich mache mich über Werbespots lustig, in denen sinnliche Damen auf glänzenden Motorhauben und Sprüche wie „Dieses Auto ist purer Sex" dargeboten werden. Vielleicht stimmt etwas nicht mit meinen Hormonen, aber ich bekenne, dass ich von ein paar Tonnen Metall noch nie erotisch stimuliert worden bin.

Dieser BMW aber war ein wunderschönes Ding. Die Formen waren perfekt. Das Chrom blitzte. Die Lackierung wirkte wie ein glatter, gleißender Ozean in sattem blauen Glanz. Ich machte es mir auf dem Rücksitz bequem und genoss den luxuriösen Duft der Ledersitze. Nach dem Start war ein leises Schnurren vernehmbar; holprige Strecken und Schlaglöcher wurden von der hervorragenden Federung perfekt ausgeglichen.

Doch plötzlich lief alles schief. Chris, der Fahrer, stellte fest, dass die normalerweise sehr aufmerksamen Kontrollleuchten total falsche Signale anzeigten. Der Bordcomputer redete aufgeregt auf Deutsch mit uns. Ich erschnupperte einen angebrannten Geruch und hielt es für angebracht, darauf aufmerksam zu machen.

„Es riecht irgendwie nach Öl", bemerkte ich so beiläufig wie möglich.

Jeanne drehte sich zu mir um und bestätigte meinen Eindruck mit den erschreckenden Worten: „Das ist kein Öl, Jeff – es brennt unter dir."

Es stellte sich heraus, dass zuvor am gleichen Tag eine neue Batterie ins Auto eingebaut worden war, die unüblicherweise unter dem Rücksitz steckte – direkt unter meinem Platz. Leider hatte die Werkstatt das falsche Modell installiert, weswegen die Anschlüsse ein paar Zentimeter höher ragten, als sie sollten. Als ich daher meinen evangelikalen Hintern auf das Leder platzierte, senkte sich der Sitz entsprechend der Naturgesetze etwas ab, und der Metallrahmen schloss die herausragenden Pole kurz. Jetzt brannte die Batterie, und die elektronischen Systeme des Autos schmolzen flugs und endgültig dahin. Wir fuhren das Auto an den Straßenrand, sprangen blitzschnell hinaus, riefen die Feuerwehr an und mussten zusehen, wie das wunderschöne Fahrzeug in Flammen aufging. Sekunden danach konnte man es abschreiben.

Chris war versichert und sagte (sehr huldvoll), dass er das Auto sowieso eigentlich nicht besonders leiden konnte. Was mich überwältigte, war meine mangelhafte Selbstwahrnehmung. Ich war bereits von Rauchwolken umhüllt, ein Miniaturinferno sorgte buchstäblich für Feuer unter meinem Hintern – und doch hatte ich gar nichts gemerkt.

Stellen Sie sich die Szene mal als Schnappschuss vor und betrachten Sie sie als Gleichnis. Wie oft sind wir selbst schuld, wenn wir angesichts aller möglichen eigenen Unzulänglichkeiten, Charaktermängel und manchmal unverblümten Sünden von seliger Ahnungslosigkeit befallen sind? Unsere Freunde staunen über unsere Kurzsichtigkeit und sind verblüfft, dass wir blind für das sind, was jedem anderen sofort auffällt. Hoffentlich ist es uns gegeben, dankbar und freundlich zu reagieren, wenn – bildlich gesprochen – ein Freund uns leise zuflüstert: „Entschuldigung, aber merkst du eigentlich nicht, dass dein Hintern brennt?"

Die einstudierte Rolle

Es war ein kühler Morgen in Irland. Meine Augen klappten auf, und ich nahm die Zimmerdecke ins Visier. Wo war ich, und was hatte ich hier in diesem Ferienhaus zu suchen? Ach ja. Ich sollte auf einer Konferenz – „Gemeinsam für das Reich Gottes" – einen Vortrag halten. Ein paar tausend Christen von beiden Seiten der Grenze hatten das Ferienzentrum eine Woche lang gebucht, um Vorträgen zu lauschen und gemeinsam Gottesdienst zu feiern. Das Zentrum an sich war vermutlich früher mal besser in Schuss gewesen, aber die spürbare Gegenwart Gottes machte die bröckelnde Farbe mehr als wett.

Kay schlief noch, und Kelly und Richard waren anscheinend auch noch im Reich der Träume. Zeit für eine Dusche. Das Badezimmer war am anderen Ende des Ferienhauses. Ich musste mir also den Weg aus unserem Schlafzimmer durch das Wohnzimmer mit der Küchenecke bahnen, den Flur entlanggehen und die erste Tür links in besagtes Badezimmer nehmen. Nichts leichter als das!

Ich hatte nichts an, fand aber, dass ich den Sprint ins Badezimmer ohne Risiko schaffen konnte, denn immerhin lagen alle anderen aus dem Lucas-Clan in tiefem Schlaf. Ich erhob mich leise aus dem Bett, öffnete die Schlafzimmertür und tappte mit Gänsehaut los. Die Hälfte des Wegs durch das Wohnzimmer war zurückgelegt, als ich plötzlich das Geräusch hinter mir hörte. Ich erstarrte. Es war das Geräusch einer sich öffnenden Tür – der Eingangstür zum Ferienhaus. Sofort hatte ich eine doppelte Offenbarung. Erstens stellte ich fest, dass ich es versäumt hatte, vor dem Schlafengehen die Tür zu verschließen, und zweitens schloss ich aus dem Geklapper draußen, dass die Reinigungskolonne ihre Runde machte. Jetzt stand ich vor einem moralischen Problem: In zwei Sekunden musste es zur Begegnung eines Nackten mit einer besenführenden Dame kommen. Sollte ich meinen Körper gegen die Tür werfen und die zuvor erwähnte Dame vom Betreten des Hauses und dem wenig erfreulichen Anblick meiner Nacktheit abhalten oder sollte ich einen dreifachen Salto rückwärts in die gut ausgestattete Küchenecke machen und ein Utensil finden, mit dem ich Anstand und Würde wahren konnte?

Ich hätte über beides nicht nachdenken müssen, denn es blieb keine Zeit mehr: Diese Putzfrau hatte einen Turboantrieb. Als ich mich umdrehte, um zur inzwischen offenen Tür zu blicken (ein Fehler!), steckte sie den Kopf ins Zimmer, lächelte freundlich und schaute mir in die Augen – wofür ich besonders dankbar war.

Ich war wie gebannt. Da standen wir, sie und ich, scheinbar 10 Jahre lang, doch es waren in Wirklichkeit natürlich nur Sekunden. Was würde sie wohl sagen? Würde sie sich entschuldigen, aufkreischen oder vor einem fluchtartigen Rückzug lachen? Eine erfahrene Reinigungskraft wie sie hatte so eine Situation doch gewiss schon erlebt.

Sie reagierte, als gebe es überhaupt nichts Unziemliches. Ihre Worte überraschten mich, gelinde gesagt: „Guten Morgen. Möchten Sie, dass ich Ihre Bettwäsche wechsle?"

Ich war verblüfft. Entweder war diese Frau ein Profi in höchster Vollendung, oder sie sagte nichts anderes als das, was sie an jedem Arbeitstag ihres Lebens morgens ein Dutzend Mal abspulte. Die Worte waren die gleichen wie immer, genau wie die Tätigkeit. Ich fand meine Zunge wieder, dankte ihr für das Angebot und teilte ihr mit, meiner Meinung nach sei unsere Bettwäsche in Ordnung und brauche erst morgen gewechselt zu werden, vielen Dank auch.

„Alles klar, danke", lächelte sie und ging zum nächsten Ferienhaus. Ich hörte sie an der Tür klopfen, sie öffnen und dann rufen: „Möchten Sie, dass ich Ihre Bettwäsche ..." Dieselbe Leier.

Ein anderer Klassiker mit einstudierten Rollen ließ sich an Bord eines Flugzeugs Richtung Chicago beobachten. Es geschah nach einem sehr langen Flug von England, und ich hatte neben jemandem gesessen, dessen Kind ganz gut zu meiner Vorstellung von „Teufelsbraten" passte. Links von mir saß ein guter Freund, der mich auf der Reise begleitete. Es war 20 Minuten vor der Landung am O'Hare International Airport, als der Pilot mit einer speziellen Ankündigung herausrückte.

„Hier spricht Ihr Pilot. Wir haben ein kleines Problem. Wir verlieren etwas Hydrauliköl. Wer von Ihnen rechts am Fenster sitzt, möchte sich vielleicht davon überzeugen, wie das Öl aus dem Flügel austritt." (Ich saß auf der rechten Seite. Ich schaute nach der Flüssigkeit. Sie trat nicht aus, sie spritzte heraus!) Der Pilot fuhr fort: „Dieses kleine Problem kann dreierlei bedeuten. Erstens können wir die Landeklappen nicht bewegen." *Na wunderbar*, dachte ich. *Dieses klitzekleine Problem bedeutet also, dass wir das Flugzeug eigentlich nicht zu Boden kriegen können.*

„Zweitens können wir das Fahrwerk nicht ausfahren." *(Super. Wenn wir das Flugzeug schließlich doch in Richtung Landebahn bewegen können, dann ist eine Landung sowieso nicht drin.)*

„Drittens schaffen wir es nicht zu bremsen." *(Hurra. Kommen wir wirklich runter und schaffen es tatsächlich zu landen, dann gibt es kein Halten. Preist den Herrn!)*

In diesem Augenblick war mir nach Beten zumute, doch ich muss zugeben, dass mein Gebet etwas piepsig klang: eine Art Wiener Knabenchor der Fürbitte. Mein Freund war weder so tapfer noch so geistlich wie ich und versuchte, ins obere Gepäckfach zu klettern, während er „Mama" schrie.

Der Pilot entschloss sich, uns zu beruhigen. Sein erster Beruhigungsversuch war nicht so furchtbar erfolgreich: „Machen Sie sich bitte keine Sorgen, der ganze Flughafen wurde extra für uns freigehalten, und Feuerwehr und Krankenwagen stehen bereit." *(Wie tröstlich. Es erklangen weitere halblaute Schreie nach mütterlicher Hilfe von oben).*

Der zweite Versuch des Piloten, die angespannten Nerven seiner Passagiere zu beruhigen, wurde mit größerer Begeisterung entgegengenommen: „Wir haben es geschafft, die Landeklappen zu öffnen, und wir werden noch einmal versuchen, das Fahrwerk manuell auszufahren, indem wir eine kleine Luke im Gang öffnen. Wir haben immer noch keine Bremskraft, aber wir können die Triebwerke auf Umkehrschub schalten und ziemlich sicher landen. Entspannen Sie sich bitte, es geht alles gut aus."

Eine spürbare Welle gedämpfter Erleichterung ging durch die Kabine, und aus dem oberen Gepäckfach hörte man die Rufe: „Danke, Gott, ich hab' dich lieb, Mama!" Doch eine gewisse Spannung hielt an. Als das landende Flugzeug sich der Rollbahn näherte, konnten wir unten die roten Blinklichter der Feuerwehr sehen – sie wollten dem Zufall keine Chance lassen. Mit kreischenden Triebwerken schossen wir die Landebahn entlang, die eifrige Feuerwehr auf den Fersen, und schließlich, scheinbar nach einer Ewigkeit, kamen wir ganz am Ende der asphaltierten Piste zum Stehen. Ein Schlepper zog uns zum Flugsteig.

Die Erleichterung erfasste alle. Männer, die sich noch vor fünf Minuten wie kreischende Schimpansen benommen hatten, taten jetzt so, als sei die ganze Sache ein überaus wunderbares Abenteuer gewesen. Sie klatschten einander ab und lachten ein bisschen zu laut. Die Frauen waren etwas ehrlicher. Sie umarmten sich, brachen in Tränen aus und halfen einander mit Kosmetikartikeln aus. Es war ein herzerwärmender Anblick. Und als mein Freund sich von seinem Gepäckfach verabschiedete und zu mir nach unten kletterte, fielen mir drei Nonnen hinten im Flugzeug auf, die „Näher, mein Gott, zu dir" sangen.

Plötzlich meldete sich wieder knisternd der Bordlautsprecher. Es war unser unerschrockener Pilot mit einer weiteren Ansage. Während er sich räusperte, fragte ich mich, mit welchen angemessenen Worten er wohl diesen Augenblick würdigen wollte. Hier saßen wir, verschwitzt, traumatisiert, dankbar, am Leben zu sein: Eine Episode, die sicherlich niemand von uns je vergessen könnte. Was würde der Pilot wohl sagen, um das, was wir jetzt fühlten, in Worte zu fassen? Würde er Gott danken oder mit dem Dichter Milton sprechen, den Staatsmann Churchill oder einen eher unbekannten griechischen Philosophen zitieren? Nichts von alledem.

„Meine Damen und Herren, hier spricht Ihr Pilot. Ich möchte gern der Erste sein, der Sie im Namen unserer Fluglinie in Chicago begrüßt. Danke, dass Sie mit uns geflogen sind. Ich wünsche Ihnen einen schönen Tag. Auf Wiedersehen!"

Das war alles! Keine Entschuldigung, keine malerischen Worte für den Augenblick unserer Erlösung. Nur die ganz normalen einstudierten Phrasen, die er jedes Mal nach einer Landung aufsagte. Einen Moment lang hatte er unter Druck gestanden, dann aber fügte sich alles wieder in die gewohnte Routine ein.

Wir alle haben viel Übung beim Aufsagen einstudierter Rollen. Wenn man es sich recht überlegt, gehören diese Rollen zu unserem Leben. In der Fernsehwerbung wird uns die Kunst des Lebens verführerisch dargestellt: Wir brauchen unbedingt diese Produkte, wenn wir überleben wollen. Wir geraten in gesellschaftlichen Druck, bestimmte modische Kleidungsstücke zu tragen, weil man das von uns erwartet. Gedankenlos schreiten wir durch das Leben und spielen eine Rolle, die jemand anders verfasst hat, wir marschieren zu einem Rhythmus, der von einem unbekannten Trommler geschlagen wird.

Wir leben in einem Zeitalter der Überflutung durch Informationen – und des Mangels an Nachdenklichkeit. Und wir Christen sind durchaus nicht von diesen sinnlosen Rollenspielen ausgenommen. Manche Christen würden lieber sterben als nachzudenken. Gerald Coates drückt es so aus: „Manche Christen sind so engstirnig, dass sich ihre Ohren berühren."

Möge Gott uns helfen, das Gehirn zu betätigen, das er uns geschenkt hat, und aus dem dumpfen, sklavischen Gehorsam gegen das Wortgeklingel unserer Gesellschaft auszubrechen. Gott, hilf uns nachzudenken.

Die Realität

Glücklichsein ist Pflicht

Alles fing mit einer unschuldigen Frage an. Ich fragte den kleinen Mann: „Hallo, wie geht's?"

Das war ein Fehler!

Einen Augenblick zuvor hatte er den Inhalt eines meiner Bücher überprüft, die fein säuberlich auf einem Tisch im Foyer der Kirche ausgelegt waren. Seine dunklen Adleraugen flitzten beim Durchblättern auf der Suche nach möglichen Irrlehren über die Seiten.

Er ließ das Buch wie ein rot glühendes Kohlenstück auf den Tisch fallen und schnauzte mich an: „Mir? Hör mal, Bruder. Ich lobe meinen Gott. Und wie steht's mit dir?" In seiner Stimme lag keine Wärme oder Freundlichkeit, vielmehr gellte hier etwas Forderndes, Inquisitorisches.

Aus Sorge, eine zu wenig fröhliche Reaktion könne ihn veranlassen, mir in mittelalterlicher Tradition sofort die Fingernägel auszureißen und mich in einen großen Kessel mit flüssigem Blei zu stecken, bestätigte ich, dass, äh, auch ich in der Tat den Herrn des Öfteren lobe. Dann zog ich mich hastig auf die Toilette zurück.

Drinnen wusch sich ein freundlich wirkender Mann die Hände, was bei den Evangelikalen äußerst angebracht ist, denn zu deren Hauptbeschäftigungen gehört brüderliches

Händeschütteln. Erleichtert, dass ich dem Büchertisch und dem offiziellen Abgesandten der Inquisition entkommen konnte, entfuhr mir wieder ein: „Hallo! Wie geht's?"

Wieder ein Fehler!

Er lächelte und zerrte an dem automatischen Handtuch, das natürlich automatisch blockierte. „Ach, mir geht's gut, Bruder." Und dann kam der Nachtrag, begleitet von einem schmerzlichen Blick: „Uns *muss* es ja gut gehen, nicht wahr?" Damit ging er.

Mir schwirrte der Kopf. Erst musste ich Conan, dem barbarischen Anbeter begegnen, und dann ließ dieser nette Mann mit den feuchten Händen keinen Zweifel daran, dass es dem christlichen *Homo sapiens* grundsätzlich gut zu gehen habe, dass er sozusagen *automatisch* glücklich, begeistert und ekstatisch zu sein habe. Ich kehrte leicht erschüttert in den Saal zurück, in dem der Gottesdienst jetzt anfing.

Ein Landwirt legte Zeugnis ab: „Ja, letzte Woche trat mir ein Schaf an den Kopf. *Preist den Herrn!*", begeisterte er sich, als sei der Angriff eines wolligen Skinheads seit langem schon sein Herzenswunsch gewesen.

„Amen!", schallte es aus der Versammlung, ganz so, als hätten auch sie nichts lieber als paarhufige Tritte an den Kopf.

„Ich musste mir mit sieben Stichen das linke Auge nähen lassen. Halleluja!", fuhr der Landwirt fort, was die Zuhörer wiederum entzückte. Anscheinend lechzten sie danach, auf den Beistand eines Blindenhunds angewiesen zu sein.

Ich dachte eigentlich, diese Art Christentum („Soeben wurden mir die Beine abgenommen, ach, ich bin so glücklich!") sei schon vor Jahrzehnten ausgestorben.

Klar, das Leben, sogar das Leben von Christen, ist kein Spaziergang von einem Entzücken zum nächsten. Es wird auch mal langweilig oder unschön. Das heißt aber doch nicht, dass wir uns über jedes Unglück *freuen* müssen, Himmel noch mal! Ein Grinsen mit zusammengebissenen Zähnen wirkt nicht mehr, wenn das Unglück zuschlägt. Jesus hat in Gethsemane weder ein falsches Lächeln aufgesetzt noch ekstatisch das Tamburin geschwungen. Er kämpfte mit sich, weinte, litt und suchte nach Auswegen – und trotzdem ergab er sich treu in den Willen seines Vaters. Er machte keinen Hehl aus seinem Leid und bat seine schläfrigen Freunde, ihm beizustehen.

So sollten wir es auch halten. Und uns vor fiesen Schafen in Acht nehmen!

Ruhm

Die beiden Frauen sind sehr, sehr umfangreich, und ihre Wut passt zu ihrem Umfang. Aus den Augen blitzt der blanke Hass, von den Lippen kommen derbe Flüche: grelle, gezackte Geschosse verbaler Bosheit. Sie müssen jetzt von noch größeren, stämmigeren Gegnern gebändigt werden, weil sie um sich treten, schreien, kratzen und beißen wollen. Sie haben sich vorgenommen, einander zu vernichten, hier in der bluttriefenden Arena, die sich „Jerry Springer-Show" nennt. Am Ende dieser Talkshow-Runde gönnt sich Jerry Springer, der große Ringmeister dieses voyeuristischen Zirkus, ein paar Minuten für eine kleine Ansprache, in der die Leute ermahnt werden, nett miteinander umzugehen. Seine zuckersüße Botschaft am Ende jeder Show, in der Beziehungen nachhaltig zerstört werden, ist ein Augenblick zum Erbrechen. Man könnte ebenso gut einen Gladiatorenkampf mit dem „Wort zum Sonntag" beschließen. Beziehungen sind für immer in tausend Stücke zerschlagen, Ehen dem Untergang geweiht. Und die unglücklichen Gäste tun all das für einen winzigen Augenblick im Fernsehen.

Vielleicht hatte Andy Warhol Recht – wir alle hungern nach einer Viertelstunde Ruhm. Dafür lebte und starb die vom Schicksal geschlagene Prinzessin Diana, verfolgt von der Meute, die sie ansonsten auch gern hofierte. Unsere Illustrierten versorgen uns mit allen Einzelheiten über das Leben der Promis, und sie können den Filmstars locker Millionen zahlen, um auf ihren Hochzeiten Fotos machen zu dürfen. So groß ist unser unlogisches Bedürfnis, bei den Berühmten Einblick zu nehmen.

Und jetzt sind wir in der Ära der Doku-Soaps gelandet: Zur besten Sendezeit wird der Alltag übertragen. Wir wollen anscheinend unbedingt wissen, was genau am Flughafen hinter dem Check-in-Schalter passiert. Wir lassen uns von der täglichen Arbeit eines Fensterputzers fesseln. Wir leben in einer Gesellschaft, die aus allem möglichst viel rausholen muss!

Ruhm kann auch für Christen in Führungspositionen wichtig werden, vielleicht noch mehr als für andere. Natürlich wissen die Ikonen unserer Gesellschaft, dass unser Interesse an ihrer Kleidung, an ihren Schlafzimmern und ihren Essgewohnheiten rein oberflächlich ist: nichts als Unterhaltung, Ablenkung von unserer Langeweile. Doch als Christ bekommt man Applaus für eine geistliche Haltung: Man gilt als eine Art Vorbild, das über Themen des Lebens und Glaubens reden darf; man kann echten Einfluss auf die Menschen ausüben. Da schleicht sich der Wunsch nach Ruhm ein und wartet auf die Gelegenheit, uns in die Ferse zu beißen, während wir über Demut reden. Wir haben für diesen Ruhm sogar geistlich besetzte Begriffe geprägt: „geistliches Profil", „großer Wirkungskreis". Die christliche Welt ist relativ klein, und die bekannteren Persönlichkeiten sind sozusagen die größeren Goldfische im Teich.

Dabei kann Ruhm als Versuchung wirken. Vielleicht hat Jesus uns deswegen gelehrt, Spenden nicht in der Öffentlichkeit zu geben und im stillen Kämmerlein zu beten. Die

Pharisäer ließen buchstäblich vor sich her posaunen, um anzukündigen, dass sie ein paar Münzen in den Opferkasten werfen wollten. Der Drang nach Bekanntheit und Anerkennung, vor allem auf Grund der eigenen Frömmigkeit, ist also keine neuzeitliche Versuchung.

Zum Thema Ruhm war ich schon ein paar Mal mit Gott im Gespräch, jeweils bei Spring Harvest, das jährlich etwa 70000 Gläubige zusammenbringt. Einige Jahre lang wurde mir das besondere Recht zuteil, hier beim Jugendprogramm zu sprechen. Damals war ich genau wie heute überzeugt, dass die besten Redner bei Spring Harvest vor den Jugendlichen auftreten. Es ist eine Sache, bei Veranstaltungen für Erwachsene 5000 Leute rednerisch in den Bann zu schlagen. Die passen brav auf, auch wenn es mal Längen gibt, weil sie hören wollen, was man zu sagen hat. Es ist etwas ganz anderes, 1000 Teenager bei der Stange zu halten, von denen viele sowieso sauer auf ihre Eltern sind, die sie auf dieses blöde christliche Pfadfindertreffen mitgeschleppt haben.

Ich bin so dankbar für die Zeit, in der ich als Jugendreferent tätig war, und meine Rednertätigkeit vor Erwachsenen habe ich nie als „höhere Stufe" auf der evangelikalen Leiter empfunden. Mit manchen Punkten habe ich allerdings Schwierigkeiten gehabt. Zum einen wurde ich älter, und es war dringend erforderlich, dass jüngere Jugendleiter nachkamen. Ich hatte aber auch den Eindruck, dass Gott mir einiges zu sagen aufgetragen habe, das nach einem älteren (und größeren) Zuhörerkreis verlangte. Ich weiß noch, wie ich ziemlich frustriert war, auf ein jugendliches Publikum festgenagelt zu sein. Bei einem Spaziergang an der Küste von Skegness klagte ich Gott mein „Leid". Kein helles Licht erstrahlte über den trüben Wellen, und kein Engel gesellte sich an meine Seite, als ich über den Kiesstrand schlurfte. Doch mir war, als melde sich eine Stimme in mir – eine, die ich zu erkennen gelernt hatte – mit einer sehr nachhaltigen Frage:

„Möchtest du auf eine Bühne steigen, die nicht ich für dich vorbereitet habe?"

Ich wusste, dass es Gott war, der *mich* zur Rede stellte, weil es *mich* in den Vordergrund drängte. Er machte das Angebot, auf *seinen* Zeitpunkt statt auf die nächstbeste Gelegenheit zu warten.

Ich antwortete: „Nein, bestimmt nicht." Und da stellte sich innerer Frieden ein.

Ein paar Jahre später entschloss sich Gott, den Lichtschalter in diesem Dienstbereich anzuknipsen, und ich fing an, mich auf der größeren Bühne von Spring Harvest zu betätigen. Eines Abends hielt ich einen Vortrag bei der Großveranstaltung. Es lief gut. Eigentlich lief es sehr gut. Der Inhalt schlug bei den Zuhörern merklich voll ein, der Vortragsfluss geriet nicht ins Stocken, und die Menge lachte erwartungsgemäß bei allen witzigen Stellen. Es war ein Volltreffer, wie man so sagt.

Am nächsten Tag schlenderte ich auf meine morgendliche Dosis Koffein in den Servicebereich, und dabei merkte ich, dass die Leute mich ganz anders beachteten. Sie stießen einander an, wenn ich vorbeiging, manche lächelten und sagten „Guten Morgen", andere wieder flüsterten: „Er ist es – du weißt schon, der von gestern Abend."

Ich spülte meinen Kaffee runter und ging hinüber zum Bücherstand; ich hatte ein paar freie Minuten und wollte mich in aller Ruhe umschauen. Um aber zu den Ständen zu gelangen, musste ich am Regal mit den Kassetten vorbei, in dem die Aufnahmen aller Veranstaltungen verkauft wurden. Hier hing ein großes Schild mit der Aufschrift: „Vortrag von Jeff Lucas gestern Abend – hier erhältlich". Es drängelten sich tatsächlich mehrere Menschen unter dem Schild und bestellten Aufnahmen mit meiner Predigt!

Ich lief nach draußen und kämpfte mit dem aufkommenden Drang, mir selbst zu gratulieren. Dann geschah es: Ein Gast stellte sich mir in den Weg, schwenkte ein Buch von mir vor meiner Nase und bat mich, eine Widmung einzuschreiben. Ich wand mich. „Eine Widmung für Ihr Buch? Tatsächlich? Äh, ich weiß nicht – ja gut! Wo soll sie hin? Und wie heißen Sie? Soll ich einen Bibelvers dazuschreiben?"

Den ganzen Tag lang konnte ich auf dem ganzen Gelände nirgendwohin gehen, ohne auf meinen Vortrag angesprochen oder um eine Widmung gebeten zu werden. Zuerst gebot die Bescheidenheit, dass mir das peinlich sein solle, aber schon bald merkte ich, wie ich langsamer ging, wenn sich jemand näherte, damit ich huldvoll grüßen und meine Widmung gewähren könne. Es kam so weit, dass es mir zu einem Bedürfnis wurde, den Stift schon in der Hand zu halten, um allzeit bereit und ohne großen Umstand der immer größer werdenden Schar meiner Bewunderer meinen Segen zu erteilen. Ich war berühmt! Hurra! Das Gefühl war wirklich nicht schlecht.

Gott hat seine Methoden, in unsere aufgeblähten Ballons zu pieken – und ich bin dankbar, dass er meinen schnell zum Platzen brachte. Am späten Nachmittag, als mir die rechte Hand von den zahlreichen freundlichen Widmungen schon etwas weh tat, hörte ich wieder diese Stimme – die Stimme Gottes in meinem Herzen. Und dieses Mal stellte er nur noch eine Frage, die in Sekunden meine aufgeplusterte Haltung wegpustete.

„Aha, da sind wir wohl die Berühmtheit des Tages, stimmt's?"

Spiel, Satz und Sieg für Gott.

Ich schreibe immer noch Widmungen, wenn ich darum gebeten werde. Und es erfüllt mich mit ungeheuer viel Zufriedenheit und Ermutigung, wenn mir jemand sagt, ein Vortrag oder Buch von mir habe ihm irgendwie geholfen.

Doch über das „Berühmte-Christen-Syndrom" kann man ja nur lachen, man braucht es auf keinen Fall ernst zu nehmen. Die seltsame Freude, die sich daraus ergibt, dass zahlreiche Menschen von unserer Existenz wissen, ist ein zu unsicheres Gefühl. Und es macht aus einem dicken Goldfisch noch lange keinen Koi-Karpfen.

Ärger aus Chichester

Gerade habe ich einen sehr wütenden Brief gelesen, einen zornigen Aufschrei. Er erschien zusammen mit einem ganzen Haufen ähnlicher Tiraden vom Typ „Schande über unsere Stadt" auf der Leserbriefseite unserer Lokalzeitung. Die Sprache dieser Sendschreiben ist markig, sarkastisch und ätzend. Sicher ist, dass ein paar Leute in meiner Umgebung überhaupt nicht glücklich sind. Und der Grund für den ganzen Ärger? Die Stadtplaner erwägen, für die neue Fassade und den Ausbau eines großen alten Gebäudes, das majestätisch im Stadtkern thront, viel Geld auszugeben. Es hat eine Flut von empörten Protesten gegeben.

Ich lege die Zeitung nieder. Jetzt bin ich auch verärgert, aber mit stolzen Bauwerken hat es nichts zu tun. Ich ärgere mich über den Verputz, die Fassade, die auf die spannendste und schönste Persönlichkeit der Geschichte gelegt worden ist. Wir, die Gemeinde, die Hüter und Schlüsselverwalter des Reiches Gottes, haben uns etwas ganz Unglaubliches geleistet: Wir haben Jesus zum Langweiler verkommen lassen, zu einem etwas peinlichen Ladenhüter. Dazu waren viel mühevolle Arbeit und Erfindungsgabe erforderlich.

Vergessen wir die ungeheuren Leistungen der Gipfelstürmer des Mount Everest und die hageren Langstreckenrekordler. Lassen wir uns nicht von den Künsten eines David Copperfield beeindrucken, der einen Jumbo-Jet oder die Freiheitsstatue verschwinden lassen kann. Verkneifen wir uns das bewundernde Seufzen angesichts der Geschwindigkeit unserer Computer, die heute Spitzentechnologie und morgen schon Sondermüll darstellen. Diese Leistungen schwinden dahin, wenn man sie mit den „Errungenschaften" der christlichen Kirche vergleicht. Die Engel müssen wohl einen Ohnmachtsanfall erleiden, wenn sie bedenken, was wir gemacht haben.

Wir, die Kirche, haben aus Jesus eine berechenbare und langweilige Allerweltsgottheit gemacht, die bei den Menschen kaum mehr als ein Gähnen bewirkt.

Wir haben lange dazu gebraucht, aber irgendwie haben wir es geschafft, den Schöpfer der Farbe, der Schönheit und der Vielfalt, den Meister der Spontaneität und des Humors, den Einen, der sich „das Leben" nennt, wie ein domestiziertes, zahmes „Gottchen" aussehen zu lassen, das man irgendwie nett findet und zu dem man in Notzeiten Stoßgebete schickt. Doch bleibt er mild, fade und verschwommen – ein blutleerer Galiläer.

Wie haben wir das nur geschafft? Vielleicht haben wir ihn in den Farbtopf der Belanglosigkeit getaucht. Wir haben zugelassen, dass er zum außerirdischen Baby in der Krippe wurde, schon irgendwie süß, aber ziemlich überflüssig, außer für sentimentale Omis. Die Szene ist ja auch surrealistisch: Maria, die sich aus Anlass der Geburt von Kopf bis Fuß ausgerechnet in nonnenhaftes Blau gehüllt hat, sitzt gelassen da und hat ein schimmerndes Goldfischglas auf dem Kopf. Der gute alte Josef lässt sich nicht oft blicken, wenn aber doch, dann macht er einen etwas nervösen Eindruck, als sei er besorgt wegen der recht wackeligen Krippe, die er gerade erst zusammengezimmert hat. Er trägt meist kein Goldfischglas, sonnt sich aber im warmen Licht des Heiligenscheins seiner Gattin.

Der kleine Jesus hat natürlich ein Goldfischglas. Obwohl er erst zehn Minuten alt ist, sitzt er wie durch ein Wunder schon aufrecht und dankt den Weisen und Hirten huldvoll für ihre Freundlichkeit, zu seiner kleinen Party zu erscheinen. Und das weiche, mondbeschienene Heu ist ein Teppich, auf dem eine malerische Ansammlung zufriedener, grinsender Tiere vom Bauernhof steht.

Was hat nun der Lieddichter über dieses Bündel in Windeln zu sagen? „Und der kleine Herr Jesus hat gar nicht geweint ..."

Aha, dieses Baby weint nicht. Vielleicht wollte es ja, lächelte stattdessen aber seine Mutter an und sagte mit seinen Blicken: „Normalerweise würde ich weinen, denn es wäre mir lieb, wenn die schmutzige Windel gewechselt würde, aber weil ich der Sohn Gottes bin und über diesen Augenblick mal ein Lied geschrieben wird, lass' ich es bleiben." Quatsch! Natürlich hat Jesus geweint.

Wir erblicken eine Szene aus einer anderen Welt – Lichtjahre entfernt von Blut, Eingeweiden, Kälte und Enttäuschung und dem Vorwurf: „Lieber Gott, du hast für eine unbefleckte Empfängnis gesorgt, aber hättest du dich nicht auch um eine Unterkunft kümmern können?" Das war der armen Maria vielleicht durch den Kopf gegangen, als es hieß, in der Herberge sei kein Platz mehr.

Ställe stinken. In Israel sind Ställe meist kalte, feuchte Höhlen, in denen lange Schatten für eine ungemütliche Atmosphäre sorgen. Mäuse und Ratten huschen dreist hin und her. Schmutziges, von Exkrementen bekleckertes Heu verteilt sich auf dem feuchten Boden. Das ist die ganze „Herrlichkeit", Jesus, die du dir für dein Erscheinen auf unserer verschwitzten, verwahrlosten kleinen Welt ausgesucht hast: Ein König wird im Stall geboren. Wie hättest du uns noch näher kommen können? Und trotzdem halten wir dich für belanglos.

Vielleicht findet man dich auch langweilig, weil wir nicht zulassen, dass du allzu viel Raum in der Kirche beanspruchst. Bist du das, den ich an der Tür deines eigenen Hauses klopfen höre, Jesus? Bist du einfach zu unberechenbar, zu wild? Ist es allzu wahrscheinlich, dass du uns, der

Mittelklasse, ihre wohlanständigen Pläne über den Haufen wirfst? Haben deswegen wir, dein Volk, oft genug die Kirche als gut funktionierenden Mechanismus eingerichtet, der allzu oft dazu dient, dich auf „gesunder" Distanz zu halten?

Und was ist mit der Botschaft, die nach deinen Worten eine *gute* Nachricht ist? Haben wir den Ruf des Evangeliums auf eine tiefgefrorene, genussfertig abgepackte Ware reduziert, ein himmlisches Karfreitagsabkommen, das uns die Vergebung von der Sünde und eine Zukunft im Himmel garantiert? Steckt im Evangelium nicht viel mehr drin als nur die „vier geistlichen Gesetze"? Ist es nicht eine freundliche Einladung zur lebenslangen Freundschaft mit Jesus, dem Sohn Gottes höchstpersönlich? Wie konnte die Einladung zum Festmahl zu dem Befehl verkommen, vor Gericht zu erscheinen? Wartet auf uns denn nicht ein Vater, der immer ein gutes Stück Fleisch zum Grillen hat, auf dass wir nach Hause kommen?

Jesus, wir haben es geschafft. Wir haben den Regenbogen in den Schlamm gezogen. Wir haben aus der Sonne eine billige Neonröhre gemacht. Wir haben dir, dem hellen Morgenstern, einen langweiligen Lampenschirm verpasst.

Klingt das, als ob ich wütend bin? Richtig. Deshalb schreibe ich einen Brief darüber. Diesen hier.

Tradition

Sandwichbelag

Heute war ich menschlicher Sandwichbelag. Folglich empfinde ich jetzt akutes Mitleid mit Tomaten, weil ich inzwischen genau weiß, wie sich eine Tomate eigentlich fühlt, so aufgeschnitten und blutend, unfeierlich zwischen zwei Brotscheiben gesteckt. Mein tiefes Mitgefühl erstreckt sich auch auf Käse, Truthahnbrust und sogar saure Gurken. Denn ich weiß, was es bedeutet, ein Sandwichbelag zu sein.

Die Bank auf dem Bahnhof von Chichester sah einladend aus und bei 10 Minuten Wartezeit auf den Zug meinte ich, meinen Füßen das eigene Körpergewicht ersparen zu müssen. Aus irgendeinem Grund wählte ich den Platz in der Bankmitte. Ein Fehler.

Sekunden später setzte sich eine schmächtige, freundlich aussehende ältere Dame links neben mich. Höflich rückte ich mein Hinterteil ein paar Zentimeter weiter, um ihr mehr Platz zu machen. Sie sah ein bisschen gebrechlich und ziemlich nervös aus, und so fand ich mein normales „Guten Morgen" zu riskant, schaute sie mir vielmehr nur verstohlen von der Seite an. Sie erschauerte unter dem peitschenden Wind auf dem eiskalten Bahnsteig, doch ihre Augen blickten warmherzig. Trügerisch warmherzig. Ich konnte noch nicht wissen, dass diese Frau sich als Teil des Sandwichs erweisen sollte.

Die andere „Scheibe" trat eine oder zwei Minuten später auf. Die nächste ältere Dame setzte sich rechts von mir hin. Ich rutschte mit meinem Hinterteil dahin zurück, wo es sich zuvor befunden hatte. Sie war ein unauffälliger Mensch, völlig harmlos. Dachte ich. Ich wusste ja noch nicht, dass sie die obere Scheibe werden sollte, und als sie den eisigen Wind halblaut verfluchte, konnte ich ihrer Ausdrucksweise entnehmen, dass sie definitiv eine obere Scheibe war.

„Wann geht der Zug nach London?", fragte sie. Sie hatte die Frage an keine bestimmte Person gerichtet, erwartete anscheinend aber von mir eine Reaktion. Ihre Stimme erinnerte mich an die schrille Frage unserer Rektorin aus der Grundschule, der ich erklären sollte, warum ich das spitze Ende eines Zirkels in die linke Pobacke meines Mitschülers gesteckt hatte.

„Äh, ich glaube, er ist in neun Minuten hier", erwiderte ich und hatte aus irgendeinem Grund das Gefühl, persönlich für die chaotischen Verhältnisse beim britischen Eisenbahnwesen verantwortlich zu sein. Dann aber entfleuchten mir vier Worte, die ein Feuerwerk des Negativen auslösten: „Wenn er pünktlich ist."

So entstand das Sandwich. Die obere Scheibe schnaubte empört und begann sofort mit einer Tirade, sowohl an mich als auch an die untere Scheibe gerichtet, in der es um die Abscheulichkeiten der Zugreisen des vergangenen Tages ging. Es war eine absehbare Litanei des Leidens: Verspätungen, schmutzige Waggons, Graffiti allerorten und wenig hilfsbereites Zugpersonal. Anscheinend waren die schmutzigen Toiletten zudem noch abgeschlossen, so dass niemand sie benutzen konnte.

Unausweichlich ging mir eine tiefere philosophische Frage durch den Kopf: Woher wollte die obere Scheibe wissen, dass die Toiletten schmutzig waren, wenn sie doch verschlossen waren? Mhmmm ...

Ich wurde ruckartig aus meinen Überlegungen gerissen. Jetzt äußerte sich nämlich die untere Scheibe. Aus ihrer Stimme mit dem entzückend-indignierten Cockney-Dialekt ließ sich schließen, dass sie aus dem Osten Londons stammte. Es war, als habe die Tirade der oberen Scheibe einen Schalter in ihr angeknipst, der eine wahre Flut von Zorn und Kummer freisetzte. Ich wurde wie Luft behandelt. Sie sprach mit der oberen Scheibe direkt durch meinen Kopf hindurch und beschwerte sich über das Wetter (immer ein zuverlässiges Lieblingsthema, wenn Briten Aggressionen abbauen wollen), dazu über die Radionachrichten (man brachte keine zuverlässigen Informationen), den Bezirksbusbahnhof (ich war mir nicht sicher, was daran nicht stimmte, aber sie wollte sich auf jeden Fall beim Stadtrat beschweren), die Jugend von heute (kein Vergleich zu früher) und dann wieder über das Wetter. Die nächsten 8 Minuten fühlte ich mich wie eine Sandwichfüllung: Das unglückliche Zentrum einer Symphonie des Negativen.

Ich erlaube mir einen anderen Vergleich: Ich war das Netz im Centre Court von Wimbledon, und die beiden Damen lieferten sich flinke boshafte Ballwechsel aus Beschwerden und ließen mich ganz außer Acht, während die Volleys und Aufschläge haarscharf an meinem Kopf vorbeischossen, jetzt immer schneller. Hin und her ging es, die Stimmen stiegen um eine Oktave, die faltigen Hälse wackelten und die Adern zuckten in ihrem zornigen Tanz bei der Klage über – eigentlich alles. Ich beugte mich vor und barg den Kopf in meinen Händen, wobei ich mir verstohlen die Ohren zuhielt. Ich konnte nicht einfach aufstehen; das wäre zu offensichtlich unhöflich gewesen. Jedenfalls hatte ich mit meiner kurzen Bemerkung den Korken aus der Champagnerflasche gezogen und die Beschwerdeflut ausgelöst.

Endlich kam der Zug – pünktlich. Doch nicht einmal das stillte den Zorn der Scheibchen: „Kaum zu glauben, ein pünktlicher Zug, was passiert als Nächstes ..."

Ich floh in ein Raucherabteil. Nicht, weil ich mir eine anzünden wollte – ich rauche nicht –, ich stellte mir nur vor, dass eine Atmosphäre voll krebserzeugendem Nikotin und Teer nichts gegen ein Abteil geschwängert mit ätzender Negativität war.

Sich beschweren – das ist das klassisch-britische Freizeitvergnügen. Verzeihen Sie mir bitte das Klischee; natürlich gibt es immer wieder bemerkenswerte Ausnahmen, aber manchmal trifft mich die negative Atmosphäre, die bei uns vorzuherrschen scheint, wie dicker Smog, wenn ich aus Amerika einfliege. Unsere Cousins auf der anderen Seite des Teichs fühlen sich ganz glücklich, wenn sie glücklich sind. Die Kritiker behaupten, dass die amerikanische Kultur von Oberflächlichkeit geprägt sei, aber alles in allem können die Amerikaner jedenfalls lachen und wünschen jedem einen schönen Tag. Man fragt mich, wie es mir geht, und macht dabei im Allgemeinen einen interessierten Eindruck. Eigentlich kommt mir das richtig nett vor.

Im Gegensatz dazu der recht typische Verlauf einer Unterhaltung bei uns Briten:

„Hallo, wie geht's?"

„So schlecht auch wieder nicht, danke." (Achtung: Wir geben nicht die Auskunft, dass es uns tatsächlich gut geht oder wir mit dem Leben zufrieden sind. Nein, es ist nicht allzu schlecht.)

„Dann läuft es bei dir ganz gut?"

„Ja, ich kann mich eigentlich nicht beklagen." (Wiederum achte man auf das Negative im Positiven. Wir vermitteln den Eindruck, dass wir uns im Grunde gern beklagen *würden*, aber leider ist nichts in Sicht, worüber wir anständig jammern könnten. Macht aber nichts – irgendetwas, das unserer Klage wert ist, wird schon hinter der nächsten Ecke lauern.)

Vielleicht sollten wir uns bei den Amerikanern eine Scheibe abschneiden. Wenn uns das aber gar nicht schmecken sollte, dann müssten wir uns vielleicht gleich an das Buch halten, das von Gott inspiriert ist. Denn darin fordert er uns immer wieder auf, dankbar zu sein: Wir sollen eine bewusste Dankbarkeit praktizieren und keinen einzigen Segen Gottes als selbstverständlich betrachten. Wir Christen haben einen Gott, der den Entschluss gefasst hat, sich um unser fades Leben zu kümmern. Dankbarkeit ist ansteckend. Wenn sie echt ist, dann geht sie weit über oberflächliches Getue hinaus und hat nichts mit Gleichgültigkeit gegen die anderen zu tun („Ich habe meine Schäfchen ins Trockene gebracht").

Es hat mir keinen Spaß gemacht, ein Sandwichbelag zu sein. Lieber umgebe ich mich mit dankbaren Menschen.

Nennen Sie mich ruhig oberflächlich, wenn Sie Lust haben, aber ... ich wünsche Ihnen einen schönen Tag!

Möbelrücken

Im Rückblick stelle ich fest, dass es eine selbstmörderische Entscheidung war: tollkühn, eigentlich verrückt. Aber ich musste es einfach tun. Ich war wie getrieben. Vorher war ich natürlich nervös und ängstlich, aber irgendetwas in mir zwang mich dazu. Ich holte tief Luft und ging los wie einst Martin Luther, der entschlossen zur Tür der Schlosskirche zu Wittenberg schritt. Aus tiefster Überzeugung ging ich ans Werk. Es war ein historischer Mittwochabend.

Mittwochs war das wöchentliche Bibelstundentreffen. Als leitender Pastor führte ich durch den Abend, kündigte die Lieder an und hielt das Bibelstudium. Dieser besondere Mittwochabend aber sollte ein Ereignis bringen, das niemand in der Gemeinde je vergessen würde. Ich traf eine Stunde vor der Zeit im Gemeindesaal ein, schaltete die Beleuchtung an und krempelte die Ärmel hoch. Ich brauchte Zeit und Platz, um meinen außergewöhnlichen Plan umzusetzen.

Nachdem ich Licht gemacht hatte, hielt ich einen Augenblick inne. Fast lähmte mich die Angst. Das Blut rauschte mir in den Ohren, als ich meinen wilden Plan überdachte. Dann biss ich die Zähne zusammen, als habe mich ein unsichtbarer Engel für die Aufgabe gestählt. Ich tat es!

Ich stellte die Stühle um.

So lange ich zurückdenken kann, hatte unsere kleine Gemeinde Mittwoch für Mittwoch wie in klassischen Kirchenbänken hintereinander gesessen. Daran gibt es natürlich grundsätzlich überhaupt nichts auszusetzen, aber ich hatte davon gepredigt, dass die Kirche eine Familie sei, nicht nur eine Studiengruppe. Deshalb schien es mir, dass eine weniger formelle, eher beziehungsorientierte Sitzordnung angemessener sei. Also stellte ich die Stühle in einem großen Kreis auf. Da – jetzt war es geschehen. Und dann wartete ich.

Eine halbe Stunde später trafen unsere Gemeindeleute ein. Die ersten paar waren noch nicht lange Christen. Sie hatten noch nichts von der Lehre mitbekommen, dass es eine Art geheiligten Sitzplan geben müsse, und daher nahmen sie mit einem Lächeln und fröhlichem Gruß Platz, aber ohne Kommentar. Doch das war die Ruhe vor dem Sturm. Einige von den gereifteren Gläubigen kamen hereingeschneit. Manche setzten sich nur und fingen gleich an zu beten. Offensichtlich waren sie entschlossen, ihre Bedenken wegen der kreisförmigen Stuhlordnung zum Thron der Gnade zu bringen. Andere äußerten sich sofort und direkt.

„Guten Abend, Pastor."
„Hallo, wie geht's?"
„Gut, danke ... äh, das ist komisch ..."
„Was?"
„Die Stühle ... sie – äh, sie ..."

„Ja?"

„Pastor ... die Stühle stehen im Kreis!"

Das war ausgesprochen aufmerksam beobachtet. Also gratulierte ich der Person. Das aber war eigentlich nicht das Wesentliche, wie man sich denken kann. Die Beobachtung war das Vorspiel zu einem Protest. Der kam dann auch. Die erste Welle wurde mit dem Argument historischer Präzedenz geführt.

„Pastor ... die Stühle ... die hatten wir *noch nie* im Kreis stehen."

„Nein, da hast du ganz Recht. Das scheint mir ein absolut guter Grund zu sein, etwas Neues auszuprobieren." Wie ein Ass aus dem Ärmel brachte ich das Argument ins Spiel: „Welche Familie sitzt schon hintereinander aufgereiht?" Eine gute Reservewaffe für den Fall, dass die Schlacht einen Blutzoll fordern sollte.

Die nächste Angriffswelle bediente sich eines biblischen Arguments: „Ja, aber natürlich ist etwas Neues nicht unbedingt auch etwas Besseres, oder doch? Ist es biblisch, die Stühle im Kreis aufzustellen?"

Ich hätte gern laut über die Vorstellung gelacht, dass Gott befiehlt, wie sein Volk sich niederlassen soll, wenn es zusammenkommt. „Mir fällt kein einziger Bibelvers im Neuen Testament ein, in dem es um Sitzordnungen geht. Vielleicht ist es Gott egal?"

Dann aber kam die Versuchung zum Schabernack, wie ich bekennen muss. „Eigentlich steht im Neuen Testament im weitesten Sinne doch etwas zum Thema Sitzordnung."

Der Protestierende strahlte. Vielleicht war ich drauf und dran, ihn mit nicht mehr erwarteter Munition zu versorgen.

„Paulus predigte an dem einen Abend so lange, dass ein armer Kerl aus dem Fenster fiel und dringend auf Gebet angewiesen war. Vielleicht lehrt uns das, die Stühle, ob im Kreis oder in Reihen, in einem Sicherheitsabstand von den Fenstern im Obergeschoss aufzustellen. Da wir uns allerdings im Erdgeschoss befinden, lässt sich dieses spezielle neutestamentliche Gebot nicht auf unsere Situation anwenden."

Das war ein ungezogener, aber vernichtender Schlag. Der Möchtegern-Protestler setzte sich und ließ mit seiner Körpersprache den stummen Schrei hören: „O Gott, die Stühle stehen im Kreis – was kommt als Nächstes?"

Die nächste Woche wollte ich einen weiteren reformatorischen Schritt tun. Wir reichten am Ende des Treffens immer Tee und Butterkekse. Ich überlegte mir: Warum eigentlich am Ende? Warum nicht mitten drin? Signalisieren wir mit der Erfrischung am Ende der Veranstaltung unseren Leuten nicht eine theologische Botschaft? Das Gebet ist geistlich, das Bibelstudium ist geistlich, Teetrinken und Keksessen sind nicht geistlich?

Die Stühle standen wieder im Kreis. Man mochte inzwischen die Anordnung eigentlich ganz gern. Wir sangen und hatten unsere Gebetszeit. Dann, als alle ordnungsgemäß nach ihren Bibel griffen, sagte ich: „Legt eure Bibeln bitte für ein paar Minuten beiseite. Wir trinken erst einmal eine Tasse Tee oder Kaffee und essen ein paar Kekse. Heute Abend gibt es keine Butterkekse. Mal ehrlich, Butterkekse sind langweilig. Nur Christen essen sie. Die Firma würde Pleite gehen, wenn wir diese Kekse nicht massenhaft verdrücken würden. Ich dachte also, dass wir ein bisschen aus der Reihe tanzen sollten – mit Jaffa-Keksen. Ich mag die Orangenmarmelade in der Füllung. Das Wasser kocht ..."

Es folgte ein Augenblick verblüfften Schweigens. Wie der Weihnachtsliederdichter sagt: „Große Furcht ergriff ihren betrübten Sinn." *Tee? Jetzt? Knall auf Fall mitten in der Bibelstunde? Und nicht nur das – auch noch Jaffa-Kekse? Oh, dieser Verrückte, die reine Dekadenz.*

Einer sprach: „Du meinst, wir sollen Tee trinken ... gleich jetzt?"

Ich blieb fest und furchtlos. „Ja, machen wir."

„Mitten in der Bibelstunde trinken wir also Tee ... und essen Kekse?"

„Ja. Hätte man den alten Paulus gefragt, ob er die Bibelstunde gestern gut fand, dann hätte er gar nicht gewusst, wovon die Rede ist. In der frühen Kirche gab es keine Bibelstunden – nur viele Versammlungen. Man traf sich, um gemeinsam zu essen und zu trinken und zu beten und zu weinen und einander Kraft zu spenden. Holen wir also den Teekessel und verhalten uns biblisch."

Nun saßen wir da im Kreis, tranken unseren Tee und genossen den Luxus der Orangencreme. Es hat richtig Spaß gemacht.

Ich ziehe meinen Hut aus Respekt vor den Mitgliedern der Gemeinde, die ich leite. Es sieht so klein und unbedeutend aus, aber an diesen beiden Mittwochabenden empfanden wir, dass sich innen drin etwas verändert hatte. Wir stellten die Frage, warum wir eigentlich machen, was wir immer machen, und kamen auf Ergebnisse, die damals ein gewisses Risiko zu bergen schienen. Ich bin froh, dass wir die Stühle im Kreis aufgestellt und den Teekessel aufgesetzt hatten.

Zu dieser Geschichte gibt es noch ein herzerwärmendes Nachspiel. Einige Jahre nach der Begebenheit mit Stuhlkreis und Keksen fand ich, unser kleines Abenteuer der Veränderung könne dem ganz großen Publikum bei Spring Harvest erzählt werden.

Ein Mann, der von seiner gläubigen Frau zur Veranstaltung mitgeschleift worden war, saß in seinem Ferienhaus vor dem Fernseher. Er hatte nicht unbedingt mitkommen wollen, hatte ihr aber nachgegeben, um seine Ruhe zu haben, und war auf gar keinen Fall Christ. Auf der Suche nach etwas Interessantem zappte er die Sender durch und kam versehentlich zur Live-Schaltung von der Großveranstaltung. Ein Typ hielt einen Vortrag und sprach aus irgendeinem Grund über Butterkekse und Jaffa-Kekse. Vor Erstaunen zappte der Mann nicht weiter. Was war das für eine Veranstaltung, zu der seine Frau ihn mitgeschleppt hatte? War er der unfreiwillige Gast bei einem Treffen anonymer Keksfreunde?

Er sah sich den Rest der Sendung an und hörte mir zu, wie ich vom Evangelium erzählte. Man kann es sich ja denken: An diesem Abend vertraute er Jesus sein Leben an. Und das nur, weil sein Interesse sich an meiner Geschichte von Jaffa-Keksen und Butterkeksen entzündete.

Traditionsbewusstsein

Tradition ist ein Begriff, der in den letzten Jahren etwas unter die Räder gekommen ist. Aus der einen oder anderen Ecke wird propagiert, dass alles, was der Vergangenheit entstammt, überholt, antiquiert oder fundamentalistisch sein müsse; nur das Brandneue, das angeblich Kreative und sichtlich Innovative zählt und hat Bedeutung. Leider läuft das darauf hinaus, dass wir zu Geschichtsverächtern werden und das Bewährte kurzerhand bloß deshalb ablehnen, weil es schon seit einer Weile da ist. Dann müssen neue Traditionen erfunden werden, um die alten zu ersetzen.

Traditionen können aber auch gefährlich sein, wie Jesus uns gelehrt hat. Mit vernichtenden Worten für die religiösen Experten seiner Tage verkündete er die glasklare Erkenntnis, dass sie mit ihren Traditionen das Wort Gottes wirkungslos machten. Das eigentliche Problem ist sinnloser, gedankenloser Traditionalismus, der sich dem neuen Wein des Geistes verwehrt, nicht aber das bewährte, manchmal sogar archaische Handeln selbst.

Ich kann alte Traditionen mit ihren Zeremonien durchaus genießen, auch wenn sie manchmal einen etwas unsinnigen

Eindruck machen. Wenn die Mitglieder im *House of Lords* es sich auf einem Wollsack bequem machen, weil Wolle seit alters her in England als das Bequemste galt, dann lasse ich das durchgehen. Und auch die Eröffnung der Legislaturperiode macht mir Vergnügen, wenn die Königin sich herablässt, eine Rede zu halten, die sie niemals im Leben selbst geschrieben hat. Der Aufruf an die Parlamentsmitglieder ist eine lustige kleine Routineangelegenheit. Ein dunkler, abschreckender Kerl, den man leicht für einen mittelalterlichen Transvestiten halten könnte, klopft an die Parlamentstür. Sie wird geöffnet und ihm dann zeremoniell vor der Nase zugeschlagen, dem armen Mann. Der zum Äußersten Entschlossene klopft nochmals und ruft die Abgeordneten auf, sich die Rede ihrer Majestät anzuhören. Es ist eine harmlose Theaterszene. Das Gute daran ist, dass es sich um ein farbenfrohes festliches Treiben handelt und dazu beiträgt, amerikanische Touristen in Scharen in unser Land strömen zu lassen.

Ich habe mich dabei ertappt, selbst Traditionen der sinnlosen Sorte zu pflegen. Jeden Morgen fängt mein Tag damit an, dass ich mir Kontaktlinsen in die Augen lege. Für diese umständliche und heikle Prozedur habe ich mir sorgsam eine Zeremonie zurechtgelegt. Händewaschen, Behälter öffnen und immer die *linke* Linse zuerst einlegen, dann natürlich die rechte Linse. Neulich habe ich mir eine schreckliche Abweichung von der festgelegten Norm geleistet. Ich schäme mich bekennen zu müssen, dass ich erst die rechte Linse auf das rechte Auge gelegt habe und schon drauf und dran war, diese waghalsige Aktion mit der linken Linse fortzusetzen, als ich merkte, was für einen furchtbaren Fehler ich begangen hatte. So durfte es nicht sein! Was sollte daraus werden? Alle Maßstäbe gerieten ins Rutschen. Peinlich, aber ich gestehe, dass ich die rechte Linse entnahm und sie zurück in ihren sterilen Behälter legte. Dann setzte ich mir die linke Linse ein, wie die Zeremonie es erforderte, und hinterher setzte ich mir auch wieder die rechte ein. Während ich die Prozedur beschloss, fiel mir plötzlich auf, dass ich möglicherweise psychiatrischen Beistand nötig hatte.

Warum pflegen wir überhaupt unsere Traditionen? Manche erwachsen schlicht und einfach aus Gewohnheiten, formen sich aus den ausgetretenen Pfaden, die sich aus wiederholten Gängen ergeben. Andere dienen als Verbindung zur Geschichte und zum Schicksal: Sie erinnern uns wie ein Echo aus der Vergangenheit daran, wer wir sind und woher wir kommen. Manchmal aber ist die Tradition, weil aus Vorrechten und Herrschaft geschmiedet, eher unheimlich. In *unserer* Kirche wollen wir alles so haben wie immer und vergessen dabei, dass Jesus für die Erlösung *seiner* Gemeinde starb und dass in Wirklichkeit das zählt, was er für *seine* Braut im Sinn hat. Dann verstecken wir uns hinter der fadenscheinigen Szenerie der Tradition, um die künftigen Ereignisse zu beherrschen und zu manipulieren.

Zum verstorbenen David Watson hat einmal eine Dame gesagt: „In *unserer* Kirche wollen wir mit diesem übernatürlichen Christentum nichts zu tun haben, nein danke."

Herrschaftsstreben war die Versuchung sowohl für die Pharisäer als auch für die Jünger. Die Ersteren waren blind für das Wunder, wie der bereits stinkende Lazarus lebendig aus seinem Grab taumelte, weil das Wunder zu unbequem war und sich von ihnen nicht kontrollieren ließ. Jesus hatte ihr selbst erteiltes Monopol auf geistliche Dinge gebrochen, und ein solcher Feind musste unbedingt ihrer Herrschaft unterworfen werden, und sei es dadurch, dass man ihn ans Kreuz nagelte. Die Möchtegern-Freunde und Nachfolger Jesu hingegen wollten oft alles in seiner Umgebung ordnen und aufräumen. Wenn Scharen von rotznasigen Kindern um ihn herumwuselten, die umarmt und gesegnet werden wollten, passte es ihnen einfach nicht in den Kram. Sollte Jesus nicht wichtige Fragen im Kreise der religiösen Leuchten des Tages behandeln? Also versuchten sie, die Kleinkinder wegzuscheuchen – und damit entfachten sie einen Zornesausbruch von Jesus.

Petrus, der Freund von Jesus, musste lernen, kein solcher Kontrollfreak zu sein. „Geh nicht nach Jerusalem, Jesus, da stirbst du nur. Glaub ja nicht, dass ich dich verleugne, Jesus: Ich bin stärker und größer als das." Erst das dreimalige Krähen des Hahns brachte die Herrschaftstendenzen des Petrus zum Schweigen und ihn selbst letzten Endes auf die Knie.

Werfen wir also im Namen der Innovation nicht alles weg, das etwas Geschichte atmet. Hüten wir uns aber, die Hände Gottes mit der alten Maxime „So was kommt bei uns aber nicht in Frage" in Handschellen zu stecken.

Kana

Malen wir uns die Szene aus. Der Tag war vollkommen gewesen. Eine strahlend schöne Braut, in deren Augen das warme Licht der Kerzen tanzt; ein glücklicher Bräutigam, leicht verlegen, andauernd nervös lachend; das sorglose Geplapper der Kinder, die hin und her flitzen; Hunde suchen unter den Tischen nach Resten, während die Musiker sich selbst übertreffen.

Dann aber die Katastrophe, die drohende Schande in einer Gesellschaft, in der Gastfreundschaft über alles geschätzt wird. Das krampfhafte Geflüster der Diener, die dringlichen Gespräche hinter vorgehaltener Hand. Das großzügige Ausschenken des Weins hört abrupt auf: alles ausgetrunken. Das Gelingen des ganzen Tages ist jetzt von der Fehleinschätzung oder vom zu kleinen Etat bedroht. Vielleicht haben sich auch unerwartete Gäste zu sehr abgefüllt.

Ein hastiges Gespräch in der Ecke, ein Wortwechsel zwischen einer Mutter und ihrem Sohn, und die Diener werden fortgeschickt, um die riesigen Steinkrüge mit Wasser zu füllen. Ein paar Augenblicke später werden die Krüge feierlich mit dem angemessenen Pomp hereingetragen, und die Gäste beeilen sich, die jüngste Gabe ihres Gastgebers zu probieren. Der Wein ist ausgezeichnet und zeugt von der Großzügigkeit des Brautvaters: Er hält sich nicht an die verbreitete Sitte, das billigste Gebräu anzubieten, wenn die Gäste schon so bedusselt sind, dass sie keine Qualitätsunterschiede mehr herausschmecken.

Der Gastgeber ist froh und verblüfft zugleich. Die Freude krönt diesen Tag, als seine Freunde und Verwandten die Gläser erheben und ihm für seine Großzügigkeit zuprosten, doch ist er auch verblüfft, weil er sorgsam auf den Pegel in den Krügen geachtet hatte und bestürzt war, ihn so schnell sinken zu sehen. Im Laufe des Nachmittags ist ihm die Sorge auf den Magen geschlagen und hatte ihm alle Freude geraubt. Schon blickte er in den Abgrund der Familienschande, jetzt ist er das positive Stadtgespräch! Woher aber kommt dieser beste aller Jahrgänge?

An einem Ecktisch sitzt eine Frau und lächelt über das ganze Gesicht. Neben ihr steht ein stiller junger Mann, dessen Augen schelmisch blitzen.

Vergessen wir einmal für ein paar Sekunden, wie vertraut uns die Geschichte der Hochzeit von Kana ist. Stellen wir uns vor, dass eine der größeren christlichen Einrichtungen eine besondere Eröffnungsveranstaltung plant. Vielleicht nehmen auserlesene evangelikale Würdenträger feierlich in ihren schwarzen Anzügen daran teil. Es werden tief gehende Vorträge gehalten, theologisch reichhaltige und vollmächtige Gebete hallen im Gebälk. Die Stimmung ist eher verhalten und getragen als feierlich.

Du aber, Jesus, hast dir für den Beginn deines Dienstes ein fröhliches Fest ausgesucht. Einen Ort, an dem Weingläser erhoben werden und Musik ertönt, an dem Kinder miteinander Fangen spielen und die Braut, scheue Erwartung in den Augen, mit ihrem Mann tanzt.

Doch, o Schreck, du hast nicht nur teilgenommen, du hast sogar für Weinnachschub gesorgt, auch noch für einen guten. Es kommt noch schlimmer: Der Wein, den du gespendet hast, war der letzte des Abends; gerade, als sich Enttäuschung breit machte, weil die Krüge leer wurden, sorgtest du für das Mittel, damit die Party bis spät in die Nacht dauern konnte. Was hast du denn noch vor, Jesus?

Tatsache ist, dass du überhaupt nicht in unsere religiösen Schubladen passt, Jesus. Vielleicht lieben dich deshalb so viele von uns.

Sex

Einmal Mr. Bean sein

Ich habe ein ehrgeiziges Ziel. In einer Sache möchte ich richtig gut sein: im Leben. Ich möchte die Haarnadelkurven der Existenz auf diesem Planeten mit Schwung und Beherrschung nehmen können. Ich möchte nicht tagein, tagaus wie Mr. Bean von einer peinlichen Episode zur nächsten stolpern. Klar, so etwas kommt vor. Wenn es passiert, fühle ich mich wie ein provisorisches Lizenzmodell, das im Jahr 2040 ausläuft.

Erst neulich, direkt nach einer wunderschönen christlichen Hochzeit, habe ich mich wieder mal als blutiger Stümper in der Kunst des Lebens geoutet. Wenn eine Hochzeit in Aussicht steht, können Christen sehr munter und aufgeregt agieren. Dahinter steckt vielleicht die Erkenntnis, dass für das glückliche Paar göttlich legitimierter Sex in Aussicht steht. Folglich liegt ein Hauch von Party in der Luft. Und dann geht das muntere Treiben auch schon los.

Einmal habe ich bei einem Junggesellenabschied mitgemacht und erlebte zu meiner Begeisterung, wie einem höchst respektierten christlichen Leiter eine große tiefgefrorene Forelle von oben in die Hose gesteckt wurde. Sowohl er als auch die Forelle hatten mein Mitgefühl, aber es hat Spaß gemacht, bei solchen harmlosen Streichen beteiligt zu sein.

Je „heiliger" (und manchmal gesetzlicher) die betreffende Gruppe ist, desto ausgelassener scheinen solche vorhochzeitlichen Ereignisse wohl zu geraten. Vor kurzem war ich Gast bei einer Hochzeit in einer Pfingstgemeinde und staunte bei der Beobachtung, dass der errötenden Braut zahllose anzügliche Gegenstände überreicht wurden, die wahrscheinlich nicht beim christlichen Buchladen um die Ecke erhältlich sind. Unter anderem gab es essbare Unterwäsche (vermutlich eine Notration für den Fall, dass auf der Hochzeitsreise einer des Nachts unstillbaren Appetit bekommt); Pasta, die, na ja, sagen wir mal, in höchst ungewöhnlichen Formen produziert war, und einige lustige Kondome, wobei mir der Anstand gebietet, sie einfach als ... als modische Kondome zu beschreiben. Leider hat sie wohl jemand im Laufe des Abends versehentlich in meine Aktentasche gleiten lassen. Dumme Sache!

Gestern hielt ich einen Vortrag in Salt Lake City in Utah. Nach meiner Predigt ging ich zum Auto und wurde von einer Dame begleitet, die in der Gemeindeverwaltung tätig ist. Ich wollte meinen Flug umbuchen und ein Hotelzimmer am Flughafen reservieren. Sie wollte mir behilflich sein und bat mich um die Tickets. Ich langte in meinen Aktenkoffer und wühlte nach der Brieftasche mit dem Pass. Das erste, was mir in die Hände kam, war ein Korkenzieher. Ich finde, man sollte immer auf die Notwendigkeit eingestellt sein, eine anständige Flasche Wein öffnen zu können. Deshalb führe ich stets einen Korkenzieher in der Tasche mit mir. Hier aber befand ich mich in Salt Lake City, einer Stadt, die im wahrsten Sinne des Wortes „trocken" ist. Man kann dort keinen Alkohol kaufen; in der ganzen Stadt herrscht ständig Aschermittwoch. Und nun stehe ich da, der Gastprediger, und schwinge einen Korkenzieher. Ich ließ ihn wie eine heiße Kartoffel in die Tasche fallen. Hoffentlich hatte die Dame mein Weintrinkerwerkzeug nicht bemerkt. Doch es sollte noch schlimmer kommen ...

Ich plauderte weiter, während ich in der Tasche herumsuchte. Da ich nicht konzentriert war, zog ich ein Päckchen hervor, bei dem es sich meiner Meinung nach um eine Schachtel Pfefferminzbonbons handelte. Von meinem eigenen Redefluss angeregt, fuchtelte ich damit zur Unterstreichung herum. Die gute Frau wurde nervös. Vielleicht war sie allergisch gegen Pfefferminz? Ich sah verstohlen auf den Gegenstand in meiner Hand und war dankbar, dass ich die vermeintliche Packung Drops nicht geöffnet und eins davon in meinen Mund gesteckt hatte. Es hätte sich ungemein gut kauen lassen, denn ich erblickte ... die Kondome.

Mir rutschte das Herz in die Hose, mein Verstand arbeitete wie wild. Eine Erklärung war unbedingt fällig.

„Sie haben, äh, sicher gemerkt, dass ich gerade eben ein Päckchen Kondome aus der Tasche geholt habe", begann ich noch schreckensstarr und fuhr fort zu erläutern, wie es in meinen Besitz geraten war. Sie lachte ein bisschen zu laut. Gerade hatte ich mich halbwegs aus dem Schlamassel befreit, da grub ich mir das nächste Loch.

„Also dann, glauben Sie, dass Sie uns ein Hotelzimmer besorgen könnten?", plapperte ich los, wobei mir gedankenlos das Wort *uns* statt *mir* herausgerutscht war.

Hervorragend! Ich konnte mir vorstellen, wie sie diese Geschichte weitererzählte. Der Gastprediger zeigt erst einen Korkenzieher, dann Kondome und bittet seine Begleitung anschließend ins Hotelzimmer. Mach nur weiter so, du Depp!

Die Moral dieser absolut wahren Geschichte? Es gibt keine. Ich hab mir nur gedacht, dass meine Leser diese meine ungeheure Dummheit genießen würden. Wenn Gott ein Spatzenhirn wie mich gebrauchen kann, dann hat er sicher Verwendung für jeden ...

Und die Kirchensekretärin, der ich unabsichtlich ein unmoralisches Angebot gemacht hatte? Die lacht immer noch.

Bitte keinen Sex, wir sind Christen!

Sie haben die Wahl zwischen leidenschaftlichem Sex und einem netten Schokoladenvollkornkeks – bitte wählen Sie jetzt.

Solcher Art war das peinliche Dilemma, das ein mir befreundeter Evangelist erlebte. Seine Frau und er waren bei seinen Schwiegereltern zu Gast. Da die Betten knapp waren, schliefen sie auf dem Wohnzimmerboden. Das ging ganz gut, bis ihnen dummerweise der Gedanke kam, ein wonniges Schäferstündchen einzulegen. Es war früh am Samstagmorgen, und sie nahmen irrtümlich an, dass alle anderen im Haus noch schliefen. Weit gefehlt!

Es lief alles sehr gut, bis der Schwiegervater unangekündigt mitten im Koitus mit der Teekanne auf dem Tablett eintrat. Leider waren die Vorgänge bereits so weit gediehen, dass sich nichts mehr rückgängig machen ließ, und daher stand der unglückliche Papa wie vom Donner gerührt da, während sich vor seinen Augen die Erde bewegte. Zehn Sekunden später, nach dem Abklingen des Feuerwerks, stellte der Herr Papa die nahe liegende Frage: „Hättet ihr gern einen Schokokeks zum Tee?"

Wie mein Freund berichtete, wurde der Zwischenfall niemals auch nur mit einem Wort erwähnt. Wie die meisten von uns, die sich nicht eingestehen wollen, dass unsere Eltern sich jemals sexuell betätigten, auch nicht zum Zwecke unserer Zeugung, wollte auch dieser Schwiegervater lieber so tun, als ob es die Episode nie gegeben hätte.

Als ich Christ wurde, war die Kirche anscheinend in eine ganz ähnliche Verschwörung zum Verschweigen des Themas Sex verstrickt. Nicht, dass man bei diesem Thema die Stirn runzelte; man tat einfach so, als gebe es das nicht. Ich weiß noch, wie ich mir am Sonntagmorgen während einer ziemlich langweiligen Predigt den Gastprediger anschaute und mich fragte, wie er wohl zu seinen Kindern gekommen war. Seine Frau spielte die Orgel und trug einen so riesigen Hut, dass er quasi eine totale Sonnenfinsternis auslöste. Mir kamen ziemlich lästerliche Fragen in den Sinn. Ob sie wohl auch ohne Zeugungsgedanken miteinander schliefen? Machte es ihnen am Ende gar Spaß? Setzte sie dabei wohl ihren Hut ab?

Einmal im Jahr hielt unser Jugendleiter, ein prima Kerl, pflichtgemäß eine kleine Ansprache zum Thema Sex. Allerdings brauchte man eigentlich die Gabe der Auslegung, eine Art Legende zur Straßenkarte, um zu wissen, worum es dabei genau ging. Die Botschaft steckte zwischen den Zeilen, war aber eindeutig: Gute, verheiratete Menschen haben wahrscheinlich Sex, aber vorwiegend, um Babys zu machen, und sie interessieren sich viel mehr dafür, die Bibel zweimal pro Woche komplett durchzulesen, als sich irdischen Leidenschaften hinzugeben. Vielleicht war es ein ferner Abklatsch der Kirchenlehre des Mittelalters, wonach der Heilige Geist während des Geschlechtsverkehrs das Schlafzimmer verlasse und erst nach dem Vollzug wieder zurückkehrte. Das stelle ich mir komisch vor:

„Hat es dir Spaß gemacht, Schatz?"

„Ja, aber sprich nicht drüber ... *er* ist wieder da."

So schlimm war es dann aber auch wieder nicht. Es herrschte ein erfrischender Mangel an schlüpfrigen Andeutungen in unseren Gesprächen. Natürlich ging ein reichliches Maß an Naivität damit einher, und manchmal fragte ich mich, was die Besucher der Gemeinde wohl aus unseren unschuldigen Bemerkungen machten. Wie an dem einen Tag, als der Anbetungsleiter aufstand und verkündete: „Na kommt, meine Damen, lasst mich mal bei euch mitspielen." Ich bin sicher, dass ein paar von den älteren Herrschaften „Geschlechtsverkehr" wahrscheinlich für ein neuartiges Brettspiel hielten.

Das alles vermittelte mir eine leicht misstrauische Einstellung zum Thema Sex. Als ich kurz vor meiner Hochzeit stand, legte ich das Stichwort „Sex" unbewusst in der gleichen Kategorie ab wie „Golf" – macht wahrscheinlich richtig Spaß, wenn man es gut beherrscht, könnte peinlich werden, wenn nicht, hatte aber mit meinem geistlichen Leben nichts zu tun.

Und so nahte unsere Hochzeitsnacht. Kay und ich brachen zu unserem Flitterwochen-Ferienhaus auf und waren bewaffnet mit *The Act of Marriage* (deutsch: „Wie schön ist es mit dir", Gerth Medien 1999), dem schockierendsten und radikalsten Handbuch, das zwei junge christliche Dinger wie wir kriegen konnten. Trotz der Tatsache, dass wir erst um drei Uhr morgens endlich am Ferienhaus ankamen, beharrte ich auf einem ausgiebigen Bibelstudium und einer ausgedehnten Gebetszeit vor dem Schlafengehen (im Gebet ging es durchaus nicht um „das, was wir nun empfangen werden ..."). Wir wachten am nächsten Morgen um 8.00 Uhr auf und gingen dann zur nächsten Kirche, wo ich vor 45 grinsenden Gottesdienstbesuchern bezeugen durfte, wie Gott mein Leben als frisch gebackener Ehemann segnete. Wir tranken mit dem Pastor Tee und gingen am Abend wiederum in die Kirche. Unsere Flitterwochen waren erfüllt von leidenschaftlichen, lustvollen ... Kirchenliedern. Anscheinend meinten wir, unsere taumelnden Schritte ins Land des Eros mit einem Eintrag ins Guinness-Buch der Rekorde (Häufigkeit von Kirchenbesuchen) heiligen zu müssen.

Da leiste ich mir doch einen Seufzer der Erleichterung, wenn ich erlebe, wie frei und offen 20 Jahre später in der Gemeinde über Sex geredet wird. Ich bin hocherfreut, dass christliche Paare heutzutage zu einer vernünftigen vorehelichen Beratung gehen können, zu der Gespräche über Gleitcreme und Kondome gehören, sowie zu Nachbesprechungen, um darüber reden zu können, wie es so läuft. Es ist nichts Ungewöhnliches, wenn in unserer Kirche die Mitarbeiter für Ehevorbereitung einen Anruf von einem Paar in den Flitterwochen bekommen, das auf die Schnelle einen

Rat braucht – und warum auch nicht? Wir brauchen aber mehr als Deutlichkeit, Unterweisung und Offenheit. Es ist unbedingt nötig, dass wir ein positives Gegenbeispiel zur total unrealistischen Darstellung von Sex in den Boulevardblättern und Illustrierten liefern: Hier wird die Vorstellung verbreitet, dass unser Land der reinste Umschlagplatz von höchst athletischen Körpern ist, die sich Nacht für Nacht Supersex liefern. Das stimmt einfach nicht!

Im Magazin *Big Issue* stand neulich ein herrlicher Bericht über die sexuelle Realität. Anscheinend hat sich ein unglücklicher Brasilianer namens Carlo Paia einem operativen Eingriff unterzogen, bei dem ihm an strategisch wichtiger Stelle ein Erektionsimplantat eingesetzt wurde. Doch funktionierte es nicht ganz so wie geplant. Das angeblich geniale Teil trat immer dann sofort in Aktion, wenn jemand in der Wohnung ein elektrisches Haushaltsgerät einschaltete. Der arme Kerl geriet in qualvolle Schwierigkeiten, wenn seine Frau sich mit dem Mixer einen Milchshake machen wollte. Der Mixer wurde hastig abgeschaltet, wonach sich für eine Weile Frieden und Ruhe einstellten, bis Herrn Paias Handy klingelte: das gleiche knallharte Ergebnis. Als einziges Mittel blieb nur übrig, den Strom im ganzen Haus abzuschalten – aber nicht mal das half seinem Problem ab. Herr Paia lamentierte: „Das eine Mal saß ich im Dunkeln und hatte eine Tüte Eiscreme auf dem Schoß. Plötzlich schalteten unsere Nachbarn den Fernseher ein, weil sie das *Glücksrad* gucken wollten, und meine Hose explodierte."

Doch lieber einen Schokoladenvollkornkeks?

Beziehungen

Ein Hoch auf Sue!

„Ich fühle mich wirklich verletzt!"

Hätte ich jedes Mal, wenn ich einen Christen mit dieser Klage hören musste, eine Münze bekommen, wäre ich schon steinreich. Manche Gläubige haben eine riesige Kapazität für Verletzungen. Es handelt sich um die Leute, die von allen als „empfindlich", „unangenehm" oder „schwierig" beschrieben werden. Stets vernimmt man das Knirschen von zerbrochenem Porzellan, wenn man in ihre Nähe kommt. Es gehört nicht viel dazu, sie zu ärgern.

Vor kurzem hatte ich mit vier Menschen zu tun, die hinsichtlich ihrer Verletzlichkeit den „schwarzen Gürtel" erlangt hatten. Es waren ältere Damen, die sich so sehr über mich ärgerten, dass sie die Versammlung am Sonntagabend schon lautstark verließen, bevor ich überhaupt mit der Predigt anfangen konnte. Mir war aufgefallen, dass laut gemurmelt und geschnieft wurde und die Augen sich verengten. Schließlich kam der stolze Abmarsch der Viererbande. Warum nun dieser vierfache Abgang? Später erfuhr ich, was meine Sünde gewesen war: Ich hatte die Versammlung dazu aufgefordert, sich vor der Predigt etwas Zeit zu nehmen, einander zu begrüßen. Anscheinend kam bei dieser speziellen Kirche eine Begrüßung nicht im Gemeindekonzept vor, daher also der erregte Aufbruch. Der Pastor war ein warmherziger, mitfühlender Hirte, dem es ein Anliegen war, die im Rückzug befindlichen Schwestern zu besuchen, um sie wieder der Herde zuzuführen. Ich bewundere ihn. Mir war eher nach Döner mit Lammfleisch und reichlich Knoblauchsauce. Solche gar zu verletzlichen Mitmenschen langweilen mich.

Sue, eine Dame, auf die ich neulich gestoßen bin, hätte jedes Recht gehabt, die Miene der Verletzten aufzusetzen: Schmolllippen, Augen zu Boden gerichtet, aus allen Poren wütend. Diesen Weg aber schlug sie nicht ein. Sie entschied sich zu lachen.

Am Sonntagmorgen kam Sue in unsere Gemeinde in Chichester. Ich hatte es eilig und achtete nicht darauf, dass sie etwas vor sich her schob, während sie sich durch die eichene Doppeltür manövrierte. Sue war schwanger, hochschwanger. In den letzten neun Monaten hatte sie so sehr zugelegt, dass sie dem Michelin-Männchen verdächtig ähnlich sah. Ich eilte also hinter ihr her, warf kurz einen Blick auf ihren immer noch beträchtlichen Umfang, und dann kamen schon die Worte herausgepurzelt, bevor mein Gehirn Zeit hatte, ihnen Einhalt zu gebieten.

„Na, Sue, immer noch kein Baby?"

Sie blieb im Durchgang stehen, so verblüfft war sie über meine schiere Dummheit. „Jeff, eigentlich habe ich das Baby letzte Woche bekommen. Deshalb schiebe ich diesen Kinderwagen hier, ob du es glaubst oder nicht." Ihre Augen funkelten vor jener Freude, die immer dann ausbricht, wenn man auf einen wahrhaften und echten Dummkopf wie mich stößt. In ihrer Stimme jedoch klang weder Bosheit noch Gereiztheit mit.

„Tut mir so Leid, Sue ... Ich meine, äh, herzlichen Glückwunsch, aber du wirkst einfach noch so, äh ..."

„Dick", sagte Sue, um meinen misslungenen Satz zu vollenden. Verschreckt forschte ich nach einem Stück Boden, in den ich hätte versinken können.

„Ach, äh ... tut mir echt Leid ... auf jeden Fall ist er gelungen! Er sieht wunderschön aus!", sprudelte ich hervor und betete dabei zu Gott, das Bündel vor mir möge ein Junge sein. Wenigstens hier blieb mir der nächste Fettnapf erspart.

Sue hätte sich ärgern oder gallebitter reagieren, sich zumindest ein wenig über meine Dummheit aufregen können – aber ganz im Gegenteil. Sie lachte mich nicht mal aus, sie lachte mit mir.

Als ich sie das nächste Mal in der Kirche antraf, fragte sie, ob es mir gut gehe. „Ich hätte dich nachmittags fast angerufen", sagte sie lächelnd. „Ich hab mir Sorgen gemacht, dass du dir den Kopf zerbrichst wegen deiner Bemerkung. Das wäre überhaupt nicht nötig gewesen."

Sie reagierte auf meine Gedankenlosigkeit mit Güte. Verletztsein gehört nicht zu ihren Hobbys. Ein Hoch auf Sue!

Tut mir Leid!

Der Mann auf dem Platz neben mir im Flugzeug kaute Tabak und spuckte den Saft in einen Becher. Ich bin ein ziemlich toleranter Mensch, aber als wieder mal so ein Schuss gelblicher Spucke auf das Plastik traf, kam mir der Gedanke, dass solche Praktiken zum Kapitalverbrechen erklärt werden müssten, und als Strafe dafür der Strang, das Streckbett und die Vierteilung in Frage kommen sollten – dazu Daumenschrauben.

Ich stöhnte. Mein spuckender Mitpassagier war außerdem auch noch stockschwul. Entweder das, oder er hatte Liberace als Gesangslehrer. Noch einmal stöhnte ich – diesmal tief und maskulin.

Er machte eine Pause, und der Plastikbecher hatte erst einmal Ruhe. Dann sprach er, anscheinend mit mir. Wir hatten einander noch nicht vorgestellt. „Das erste Mal in Denver?"

Im Stillen ging ich blitzschnell 20 Antworten durch, darunter eine ausführliche Stellungnahme, dass ich den männlichen Körper noch nie auch nur annähernd attraktiv gefunden habe, dass ich meine Frau liebe, dass ich zwar keinen einzigen homophoben Knochen im Leibe habe, aber nie auch nur im Traum daran denke, zu „YMCA" zu tanzen. Nein, ich sei bereits in Denver gewesen und hätte auch keine besondere Schwäche für die Musik von Boy George.

„Nein, ich war schon in Denver", lächelte ich – nicht besonders herzlich. „Und ich fliege oft über Denver nach Colorado Springs."

Er spuckte wieder, diesmal noch hingebungsvoller. Ich hatte anscheinend etwas ganz Falsches gesagt. Seine Nüstern blähten sich, die Augen blitzten. Er erklärte, dass er Colorado Springs hasse, weil es voll von rechtskonservativen Christen stecke, lauter eingeschworene, lautstarke Feinde seines Lebensstils. Krampfhaft sah ich mich mit einem Auge nach dem Notausstieg um. Dieser Mann hatte keine Ahnung, dass er direkt neben einem Christen saß, und dann auch noch einem in Leitungsfunktion. Das konnte heikel werden.

Ich hörte mit wachsender Unruhe zu, wie er mir von seiner „Enttaufung" erzählte: Ein selbst erfundenes Ritual, mit dem er feierlich jede Verbindung zu Gott und der Kirche widerrief. In seiner Kindheit, fuhr er fort, sei ihm der Katholizismus gnadenlos eingebläut worden. Und dann kam die Frage, die ich befürchtet hatte:

„So sieht's also aus. Was machen Sie denn beruflich?"

Ich hüstelte nervös und dachte schon ans Lügen, aber mir fiel so schnell kein Beruf ein. „Ich ... ich bin Pastor. Von der christlichen Sorte."

Langes Schweigen seinerseits. Die Augen wurden schmal, die Lippen spitz. Schließlich sagte er: „Pastor also?

Ha! Wahrscheinlich stecken Sie mit den Rechtskonservativen unter einer Decke."

Wiederum dachte ich fieberhaft nach. Schon schwebten mir mögliche Ansprachen vor: dass Jesus die Sünder liebt und die Sünde hasst, Texte aus dem Römerbrief, mahnende Hinweise auf AIDS, Tod und Hölle. Aber irgendwie war das alles unpassend.

Also erklärte ich einfach ganz ruhig, warum ich Jesus nachfolgte. Ich sagte, dass Jesus uns allen zum Thema Sexualität einiges mitzuteilen hätte – nicht nur zur Homosexualität. Vor allem aber entschuldigte ich mich. Ich wollte diesem Mann deutlich machen, dass ich mich für Fernsehevangelisten schäme, die sich geifernd über bestimmte Typen von Sünden hermachen, selbst aber andere, genauso schlimme pflegen. Ich entschuldigte mich, weil ich glaube, dass die Kirche allzu oft gegen die Homosexuellen Stellung bezieht, statt sich um sie zu kümmern. Ich sagte, dass mir das Leid tue.

Er machte große Augen, und ich dachte schon, dass ihm gleich die Tränen kämen. Aber dann lächelte er breit und warmherzig und legte seine Hände wie zum Gebet zusammen.

„Jeff, danke für Ihre Worte. Das stimmt mich demütig. Sie sollen wissen, dass ich sehr wohl merke, dass Jesus der Mittelpunkt Ihres ganzen Wesens ist. Noch einmal, ich danke Ihnen."

Bemerkenswert ist, dass damit eine gute Freundschaft anfing. Er schrieb mir seine Adresse auf und fragte, ob Kay und ich Lust hätten, in Denver mit ihm zu Abend zu essen. Drei Tage danach kam er in unser Hotel und brachte der ganzen Familie Ehrenkarten für das Baseballspiel der Colorado Rockies mit.

Jede Menge Argwohn und Feindseligkeit waren durch ein paar einfache, aber herzliche Worte des Bedauerns wie fortgeblasen. Alles das hat mit einem „Tut mir Leid" angefangen.

Genug der Worte

Die Konferenz lief wie am Schnürchen – meine Ansprache am Eröffnungsabend war gut angekommen. Mit federnden Schritten hüpfte ich die Hoteltreppen hinunter, immer zwei Stufen auf einmal, und steuerte auf die übervolle Lobby zu. Gerade noch Zeit für einen Kaffee vor der ersten Sitzung des Tages. Plötzlich erklang eine Stimme vom Treppenabsatz über mir. Zwei Damen, Delegierte der Konferenz, hatten mich entdeckt und wollten mir den Morgen mit ein paar aufmunternden Worten versüßen, was mir immer willkommen ist. Ihre Wortwahl aber verursachte einen ziemlichen Wirbel in der Lobby.

„Jeff ... halloooo ... warte mal!"

Ich blieb auf der letzten Stufe stehen und schaute auf. Sie beugten sich über das Geländer, die Gesichter strahlend. „Jeff, wir beide wollten dir nur danke sagen ... VIELEN, VIELEN Dank für den letzten Abend ..."

Das Gewimmel in der Lobby stockte augenblicklich, genau wie ich. Alles blickte interessiert auf die Röte, die in meinem Gesicht aufstieg.

„Du warst gestern Abend ABSOLUT FANTASTISCH ..."

Die Menge schwankte zwischen Amüsiertheit und kaum verhohlener Bewunderung.

„Ja, da sind wir beide uns einig – wir haben seit Jahren nicht mehr so viel Spaß gehabt und sind trotzdem auch auf einer tieferen Ebene auf unsere Kosten gekommen."

Ich versuchte, dankbar zu reagieren, doch wegen akuter Verlegenheit entrang sich meiner Kehle nur ein kieksendes Geräusch, das eher zu einem strangulierten Hähnchen passte. Mit gesenktem Kopf eilte ich aus der belebten Lobby und mied die Blicke der anderen Gäste, von denen mich wohl einige als verkommenes Subjekt betrachteten. Andere wiederum hätten mir vielleicht herzlich auf die Schulter klopfen und mich nach dem Geheimnis meines Erfolges fragen wollen.

Etwas ähnlich Peinliches passierte vor ein paar Wochen bei bereits erwähntem Spring Harvest. Eine freundliche ältere Dame eilte nach dem Seminar auf mich zu.

„Mir hat dieses Seminar gefallen, Jeff. Hältst du heute Abend einen Vortrag?"

Ich verneinte. Steve Chalke werde abends an der Reihe sein.

„Oooooh, das ist ja noch besser!", erwiderte mein ehemaliger Fan.

Und als das „noch besser" über ihre Lippen kam, schlugen ihre Augen schon Alarm, als seien sie sich bewusst, dass es mit der Wortwahl nicht zum Besten stand, als wollten sie erschrocken abfangen, was der Mund herausschleuderte ... ach, zu spät.

Ich weiß gar nicht mehr, wie oft ich mir schon gewünscht habe, ich hätte lieber für eine winzige Sekunde Halt gemacht, bevor ich mit meinem Gedanken herausplatzte. „Sich Zeit lassen, bevor man redet" – das ist die biblische Beschreibung des Christen, der das Hirn betätigt, bevor er dem Mund freie Bahn lässt. Ein paar Sekunden Abwägen und Nachdenken können uns stundenlange Schuldzuweisungen und Entschuldigungen ersparen.

Daher schließe ich mit einer feierlichen Entschuldigung an die Dame, die ich bei einem Krankenhausbesuch kennen gelernt habe. Sie besuchte die gleiche Person wie ich und lächelte, als ich mich vorstellte.

„Sie müssen die Mutter der Patientin sein", erklärte ich selbstsicher und reichte ihr die Hand.

Das freundliche Lächeln schwand und machte einem eisigen Blick Platz, so eisig, dass er die Titanic hätte versenken können. „Nein ... ich bin ihre Schwester."

Genug der Worte.

Der anonyme Brief

Kaum zu glauben, aber anonyme Briefe werden in manchen Kirchen häufig als Kommunikationsmittel verwendet. Verstimmte und beleidigte Mitglieder der Gemeinde verleihen ihrem Ärger über Pastoren und Gemeindeleitung per Versand eines Schreibens ohne Namen Ausdruck. Der verdeckten Identität des Schreibers ist der geliehene Mut zu verdanken, den man braucht, um das tödlichste Gift zu Papier zu bringen. Ordinäre Vorwürfe, voreilige Schlussfolgerungen und boshafte Anspielungen wetteifern miteinander. Letzten Endes wirkt ein solcher Brief auf den Empfänger zerstörend: Man wird gleichsam von einer beziehungsmäßigen Luft-Boden-Rakete getroffen, die unverhofft aus dem Dunkel kommt. In Sekunden ist alles Selbstvertrauen, die Gewissheit der eigenen Berufung und möglicherweise die ganze Zukunft des „Getroffenen" vernichtet.

Leider ist diese Methode nicht neu. Der berühmte Evangelist Dwight L. Moody bekam einmal so einen Giftbrief, während er gerade predigte. Irgendjemandem in der Versammlung dort war anscheinend der Boden unter den Füßen zu heiß geworden. Also kritzelte er hastig etwas auf seinen Zettel und reichte den einem Ordner, der ihn zur Kanzel brachte. Auf dem zusammengefalteten Zettel stand Moodys Name. Daraus schloss der unglückliche Ordner, dass Mr. Moody die Nachricht sofort erhalten solle. Moody nahm den Zettel, faltete ihn sorgfältig auf und las die kurze Mitteilung.

Auf dem Blatt stand als einziges Wort: „Dummkopf."

Moody seufzte, faltete das Blatt zusammen und machte dazu eine Bemerkung. „Mir ist gerade ein höchst ungewöhnlicher Brief von jemandem aus der Versammlung geschickt worden", sagte er zu der verwunderten Zuhörerschaft. „Dies hier ist sehr interessant. Mir werden oft Briefe geschickt, in denen zwar ein Text steht, aber der Absender weggelassen wurde. Bei dem heutigen Brief hat der Absender den Text selbst ausgelassen und dafür seinen Namen genannt: ‚Dummkopf'!"

Dann fuhr Moody seelenruhig mit der Predigt fort.

Ich erlebte die Macht des anonymen Briefes, während Kay und ich als Mitarbeiter einer Kirche in Oregon angestellt waren. Nach gut anderthalb Jahren als Teil des Teams hatten wir den Eindruck, wir sollten unseren Dienst ausweiten und als Bibellehrer von Kirche zu Kirche reisen. Der Gemeinde wurde per Ankündigung mitgeteilt, dass wir gekündigt hätten und bald abreisen würden. Danach wurde ein „Brief" an den Hauptpastor und alle Diakone geschickt, aber natürlich bekamen Kay und ich vom anonymen Schreiber keine Kopie. Darin wurde unterstellt, der Hauptpastor sei neidisch auf das herzliche Verhältnis der Gemeinde zu uns, werde angesichts dieser Beliebtheit nervös und habe uns zur Kündigung gezwungen. Man treibe uns skrupellos aus der Stadt, wurde im Brief mit der Autorität eines Eingeweihten erklärt. Der Hauptpastor war angesichts dieser skandalösen und absolut unwahren Unterstellung tief erschüttert und natürlich besorgt. Ich bat ihn um die Erlaubnis, auf meine Art mit dem Problem umzugehen.

Es war unser letzter Sonntag in der Kirche, mein Abschiedsgottesdienst, und ich hielt meine letzte Predigt. Der Saal war voll besetzt. Zeit für einen erlösenden Scherz.

„Bevor ich schließe, möchte ich euch mitteilen, dass der Hauptpastor und die Diakone der Kirche jeweils ein Exemplar eines Briefes ohne Absenderangabe bekommen haben, in dem sie beschuldigt werden, Kay und mich schlecht zu behandeln. Es wird unterstellt, wir würden – ich zitiere: ‚skrupellos aus der Stadt getrieben'."

Ich machte eine Pause. Die Spannung ließ die Luft spürbar knistern. Ich schaute mich nach John um, dem Hauptpastor, der auf seinem Platz auf dem Podium hin und her rutschte. Ich fuhr fort.

„Ich habe mich entschlossen, heute endlich einmal die ungeschönten Fakten über den Hauptpastor dieser Kirche und auch über seine Diakone auszusprechen. Was soll's, es ist mein letzter Sonntag hier, und ich habe nichts zu verlieren – im Moment habe ich auch das Mikrophon in der Hand –, warum also nicht loslegen und euch allen reinen Wein über die Leute hier einschenken ..."

Die Spannung steigerte sich. Ich wollte den Augenblick voll auskosten, trat von der Kanzel zurück und stellte mich neben John. Ich legte ihm die Hand auf die Schulter und sagte: „Lasst mich mal über diesen Mann auspacken. Wie gesagt, was habe ich jetzt noch zu verlieren? Voller Einsatz!"

John sah mich an wie ein gehetztes Tier. Auf seiner Stirn standen Schweißperlen. Ich musste es hinter mich bringen, und sei es nur, um den armen John aus seinem Elend zu erlösen.

„Dieser Mann hat nichts getan – ich wiederhole, nichts – außer mich, meine Familie und meinen Dienst wieder und wieder zu segnen, uns mit Freundlichkeit zu überschütten, zu ermutigen und zu helfen. Er und die Diakone dieser Kirche haben absolut alles in ihrer Macht Stehende getan, um mich zu unterstützen. Ich stehe tief in ihrer Schuld. Deshalb möchte ich dem Schreiber des anonymen Briefes mit seiner lächerlichen Verschwörungstheorie, wer immer er auch sei, zwei Dinge mitteilen. Erstens sollten Sie die Fakten überprüfen, denn noch schlimmer hätten Sie nicht daneben liegen können. Und zweitens sollten Sie beim nächsten Mal, wenn Sie den Stift zur Hand nehmen, so viel moralisches Rückgrat beweisen, am Ende des Textes Ihre Unterschrift zu hinterlassen. Ein Brief ohne Namen ist die Zeit nicht wert, die man zum Lesen braucht. Er ist ein Stück Feigheit. Wer auch immer den Brief geschrieben hat, dem gilt laut und deutlich meine Mahnung: Sie sollten dringend Buße tun!"

Ich setzte mich hin, und die Versammlung erhob sich zu einer stehenden Ovation, nicht für mich, sondern als Botschaft der Liebe für John und das Team der Diakone, die mit ihm ihren Dienst versahen. Ich sah zu, wie die Menge jubelte und schrie und die Bibeln in der Luft schwenkte. Doch mir war klar, dass irgendjemand irgendwo da draußen in der Menge saß, der der Autor des anonymen Briefes war ...

Ein Freund in Not

Es war in jeder Hinsicht ein finsterer Tag. Das aufmerksame Krankenhauspersonal hatte die Lichter des kleinen Privatzimmers gedämpft, in dem mein Vater im Sterben lag. Die grellen Neonleuchten waren verbannt und durch eine weichere, wärmere Lampe ersetzt worden – ein Licht, bei dem man sterben kann. Ich war auf die kargen Worte hin ins Krankenhaus geeilt, die so viel sagen: „Kommen Sie bitte so schnell wie möglich."

Meine Mutter saß an seiner Seite, hielt ihm die Hand, flüsterte ihm beruhigende Worte zu. Diese Szene hatte ich mir während langer Nächte ohne Schlaf schon seit Monaten ausgemalt. Es war nicht der Tod meines Vaters, vor dem ich Angst hatte: Ich wusste, dass er seinen Frieden mit Gott gemacht hatte. Nach jahrelangem stillen Wüten gegen Gott, die Folge einer verlorenen Jugend in deutschen Kriegsgefangenenlagern, nach allem, was er sich dort in langen Jahren täglich hatte ansehen und anhören müssen, war er auf die Botschaft eingegangen, dass es dennoch einen Gott gibt, der sich um ihn kümmert.

In einem langen heißen Sommer in Amerika hatte mein Vater schließlich Jesus sein Leben anvertraut. An diesem

Abend war er mit mir gekommen, als ich in Oregon einen Predigttermin hatte. Ich erinnere mich noch gut an meine Freude, auf die Empore zeigen und der Versammlung verkünden zu können: „Das ist mein Vater. Er ist heute Christ geworden." Alles klatschte, jubelte und trampelte, und er stand auf und winkte wie jemand aus der Königsfamilie. Es war ein glücklicher Tag.

Dann aber traf der Schlaganfall sein Gehirn und raubte ihm die Sprache. Er war zum Gefangenen in seinem eigenen Körper geworden: Noch völlig klar bei Sinnen, doch zu der frustrierenden, dauerhaften Erfahrung verurteilt, dass er sich überhaupt nicht mehr verständigen konnte, es sei denn durch unartikulierte Laute und wedelnde Handbewegungen. Ein grausames Schicksal für einen Mann, dem im Leben nichts wichtiger gewesen war als Kommunikation. Doch wie die Gefangenschaft in seiner Jugend ertrug er das Zurückgeworfensein in die Isolation mit tapferer Würde.

Der letzte Schlag kam, als man uns sagte, dass er an einem Emphysem sterben werde, bei dem sich die Lungen langsam mit Flüssigkeit füllen. Das war es, was mir den Schlaf raubte. Ich bat Gott, meinen Vater in Frieden sterben zu lassen. Dieser Mann hatte zwei lange Gefängnisstrafen hinter sich; sozusagen langsam zu sterben war eine Qual, die über mein Vorstellungsvermögen ging.

Mein Vater lag unter Morphium im Koma, und sofort, als ich ihn sah, wusste ich, dass es nicht mehr lange dauern würde. Meine Mutter ging an die frische Luft, eine wohlverdiente Pause für ein paar Minuten, und ich setzte mich still hin und hielt meinem Vater die Hand. Dabei erinnerte ich mich an einen ganz besonderen Abend vor ein paar Jahren.

Als ich damals bei meinen Eltern übernachtete, geschah etwas Unvergessliches. Ich lag schon im Bett – es war nach elf Uhr –, als ich es an der Tür klopfen hörte. Das unverständliche Gemurmel hinter der Tür verriet mir, dass es mein

Vater war. Obwohl ihm der Schlaganfall die Sprache geraubt hatte, versuchte er es immer wieder. Ich bat ihn ins Zimmer, fragte mich aber, was er wohl vorhatte.

Nie werde ich den Moment vergessen, als Dad an die Seite meines Bettes trat, niederkniete und dann langsam und sorgfältig die Bettdecke um mich feststeckte, ganz wie damals, als ich noch klein war. Er schob mir eine Haarsträhne aus der Stirn, küsste mich auf die Wange und ging wieder. Er konnte nicht sprechen, doch drückte er damit auf beredte Weise seine Liebe und Fürsorge für mich aus. Ich erinnere mich, dass ich, ein Mann mit fast schon erwachsenen Kindern, noch lange wach lag und mich warm, sicher und geliebt fühlte.

Jetzt, im Wissen, dass mein Vater seinen letzten Kampf führte, nur Stunden vor seinem Tod, wusste ich, dass es an der Zeit war, die erwiesene Ehre zurückzugeben. Ich werde nie erfahren, ob er mich verstand, doch flüsterte ich in sein Ohr: „Dad, ich bin's, Jeff. Ich hab dich so lieb. Bald wirst du bei Jesus sein. Jetzt geht es dir sicher nicht gut, aber du bist in Sicherheit. Ich decke dich zu." Ich nahm die Krankenhausdecke und das frische weiße Laken, stopfte beides unter der Matratze fest und hoffte, dass mein Vater es merkte.

Ein paar Stunden später war der Abschied gekommen. Mein Vater hatte immer Witze gemacht und gern gelacht, und jetzt ließ er uns auch im Sterben noch Rätselraten. Die Krankenschwester suchte nach seinem Puls und fand keinen. „Er ist entschlafen", erklärte sie feierlich, aber warmherzig. „Nein, doch nicht, der Puls ist wieder da ... *jetzt* ist er weg ... nein, wieder da."

Sie wartete ein, zwei Minuten ab, weil sie uns diese Achterbahnfahrt nicht zumuten wollte. Schließlich meldete sie sich wieder zu Wort. „Ja, jetzt ist er entschlafen."

Diesmal blieb es dabei.

Mama und ich brachen in Tränen aus. Als ich mich zu Dad

hinabbeugte, um seine noch warme Stirn zu küssen, klingelte das Telefon auf dem Nachttisch. Wer konnte das sein?

Die Schwester hob ab und sagte, es sei für mich. Ein Dr. Chris Edwardson aus Amerika wolle mich sprechen.

Chris und Jeanne Edwardson sind unsere besten Freunde. Jahrelang sind wir als Familien gemeinsam in Urlaub gefahren. Chris ist mein engster Vertrauter. Ich nahm den Hörer.

„Jeff, hier ist Chris. Hör mal, ich bin gerade in Kanada mit dem Auto unterwegs, aber Gott hat zu mir gesprochen und gesagt, ich sollte dich aufspüren, weil du auf meinen Anruf angewiesen seist. Was gibt es denn?"

Ich erzählte meinem Freund, mein Vater sei vor einer halben Minute gestorben, und ich sitze jetzt gerade neben ihm.

„Jeff, deshalb also hat Gott mich gebeten, dich anzurufen. Ach, Jeff, ich fühle mit dir. Dein Vater ist jetzt bei Jesus. Ich bete für dich, und Jeanne und ich kommen dich in ein paar Tagen besuchen."

Ich legte auf. Erstaunlich! Gerade befand ich mich in einem der schmerzlichsten Momente meines Lebens. Oft hatte ich Chris zu Rate gezogen und ihm Fragen über den Gesundheitszustand meines Vaters gestellt, gerade über das Emphysem. Und jetzt schenkte Gott mir die Gnade, dass er aus der anderen Hälfte der Welt genau in dem Moment anrief, als ich Beistand am dringendsten nötig hatte.

Ich hatte meinem Vater die Bettdecke festgesteckt. Und jetzt stellte sich bei mir eine ganz ähnliche Wärme und Sicherheit ein, als ich den unglaublichen Segen einer echten Freundschaft verspürte.

Gott ist nett!

Der Tod

Von jetzt an bis in Ewigkeit

Das Auto war eine alte Rostlaube, die anscheinend nur noch von verblichenen Aufklebern zusammengehalten wurde. Auf einem war zu lesen: „Mein Boss ist ein jüdischer Zimmermann". Mir ging ein absurdes Bild durch den Kopf, wie der Erlöser aus Nazareth zur rechten Hand des Vaters sitzt und fleißig Sofatische herstellt, die im Sonderangebot verhökert werden. Ein noch älterer Sticker forderte die Verkehrsteilnehmer auf: „Hupe, wenn du Christ bist", während ein anderer die nächsten Huper freundlich ermahnte: „Nur Geduld, Gott ist mit mir noch nicht fertig".

Dann aber der nützlichste aller Aufkleber: „Im Falle einer Entrückung ist dieses Auto ohne Fahrer". Sehr hilfreicher Hinweis. Wer nach dem zweiten Erscheinen Jesu hier unten zurückbleibt, kratzt sich vielleicht ratlos am Kopf, weil er nicht weiß, warum Millionen von Menschen plötzlich vom Planeten verschwunden sind. Aber wenigstens kann er sich erklären, warum dieses Auto führerlos war. Hmmm.

Ein wohlvertrautes, irritiertes Gefühl stieg irgendwo in mir auf. Ich runzelte die Stirn und fühlte mich veranlasst, einen Kommentar der erlesenen Sorte über Christen loszuwerden, die weit über dieser Erde schweben, während ich mein eigenes aufkleberfreies Auto an der sprücheklopfenden Rostlaube vorbeilenkte. Es war die gleiche Frustration, die schon Tage vorher aufgekommen war, als ich an einer Kirche in Tulsa, Oklahoma, vorbei fuhr. Wenn die Südstaaten der USA als „Bibelgürtel" gelten, dann ist Tulsa die Gürtelschnalle. Tausende von Kirchen säumen die Straßen der Stadt, und an den meisten davon stehen riesige Werbetafeln. Besonders eine hat mich wirklich verstimmt. Die Stadt hatte eine Hitzewelle durchstehen müssen. Viele alte Menschen waren sogar an Kreislaufschwäche gestorben. Diese Kirche hatte ihre Tafel so beschriftet: „Wenn du glaubst, dass es hier heiß ist, dann warte mal ab ..."

„So viel zum Thema Gute Nachricht", murmelte ich mit einem maßvollen Überlegenheitsgefühl und gab meiner Familie wieder einmal eine Kurzpredigt über Christen zum Besten, die ihren Kopf so weit im Himmel tragen, dass sie auf der Erde nichts mehr mitbekommen. Ich musste leise kichern, als ich einen auffallend nichtchristlichen Sticker mit der Botschaft sah: „Jesus kommt wieder – tu so, als ob du schon was vorhast."

Ich geb's ja zu. Ich habe diese Christen satt, die offensichtlich glauben, dass es kein Leben vor dem Tod gibt. Aber dann lernte ich auf dem Weg nach Redding in Kalifornien Paul und Margaret kennen, ein Ehepaar mit dem Himmel im Herzen. Ihr Auto ist so wie meines ohne Aufkleber. Wir waren gemeinsam in dieser klischeefreien Zone unterwegs, als ich eine ganz unschuldige Frage stellte, eigentlich nur zum Zwecke höflicher Konversation: „Habt ihr eigentlich Kinder?"

Margaret zögerte, als müsste sie ihren Nachwuchs erst einmal durchzählen. Es gab ein längeres Schweigen, und ich war versucht, eine „witzige" Bemerkung zu machen, etwa in der Art: „Dann eben eine leichtere Frage". Aber irgendetwas gebot mir, den Mund zu halten. „Irgendetwas" hatte Recht.

„Ach, Jeff, wir haben drei Kinder, aber eins davon ist schon bei Jesus. Unsere älteste Tochter wurde von ihrem

Freund ermordet, als sie 19 war. Er schlug sie zusammen, warf sie von seinem Laster und überfuhr sie dann. Also, ja, wir haben drei Kinder: Zwei auf der Erde, und eins, das im Himmel ist."

Ich stotterte und rang verzweifelt um Worte, aber Paul und Margaret waren auf meinen armseligen Beitrag weder angewiesen, noch forderten sie ihn ein. In den nächsten Stunden gestatteten sie mir Einblick in das Ausmaß ihres Leides. Paul hatte in der einen Hand eine Kaffeetasse fest im Griff, in der anderen ein Foto seiner hübschen erstgeborenen Tochter. Sie erzählten mir, dass man sich niemals von so einem Trauma erholt. Und dass man nur sehr langsam wieder lernt zu lächeln. Vor allem aber zeigten sie mir mit ihrem Lachen, mit den Tränen und mit den strahlenden, von Hoffnung erfüllten Augen, dass ein Teil von ihnen bereits im „Noch nicht" lebte. Sie waren in der Hölle gewesen und sind wieder zurückgekommen. Unterwegs haben sie Geschmack am Himmel bekommen. Sie machten überhaupt keinen abgehobenen oder klischeehaften Eindruck. Aber sie lebten hier als Bürger eines Reiches, das kein Ende hat, und freuten sich schon auf die Feier des Wiedersehens.

Von Kleinigkeiten lassen sie sich nicht mehr ärgern. Als Leiter ihrer Gemeinde geben sie sich keinerlei Mühe, der religiösen Kultur Tribut zu zollen. Margaret, die Pastorenfrau, trägt ein Piercing in der Nase, einfach so, weil sie es mag. Außerdem denkt sie daran, sich eine Tätowierung zuzulegen. „Es macht mir einfach Spaß, diese religiösen Teufel aufzumischen", lächelte sie. Es war kein selbstgefälliges, arrogantes Grinsen, sondern die stille Freude eines Menschen, der dem Tod selbst ins Gesicht gesehen und festgestellt hat, dass es einen Größeren gibt.

Als ich wieder abreiste, hatte ich das Gefühl, mir sei eine Audienz beim König gewährt worden. Ich fühlte mich zutiefst herausgefordert. Bin ich mit meinem Christsein so auf das Hier und Jetzt festgelegt, dass ich den Blick für die wunderbare Ewigkeit verloren habe, die gleich hinter dem Horizont der Zeit liegt?

Die Südstaatensklaven von früher hielten Ausschau nach einem „Sweet Chariot", einem himmlischen Wagen, der zu ihnen herabschwebt und sie nach Hause trägt. Sie besaßen nichts in der Gegenwart, doch alles im „Noch nicht".

Paul und Margaret haben keine Aufkleber; sie tragen tiefe Wunden. Aber eines Tages werden sie wieder tanzen, Arm in Arm mit ihrer Tochter, unversehrt und heil, und sich an Jesus freuen, der über Tod und Hölle steht.

Wir haben es tausendmal gehört, doch halten wir einmal inne und denken daran: Als Christen werden wir bei Jesus sein, für immer. Das ist Ewigkeit. Kein Wunder, dass sich so etwas „Gute Nachricht" nennt.

Das riesengroße Haus ...

Jory war ein aufgeweckter, 12-jähriger Frechdachs mit ansteckendem Lachen und messerscharfem Verstand, ein junger Mann, der das Leben schön fand, sich für ein Leben mit Jesus entschieden hatte und sich auf dem Weg mit ihm rundum wohl fühlte. John und Cheri, Jorys Eltern, waren und sind gute Freunde von mir. Ich bin oft bei ihnen in Colorado Springs zu Besuch gewesen, und man merkt, dass ihr Zuhause ein echter Hafen der Liebe und des Lachens ist.

Ich weiß noch, wie ich einmal bei einem Jugendtreffen in Jorys Heimatort predigte. Ich fühlte mich ziemlich alt; also machte ich den leicht hilflos wirkenden Versuch, wenigstens ein bisschen im Trend zu sein, indem ich ein knallorangefarbenes Tommy Hilfiger-Sweatshirt anzog. Als ich eintrat, kam Jory herbeigeschlendert, warf einen Blick auf mein ehrgeizig fluoreszierendes Stück, zwinkerte mir zu und sagte: „Du gibst dir ja echt Mühe, Jeff." Treffer, versenkt!

Jory liebte Musik. Ich kann mich an ein bestimmtes Lied erinnern, offensichtlich über den Himmel, das bei ihm im Zimmer anscheinend endlos spielte:

Komm, Gott lädt dich ein
in sein großes Haus.
Es ist riesengroß
und hat unendlich Platz,
mit einer Riesenküche,
du kannst essen, was du willst.
Mit einem Riesenpark,
man kann super Fußball spielen.
Und das Riesenhaus
ist meines Vaters Haus ...

Jory und Justin, sein älterer Bruder, waren bei ihren Großeltern in Wisconsin zu Besuch. Jory war auf ein vierrädriges Motorrad gestiegen und zurück zum Haus gefahren, um Nachschub an Kaugummi und eine Sonnenbrille gegen die helle Nachmittagssonne zu holen. Dabei überquerte er eine selten befahrene Straße. Nach seiner Mission sprang er wieder aufs Motorrad und wollte zurück zu seinem Bruder fahren. Doch so weit kam er nie.

Wahrscheinlich hatte er den Laster nicht einmal gesehen, der ihn umfuhr und samt dem Motorrad 20 Meter die Straße entlang schleifte. Sein Opa eilte beim Geräusch der kreischenden Reifen nach draußen und musste seinen geliebten Enkel tot auf der Straße vorfinden. Der verzweifelte Lasterfahrer stand hilflos und händeringend daneben.

Wir hatten erst vor ein paar Stunden einen Anruf erhalten und waren gebeten worden, ins Flugzeug zu steigen, um bei John und Cheri zu sein. Ich sollte beim Beerdigungsgottesdienst neben anderen Rednern eine Ansprache halten. Wir standen den langen Flug mit wachsenden bangen Gefühlen durch – welche Worte konnte man diesen lieben Freunden schon sagen, die jetzt ihr äußerstes Leid ertragen mussten? Wie konnten wir sie trösten, ohne in Klischees zu verfallen?

Jetzt saßen wir vier mit zwei anderen engen Freunden zusammen an einem Tisch, wo die Tränen flossen und die letzten Einzelheiten der Beerdigung durchgesprochen wurden. John und Cheri hatten vom stundenlangen Weinen geschwollene Augen. In drei Stunden würde etwas stattfinden, das Eltern eigentlich niemals erleben sollten – die Beerdigung ihres jüngsten Sohnes. Wir versuchten, die Eltern auf diese mögliche Zerreißprobe vorzubereiten. Wir besprachen die Lieder, die Reihenfolge der Beiträge, wer etwas sagen sollte und wann, und schließlich, als alles geklärt war, beugte sich John hinüber zu meiner Frau Kay, um ihr eine Frage zu stellen – eine Auskunft, die mich an den Rand einer Panikattacke brachte.

„Kay, hat Gott dir irgendetwas über Jorys Tod mitgeteilt?"

Auf diese Frage zu antworten war scheinbar viel zu riskant. Zu behaupten, Gott habe etwas gesagt, sich dabei aber zu irren, konnte in so einem schmerzlichen, emotionsgeladenen Augenblick tiefe Wunden schlagen. Auch lauerte hier die Gefahr, dass alle Worte als Phrasen aufgefasst werden konnten. Ich schaute auf meinen Kaffee nieder und hoffte, dass Kay ruhig und sanft bestätigen würde, dass Gott ihr nichts mitgeteilt habe.

Doch sie sagte: „Ja, John, ich glaube, dass Gott heute Morgen zu mir gesprochen hat ..."

Ich blickte noch tiefer in den Kaffee. Er war sehr schwarz. Ich hielt die Luft an und versuchte, Kay unter dem Tisch einen Tritt zu verpassen. Er ging daneben.

„Ich habe den Eindruck, Gott will euch sagen, dass Jory gerade jetzt mit den Engeln tanzt ..."

Die schwarz glänzende Oberfläche des Kaffees schaute zu mir zurück. „Er tanzt jetzt mit den Engeln". Hört sich das nicht ein bisschen trivial an? Anscheinend nicht.

John wischte sich die Augen mit einem Papiertaschentuch und erwiderte ruhig: „Kay, bestimmt wusstest du es nicht, aber Jory hat unheimlich gern getanzt – genau das hat er am liebsten gemacht. Er konnte die Füße nicht stillhalten, wenn er Musik hörte. Aber es steckt noch etwas anderes dahinter. Gestern sind Cheri und ich in die Leichenhalle gegangen, um uns von Jory zu verabschieden. Als es Zeit war zu gehen, sah ich meinem Sohn ein letztes Mal ins Gesicht, beugte mich über den Sarg, küsste ihn auf die Wange und gab ihm als Vater meine letzten Worte mit: *Tanz, Jory, tanz.*"

Und so klang unser Treffen mit dem Gefühl aus, dass Gott geredet hatte und auch in Zukunft reden würde, auch wenn wir wie im dichten Nebel tappten und die Frage „Warum?" im Raum blieb, die sich so oft aufdrängt, wenn wir von einem schlimmen Unglück getroffen werden.

Es gibt so viele Dinge, denen ich einfach nicht auf die Spur komme, Fragen über Gott, das Leben und das Wesen des Leids. Eins aber weiß ich: Es gibt einen jungen Mann mit lachenden Augen, der Jory heißt und gerade jetzt im Haus des Vaters feiert; er isst am großen Tisch einer Riesenküche ... und vielleicht kickt er danach noch mit ein paar Freunden draußen im Park ein paar Bälle ...

Meine allererste Beerdigung

Ich wusste, dass sie Bescheid wussten. Das merkte man daran, wie sie ihr Grinsen zu unterdrücken versuchten und sich gegenseitig hinter vorgehaltener Hand ins Ohr flüsterten. Sargträger genehmigen sich normalerweise kein Lächeln, nicht einmal ein flüchtiges. Diese hier aber konnten sich nicht beherrschen. Ihnen war klar, dass der junge Pastor beerdigungstechnisch eine Jungfrau war. Es war mein allererstes Mal. Ich hatte noch nie eine Leiche gesehen und war im wahrsten Sinne des Wortes zu Tode geängstigt.

Eine lange, schlaflose Nacht lag hinter mir. Ich hatte mich hin und her gewälzt und von Särgen und Leichen geträumt, bevor ich zum x-ten Mal wach wurde und kalten Schweiß auf der Stirn spürte. Ob ich beim Anblick der Leiche wohl ohnmächtig würde? Ich wusste, dass zu meiner ersten Beerdigung ein offener Sarg gehörte (klang irgendwie nach Cabriolet). Also würde die Leiche nicht in ihrem Behälter mit Messingbeschlägen hinter Schloss und Riegel versteckt sein. Nein, zu dieser ersten Beerdigung gehörte ein sehr offener Sarg, in dem ein sehr toter Mensch lag. Ich selbst war dem Tod nahe.

Ich klopfte zittrig an die Tür des Hauses, in dem die Trauerfeier stattfinden sollte, und machte mich halb darauf gefasst, dass der Verstorbene selbst mir die Tür öffnete. Was natürlich nicht der Fall war. Trotzdem schauten mich alle ob meines gehetzten Blicks irritiert an. Der Sarg war noch nicht eingetroffen, also war mein überängstlicher Eintritt umsonst gewesen. Ich lächelte schief und sagte etwas, das hoffentlich halbwegs sensibel klang. Der Bestatter lächelte zurück.

Endlich kamen seine Mitarbeiter mit dem Verstorbenen an. Als sie das Gestell zurechtrückten und den Sarg darauf stellten, gleich neben die belegten Brötchen und Gürkchen für den Leichenschmaus, glaubte ich schreien zu müssen.

Langsam, ganz langsam wurde der Deckel angehoben. Ich konzentrierte mich voll auf eines der Gürkchen. Dann drehte ich mich ganz langsam zu der Leiche um – sofort wusste ich: Alles wird gut. Sein Gesicht war pudrig weiß, die Augen fest zugekniffen, die Hände über der Brust gefaltet wie im Gebet, eine angemessene letzte Haltung für diesen aufrechten Mann Gottes.

Die Verwandten traten ein, griffen nach den Häppchen und versicherten einander, wie gut der Tote aussehe und was für einen lebendigen Eindruck er mache. Und dann wurde ich zum Foto gebeten. Ich vermutete, man wolle einen Schnappschuss von mir als dem amtierenden Beerdigungspastor, also schluckte ich schnell das letzte Stückchen Gurke hinunter, mit dem ich mich so nett bekannt gemacht hatte. Doch lag ich nicht ganz richtig. Sie wollten ein Foto des Verblichenen mit mir. Erst konnte ich es gar nicht glauben. Ich meine – wie sollte so ein Foto denn gemacht werden? Sollte ich neben dem Sarg in die Hocke gehen und dicht heranrücken, Kopf an Kopf, als hätten der Verstorbene und ich am Vorabend in der Stadt einen draufgemacht? Sollte ich meinen Arm freundschaftlich oben um den Sarg legen? Sollte ich in die Kamera lächeln? War das taktvoll? Immerhin war mein Mit-Fotomodell ja tot.

Ein Lächeln sei angebracht, sagte man, da der liebe Verstorbene ja nicht in dem Sinne tot sei, sondern bei Jesus. Warum also nicht lächeln? Ich stimmte zu, legte den Arm um den Sarg, als ob der Verstorbene und ich für einen Schnappschuss nach dem Fußballspiel posierten, und versuchte, möglichst glücklich auszusehen. Ich hatte mir nicht vorgenommen, der Leiche so nahe zu kommen. Vielleicht war es eine Art morbide Faszination, aber ich studierte sein Gesicht jetzt sehr intensiv. Die Starre, die absolute Abwesenheit des Lebens, darin lag die Faszination. Der Blitz tat sein Werk, und eine Minute danach bekam ich das Polaroidfoto mit mir und einer sehr toten Person zu sehen. Ich merkte an, es sei ein gutes Bild – innerlich aber fand ich das Ganze äußerst morbide. Es machte einen unangemessenen Eindruck.

Es wurde Zeit, zum Friedhof zu gehen. Der Sargdeckel wurde wieder zugeklappt, und wir brachen zur Fahrt in den Park auf. Doch hier erwartete mich die nächste ungewöhnliche Erfahrung: Diese Familie war fest entschlossen, den Toten selbst unter die Erde zu bringen. Ich hatte geglaubt, es sei mit der „Asche-zu-Asche-Zeremonie" getan, und ich dürfe dann gehen, damit die Totengräber ihr Werk tun konnten. Doch diese Familie pflegte die Tradition, sich selbst als Totengräber zu betätigen. Die Frauen sangen wunderschöne Spirituals, ein getragenes Gemisch aus Trauer und Feierlichkeit. Während sie ihre Harmonien pflegten, griffen die Männer zu Schaufel und Spaten und füllten das Grab mit Erde auf. Große Klumpen regennasser Erde plumpsten auf den Sargdeckel, und in Minutenschnelle war die Kiste den Blicken entschwunden. Es wurde so lange gesungen, bis das Grab ganz gefüllt war, sich ein Erdhügel gebildet hatte und die Blumen sorgfältig darauf arrangiert wurden. Dann, und erst dann machten die Trauernden Anstalten zu gehen.

Beim Leichenschmaus gab es dann Lachen und Tränen, es wurde herzhaft gegessen und getrunken. In einem ruhigeren Augenblick fragte ich mich, wie diese Leute eigentlich über den Tod dachten: der offene Sarg, das Foto, das Verwandten in Übersee geschickt werden sollte, und die Entschlossenheit der Familie, ihren Toten buchstäblich selbst zu begraben.

Taten sie das, weil sie keine Angst hatten, dem Tod ins Gesicht zu schauen? Half es ihnen zu trauern, indem sie dafür sorgten, dass jede unrealistische Gefühlsregung von der Brutalität des Todes vernichtet wurde? Unsere Gesellschaft verhüllt den Tod so oft. Man verbirgt die Geschäftsräume der Bestatter in Nebenstraßen und nutzt die Sprache als kosmetisches Mittel zum Verbergen der krassen Realität. Ein Mensch ist dahingeschieden, hat uns verlassen, ist uns vorausgegangen, ist auf der anderen Seite: Er ist alles außer ... einfach tot.

Meine erste Beerdigung hat mir weit mehr gezeigt, als ich erwartet hatte. Ich war auf eine Gruppe von Christen gestoßen, die einem Blick auf „den letzten Feind", den Tod selbst, standhielten. Ihre Zuversicht war nicht auf irgendeinen sentimentalen „Heile, heile Segen" im Himmel gegründet, sondern in der sicheren Hoffnung verankert, die von Jesus stammt. Er hat den Tod besiegt und für alle, die an ihn glauben, den Kampf gewonnen.

Der Tod ist sehr, sehr tot.

Gebet und Prophetie

Lasset uns beten (?)

Es gibt ein paar Ankündigungen, die meine Hände schwitzen und meinen Herzschlag stocken lassen. Dieses nervöse, panische Gefühl befällt mich, wenn mein freundlicher Zahnarzt mir netterweise mitteilt, dass seine nächste Handlung mir wehtun wird – nur ein bisschen natürlich. Entsetzliche Schmerzen stehen mir bevor, die mich garantiert in den Abgrund des Irrsinns stürzen. Eine Menge kalter, rostfreier Stahlinstrumente werden gleich dank freundlicher Finanzierung der Krankenkasse in meinem Mund wüten.

Eine ähnliche Nervosität bricht bei mir aus, wenn ein Pilot ankündigt, es gebe während des Flugs ein „kleines Problem". In Wirklichkeit bricht bereits vorne das Cockpit ab.

Und dann bekomme ich noch nervöse Zuckungen, wenn der Anbetungsleiter sein begeistertstes Grinsen aufsetzt und freudig ankündigt: „Wir wollen den Herrn jetzt einmal etwas länger anbeten, ja?" Uns steht das Absingen von 300 unleserlichen Overhead-Folien bevor. Diese Folien sind auf geheimnisvolle Weise in Unordnung geraten und daher wird das jeweilige Lied vom Aufleger meist erst dann gefunden und ergo gezeigt, wenn der letzte Vers gesungen wird, wobei man dann den zweiten Vers vor Augen hat. Wir „fühlen uns geleitet", jedes dieser Lieder mindestens zweimal durchzusingen.

Auch wenn sich dieses Gefühl eigentlich gar nicht einstellt, werden wir diese Lieder singen. Selbst wenn der Herr während der Anbetungszeit wiederkommen sollte, werden wir alle 300 Lieder bis zum bitteren Ende singen – zweimal.

Doch als Prediger mit landesweitem Dienst (ich glaube, die Definition für „landesweit" ist erfüllt, wenn man mindestens viermal im Jahr die Autobahn befährt) kenne ich noch eine muntere kleine Ankündigung, die mir garantiert die Knie schlottern lässt. Sie hört sich so an: „Wir würden gern ein paar Leute zusammenholen, um vor dem Gottesdienst für dich zu beten, Jeff."

Hilfe! Wählt den Notruf! Ruft die barmherzigen Samariter! Es dräut die Qual. O ja, das klingt so unschuldig, sogar freundlich und auf jeden Fall *sehr* geistlich. Ich verspüre aber einen Anflug von Besorgnis, wenn mir mitgeteilt wird, vor dem Gottesdienst werde für mich gebetet – und nicht nur mir geht es so. Viele Mitpastoren der reisenden Zunft, von denen sich manche durchaus einen Namen gemacht haben, leiden wie ich unter dem Schrecken der Gebetsgemeinschaft vor dem Gottesdienst – ein Schrecken, der sich um den Faktor 100 ausweitet, wenn beiläufig das Wort „Fürbitte" erwähnt wird. Damit ist gemeint, dass die geistlichen Sturmtruppen eingesetzt werden. Das Motto der Brigade lautet: „Nein, Gott ist nicht taub, aber möglicherweise etwas schwerhörig. *Im Namen Jesu!*" Viel Geschrei, Fußstampfen, Flaggenschwingen und Tamburinschlagen begleiten normalerweise diese Aktionen.

Mein Freund Adrian Plass versucht diesen vorgottesdienstlichen Gebeten zu entkommen, indem er sich in der Toilette versteckt. Was für ein trauriger, ergreifender Anblick: Einer der bekanntesten christlichen Autoren der Welt versteckt sich im stillen Örtchen und versucht, sich mit Handschellen ans Klobecken zu fesseln.

Mancher fragt sich wohl, warum durch diese gut gemeinten Gebetsgemeinschaften so viel Pein verursacht wird. Wie kommt es, dass Plass zum Klo sprintet und ich mir manchmal lieber die Zehennägel ausreißen lassen würde, als dass für mich gebetet wird? Damit kein Verdacht aufkommt, will ich gleich versichern, dass ich weder zynisch noch ungläubig bin. Vom Wert und der Macht des Gebetes bin ich zutiefst überzeugt. Ich habe auch keinerlei Zweifel an der Aufrichtigkeit und Geistlichkeit derer, die sich zum Gebet sammeln. Eigentlich bin ich durchaus froh, dass man Zeit und Energie aufwendet, um Gott zum Handeln aufzurufen. Woher also die vorgottesdienstliche Gebetsallergie?

Zuallererst können diese Gemeinschaften recht ... nun, sagen wir, *körpernah* geraten. Die meisten Christen sind ziemlich nett, aber die Gebetsaktion bietet ihnen den perfekten Vorwand, einem in Ohr und Gesicht zu spucken und die ganze Bibel mit Speichel zu besprenkeln, während die Inbrunst der Fürbitte so richtig auf Touren kommt. Das kann ganz schön eklig sein, besonders, wenn man vor dem Gottesdienst schon geduscht hat.

Dann ist es eine gespaltene Freude, inmitten eines Kreises von Gebetskriegern zu stehen, von denen manche ihre Hand leicht auf meine Schultern legen. Andere fühlen sich veranlasst, einem den Rücken oder die Schultern zu kneten (was ganz angenehm sein kann, aber während einer Fürbitte ist es unziemlich, freudig aufzustöhnen), und wieder andere legen ihre Hände gern auf Brust, Bauch, Knie und Füße. Ein bisschen zu viel des Guten, wenn Sie mich fragen. Wird Salböl angewandt, wird es wirklich unangenehm. Einmal tauchte ich aus so einer Gebetszeit mit lauter fettigen Fingerabdrücken auf meiner Anzugjacke auf: dauerhafte Souvenirs einer mehr als enthusiastischen Gebetszeit.

Außerdem haben wir das Problem des vorhersagbaren Ablaufs. Die Beter mit weniger körperlichem Einsatz bleiben am Außenrand des Kreises, wippen während des Gebets auf den Zehen auf und nieder und erzählen Gott, welchen Namen er so trägt. Oft verspürt man das große Interesse des Beters, kein Mitglied der Dreieinigkeit verbal zu vernachlässigen. „O Vater, wir beten wirklich einfach darum, dass du, Jesus, Gott, Herr, Heiliger Geist, Vater, zu uns kommst, Jesus, Vater ..."

Andere sehen ihre Aufgabe darin, sich ein Tamburin auf den Kopf zu schlagen oder vollmächtig gegen die Wände zu boxen, die keines Verbrechens schuldig sind. Bei mancher Gelegenheit werden codierte Aussagen gemacht. Beispielsweise verwendet man ein Bibelzitat: „Wir danken dir einfach, dass da, wo zwei oder drei in deinem Namen versammelt sind, du in ihrer Mitte bist." Man meint damit normalerweise: „Gott, wir erwarten heute Abend nicht allzu viele Besucher, aber deine Gegenwart wäre nichtsdestotrotz ausgesprochen hilfreich." Eine weitere Codierung: „Wir danken dir einfach wirklich, dass alles dies einen Sinn hat, wenn nur ein Mensch, einfach nur *ein* Mensch, heute Abend Christ wird." Übersetzung: „Niemand hier in unserer Gegend ist in den letzten 45 Jahren Christ geworden, und wir haben den ganzen Evangelisationsetat des Jahrzehnts für den kleinen Knaller heute Abend auf den Kopf gehauen; also wäre irgendein Erfolg ganz nett."

Jede Konfession hat ihren eigenen Jargon, aber manchmal sehne ich mich nach etwas mehr bodenständigem Realismus beim Beten.

Ein weiteres Problem: Diese Zusammenkünfte können sich im Grunde recht antisozial auswirken. Es macht sich ganz schlecht, während der vorgottesdienstlichen Gebetszeit zur Veranstaltung einzutreffen. Als gut bezahltes Mitglied der Gattung Mensch empfinde ich oft das Bedürfnis zu nicken, zu lächeln oder etwas wie „Hallo" zu murmeln, wenn ich jemandem zum ersten Mal begegne. Bei einer Gruppe von Vorher-Betern sollte man das gar nicht erst versuchen. Auf ein Nicken oder Winken reagieren sie meist mit einem bewusst leeren Blick, ein Gesichtsausdruck, der uns sagt: „Entschuldigung, aber siehst du nicht, dass ich mit ihm dort oben kommuniziere?"

Zu ermitteln, wie ich mich während dieser Gebetszeiten richtig verhalte, macht mich oft nervös. Vor ein paar Tagen dekorierte ich auf künstlerische Weise meinen Büchertisch, damit das Volk mit dem Kauf guter christlicher Literatur den Willen Gottes für sein Leben erkennen möge. Die Organisatorin der Veranstaltung kam herbei, lächelte und wiegte mich in einem falschen Sicherheitsgefühl. „Kommst du bitte, Jeff? Wir brauchen dich, wir würden vor Beginn gern beten."

Die Veranstalterin sah mein Zusammenzucken. Sie übte also sanften Druck aus. „Wirklich, Jeff. Wir warten schon. Komm."

Wie ein Lamm zur Schlachtbank folgte ich dem weiblichen Schwarzenegger der Fürbitte in den kleinen Raum an der Rückseite, in dem eine Gruppe sicherlich sehr netter Menschen damit beschäftigt war, Gott an seinen erforderlichen Einsatz zu erinnern. Die Gruppe war so freundlich, sich um mich herum zu versammeln, und ich legte meine Hände gegeneinander, wobei die Finger nach oben auf mein Kinn wiesen, was eine nachdenkliche, kontemplative Haltung ergibt, die ich bei solchen Gelegenheiten gern einnehme. Alles lief reibungslos, bis es mich plötzlich an der Hüfte juckte und ich schnell mit der rechten Hand nach unten schoss, um mich diskret zu kratzen. Leider war mir nicht aufgefallen, dass die zuvor erwähnte Veranstalterin ihre Hände zu mir hinüber gestreckt hielt, und als mein Arm nach unten in Richtung Hüfte zuckte, traf ich ihren Arm dabei karatemäßig und ziemlich heftig. Sie schrie vor Schmerzen auf. Es war mir sehr peinlich, und ich murmelte eine Entschuldigung, doch die wurde von den Betern übertönt, die der Meinung waren, die liebe Schwester erlebe eine Manifestation des Heiligen Geistes. Zwei oder drei Leute traten an ihre Seite und murmelten „Mehr, Herr". (Man darf bei einem vorgottesdienstlichen Gebetstreffen auf gar keinen Fall einen Herzinfarkt bekommen. Man könnte sich in schrecklicher Agonie auf dem Teppich wälzen und verzweifelt nach Luft ringen, während das versammelte Volk

Gottes die Arme schwenkt und mit entzücktem Grinsen Gott bittet, mehr davon zu gewähren.)

Für mich aber stellt der Druck, der durch das Gebet oft ausgeübt wird, das größte Problem dar. Trotz aller Dementis wie: „O Gott, du weißt, wir wollen nur, dass Jeff total entspannt und ganz er selbst sein kann" (was mich dazu reizt, die Augen aufzumachen und zu sagen: „Gut, wenn das so ist, dann muss ich zugeben, ich bin mir im Moment nicht sicher, ob es überhaupt einen Gott gibt – hat jemand anders Lust zu predigen?"), bringt das Vorher-Gebet meist eine erschöpfende Last an Erwartungen zu Tage.

Oft komme ich voller Glauben und dem echten Gespür zum Gottesdienst, dass Gott selbst sich ans Werk machen wird – doch dann wird mir die Last der Hoffnungen und Ängste der Gebetsgruppe aufgehalst: „O Gott, wir drängen dich nicht, aber wir wissen, dass Fred heute Abend seine Tante Mabel mitbringt. Du weißt, o Herr (aber wir erinnern dich trotzdem daran), dass Tante Mabel eine Satanistin ist, die Hühneropfer bringt und nur noch eine Viertelstunde zu leben hat, und dass sie deshalb heute das letzte Mal einen christlichen Gottesdienst besucht. Lege in Jeffs Mund also die Worte, die sie überführen, retten, heilen und in eine Missionarin verwandeln, die gleich nächste Woche um diese Zeit nach Malaysia aufbricht. Und mögen die Blinden sehen, die Tauben hören, die Toten auferstehen – aber natürlich ganz ohne Druck unsererseits, Herr."

Ich höre mit schwindendem Mut zu und spüre mehr und mehr meine Unzulänglichkeit. Ich überdenke die Predigt, die mir bei der Bearbeitung so inspirierend und prägnant vorkam und mittlerweile ungefähr so anfeuernd wirkt wie der Darlehensvertrag für mein Haus. Und das Gebet um Heilung erinnert mich daran, dass ich Kopfschmerzen habe. Nachdem ich Gott gebeten habe, mir das dumpfe Gefühl in meiner Stirn zu nehmen, nehme ich zwei Aspirin ohne Wasser. Die Tabletten hinterlassen im Mund einen staubigen

Geschmack, die Erinnerung meiner Geschmacksknospen an meine begrenzten Erfolge im Heilungsbereich. Auferstehung der Toten? Heute Abend wohl nicht, fürchte ich ...

Doch, doch, lasst uns beten, wie man so schön sagt. Aber lasst uns nichts zerreden, Vorträge halten oder den armen Unglücklichen, der heute mit der Predigt dran ist, mit untragbarem Erwartungsdruck überlasten. Und wenn wir beten, fragen wir doch den Herrn nach der Kombination für das Zahlenschloss. Irgendjemand sollte Bruder Plass aus der Zisterne befreien.

Engel per Anhalter und Fred Feuersteins Gaben

Damals in den 1970ern trällerten die Schweden von ABBA im Glitzerfummel und Schuhen mit so hohen Absätzen, dass man Flugangst bekommen konnte, dass sie an Engel glaubten. Auch ich glaube an Engel. Immerhin flogen sie oft genug durch die Seiten meiner Bibel. Aber ich stolperte über die Geschichten von Engelserscheinungen, die bei den Charismatikern häufig die Runde machten. Es störte mich, dass der Großteil der Engelpopulation anscheinend ein großes Maß seiner Zeit damit verbrachte, die europäischen Autobahnen als Anhalter auf und ab zu reisen. Wie es aussah, kamen die Engel besonders gern christlichen Autofahrern zu Hilfe, die eine Panne hatten. Die geflügelten Boten nutzten solche Pannen oft als Gelegenheit, die unmittelbar bevorstehende Erweckung im Lande oder wahlweise die baldige Wiederkunft des Herrn anzukündigen, auch wenn der unglückliche Autofahrer wahrscheinlich eher an der Bestätigung interessiert war, dass der Mann vom ADAC schon unterwegs sei.

Bestimmt könnte man den Engeln viel Schweiß ersparen, überlegte ich mir, wenn jede Gemeindezeitung ein Antragsformular für den ADAC als Beilage hätte. Die Engel müssten sich die Hände nicht mehr unnötig schmutzig machen und könnten sich um Wichtigeres kümmern, zum Beispiel mich zu beschützen. Doch nie, wenn ich solche Geschichten hörte, enthüllte ich diese meine Bedenken. Ich möchte sie wirklich, wirklich glauben. Ich hungere nach jeder Bestätigung meines Glaubens an übernatürliche Eingriffe. Aber ganz tief im Innern kamen die Fragen auf …

Ein ähnlicher Agnostizismus erfasst mein Herz an manchem Sonntagmorgen in der Kirche, besonders dann, wenn die Zeit für das wöchentliche Zungenreden und die anschließende „Auslegung" naht. Von Herzen *glaube* ich an die Realität beider Gaben, bin mir aber nicht so sicher angesichts der Versionen, die wir mit uhrwerksgenauer Regelmäßigkeit empfingen, kurz bevor Brot und Wein ausgeteilt wurden und meist vom gleichen Herrn. „Jabi, jabu, ja, jabu", rief er gefühlvoll aus. Das eine Mal meine ich, unseren Herrn tatsächlich „Jaba daba du" zu seinem versammelten Volk sagen gehört zu haben, genau wie die Comicfigur Fred Feuerstein immer sagt. Alles in mir wollte aufspringen und laut rufen: „Wilma!? Fred?" Statt dessen aber blieb ich dort in der siebten Reihe sitzen, vergrub meinen Kopf noch tiefer in den Händen und murmelte ein tiefernstes Dankgebet für das Privileg, Gott reden zu hören.

Doch irgendwo tief im Innern fragte ich mich, ob dies etwas Echtes war oder nur die Begeisterung eines netten und zweifellos aufrichtigen Mannes, hinter der nichts weiter stand. Die „Auslegung" half auch nicht weiter: Meist ging es darum, dass der Schöpfer des Universums uns daran erinnerte, dass er a) uns sehr liebt, b) wahrscheinlich jeden Moment wiederkommen wird und c) der Meinung ist, wir sollten unser Leben lieber ganz schnell ins Reine bringen, weil es ja heute Abend so weit sein könnte, besonders dann, wenn wir vorhätten, ins Kino zu gehen.

Ich *wollte* wirklich glauben, dass alles echt sei – immerhin glaubten die andern das ja auch. Damit ging ein stillschweigender Druck einher. Niemand *redete* eigentlich über diese „Feuersteinschen Gaben". Sie waren einfach da, natürlich von Gott. Klar?

Manchmal empfinde ich Ähnliches bei unserem Gerede über eine Erweckung. Bevor jemand zum ersten Stein greift, um ihn aus tiefstem Herzen Richtung Jeff Lucas zu werfen, möchte ich ganz schnell bekennen, dass ich tatsächlich überzeugt bin, dass Gott zur Zeit in unserem Land vieles bewegt. Ich möchte mit den Gläubigen glauben, den Hoffenden Gesellschaft leisten und mich von Zynikern und Kritikern fern halten, denen es anscheinend großen Spaß macht zu behaupten, Gott würde gar nichts tun. Ich möchte aber nicht in einer Erweckungsrhetorik landen, mit der wir begeistert und eifrig voreilig erklären, die Erweckung sei ausgebrochen, um anschließend die Bedeutung und Wichtigkeit der Aktivitäten zu übertreiben, mit denen wir selbst beschäftigt sind.

Wichtig sind in dieser Situation unsere Beziehungen. Sie können uns helfen, den Weg nach vorn zu finden. Statt uns ohne Sinn und Verstand mitreißen zu lassen, sollten wir in der Lage sein, einander herauszufordern und zu provozieren. Bringen wir die kitzligen Fragen zur Sprache, die uns umtreiben.

„Unterdrückt nicht das Wirken des Heiligen Geistes" und „verachtet nicht die Weisungen, die er euch gibt", schreibt der Apostel Paulus und fordert uns damit zu einem gesunden Respekt, zu einer Offenheit für die Gaben des Geistes auf. Er ermahnt uns aber auch, „alles zu prüfen" und „das Gute anzunehmen". Echte Erweckung wird auf jeden Fall das Hin und Her eines ehrlichen Streitgesprächs und lebenswichtigen Dialogs aushalten. Wie sonst können wir diese Dinge denn prüfen?

Nebenbei, ich glaube wirklich an Engel. Ich bin vor ein paar Wochen einem davon in Cork in Irland begegnet. Aber das ist eine andere Geschichte …

Das Gehirn bleibt ausgeschaltet

Ich bin weit gereist und habe viele sehr seltsame Christen kennen gelernt. Manche davon sehen sich durch Gott beauftragt, in kürzester Zeit so viele Menschen wie möglich zu beleidigen. Ziel ihrer Angriffe sind – Sie ahnen es schon – nichts ahnende Gastredner. Ich habe gelernt, diese Menschen schon von weitem zu entdecken. Lange nach dem Ende von Veranstaltungen harren sie noch im Raum aus, treten unbehaglich von einem Fuß auf den andern und warten auf ihre Gelegenheit, den richtigen Augenblick. Sie sehen einem selten in die Augen und eröffnen ihr verbales Geschoss oft mit Bemerkungen wie: „Bruder, ich möchte dir in aller Liebe die Wahrheit sagen ...". Immer, wenn mir jemand ankündigt, mich mit der Wahrheit lieben zu wollen, dann mache ich kehrt und ergreife die Flucht.

Manche sind schlicht und einfach unverschämt wie die Dame, die nach der Predigt auf mich zu kam und fragte: „Entschuldigung, hatten Sie mal einen Schlaganfall?"

Ich versicherte, meines Wissens nie so etwas erlitten zu haben und wollte wissen, warum sie diese Frage stelle.

„Na ja, ich frage deswegen, weil sich nur die eine Gesichtshälfte bewegt, wenn Sie lächeln."

Ich hätte ihr so gern gesagt, dass ich einfach nur ausgesprochen hässlich bin, und wollte meinerseits fragen, was denn mit ihrem Gesicht passiert sei, aber statt dessen lächelte ich, sagte: „Äh ... Gott segne Sie" und eilte von dannen.

Ich lächelte auch und gab dem Mann meinen Segen, der mich fragte, wie es damals während des 2. Weltkriegs in England gewesen sei. Ebenso der Frau, die mich fragte, warum ich meine Frisur so trage wie jemand aus dem Film *Das Kettensägenmassaker*. Ebenso dem anderen Mann, der kam und mir einfach bekennen musste, dass er mich seit Jahren hasse, verabscheue und verachte und sich jetzt, da er es sich von der Seele geredet habe, schon viel besser fühle. Ich freute mich so sehr mit ihm. Ehrlich ...

Den ersten Platz meiner persönlichen Hitliste für „Redebeiträge mit ausgeschaltetem Gehirn" aber belegt der Mann, den ich vor ein paar Wochen in Amerika kennen lernte. Ich war in die Staaten geflogen und hielt einen Vortrag bei einem Männertreffen. Es war ein bemerkenswertes Ereignis, wie man so sagt. 30 Männer entschieden sich, Christen zu werden. 300000 Dollar wurden als Spenden zugesagt, teils für die lokalen Gemeinden, teils für die Mission. Marc Garda leitete die Anbetungszeiten voller Kraft; das Wirken Gottes war deutlich spürbar. Dann aber, am Ende einer der großartigsten Veranstaltungen meines Lebens, schritt ein Mann zielstrebig durch den Raum und setzte sich neben mich. Ich musterte ihn von Kopf bis Fuß. Er war korrekt gekleidet und sah ganz normal aus, aber in den nächsten paar Sekunden raubten mir seine Worte buchstäblich den Atem.

„Ich ... ich muss Ihnen etwas mitteilen, das ich eigentlich gar nicht gern sage", stotterte er nervös.

Hastig sah ich mich nach einem Atombunker um, entdeckte aber keinen und bat ihn, seinen Beitrag vorzubringen. Das tat er.

„Jeff, als Sie heute Morgen geredet haben, fiel mir etwas Furchtbares auf. Ich sah nämlich ein Zeichen auf Ihrer Stirn ... es war das Zeichen des Tiers."

Was gibt man jemandem als Antwort, der zu einem freundlichen Schwätzchen rüberkommt und ganz ruhig erwähnt, er halte seinen Gesprächspartner für einen Geheimagenten Satans? Es verschlug mir die Sprache. Ich wusste nicht, ob ich lachen, ihn ohrfeigen oder meinen Kopf mit dem Barcode Luzifers in den nächsten Kreditkartenapparat stecken sollte.

„Und was soll das heißen?", reagierte ich hoffnungslos.

„Ich weiß, was es zu bedeuten hat", erwiderte er feierlich. Als er meinen verwirrten Blick bemerkte, fügte er schnell hinzu: „Ich liebe Sie natürlich trotzdem, Bruder."

Meine Güte! Er sagt, auf meiner Stirn stehe die 666 geschrieben, und dann will er gemeinsam mit dem Antichristen „Seite an Seite" singen.

Ich rang um Worte, doch mir fiel beim besten Willen nichts ein. Im Rückblick kann ich darüber lachen, aber damals hatte ich das Gefühl, man habe mir ein Messer zwischen die Rippen gerammt. Ich entschloss mich, diesmal auf den Spruch „Gott segne dich" zu verzichten und bat den Mann zu verschwinden. So geschah es.

Ich ging auch meiner Wege und wünschte mir, dass Christen, die alles zu sagen versucht sind, was sie für „Wahrheit in Liebe" halten, vielleicht erst einmal warten, nachdenken, noch etwas warten, wieder nachdenken, beten, noch einmal beten und dann – vielleicht – ihr Anliegen loswerden. Um es mit den Worten der Bibel zu sagen: „Jeder soll stets bereit sein zu hören, aber sich Zeit lassen, bevor er redet."

Liegt Ihnen etwas auf dem Herzen, das Sie unbedingt irgendeinem armen Opfer mitteilen wollen? Nicht so eilig, dann können Ihre Worte zum Leben führen – und nicht zum Tod.

Und wenn Sie zufällig einen tragbaren Atombunker haben ... würden Sie ihn mir wohl ausleihen?

Anmerkung

Die Anekdote in diesem Kapitel ist mit freundlicher Genehmigung von Kingsway Publications meinem Buch *Gideon: Power from Weakness* (Kraft aus der Schwachheit) entnommen.

Ein Hofnarr

Ich war gespannt, als ich zur Veranstaltung eilte. Die Band für die Anbetungsmusik lieferte einen vorgottesdienstlichen Cocktail von Starkstrom-Rock und Thrash-Roll. Die Luft war mit hohen Erwartungen geladen. Knapp 1000 kirchliche Leiter hatten sich für vier kalte Tage zu „Stalag Luft 7" (nicht der richtige Name) in einem windzerzausten Ferienort an der stürmischen Ostküste Englands getroffen. Die Inspiration für dieses Urlaubsrevier war sicher der Darstellung von Gefangenenlagern in Kriegsfilmen entsprungen. Nach 24 Stunden dachte ich daran, ein Fluchtkomitee zu gründen.

Ich hatte ziemlich darum gerungen, die Konferenz zu genießen, aber ich muss zugeben, dass ich nicht mit dem Herzen dabei war. Die zugige Freizeit fand statt, während ich intensiv über den weiteren Kurs meines eigenen Lebens nachdachte. Ich war mit einigen ziemlich wichtigen und ernsten Fragen über meine Identität und Berufung beschäftigt. Das Wort Krise ist zu stark, um meinen Zustand zu beschreiben, aber ich fühlte mich verunsichert und ein wenig kampfesmüde. Im Wesentlichen ging es um meinen Einsatz von Humor in Lehre und Predigt. Ich lache gern, liebend gern sogar, und werde sehr nervös unter Christen, deren Gesichtszüge an das Ringen mit chronischer Verstopfung erinnern. Mir begegnen viel zu viele Gläubige, die durchaus gern lachen ... so lange sie es auf die Zeit nach dem Tod aufschieben können. Ich bin nicht in der Lage, so lange auf ein Lächeln zu warten, und ich bediene mich des Humors herzlich gern als authentischer Kommunikationstechnik. Witze erzähle ich nicht – ich verderbe immer die Pointe –, aber ich setze Geschichten ein, um zu illustrieren und zu provozieren, zu unterhalten und Interesse zu wecken. Ich möchte möglichst scharf beobachten können, was sich in diesem großen Zoo abspielt, den wir Leben nennen.

Zwar gibt es einige Menschen, die mögen, was ich mache, doch unvermeidlicherweise hinterlasse ich bei manchen den Eindruck, ich sei ein Dünnbrettbohrer und lebte nur für die nächste witzige Geschichte. In christlichen Kreisen herrscht das Denken vor, dass die wahrhaft nützlichen Predigten und Lehren schwer und „tief gehend" sein müssen. Manchmal aber bezeichnen wir eine Predigt als „tief gehend", wenn wir eigentlich meinen: „Ich habe kein Wort verstanden, du etwa?"

Ich erinnere mich, wie ich einmal einen betäubend langweiligen Vortrag ausgesessen habe, der ein buddhistisches Ritual mit seinen Längen glatt ausgestochen hätte. Der Prediger hatte sich des flippigen Themas „Rudolph Bultmann und die Frage nach dem historischen Jesus" angenommen. Dieser sehr spritzig formulierte Titel stand per Overhead-Projektor an der Wand. Nicht nur war sein Thema völlig unangemessen für einen Familiengottesdienst mit Abendmahl am Sonntagmorgen. Er schaffte es auch, den ohnehin schon wenig prickelnden Inhalt absolut unverständlich darzubieten.

„Wie fandest du denn die Predigt?", fragte ich einen guten Freund, als wir den Versammlungsraum verließen.

„Ach, Jeff, ich hab' überhaupt nichts verstanden, aber ich glaube, sie war echt gut."

Ich hätte an Ort und Stelle meine Bibel verspeisen können. Wie kann etwas gut sein, das kein Mensch versteht? Wie kann Kommunikation wirkungsvoll sein, wenn 98 % der Zuhörer die Botschaft überhaupt nicht empfangen haben? Vorsichtig ausgedrückt: Das ist grober Unfug. Nur mal zum Vergleich:

„Meistens springt er nicht an, und das Lenkrad fehlt auch, aber ich bin mir sicher, dass der Wagen gut ist."

„Man möchte sich vor Grauen umbringen, wenn sie den Mund aufmacht, aber der Herr hat ihr eine wunderbare Gesangsbegabung geschenkt."

„Ich glaube, dass er ein guter Klavierspieler ist. Wenn er sich zum Vortrag hinsetzt, klingt das zwar wie ein Sack Schraubenschlüssel, der die Treppe runterpoltert, aber gut ist er trotzdem."

Und deshalb glaube ich, dass meine Art, für Erwachsene zu predigen – die auch für Kinder verständlich und genießbar ist – ganz legitim ist. Doch der Vorwurf, ich sei ein „Dünnbrettbohrer", ärgerte mich irgendwie. Ich habe mich also bei Gott darüber beschwert. Bitte nehmen Sie aus dem Folgenden nicht den Eindruck mit, dass Gott und ich den ganzen Tag zusammensitzen und kleine kameradschaftliche Schwätzchen miteinander halten. Ich habe wie jeder andere ein Problem mit der Frage, ob Gott zu mir redet oder ob es Satan ist, ob ich Selbstgespräche führe oder ob die Offenbarung in meinem Kopf sich daraus ergibt, dass ich am Abend vorher der Curryhuhn-Platte zu ausgiebig zugesprochen habe. Jedenfalls bin ich trotz alledem mit meiner Beschwerde zu Gott gegangen.

„Gott, hast du mich tatsächlich berufen, für dich als Narr aufzutreten?"

Die Antwort, die ich anscheinend bekam, war nicht gerade, sagen wir mal, erschöpfend. „Ja."

„Ein Narr für Christus. Toll! Danke, Gott. Warum kann ich kein evangelikaler Held sein, den man respektiert, weil er die Bibel so tiefsinnig auslegt?"

Doch darauf erhielt ich keine Antwort.

Und nun sitze ich hier in der Versammlung, das Anbetungsteam kommt allmählich zum Schluss, und mir kommt die Möglichkeit in den Sinn, dass Gott durch einen seiner und meiner Freunde zu mir reden könnte.

Gerald Coates hatte mir angedeutet, dass er ein prophetisches Wort für mich „auf der Pfanne" habe, und er wolle es heute Abend öffentlich im Gottesdienst aussprechen. Das konnte Gutes oder auch Schlechtes bedeuten; Hoffnung und Angst hielten sich die Waage. Ich setzte mich hin und wartete. Ich hoffte auf eine „gute" Prophetie – Sie wissen schon: Segen, Salbung und vielleicht die Aussicht auf ein neues Auto. Ich war auf das, was kommen sollte, überhaupt nicht eingestellt.

Gerald rief mich auf die Bühne. Die Musiker spielten leise die typische „Hintergrundmusik für prophetische Beiträge". Gerald hielt in der einen Hand das Mikrophon, in der anderen aber etwas, das wie ein mehrfarbiges Stück Stoff aussah. Mir kamen wilde Spekulationen. Vielleicht wollte er sagen, dass ich ein geistlicher Josef mit seinem Wahnsinns-Technicolor-Traummantel sei? Sollte ich ins Gefängnis kommen? Sollte ich von einer verschärften Ägypterin verführt werden? War es mir bestimmt, einem Bäcker ernsthafte Schwierigkeiten anzukündigen?

Nichts von alledem. Er entfaltete das Tuch. Es entpuppte sich als Hut für einen Hofnarren in grellen Clownsfarben und mit Glöckchen. Zu meinem Entsetzen setzte er mir den Hut ohne weitere Umstände auf den Kopf. Ich drehte mich um, sah in die Menge und fürchtete, ausgesprochen lächerlich zu wirken. Mein Verdacht bestätigte sich. Die Zuschauer blieben erst ruhig sitzen und gaben sich Mühe, ernste Mienen zu machen. Immerhin war dies eine prophetische Handlung. Doch mein Anblick in diesem Aufzug kitzelte bald einen kollektiven Lachnerv, und Sekunden später kicherten die Leute erst verstohlen und lachten dann laut los. Einige stießen sich gegenseitig in die Rippen, warfen den Kopf zurück und wieherten vor Heiterkeit. Ich drehte mich um. Mein Gesicht wurde rot wie eine Tomate. Ich war sauer auf die lachende Versammlung und mehr noch auf Gerald. Was war das für ein blödes Spiel, das mich der öffentlichen Demütigung aussetzte? Was hatte Gott vor? Wusste er denn nicht, dass ich von lieben Mitchristen schon so oft sarkastisch abserviert worden war, dass es für die Ewigkeit reichte? Mein Ärger schwand in Sekundenschnelle, als Gerald mit der eigentlichen Prophetie begann:

„Du warst bereit, um Christi willen ein Narr zu sein."

Hilfe! Ich hatte niemandem erzählt, dass Gott mir gesagt hatte, ich solle ein Narr sein ... dieses Wort traf es so akkurat, dass es mir unheimlich war.

Gerald sprach in prophetischer Weise darüber, dass der Hofnarr in alten Zeiten von Königen sehr geschätzt wurde. Dann sagte er mir, er habe den Eindruck, Gott wolle mir zwei für mich sehr wichtige Mitteilungen machen. Erstens stehe mir heftige Kritik bevor, mehr als jedem anderen der hier anwesenden Leiter. Gott werde mir Gnade und Kraft geben, aber ein wahres Sperrfeuer von Vorwürfen stehe noch aus. Zweitens müsse ich lernen, mich noch abhängiger von Gott zu machen. Ich müsse mich täglich auf ihn verlassen, ganz spezifisch und bewusst. Und dann holte er einen wunderschön geschnitzten Bischofsstab aus Holz hervor. Ursprünglich gehörte er dem pensionierten Pastor Trevor Huddlestone, dem furchtlosen Ankläger der Apartheid in Südafrika, war dann aber nach ereignisreichen Jahren Gerald in die Hände geraten, und der überreichte ihn jetzt mir. Es war zwar nicht seiner, aber so ist er nun mal ...

„Du sollst ihn immer mitnehmen, wenn du im Dienst unterwegs bist. Er soll dich daran erinnern, dich täglich fest auf Jesus zu stützen. Manches Mal wirst du dir wünschen, ich hätte diese Prophetie nie ausgesprochen. Die Sache wird dir lästig sein, zu Verspätungen auf dem Flughafen führen, und einige werden erst einmal missverstehen, warum du diesen Stab rumschleppst."

Dann betete er, und weiter erinnere ich mich nicht mehr. Es genügt zu berichten, dass Gottes Kraft und Stärke auf einen seltsam anzusehenden Typ mit farbenfroher Narrenkappe kamen, der krampfhaft einen Bischofsstab umklammerte.

Deshalb trug ich zwei Jahre lang das wunderbare, elende Ding bei mir, wenn ich predigte. Manche konnten es verstehen, manche lachten. Bei Spring Harvest gab mir einer den

Rat, ich könnte ja eine Anstecknadel in Form eines Bischofsstabs tragen, damit ich das Möbelstück selbst nicht immer zu schleppen brauchte. Zoll- und Passbeamte leisteten sich auf meine Kosten gern mal recht originelle Scherze.

Passbeamter: „O, da haben Sie ja einen richtig großen Stab – soll ich damit Prügel bekommen?"

Ich (breites Grinsen): „Nein, Sie wissen schon, das ist eine Antiquität ..." (Und knurrend denke ich: *„Ich würde dir sehr gern mal einen Schlag verabreichen, du Gehirnamputierter. O, da haben Sie ja einen richtig großen Mund. Soll ich damit verschlungen werden?"*)

Der Stab war mir im Weg. Er war immer das letzte Stück auf dem Gepäckband. Er ging im Flugzeug verloren – haben Sie schon mal probiert, eine Verlustanzeige für einen Bischofsstab auszufüllen? Außerdem war das Ding unhandlich. Ich bestieg damit einmal einen Zug und stieß ihn versehentlich einem Mitreisenden an den Kopf. Ich entschuldigte mich übereifrig, und zum blauen Fleck kam ein Zustand der Verwirrung. Was sollte ich auch sagen? „Entschuldigung, dass ich Sie geschlagen habe, aber Sie müssen wissen, dass es sich hierbei um ein prophetisches Accessoire handelt"? Ich bitte Sie!

Aber der Stab hat genau das bewirkt, was Gerald vorhergesagt hatte. Er diente mir als nervende, lästige Erinnerung, dass ich Tag für Tag auf Gott angewiesen bin.

Vor einer Weile hat eine Fluglinie den Stab endgültig verloren. Ich besitze immer noch den Knauf, aber der Stab verschwand auf einem Flug über den Atlantik. Also trage ich ihn wenigstens vorläufig nicht mehr herum. Wohl aber nehme ich ein Gespür für die Würde mit, die ich dank meiner Berufung als Hofnarr des Königs besitze. Und weiterhin lerne ich, wie realistisch es ist, sich auf Jesus zu stützen. Wir alle wissen, was er dazu gesagt hat: „Ohne mich könnt ihr nichts tun" (Johannes 15,5). Tatsache ist, dass wir oft genug so leben, als ob er diese Worte nie gesagt hätte.

Ich habe noch etwas gelernt, das zum Leben als Narr für Jesus gehört. Ein Schauspieler, den ich einmal traf, erzählte mir, dass die Berufung zum Hofnarr, vor allem in den Stücken von Shakespeare, eine Berufung von Würde und Weisheit sei. Dem Hofnarren wird vom König ein Maß an Aufmerksamkeit und Freundschaft gewährt wie keinem anderen. Er ist in der Lage, die ungeschminkte Wahrheit auf einfachste und unterhaltsamste Art auszudrücken. Er ist ein unverzichtbarer Bestandteil des königlichen Hofs.

Eigentlich gar nicht so schlecht ...

Entscheidungen

Entscheidungen, Entscheidungen ...

Das Gebet traf den Nagel auf den Kopf.

„Wo steckst du, Gott?"

Ich boxte frustriert in ein Kissen, legte mich wieder auf das Hotelbett und starrte hoffnungsvoll zur nicht ganz so weißen Decke hoch. Die 20-stündige Reise hatte mich geschafft. Das Essen im Flugzeug war so dürftig gewesen, dass ich schon ein Gebet um prophetische Weisheit erwog, um es zu identifizieren *(„Ich habe einfach den Eindruck, dass ein Hähnchen mit Rückenverletzungen hier in unserem Raum ist.")*. Die Mitreisenden in der gedrängt vollen Touristenklasse waren auch nicht ohne. Ich saß neben einer lieben Frau, die sich mitten im Flug anschickte, ihr Baby an die Brust zu legen, ein vollkommen schöner und natürlicher Vorgang – aber sie verzichtete auf jede Vorwarnung. Gerade schluckte ich eine Erdnuss hinunter, da tauchte aus dem Nichts vor meiner Nase eine Brust von der Größe des Mount Everest auf. Ich schrie erschrocken auf, das Baby auch, und ich fing hastig an, für dieses unglückliche Kind zu beten, das als Erwachsener sicher unter irrationalen Ängsten vor Bergen leiden würde.

Jetzt litt ich an Jetlag und an Heimweh. Ich schloss die Augen und horchte mit Ohr und Herz: Vielleicht ertönte ja eine tröstliche, göttliche Stimme, hörbar oder innerlich, und flüsterte mir Gewissheit und Wegweisung zu. Aber da war nichts außer dem dumpfen Dröhnen des Verkehrs draußen hinter dem Fenster, das unablässige Klagelied der Zivilisation.

„Wo steckst du, Gott?"

Plötzlich brach der Wahnsinn meiner Mission über mir zusammen. Ich war 6000 Meilen geflogen, um hier zu predigen, hatte aber keine Ahnung, was ich sagen sollte. Von den Veranstaltern kam keine Anregung („Bring einfach mit, was der Herr dir aufträgt."). Schön! Aber gerade jetzt waren meine Hände leer. Der Himmel war stumm, und die absurde, sogar anmaßende Situation, in der sich ein winziges Wesen wie ich befand, im Auftrag des allmächtigen Schöpfers des Weltalls zu sprechen, brach wie eine riesige, erstickende Woge über mir zusammen. Hoffnung und Zuversicht waren wie weggefegt. Jetzt zappelte ich im eiskalten, dunklen Wasser des Zweifels.

Meine eigenen Worte überraschten und schockierten mich, als ich sie zur Decke hin sprach. „War es das dann, Jesus? Sind wir miteinander fertig, du und ich? Ist nach 25 Jahren alles zwischen uns aus? Wohin bist du verschwunden, Gott?"

Trübweißes Schweigen von oben – draußen summte immer noch der Verkehr.

Vielleicht haben Sie im Lauf der Jahre ja auch das eine oder andere Gespräch mit der Decke geführt. Von solchen Augenblicken darf man sich nicht aus der Fassung bringen lassen. Wenn man die Psalmen liest, findet man das Gebet: „Gott, wo bist du denn eigentlich?" großzügig über die Seiten verteilt. Vielleicht fragen Sie sich hin und wieder, ob es logisch ist, sein ganzes Leben einem Unsichtbaren zu widmen.

20 Minuten später war immer noch kein engelhafter Zimmerservice im Hotelzimmer aufgetaucht. Es passierte gar nichts, aber aus Gründen, die für mich nicht fassbar waren, hatte ich mich entschlossen, meine Gratwanderung

im Dunkeln fortzuführen. Manchmal ist der Glaube eine Entscheidung: die Entscheidung zu vertrauen.

Cassie Bernall, eine aufgeweckte 17-jährige Schülerin aus Colorado, hatte diese Entscheidung getroffen, nicht in der plüschigen Bequemlichkeit und Sicherheit eines Hotelzimmers, sondern angesichts einer kalten Gewehrmündung. Cassie las gerade in ihrer Bibel, als die „Trenchcoat-Mafia", Eric Harris und Dylan Klebold, bis an die Zähne bewaffnet hereinmarschiert kam. Cassie war noch nicht lange gläubig, hatte aber auf dem Campus der Columbine High School in Denver als radikale Zeugin für Jesus schon Bekanntheit erlangt. Einer der Schützen fragte Cassie, ob sie an Gott glaube. Das Blut und die herumliegenden Leichen ließen keinen Zweifel daran, was ihr passieren würde. Sie reagierte ganz ruhig und entschied sich: „Ja, ich glaube an Jesus." Eine Sekunde später traf sie die Kugel, und sie war bei Jesus, den sie so sehr liebte. Am gleichen Abend fand ihr Bruder eine Textpassage aus dem Philipperbrief, die sie zwei Tage vor der Entscheidung, für ihren Glauben zu sterben, abgeschrieben hatte:

> *Darauf allein will ich vertrauen.*
> *Ich möchte nichts anderes mehr kennen als Christus,*
> *damit ich die Kraft seiner Auferstehung erfahre,*
> *so wie ich auch sein Leiden mit ihm teile.*
> *Ich sterbe mit ihm seinen Tod*
> *und habe die feste Hoffnung,*
> *dass ich auch an seiner Auferstehung teilhaben werde.*

Eric Harris, einer der gestörten Killer, hatte auch eine Entscheidung getroffen. Sieben Tage vor dem Massaker war er in einem christlichen Café in Denver, das sich „Dienstag bei euch zu Hause" nannte. Eine Band spielte, und dem Gitarristen zerriss eine Saite. Es dauerte eine halbe Stunde, eine neue aufzuziehen, also nutzte der Sänger die unvorhergesehene Pause, um in aller Deutlichkeit vom Evangelium zu reden. Dann hatte einer von den anderen Bandmitgliedern einen Eindruck von Gott: Es sei jemand im Raum, der einen Mord begehen werde oder gerade begangen habe. Er forderte diese Person auf, nach vorn zu kommen und für sich beten zu lassen. Niemand meldete sich.

Fragen wir also nicht danach, wo Gott war, als in den Klassenzimmern der Columbine High School Blut vergossen wurde. Er war mitten im Geschehen, und er versuchte, es schon vorher abzuwenden. Doch Eric Harris hatte sich entschieden. 13 Leben wurden ausgelöscht, bevor Eric und Dylan sich selbst töteten.

Nur 12 Leute kamen zur traurig düsteren Beerdigung von Eric Harris.

Bei Cassies Trauerfeier drängten sich die Menschen zu Tausenden. Die Polizei, der Staatsanwalt, Journalisten aus aller Welt, alle waren sie da, um Abschied von diesem Mädchen zu nehmen, das fest entschlossen stehen blieb und mit erhobenem Kopf sagte: „Ja, um jeden Preis." Und 75 Menschen entschieden sich an diesem Tag dafür, Christus nachzufolgen.

Entscheidungen, Entscheidungen ...

Der Bungeespringer

Der Mann hat Augen wie Stahl, in denen sich das tiefe Blau des Wildwassers weit, weit unter ihm spiegelt. Er beugt sich zum zehntausendsten Mal über die Brücke, als erwarte er etwas zu sehen, das sich vor ein paar Sekunden, beim letzten Blick in den Hexenkessel, seinem Blick noch entzogen hatte.

Da unten kocht das wirbelnde, brodelnde Chaos des Wassers, das Vergessen wartet auf ihn. Die Menge der Zuschauer ist bis zum Äußersten gespannt, wagt sich nicht zu regen, möchte, dass er seinen todesverachtenden Sprung absagt. Gleichzeitig aber wünscht man sich unbedingt, ihn endlich auf das Geländer klettern und fliegen zu sehen.

Endlich ist es soweit. Er überprüft ein letztes Mal das gut gesicherte Seil, er zieht sich hoch auf das schmale Geländer und streckt die Arme aus: Balance und Haltung in Vollendung. Hoch oben steht er, sein kühner Blick ist geradeaus gerichtet. Wenn auch der Körper unbeweglich ist, vollführt doch sein Nervensystem innerlich die wildesten Saltos. Nun ringt er mit seinem Verstand, der die natürlichen Warnsignale gellen lässt: Achtung, Höhe, Sicherheit, Tod, weißt du nicht, dass Menschen nicht fliegen können? Seine Augenlider senken sich, und langsam schaut er nach unten. Jetzt ist er auf dem Geländer, und nichts ist mehr zwischen ihm und dem Abgrund da unten. Er muss nur noch die Knie beugen, seinen Körper vorwärts und hinaus ins Nichts werfen: der Sprung an sich.

Sein Rücken ist immer noch stocksteif, jeder Muskel gespannt, das Adrenalin pulsiert durch seinen Körper. Und dann schlägt er seine ganze sorgfältige Vorbereitung in den Wind, durchbricht die Phase der Konzentration und dreht den Kopf der atemlosen Menge zu. Sie steht wie gebannt. Ein Lächeln würde sich nicht gut machen; das wäre zu trivial. In den Gesichtern zeigt sich ein ernster, sogar feierlicher Ausdruck: die nüchterne Anerkennung seiner Tapferkeit.

Jetzt die kritische Millisekunde, in der der Befehl an die Beine geht, sich ins Nichts zu stürzen. Vielleicht spürt er, wie letzte Ängste auf ihn einstürmen, der Schrecken der letzten Sekunde, und deshalb wirft er sich nach vorn, als wolle er vor der Lähmung fliehen, die von ihm Besitz ergreifen will. Nun schwebt er in der Luft. Er gleitet hinaus, und dann, als die Menge aufschreit, stürzt er hinunter auf die umtosten Felsen und die Gischt zu. Seinen Magen spürt er in der Kehle und weiß nun, was man fühlt, wenn man in Selbstmordabsicht vom Hochhaus springt. Der Wind peitscht ihm auf seinem scheinbar endlosen Sturz nach unten ins Gesicht. Es dauert nur zwei oder drei Sekunden, und dann nimmt er die Spannung des Bandes wahr, das sich unter seinem Gewicht dehnt. Stimmen die Berechnungen, dann sollte er jetzt abgebremst werden, so dass er die Stromschnellen nur mit ausgestreckten Händen berührt, bevor er zurückschnellt. Es funktioniert, und sein anmutiger Flug wird in ein komisches, unbeholfenes Geschaukel verwandelt. Der Vogel wird wieder zum Menschen eine hilflose, hüpfende Gummipuppe, die hoch geschleudert wird und fällt, auf und nieder. Er hat seine Furcht besiegt, ist angesichts des Todes gesprungen. Die Menge hoch oben jubelt, Stimmen aus einer anderen Welt. Er hat es getan. Er ist der Bungeespringer.

Was war es für ein Gefühl, Jesus, als du eines Tages über die Brüstung des Himmels hinunter schautest und dich bereit gemacht hast, den großen Sprung zu wagen? Hat dich der Anblick des dort unten tobenden Wahnsinns abgeschreckt? Wehten die üblen Gerüche sinnentleerter Religion herauf, ein Gestank zum Naserümpfen? Du solltest dich aus dem herrlichen Vaterhaus hinabbegeben, nach unten, nach unten, immer weiter hinunter in den trüben Morast aus Blut und Leid, ganz weit unten. Du solltest dich aus der Ruhe, der Schönheit und der Harmonie in unser verschwitztes, verbogenes Chaos stürzen; aus der Perfektion in das Gewitter aus Gewalt und Aufruhr; aus der Unsterblichkeit in den Schmutz und die Langeweile unserer Zeitläufe. Hast du dich nach den entsetzten Gesichtern der Engelscharen umgeschaut, die beim Anblick dieses heiligsten Opfers erblassten? Gab es einen Augenblick des Abschieds, als du in Bruchteilen von Sekunden den größten Reichtum aufgabst, um zu den Ärmsten zu gehören?

Es überfordert unseren Verstand, wenn wir die Größe des Geschehens erfassen wollen. Doch diese geistige Verausgabung ist gar nichts gegen die Gehirnakrobatik, die wir uns auferlegen, wenn wir über die Inkarnation Jesu nachdenken.

Können wir einen Augenblick lang auf Zehenspitzen heiligen Boden betreten und bedenken, wie Christus in seiner Herrlichkeit zu einem winzigen Embryo wurde? Welcher Gott kann eine solche Metamorphose vollbringen: Der Prinz geht über in ... einen Samen? Es ist ein Wunder, das die Speisung der Fünftausend bei weitem in den Schatten stellt. Vielleicht überragender noch als das leere Grab ist diese weiteste aller Reisen vom Thron des Himmels in den Schoß einer Jungfrau. Wir müssen den Blick wenden, wegschauen; unsere Augen und Herzen können diesen überwältigenden Schritt nicht fassen.

Es gab kein beruhigendes Band, das dich beim Sturz auf die Erde weich abbremste. Es war ein Sprung ohne Wiederkehr, es sei denn über Golgatha. Es ging hinunter, ganz nach unten, und dann wurde der König und Herr aller Schöpfung zum rosigen Baby, sein Krönungssaal war ein stinkender Stall. Die Engel konnten nicht widerstehen – die Herrlichkeit des Geschehens verlangte danach, den Himmel einen Spalt breit zu öffnen, und sei es nur für die einsamen Hirten bei ihrer Nachtwache. Weise Männer, denen ein Stern den Weg wies, kamen herbei, angelockt vom Widerhall des Wunders.

Wie jedes Baby hast du gefroren, empfandest Angst, Nässe, Schmerzen und Hunger. Wer hat je einen weiteren Weg zurückgelegt: vom Ursprungsort der Schöpfung in eine Krippe mit Heu, vom Gewand des Königs in eine klamme Windel?

Kein Ausweg, kein Notausgang, nur das Kreuz, das Qualen und höchste Belohnung bot.

Du bist zu uns gekommen, Jesus, und hast dein Zelt unter uns aufgeschlagen. Die mutigsten der Propheten, die

Engelboten konnten nicht tun, was du vollbracht hast. Wer hat je alles gehabt und warf es fort? Wo sind die Reichen, die freiwillig den Weg des Niedergangs wählten?

Doch eine andere Wahrheit noch ist Milliarden Mal schwerer zu begreifen als deine kaum begreifbare Inkarnation. Mein Verstand beginnt sich schon zu wehren bei der bloßen Vorstellung, dass dein Weg dich vom Thron ans Kreuz geführt hat. Doch dann ist es der *Grund* deines freiwilligen Sprungs, der uns wirklich taumeln lässt. Du standest am Geländer deines Himmels und hast dich hinabgeschwungen – für uns. Du hast hinabgeschaut, hast uns gesehen in all unserer Menschlichkeit ... und bist gesprungen.

Ein Job in Italien

Der Mann wirkt cool. Sein melodiöser Akzent schwingt sich tänzerisch, klangvoll, gar exotisch die Telefonleitung entlang.

„Jeeeef, mein lieberrr Frrreund, isse so gut, deine S-tiiimme zu hören ..."

Ich stellte mir das Gesicht hinter dem italienischen Akzent vor, der sich in mein Ohr kringelte. Er hatte wahrscheinlich seine dicke Ray-Ban-Sonnenbrille auf, die er bei jedem Wetter trägt und hinter der er die dunklen, treuen Hundeaugen und fein gemeißelten Wangenknochen verbirgt. Seine Züge falten sich ständig entweder zu einem Lächeln oder gar schrecklichem Zorn. Was die Kleidung angeht, gibt er sich als „Man in Black": seidenes Designerhemd, makelloses zweireihiges Jackett, Hosen mit messerscharfer Bügelfalte. Und wenn er mit mir telefoniert, dann mit seinem winzigen Handy, ein unverzichtbares Anhängsel, in das er von früh bis spät flüstert, singt und schreit, schmeichelt, schimpft und überzeugt.

Sein Name ist Gaetano Sottille; er ist reinrassiger Sizilianer und sieht wirklich aus und hört sich an wie ein Darsteller aus *Der Pate*. Mit der Mafia aber hat er nichts zu tun – tatsächlich ging es in seinem Anruf um einen Plan, um der Mafia eine Ohrfeige zu verpassen. Als „Italiens Antwort auf Billy Graham" ist Gaetano ein feuriger Evangelist der Pfingstgemeinde. Er glaubt, dass jedes Wort, das sich für eine Predigt eignet, gern auch laut gesagt werden darf. Seine Arme bewegen sich wild wie Windmühlenflügel, und leidenschaftlich umwirbt er seine Zuhörer und befiehlt ihnen, sich für Christus zu entscheiden. Er ist ein feuriger Mensch, der unbedingt „Sällen rretten" will, wie er es ausdrückt. Der Name seiner Organisation kündet von dieser Leidenschaft: „Italia per Christo" (Italien für Christus). Voller Verachtung für religiöses Getue, das sich der Aufgabe versagt, die Suchenden zu Gott zu bringen, reist Gaetano durch ganz Italien, lässt Rednertribünen auf den Plätzen der Städte errichten und verkündet das Evangelium mit Donnerstimme jedem, der zuhören will – oder auch nicht.

Nun aber zurück zum Anruf aus Bella Italia. Gaetano trug sich mit einem ganz speziellen Projekt, daher sein Anruf. Er wollte sich mit einer riesigen christlichen Demonstration gegen die Mafia wenden. Im Jahr zuvor waren zwei Richter, darunter der berühmte Falcone, von einer Mafiabombe auf dem Weg zum Flughafen von Palermo in die Luft gesprengt worden. Die Weltpresse brachte eine Weile jeden Tag neue Schlagzeilen, doch nach ein paar Wochen gab es neue Themen, und die Welt fing an zu vergessen. Nicht aber Gaetano.

Der erste Jahrestag des Verbrechens stand bevor. Warum also nicht der Mafia mitteilen, dass es in Italien Menschen gibt, die für Blutvergießen nichts übrig haben? Die Mafia beanspruchte die Herrschaft über Italien. Warum nicht laut verkünden, dass Jesus Christus der einzige rechtmäßige König aller Völker ist? Der Plan war einfach: Gaetano ließ einen Aufruf an alle Gläubigen in Südsizilien ergehen. Sie sollten per Zug, Schiff und Auto in Palermo zusammenströmen und sich auf dem größten Platz der Stadt zu einer gewaltigen Protestversammlung einfinden. Auf den Plakaten sollte stehen: „Nieder mit der Mafia – Jesus lebt!" Es sollte ein Demonstrationszug durch die Stadt führen, begleitet von ein paar leicht bewaffneten Polizisten, und die Menschen sollten lautstark ihre Verachtung für die Mafia und ihre Verehrung für Christus kundtun. Als Gaetano mir nun am Telefon atemlos sein Herz ausschüttete und die Strategie beschrieb, wurde ich ziemlich nervös.

Brauchte er Bestätigung und erbat sich für ein so gefährliches Abenteuer Gebete von seinen britischen Brüdern und Schwestern? Vielleicht eine Satellitenschaltung aus Großbritannien direkt auf den Platz, zur Inspiration der tapferen Menge?

Bestätigung brauchte er nicht; dass wir für ihn beteten, war eine Selbstverständlichkeit, und das Wort Satellit kam nicht zur Sprache. Er wollte, dass ich *mitmache* ... persönlich. Dass ich an seiner Seite marschiere und zu den Demonstranten spreche. Mir schossen Visionen durch den Kopf, wie ich morgens aufwache und einem toten Pferd ins Auge schaue, das ein Typ wie Al Pacino netterweise direkt vor mein Bett gelegt hat; oder wie ich mit einem deutlich sichtbaren Fadenkreuz auf der Brust durch das feuchtheiße Palermo marschiere ...

Ich bin allergisch gegen die meisten Arten von körperlichem Schmerz. Ich wollte nicht nach Palermo. Gott wollte bestimmt auch nicht, dass ich nach Palermo gehe. Das teilte ich Gaetano mit. Es hörte sich natürlich ziemlich lahm an, wie ich stotterte, man müsse darüber beten, es sei nach meinem geistlichen Eindruck nicht stimmig usw. Solche Phrasen bieten sich an, wenn man auf ein wenig göttliche

Bestätigung für das angewiesen ist, was man wirklich will – oder nicht will. Bei Sturköpfen wie Gaetano wirkt das nicht. Er schnaubte verächtlich, dann lachte er und meinte nur, ich würde also kommen. „Alles wirte gutt", sagte er. „Gott wirte mit uns sein", sagte er. *„Eine kugelsichere Weste, prego"*, dachte ich.

Der Marsch selbst war dann ein wunderbares, karnevalsähnliches Ereignis: ein Fest für die Macht der Liebe, die Hass und Gewalt überwindet. Es gab Gerüchte, Gaetano werde bedroht, doch er reagierte darauf mit einem Humor, so schwarz wie sein Anzug. Als wir gemeinsam an der Spitze des Zuges marschierten, flüsterte er mir ins Ohr: „Also, Jeff, falls du merkst, wie ein Auto neben uns her fährt mit einer dicken Kanone im offenen Fenster, dann lass dich nicht hindern, mir Bescheid zu sagen ... auch wenn ich mitten in einem wichtigen Gespräch bin."

Er lachte über seinen eigenen Witz und gab mir einen Klaps auf den Rücken. Ich lächelte und überlegte mir, ob mein Testament eigentlich noch aktuell war, und sann über die Vorstellung nach, wie sich eine Kugel ihren Weg durch warmes Fleisch bahnt – *mein* Fleisch. Mein Lachen über Gaetanos trockenen Humor fiel ziemlich piepsig aus.

Endlich kamen wir an dem Platz an, auf dem eine Menge von gespannten, schwitzenden Gläubigen wogte, die wild entschlossen waren, ihrem wahren Boss die Treue zu verkünden. Ich war einer von mehreren aus aller Welt eingeflogenen Rednern, die den überschwänglichen Demonstranten ihre Grüße brachten. Mit den Grußworten lief alles gut, und ein modernes Wunder geschah insofern, als etwa ein Dutzend wortgewaltige Prediger es schafften, sich auf jeweils knapp 60 Sekunden Redezeit zu beschränken. Man bedenke die Versuchung: Eine Bühne, eine Menge von Zuhörern, eine oder zwei Fernsehkameras – und man ahnt, dass die Kürze der Predigten ein Wunder in der Art der Auferstehung des Lazarus war.

Zwei Stunden später war die Veranstaltung vorbei, für mich jedenfalls. Doch als Gaetano und ich uns den Weg durch die sich zerstreuende Menschenmenge bahnten, schaute ich zu den Fenstern der Wohnungen am Hauptplatz von Palermo hoch. Nach echt italienischer Art hing die Wäsche zum Trocknen in der Sonne des späten Nachmittags. Ein paar Christen hatten Transparente vor die Fenster gehängt. Sie sahen aus wie die „Nichtraucher-Zeichen" – man kennt sie ja, ein roter Kreis mit einem Schrägstrich durch das Symbol der Zigarette. Auch diese Transparente zeigten rote Kreise, aber der Schrägstrich war durch das Wort „Mafia" gezogen – und neben diesem klaren Symbol stand das Wort „Jesus".

Am nächsten Tag verließ ich Sizilien, ein wunderschönes Land mit phantastischem Essen und märchenhaften Landschaften. Hier werden die Richter tagtäglich von einer Patrouille bewaffneter Polizisten bei jaulenden Sirenen vom Gericht nach Hause begleitet. Ich war auf eine Bühne gestiegen und in 60 Sekunden mutig geworden. Ich war eine Stunde lang in einem bunten Demonstrationszug von Gläubigen mitgelaufen, hatte Parolen für Jesus gerufen und am nächsten Tag ein Flugzeug nach Hause bestiegen, das mich in Sicherheit brachte, viele tausend Meilen von der Rache der Mafiosi entfernt.

Die Menschen aber, die ihre Anti-Mafia-Transparente aus dem Fenster hängten, wussten, dass sie sich unwiderruflich auf die Seite von Jesus gestellt hatten. Ihre Freunde und Nachbarn hatten gesehen, dass sie zu den Christen gehörten, die inmitten eines Furcht einflößenden Netzwerks internationaler Kriminalität Stellung bezogen und den wahren Herrn bezeugten: Jesus. Diese Entscheidung bewies echten Mut.

Glaube

Weiterschalten

Es war ein Abend zum Faulenzen. Ich räkelte mich auf dem Sofa, hatte die Fernbedienung in der Hand und zappte mich von Kanal zu Kanal. Scheinbar gab es eine Million davon, aber ich fand trotzdem nichts, was mich interessierte. Schon war ich drauf und dran, beim Teleshopping zu bleiben, so langweilig war mir.

Klick. Extrem alte Serie. Leben die Schauspieler noch?

Klick. Australischer Typ in Khakishorts ringt mit einem Alligator.

Klick. Dokumentarfilm über einen Finanzbeamten.

Klick. Der gleiche Australier, der sich eine Schwarze Witwe am Bein entlangkrabbeln lässt, bis sie so gefährlich dicht an den oben erwähnten Shorts ist, dass sie darin verschwinden könnte.

Klick. Christliches Programm. Bekannter Evangelist von der anderen Seite des großen Teichs. Vermute, dass seine Frisur mit einer Wette oder Mutprobe zu tun hat. Er sitzt auf einem riesigen vergoldeten Stuhl. Daneben seine Frau, die ihn verklärt anhimmelt. Die Weisheit jeder einzelnen seiner Bemerkungen lässt ihr scheinbar den Atem stocken. Leise Hintergrundmusik, vermutlich eine Orgel. Eine Telefonnummer auf dem Fernsehschirm, darunter auch noch ein Visakarten-Symbol. Hurra – Gott nimmt auch Kreditkarten!

Mein Finger auf der Fernbedienung zögert ein Weilchen.

„Du brauchst heute Abend nur ein finanzielles Samenkorn ins Feld meines Dienstes einzupflanzen, mein Freund, und ich verspreche dir, Gott wird diesen Samen hundertfach segnen."

Elegant sieht er ja aus in seinem 1000-Dollar-Anzug. Er erinnert mich an den aalglatten Schwindelprediger, den Steve Martin in dem unangenehm lebensechten Film *Der Scheinheilige* verkörpert hat. Seine tiefblauen Augen blicken ernst und Vertrauen erweckend, er unterstreicht seinen Spendenaufruf mit Bibelstellen, von denen die meisten aus dem Alten Testament stammen – und meistens völlig aus dem Zusammenhang gerissen wurden. Die Orgel spielt leise und hypnotisch, ein musikalischer Tranquilizer. Ich stelle mir liebe alte Damen vor, die jetzt ihre Katze absetzen, die sie gestreichelt hatten, und nach der Handtasche greifen, manche aus schlechtem Gewissen: Gott ist doch das Wichtigste im Leben, oder? Andere kramen nach Briefmarken und Umschlägen, weil sie ehrlichen Herzens glauben, dass sie die Sache des Glaubens fördern, wenn sie diesem Mann Geld schicken. Andere gehen dem Appell der „konkurssicheren Investition" auf den Leim – so die marktschreierische Kernaussage des evangelistischen Verkaufskonzepts.

Das reicht!

Klick. Der Australier macht einen sehr nervösen Eindruck. Die Spinne erkundet jetzt das Hosenbein.

Klick. „Liebe Freunde, Gott hat mich nämlich in diesen Dienst berufen, um für euch in die Bresche zu springen und euch von den finanziellen, emotionalen und geistlichen Ketten zu befreien, die euch fesseln. Wenn ihr eure Liebesgabe einschickt, wenn ihr diesen Scheck für mich in den Briefkasten steckt, dann schließt ihr mit mir einen vertraglichen

Bund, und ich werde euch im Gebet unterstützen und im Namen Jesu *diese Ketten in eurem Leben zerbrechen* ..."

Inzwischen bin ich sehr wütend und will diesem Kerl gern an die Gurgel. Ich drücke die Stummschaltung auf der Fernbedienung, sehe ihm aber weiter zu, wie er jetzt die Hände im bittenden Gebet ausstreckt. Seine Frau tupft sich die Tränen aus den perfekt geschminkten Augen.

Warum bin ich so sauer? Wenn dieser Mist den Menschen hilft und sie tröstet, warum rege ich mich dann auf? Ich denke über meine eigenen Gefühle nach, während der Evangelist immer noch stumm seine dringende Botschaft auf der Mattscheibe verkündet. Zum Teil stört mich sein Stil, das Aalglatte, das Übertriebene daran, das die Botschaft so schmierig macht. Zum Teil hängt meine Wut mit der Theologie zusammen, die eine Beziehung zu Gott anscheinend auf nichts weiter als ein gutes Geschäft reduziert, auf ein Erfolgsrezept, eine neue Form des amerikanischen Traums. Ich reagiere nervös auf ein Evangelium, in dem es um Prinzipien, Gesetze und Pläne geht. Das Evangelium ist keine Einladung auf die Stufenleiter des Erfolgs. Hier geht es nicht einmal um die „Vier geistlichen Gesetze". Es geht um die Person Jesus und meine ganz persönliche Freundschaft mit ihm. Ich wehre mich auch gegen die Vorstellung, es gebe bestimmte „Gurus", die Gott als Vermittler von Wohlstand und Heilung berufen hat, die zwischen Gott und seinem Volk stehen – sozusagen als neue „charismatische Priesterschaft".

Heute ist es mir möglich, den Grund für meinen Ärger deutlicher zu erkennen. Es handelt sich um eine Wut, deren Keim vor Jahren an einem frühen, frostigen Morgen in Oregon gelegt wurde. Ich habe diese Wut ausgebrütet, als ich mit einem Freund an einem Zwiebelfeld stand, ausgerechnet da.

Ich stand ihm sehr nah, meinem Freund, dem Zwiebelpflanzer. Er und seine Frau lebten in unserer Nähe und waren sehr nett zu Kay und mir gewesen. Wir hatten viele

Abende an ihrem Küchentisch gesessen und über Gott, das Leben und unsere Hoffnungen und Träume für die Zukunft geredet. Mein Freund versteifte sich auf die so genannte „Name it and claim it"-Lehre (etwa: „Wünsche im Glauben beanspruchen"), teils durch das christliche Fernsehen, teils durch Bücher und Kassetten begünstigt, und seine Familie fing an, unter diesem verdrehten Anspruch zu leiden. Es gibt eine fast schon abgenutzte Redensart: „Falsche Theologie ist ein harter Zuchtmeister". Die Wahrheit hinter diesem Sprichwort bekam diese Familie bald zu spüren. Die Kinder waren krank geworden, und der Vater wollte sie erst nicht zum Arzt bringen. Er verkündete: „Es ist ein Zeichen von Unglauben, nicht auf Gott allein im Hinblick auf ihre Heilung zu vertrauen." Das lief darauf hinaus, dass eins der Kinder fast starb. Schließlich wurde der Arzt geholt.

Doch das Ereignis, das sich am tiefsten in meine Erinnerung einbrannte, war der eine Morgen, als sehr früh das Telefon klingelte. Es war mein Freund, der Farmer. Ob ich wohl mal mit ihm aufs Feld mitkommen könnte, um nach seinen Zwiebeln zu schauen? Er machte einen sehr nervösen Eindruck. Diesmal verzichtete er auf sein übliches geschwollenes „Kanaanäisch".

Während ich zu ihm hinüberfuhr, fragte ich mich, warum er mit mir nach seinem Feld schauen wollte – und schon fürchtete ich, die Antwort zu kennen. Ich hatte gehört, dass seine Ernte riesig ausfallen sollte. Sie wurde von Tag zu Tag mehr und mehr überfällig – und zwar wegen seines „Glaubens". Er hatte ein paar Musterexemplare zu einer Ausstellung mitgenommen, bei der sie den ersten Preis gewannen. Die Zwiebeln waren riesengroß. Die ganze Ernte war Hunderttausende Dollars wert, hätte alle seine Verbindlichkeiten finanziert und das Auskommen der Familie für das kommende Jahr gesichert. Doch statt sie sofort zu ernten, ließ er sich auf „ein Wort von Gott" ein, ließ die Zwiebeln auf dem Feld und „beanspruchte im Glauben", dass sie noch größer würden. Er spottete über die Warnungen der anderen Farmer, wie gefährlich ein früher Frosteinbruch für die Ernte werden könnte. Das sei doch nur „Unglaube", sagte er. Er versteifte sich darauf, der Herr werde ihn mit einer unvorstellbar reichen Ernte beschenken und seinen Glauben und sein Konto segnen. Hier herrschten nämlich bisher die roten Zahlen.

Eine Stunde später sollte ich die furchtbare Realität aus erster Hand erleben. Mein Freund hatte gebetet, bekannt und geglaubt. Doch morgens war der Frost gekommen und hatte die ganze Ernte vernichtet. Wir hatten den Wetterbericht gehört und mussten jetzt aufs Feld, um nachzusehen, ob seine Befürchtungen sich bewahrheiten würden. Schweigend fuhren wir los und betraten dann das knüppelhart gefrorene Feld. Ihm kamen die Tränen und mir auch, als er eine unbrauchbare Zwiebel nach der anderen aus der steinharten Erde zog. Mit einem gequälten Aufschrei schleuderte er eine besonders große Zwiebel über das Feld. Alles war verloren! Die Erntezeit war vorbei. Jetzt musste er jemanden dafür bezahlen, die nutzlosen Zwiebeln aus der Welt zu schaffen. Vielleicht konnte er damit noch ein paar Cents pro Tonne als Schweinefutter verdienen.

Die eigentlichen Kosten waren viel höher. Die ausstehende Rekordernte war für seine Frau der letzte Strohhalm gewesen. Sie beantragte die Scheidung: Eine christliche Familie zerbrach. Doch nun kam noch bitterste Ironie dazu.

Sogar das, so mein ehemaliger Freund, sei der Wille Gottes für sein Leben. Der Herr befreie ihn von der Last, die Frau und Familie bedeuteten, so dass er sich ganz dem Dienst widmen könne, zu dem Gott ihn berufen habe. Der „lästige Anhang" weinte, als der Vater mit einem Lächeln auf dem Gesicht und mutigem „Glauben" im Herzen sein Zuhause verließ.

Noch einmal sah ich mir das Gesicht des Predigers im Fernseher an. Ich hätte den grinsenden Evangelisten gern nach seiner Meinung über meinen Freund, den Zwiebelpflanzer, gefragt. Ich weiß allerdings, was er geantwortet hätte. Er würde behaupten, mein Freund habe sich der Überheblichkeit schuldig gemacht. Er würde mir sagen, die schlechten Erfahrungen eines Mannes änderten nichts an der grundsätzlichen Wahrheit. Er würde mir sagen, dass es viele aufrichtige und ehrliche Fernsehprediger gebe, und damit hätte er Recht. Er würde dabei bleiben, dass es absolut falsch und ungerecht sei, einen christlichen Leiter abzuwerten, weil sein Wirkungsbereich zufällig das Fernsehen sei – und damit hätte er sicher auch Recht. Er würde mir sagen, dass Gott in der Tat unser Versorger, unsere Quelle sein möchte. Wieder richtig.

Doch den Tag auf dem Zwiebelfeld kann ich niemals vergessen. Ich erinnere mich an die Tränen. Ich denke an vier Kinder ohne Vater und an eine Frau, die nachts wach liegt, keine Ruhe hat und sich bestürzt der verletzenden Erkenntnis stellt: Der Mann, dem sie ihr Leben versprochen, der ihr sein Leben versprochen hatte, sieht sie jetzt als Last – als Bürde, von der Jesus ihn befreit habe.

Ich drücke noch einmal auf die Stummschaltung und mache den Ton wieder an: „Dann gute Nacht, meine Freunde, und Gott segne euch alle. Meine Frau und ich ..."

Klick. Der Australier hat die Spinne gefunden, die ihm ins Hosenbein gekrabbelt war.

Turbovögel

Ich gebe es nur ungern zu, aber ich habe lange unter einer hässlichen Dosis Zynismus gelitten. Ich hatte die Mätzchen amerikanischer Glaubensprediger satt und war von Dumpfheiten wie „Der Herr ist so gut, er hat mir einen Parkplatz geschenkt" ausgelaugt. Damit will ich nicht sagen, dass der Schöpfer des Weltalls nicht auch mal seine Zeit mit der Suche nach Freiräumen für die Autos seiner Nachfolger verschwenden dürfe, sollte er diese Neigung verspüren, doch mir schien, dass Wichtigeres seine Aufmerksamkeit erheischen müsse. Dass alle vier Sekunden ein Kind verhungert, wäre das vielleicht ein würdiges Alternativthema? Je länger ich aber die Vorstellung ablehnte, Gott sei der Erretter aus der Parkplatznot, desto mehr kam ich an einen Punkt, an dem ich den Gedanken überhaupt nicht mehr zuließ, dass er sich in die Kleinigkeiten meines Lebens einmischt. Denken wir mal darüber nach: Bei uns, die wir zu dem einen Drittel der Weltbevölkerung gehören, für das Überfluss selbstverständlich ist, könnte man nach dieser Theorie ja jede Art Bittgebet (außer in Fällen von Leben und Tod) für unnötig halten. Ich hatte den Vater im Himmel aus den Augen verloren, der selbst mit den langweiligsten Details unseres Lebens zu tun haben will.

Wir wollten umziehen. Wenn Christen in Führungszirkeln den Wunsch nach einem größeren Haus äußern, dann entschuldigen sie dieses ehrgeizige Vorhaben meist mit einer nützlichen Einschränkung: „Natürlich wollen wir das größere Haus nur, um Gäste aufnehmen zu können." Wir aber wollten das größere Haus wirklich aus Gründen der Gastfreundschaft. Ehrlich. Glauben Sie mir doch bitte. Ist so. Wir wollten das größere Haus natürlich auch für uns, aber die Gastfreundschaft stand ganz oben auf der Liste.

Wir brachten unser hübsches Haus mit drei Zimmern und Terrasse in den Immobilienanzeigen unter und waren von der Reaktion, nun ja, sozusagen unterwältigt. Ganze zwölf Monate stand es zum Verkauf wie ein Mauerblümchen beim Tanze. Im Laufe des Jahres schauten zwei Paare vorbei und sahen es sich an, ließen dann aber nichts mehr von sich hören. Dazu kam noch ein Problem: Wir konnten sowieso kein Haus finden, das wir kaufen wollten. Die wöchentliche

Treibjagd in den Immobilienanzeigen der Lokalzeitung war umsonst gewesen. Wir konnten weder unser Haus verkaufen noch ein neues zum Kauf finden.

Mit aller Zurückhaltung beteten wir. (Eigentlich war ich der Zögerer. Kay hat sich nie von der Vorstellung peinigen lassen, dass Gott viel zu beschäftigt sei, um sich in unseren Häuserkauf einzumischen.) Wir flohen nicht in die Wüste, beteten nicht nonstopp 40 Tage und Nächte. Wir haben nicht gefastet. Im Grunde haben wir uns nicht großartig angestrengt, sondern eher „Gott die Sache in die Hand gelegt" (sie nebenher erwähnt, als wir einmal morgens gemeinsam gebetet hatten). Es wurde „Amen" gesagt, und dann passierte wie immer erst mal gar nichts. Kein Engel für Immobilienangelegenheiten erschien uns, um zu verkünden, siehe, wahrlich, das Flehen sei erhört worden und eine Behausung sei auf dem Wege. Wir haben einfach nur Gott davon berichtet und ihn und uns bei der Gelegenheit an die Tatsachen erinnert, die ihm sowieso schon bekannt waren, und ihn um Hilfe gebeten. Meine Erwartungen waren gering.

Ein paar Wochen danach holten wir unseren Sohn ab, der bei einem Freund auf der anderen Seite der Stadt zum Spielen war. Wir hatten das Haus dieser Familie immer bewundert, wenn wir unsere Kinder einsammelten. Drin waren wir noch nie gewesen, doch aus der Entfernung machte es einen ruhigen, friedlichen Eindruck, allerdings weit jenseits unseres Etats. Unser Sohn ließ sich nicht blicken. Ich stellte den Motor ab und war froh über die Pause.

Dann geschah es. Als wir dort so saßen und die Strahlen der spätnachmittäglichen Sonne genossen, die durch die üppig grünen Bäume schienen, fing das Singen an. Die Bäume waren voller Vögel, die anscheinend einen überaus glücklichen Tag feierten. Ihr Lied war laut und klar, eine satte, chaotische Symphonie. Ich machte eine Bemerkung zu den Geräuschen.

„Kay, hör mal, die Vögel ..."

Kay erwiderte: Ja, sie könne die Vögel hören.

„Hör mal diesen Klang, wie sie singen ..."

Kay, die vielleicht besorgt war, dass ich meine poetischen Anwandlungen bekäme, versicherte, dass sie den Gesang der Vögel sehr wohl bemerkt habe. Vögel beschäftigten sich damit die ganze Zeit. Vögel singen nun mal, sagte sie.

„Nein ... es ist hier etwas Besonderes ... der Klang beim Singen."

Ich wurde in meinen Gedanken von Richard unterbrochen, der ins Auto geklettert kam. Ich startete und fuhr los. Vielleicht fragte sich Kay, ob ich eine Untersuchung in der Nervenklinik nötig hätte. Aber ich hatte die Vögel singen gehört. Aus irgendeinem Grund, den ich nie im Leben hätte benennen können, lag in diesem Moment etwas ganz, ganz Wichtiges.

Ich vergaß das Vogelkonzert, bis wir ein paar Wochen später einen Gast aus Amerika hatten, der in unserer Kirche predigte. Dale Gentry ist ein ruhiger, bescheidener Mensch, der die beinahe unheimliche Gabe hat, das leiseste Flüstern aus dem Himmel wahrzunehmen. Persönlich war er mir noch nicht bekannt, und er wusste nichts über uns, aber bei einem kleinen Treffen der Gemeindeleitung wandte er sich an Kay und mich und fragte sehr interessiert, ob es einen Bereich in unserem Leben gebe, für den er mit uns beten solle. „Ja", sagte ich, „da gibt es was. Wir sind dabei, unser Haus zu verkaufen und eins zum Kauf zu finden." Ob er bitte darüber mit uns beten wolle? Er war einverstanden.

Ein paar Minuten lang passierte nichts Besonderes. Dann blickte er auf, tippte mir auf die Schulter und sagte etwas, das ich nie vergessen werde.

„Gott hat ein Haus für euch, Jeff und Kay. Ich sehe es gerade jetzt in einer Vision; es ist von lauter Bäumen umgeben. Richtig, ich kann die Vögel in den Bäumen singen hören ..."

Ich lächelte dem Mann zu und schenkte ihm meinen freundlichsten Blick. Doch innerlich verspürte ich sofort eine Flut von Zynismus. Er hörte also die Vögel singen, soso. Genau in diesem Moment hörte auch ich ein paar Vögel singen, und alle schrieen sozusagen: „Kuckuck!". Dann erinnerte ich mich. Ich erinnerte mich an den Augenblick, als wir vor Wochen vor dem Haus saßen, das wir schon immer bewundert hatten, und die Vögel singen hörten.

Dale fuhr fort: „Gott wird euch dieses Haus bekommen lassen ... Gott sagt, holt euch dieses Haus, holt euch dieses Haus."

Ich wurde wieder unsicher. *Holt euch dieses Haus?* Nicht nur überstieg der Wert bei weitem unseren Etat, sondern es stand auch meines Wissens nicht zum Verkauf – ein nicht ganz unwichtiges Detail. Was sollte ich machen: zum Vogelgesangshaus fahren, die Tür eintreten und dem unglücklichen Eigentümer sagen: „Raus mit euch – ich habe die Vögel singen gehört"?

Der Gottesdienst ging zu Ende, und wir fuhren nach Hause, gespannt und verwirrt: Wir wussten, dass Gott auf höchst ausgefallene Art zu uns geredet hatte, aber wir waren überhaupt nicht in der Lage, sein Wort zu verarbeiten und unsere Schlüsse daraus zu ziehen. Was tun? Nichts? Warten?

Ein paar Wochen später bekam Kay einen Anruf. Es war die Mutter von Richards Freund – die Dame, die im Haus mit dem Vogelgesang wohnte. Sie wollte, dass Richard und ihr Sohn, die beiden sehr guten Freunde, sich so bald wie möglich treffen sollten. Sie erklärte, warum sie es so eilig hatte.

„Mein Mann ist ganz plötzlich und unerwartet befördert worden. Wir ziehen bald weg und ich möchte gern, dass unsere Kinder noch einmal miteinander spielen können."

Kay machte einen Termin für die beiden Jungs aus und schickte sich an, die wichtige Frage zu stellen: Hätten sie denn vor, ihr Haus zu verkaufen?

„Ja", sagte die Dame, „natürlich."

Hatten sie denn schon einen Makler mit dem Verkauf beauftragt?

„Nein, noch nicht", sagte die Dame; die Nachricht von der Beförderung habe sie gerade erst erreicht. Sie wollten es allerdings in ein paar Tagen in die Zeitung setzen.

„Können wir uns Ihr Haus gleich mal anschauen?", fragte Kay. Ich hörte mit halbem Ohr dem Telefongespräch zu und wollte meinen Ohren nicht trauen.

„Ja, gern", sagte die Dame. „Kommen Sie doch gleich rüber."

Holt euch das Haus, hieß das prophetische Wort. Wir jagten durch die Straßen und wünschten uns, wir hätten ein Blaulicht auf dem Dach. Zehn Minuten später waren wir im Haus und schauten uns im Erdgeschoss um. Jetzt waren wir im Garten. Ich war so gespannt, dass mir der Atem stockte.

„Wir würden Ihr Haus gern kaufen", sagte ich.

„Sie haben ja noch gar nicht das Obergeschoss gesehen", erwiderten die beiden.

„Natürlich müssen wir uns auch oben umsehen", sagte ich und dachte bei mir: *Egal, was oben ist, ich habe die Vögel singen gehört.*

Nachdem wir pflichtschuldig die oberen Gemächer begutachtet hatten, handelten wir einen Preis aus und besiegelten den Kauf per Handschlag. Unser Handel war aber an eine Bedingung geknüpft: Wir mussten unser eigenes Haus bis zum Ende der Woche verkauft haben. Sie wollten ja schnell umziehen und ihr Haus verständlicherweise einem Makler zur Vermittlung überlassen, wenn wir unser Haus nicht bis Freitag, 17.00 Uhr, verkauft hätten.

Wir gingen langsam die Einfahrt entlang zu unserem Auto. „Wir verkaufen unser Haus auf jeden Fall bis Freitag um fünf, auch wenn es schon ein Jahr lang auf dem Markt ist", sagte Kay.

Ich schaute hinauf zum leeren blauen Himmel. „Jawohl", erwiderte ich zustimmend.

Ein paar Tage später rief unser Makler an. Da wolle ein Mann sich unser Haus anschauen. „Schicken Sie ihn gleich her", sagten wir.

Wir beteten dringlich, verwegen und verkrampft. Als ich den Mann durchs Haus führte, musste ich mich dazu zwingen, nicht Dinge zu sagen wie: „Und das ist der Hängeschrank, *in Jesu Namen!*"

Die Besichtigungstour war zu Ende. Ich fragte den Mann, was er von unserem Haus halte. Ich machte mir sehr, sehr große Hoffnungen. Er sagte mir, das Haus sei genau das, was er suche, dankte mir für die Besichtigung und ging.

Noch zwei Tage bis zum Ablauf des Ultimatums für das Vogelhaus. Am nächsten Tag rief unser Makler wieder an: „Der Mann von gestern würde sich heute gern noch mal umschauen, diesmal aber mit seiner Frau. Wäre Ihnen das Recht?" Wir erwiderten, wir könnten die beiden ganz bestimmt noch im Terminkalender unterbringen.

Wieder eine Besichtigung. Beifälliges Brummen, als wir unser neues Bad vorführten. Vielleicht die Andeutung eines Lächelns, als die neue Küche präsentiert wurde. Ende der Besichtigung. Große Frage: Was hielten sie von unserem Haus?

Das Paar versicherte in Stereo, das Haus sei genau das, was sie suchten, man bedankte sich für die Besichtigung und ging. Ich schloss die Eingangstür hinter ihnen, ein bisschen zu nachdrücklich, und teilte Kay mit, ich habe auch eine Vision – tote Vögel, wie sie aus dem Baum fallen.

Warum hat Gott so viel Spaß am Ablauf eines Ultimatums und an Gebetserhörungen, die gerade so auf den allerletzten Drücker daherkommen?

Es kam der Freitag, der letzte Tag, das 17.00-Uhr-Ultimatum.

Um 16.00 Uhr klingelte das Telefon. Ich stürzte mich darauf. Es war unser freundlicher Makler, der ganz nüchtern ankündigte, dass das Paar von gestern unser Haus gern kaufen würde und ein Angebot gemacht habe. Ich fing an zu rechnen. Das Angebot war zu niedrig.

„Das reicht nicht", sagte ich dem Makler, der mir versprach, die Botschaft an die Kaufwilligen weiterzugeben und mich zu benachrichtigen, wenn es Neuigkeiten gäbe. Ich legte auf und sah auf die Uhr. Noch 55 Minuten bis zum Verkauf.

Wieder klingelte das Telefon, und der Makler sagte, das Paar wolle unser Haus auf jeden Fall und würde auch den von uns geforderten Preis zahlen. Ich dankte dem Makler, informierte Kay, dass die Vögel wieder auferstanden seien und schickte mich an, durch das Zimmer zu tanzen. Doch zuerst rief ich im Vogelhaus an und teilte den Besitzern mit, wir hätten verkauft, das Geschäft sei gültig.

Am nächsten Tag predigte ich bei einer Evangelisation und erzählte unsere Vogelhaus-Geschichte. Sechs Menschen entschieden sich, Jesus nachzufolgen. Einer davon stellte fest: „Als Sie die Geschichte von den Vögeln erzählten, wusste ich, dass es entweder einen Gott gibt – oder dass Sie lügen."

Wir wohnen jetzt schon vier Jahre im Vogelhaus. Immer noch stimmt mich die „Glaubensmethode" traurig, die aus dem Glauben an Jesus und das Gebet Wohlstand saugen will. Doch jeden Morgen, wenn ich die Einfahrt entlanggehe, bin ich sowohl dankbar als auch vorsichtig. Wenn wir zu sehr gegen das Wohlstandsevangelium predigen, dann hindern wir Gott daran, sich in die monetären Details unseres Lebens einzumischen. Unsere Geschichte ist also kein Rezept, keine Formel oder Strategie für Wohlstand. Machen wir uns einfach klar, dass Gott sich für uns interessiert und alles kann.

Gastfreundschaft bedeutet, dass wir eine Menge Besucher bei uns haben. Sie äußern sich oft darüber, wie friedlich es bei uns ist und wie schön die Vögel singen. Manchmal wecken uns die Vögel schon vor der Morgendämmerung mit ihrem vielstimmigen Gesang.

Wir haben das Haus mit den Turbovögeln.

Der Schlüsselanhänger

Ich blickte über das Meer der Gesichter, aus denen die Gemeindeversammlung am Sonntagmorgen bestand. Alle waren ungewöhnlich aufmerksam. Manche beugten sich vor, die Ellbogen auf die Knie gestützt, die Hände unter das Kinn gestemmt, offensichtlich auf die nächsten Worte gespannt. Eine junge Frau in der ersten Reihe wischte sich schnell noch eine Träne fort. Ich wusste, warum. Sie hatte gerade ihr erstes Kind zur Welt gebracht und erfahren, dass sie an multipler Sklerose litt. Während der Schwangerschaft hatten sich die Symptome glücklicherweise zurückgehalten, doch als sie aus dem Wochenbett aufstand, kamen die Schmerzen wieder. Zehn Reihen dahinter saß eine ältere Dame, deren Gesicht vom Krebs ausgezehrt war, der in ihr wuchs. Ihre Lebenserwartung war nur noch gering, und vor Beginn des Gottesdienstes hatte ich mit ihr gebetet. In ein paar Tagen würde sie wohl sterben. Ihre Augen waren von der Traurigkeit umwölkt, die man verspürt, wenn die Zeit abläuft.

An diesem Morgen predigte ich über das Leid, über die Gefühle, die uns überwältigen, wenn Gott Lichtjahre weit weg ist oder überhaupt nicht zu existieren scheint. Ich hatte meine eigene Geschichte als Christ sehr ehrlich dargestellt. Gott ist sehr freundlich mit mir umgegangen; mein Leben war reich an seinen Einsätzen und seiner Fürsorge. Man sollte meinen, dass ich nie ein Problem mit Zweifeln hatte. Dem ist aber nicht so.

Es gibt unerwartete Augenblicke, in denen ich anfange, Fragen zu stellen. Manchmal liegt mir der Zweifel aus kaum nachvollziehbaren Gründen drückend auf dem Herzen. Ich fahre nach der Predigt, nach einem Gottesdienst nach Hause. Vielleicht war es einer von den Gottesdiensten, in denen die Gegenwart Gottes wie ein sanfter Kuss zu spüren war. Vielleicht haben sich manche Besucher dazu entschieden, Jesus nachzufolgen; andere waren so nett, mir zu sagen, dass meine Worte ihnen neue Lebenskraft verliehen haben oder dass ihnen eins von meinen Büchern geholfen hat. Ich sollte mich ermutigt und glaubensstark fühlen, während ich hinter den unermüdlichen Scheibenwischern mein Auto nach Hause lenke.

Aber der Zweifel stellt sich bei mir nicht unbedingt dann ein, wenn ich vor großem Schmerz und Leid stehe und die willkürliche Spur des Bösen in der Welt sehe. Manchmal passiert es mitten in den Nachwirkungen großen Segens, dass ich dieses Fragezeichen in meinem Kopf beharrlich verspüre. Was wäre, wenn es gar keinen Gott gäbe?! Wenn ich meinem Lebensweg eine furchtbar falsche Wende gegeben habe? Immerhin bin ich Christ geworden, als ich erst 17 war, ein Alter, in dem man recht leicht zu beeindrucken ist. Verschreiben sich nicht viele junge Leute dem Marxismus und entdecken dann später, wenn sie reifer sind, dass sie für das Falsche geschwärmt hatten? Was, wenn meine Bekehrung nur das Ergebnis eines momentanen Gefühls, eines überzeugenden Redners, des Gruppenzwangs, meines Bedürfnisses nach Zugehörigkeit gewesen war?

In der Frühzeit, als frisch Bekehrter, ließ ich mich kaum vom Zweifel beeindrucken. Wenn ich mich recht erinnere, hatte ich eher das Gefühl, alle Antworten auf die unbequemen Fragen des Lebens zu kennen, klar und übersichtlich, vielen Dank auch. Krankheit und Schmerz? Gut, die hatte ich mir geschickt (und nicht zu Unrecht) durch die logische Überlegung erklärt, dass wir in einer gefallenen Welt leben und dass die Kranken wahrscheinlich nicht genug glaubten (ziemlich verhängnisvoll). Es kam mir nie in den Sinn, dass meine aalglatten Lehren nur auf Sprüchen aufgebaut waren und erst recht Leid über Menschen brachten, die über Krankheiten nicht nur diskutieren wollten, sondern sie täglich ertragen mussten. Das zweite Kommen Christi? Leicht! Ich konnte den ungefähren Termin der Wiederkunft Christi anhand einer Tabelle aus meinem christlichen Bücherladen bestimmen. Doch das pure Leben hatte mich dann von den frühen Gewissheiten zu einer mehr agnostischen Denkweise bei einigen heiklen Themen gebracht. Manchmal aber konnte diese agnostische Einstellung in einen vorübergehenden, milden Atheismus übergleiten.

An diesem Sonntagmorgen also hatte ich der Gemeinde von meinen nächtlichen Glaubenskämpfen berichtet. Ich hatte den Zuhörern versichert, dass sie normale Menschen seien und keine großen Sünder, wenn auch sie ihre Kämpfe erlebten. Die Unfähigkeit, alles zu verstehen und der daraus resultierende unvollkommene Glaube sind Teile des menschlichen Wesens. Paulus klagt im Brief an seine Freunde in Korinth darüber, dass wir das Leben wie durch eine verzerrende Linse betrachten. Die große Hoffnung der Christen besteht darin, dass wir eines Tages deutlich und klar sehen können. Unsere Augen sind dann auf Jesus gerichtet. In der Zwischenzeit leben wir wie auf der dunklen Seite des Mondes. Wir erkennen nur einen winzigen Schimmer der Herrlichkeit Gottes, stecken selbst aber mitten in einer dauerhaften Dunkelheit und lassen uns von allem ablenken, was das Leben auf der Erde mit sich bringt.

Ich hatte auch von einem besonders schwierigen Glaubenskampf erzählt, der mit dem Mord an der kleinen Sarah Payne zu tun hatte, einer aufgeweckten, hübschen 8-Jährigen, deren Schicksal die gesamte Nation im Innersten berührt hatte. Die Medien berichteten ständig davon und zeigten unter anderem die herzzerreißenden Appelle von

Sarahs Eltern, Brüdern und Schwestern an die Entführer. Das ging den Menschen ans Herz. Tag für Tag hofften wir, dass sie gefunden würde, und wenn wieder ein Tag vorüber war, war die Hoffnung wieder ein wenig kleiner geworden. Schließlich kam der gefürchtete Tag, an dem die Polizei mitteilte, eine noch nicht identifizierte Kinderleiche sei gefunden worden. Wir alle wussten, dass sie es war. Doch vor allem der folgende Tag ließ mich aufhorchen. Ein paar Jugendliche, die in der Gegend, in der man Sarah fand, per Anhalter unterwegs gewesen waren, meldeten sich und gaben an, damals nachts Schreie gehört zu haben. Anscheinend hatten sie die Rufe nicht beachtet, weil sie dachten, jemand erlaube sich einen Spaß. Die Entdeckung der Leiche hatte sie eines Besseren belehrt. Es war aber ihre Aussage selbst, die mir wie ein Dolch ins Herz gefahren war: *Es hörte sich so an, als ob ein kleines Mädchen um Hilfe schrie.* Ich dachte immer wieder über die Worte nach und forschte nach dem Grund für den Zorn, der in mir aufwallte. Und dann wusste ich es: Ich war wütend auf Gott. „Hast du denn nicht das kleine Mädchen im Wald schreien gehört, Herr?"

In gewisser Hinsicht war mein Zorn irrational. Alle vier Sekunden verhungert ein Kind. Gott hat reichlich Nahrung zur Verfügung gestellt, aber die menschliche Gier ist tödlich. Gott stand nicht als Drahtzieher hinter dem Wahnsinn von Sarahs Mördern. Irgendetwas aber klappte in mir zu, als ich um das Verständnis rang, warum Gott nicht ganz schnell durch den dunklen, einsamen Wald zu Sarahs Rettung geeilt war.

Noch mehr gemischte Gefühle stellten sich ein, als ich eines Abends in einer kleinen christlichen Versammlung saß. Es gab Gelegenheit, von Gebetserhörungen zu berichten und Gottes Eingreifen zu würdigen.

Eine Dame stand auf, um Gott für die Erhörung ihrer Bitte um schönes Wetter zu danken. Anscheinend sollte ein Schulfest gefeiert werden, und deshalb hatte diese Dame ernsthaft um gutes Wetter gebetet: „Gott, lass es bitte auf dem Fest nicht regnen." Sie berichtete weiter, wie es am Samstag des Schulfestes in der ganzen Gegend geschüttet hatte – außer beim Fest selbst. Anscheinend war ein kleines Gebiet, das Schulgrundstück, völlig trocken geblieben. Man fuhr im strömenden Regen hin und wieder zurück, aber Gott hatte den Festplatz selbst vor dem Nasswerden geschützt. Ich lächelte und nickte ihr aufmunternd zu, verspürte aber den kaum zu unterdrückenden Wunsch aufzustehen, die schlimmsten Flüche zu brüllen und Gott zu fragen, warum er sich so nett um dieses blöde Fest kümmerte, aber zugelassen hatte, dass niemand auf die Schreie eines kleinen Mädchens in den Wäldern reagierte.

Auch das erzählte ich meiner Gemeinde, die jetzt sehr aufmerksam war, und ich merkte, wie eine gewisse Erleichterung durch den Raum zog, das befreiende Gefühl, wenn man entdeckt, dass die eigenen kritischen Fragen zulässig sind. Dann erzählte ich von Jesus, der sich so sehr mit den menschlichen Lebensbedingungen auf der dunklen Seite identifiziert hatte, dass er zu Gott schrie: „Wo bist du hingegangen?", als er am Kreuz hing. Als Jesus weinte: „Mein Gott, mein Gott, warum hast du mich verlassen?", war das keine rhetorische Frage. Jesus stellte am Ende seines Erdenlebens die Frage, die als ewige Frage des Menschen gelten mag: „Gott, bist du noch bei uns?"

Es wurde Zeit, die Predigt zu beenden. Ich hatte meinen Zuhörern Mut gemacht, sich ihren Zweifeln ehrlich zu stellen, sich davon weder ängstigen noch lähmen zu lassen. Ich hatte auf Christus verwiesen, dem in einer Weise das Herz gebrochen worden war, wie es einem Menschen auf dieser Welt nur geschehen kann. Und nun wollte ich zu einem ermutigenden Abschluss ansetzen. Ich half mir mit Redewendungen – eine neue Morgendämmerung, ein neuer Anfang ..., und eben da hörte ich das Geräusch hinter mir auf der unbesetzten Bühne. Ich konnte weder das Geräusch noch seine Herkunft orten, hatte es mir aber auch nicht nur eingebildet. In der Versammlung stieß man einander an, murmelte und zeigte nach vorn. Schnell bat ich darum, ruhig zu sein und einfach hinzuhören.

Wieder kam das Geräusch, immer wieder – wie ein Hahn, der „Kikeriki, kikeriki" krähte. Der metallische Klang entstieg der Bühne, die abgesehen von den Instrumenten und der Ausrüstung des Musikteams leer war. Ich stieg auf die Bühne und forschte nach der Lärm-Quelle. Während ich suchte, traf mich die Erkenntnis, wie unglaublich das Timing dieser Unterbrechung war. Ich hatte von einem neuen Tag gesprochen, einer neuen Morgendämmerung. Ein Hahn, der auf die Sekunde genau auf sein Stichwort hin krähte. Woher aber kam das Geräusch denn bloß?

Es kam von einem Schlüsselanhänger, einem von diesen Werbeartikeln mit elektronischer Weckfunktion. Er gehörte einer der Sängerinnen, die das gute Stück immer auf der Bühne ließ, wenn sie sich zur Predigt unten hinsetzte. Das Teil hatte sich noch nie hören lassen! Ich hielt das Mikrophon an den Schlüsselanhänger, und der elektronische Hahn tat sein Werk. Der Klang hallte jetzt im ganzen Saal wider: „Kikeriki, kikeriki …"

Es war mir damals peinlich, und auch heute noch, während ich die Geschichte schreibe, ist es mir peinlich. Ein prophetischer Schlüsselanhänger. Klingt ganz nach den Verrücktheiten, die von meinem Freund Adrian Plass aufs Witzigste unsterblich gemacht wurden. Ich hatte Anstoß daran genommen, dass Gott sich für die Wetterverhältnisse eines lokalen Festes interessierte. Nun also schreibe ich darüber, wie er möglicherweise die Weckfunktion eines Schlüsselanhängers zur genau richtigen Zeit losgehen lässt, um etwas zu verdeutlichen, obwohl ich doch im gleichen Kapitel das Thema allertiefsten Leides berührt habe. Über alledem schwebt ein Hauch von Wahnsinn.

Also stellte ich die Gemeinde ebenso vor die Wahl wie jetzt meine Leser. Ich sagte, wenn sie in dieser kleinen Unterbrechung nur einen Zufall und weiter nichts sehen wollten, dann sei das ganz in Ordnung – und Sie können es ebenso halten. Ich sagte aber auch, wenn sie daraus schließen wollten, dass vielleicht Gott, der die albernen Dinge dieser Welt nutzt, um die Weisheit der Weisen zunichte zu machen, durch einen Schlüsselanhänger reden kann, dann stehe ihnen auch diese Entscheidung frei. Mir scheint, wenn er durch einen Esel reden könne wie zu Bileam, dann seien Schlüsselanhänger für ihn nicht ganz unmöglich. Es lag und liegt mir nicht daran, anderen Schlussfolgerungen aufzuzwingen. Allerdings habe ich das Recht, meine eigenen Schlüsse zu ziehen, und meiner Meinung nach darf ich glauben, dass Gott sich durch diese kleine, skurrile Begebenheit bemerkbar gemacht hat.

An diesem Morgen ist etwas mit meinem Glauben geschehen. Ich merkte, dass ich Gott weniger verstehen, ihm aber mehr vertrauen konnte. Ich bin sogar eher geneigt, ganz auf sämtliche vorgefertigten Antworten zu verzichten. Eigentlich bin ich darüber erleichtert.

Aber ab und zu überkommt mich die Panik, vor allem in ausgelassenen Anbetungszeiten, wenn alle anderen sich an einer Atmosphäre freuen, in der Gott ihnen ganz nah scheint, ich aber das Gefühl habe, die kahle Decke anzusingen.

Es ist ganz gut, dass Gott die albernen Dinge dieser Welt nutzt und zum Beispiel durch Esel und Schlüsselanhänger oder durch mich redet.

Verfügbarkeit

Vortreten zum Abschlag

Ich war zum Predigen nach Salt Lake City geflogen, hatte fast die ganze Reise lang über den Text nachgedacht und konnte mich nicht so recht für ein Thema entscheiden. Nach 16 Stunden und viel Grübelei war ich immer noch ohne Konzept. Ich kam an, suchte mein Hotel auf und ging schweren Herzens schlafen, wobei ich mir schwor, ganz früh aufzustehen, die Jagd nach dem flüchtigen Stoff wieder aufzunehmen und auf „Predigtsafari" zu gehen. Fünf Stunden später terrorisierte mich der Wecker. Ich konnte mir um keinen Preis vorstellen, wo ich überhaupt war. Es ist hart, das Wort des Herrn wahrzunehmen, wenn man nicht einmal die eigene geografische Position genau bestimmen kann.

Unter Jetlag-Einfluss ließ ich mich auf eine Zeit des Gebets ein, was immer gefährlich ist, weil man nie wissen kann, ob die Gedanken, die in den müden Gehirnzellen umherhüpfen, die leisen Worte des ewigen Gottes sind oder die Nachwirkungen der Ravioli an Bord. Nach ein paar Minuten spürte ich allmählich, dass Gott tatsächlich zu mir redete, aber ich war nicht besonders begeistert von seinen Worten:

„Geh heute morgen einfach in den Gottesdienst und sag den Leuten: ‚Der Herr spricht: Vortreten zum Abschlag.' Der Rest der Predigt wird dann einfach folgen."

Toll! Ich fliege 6000 Meilen, ertrage eine Mahlzeit, die so aussieht wie die Luftaufnahme eines Bauernhofs, und die Leute, für die ich diese unbequeme Expedition auf mich genommen habe, erwarten hoch qualifizierte Lehre. Und wovon soll ich da predigen? Ein einziger Satz: „Vortreten zum Abschlag", ein Ausdruck aus dem Baseball-Jargon. Ich brach schweren Herzens zum Gottesdienst auf und hatte das unbestimmte Gefühl, ich könnte in ein ziemliches Abenteuer geraten.

Ich wurde mit offenen Armen aufgenommen und ins Gebetstreffen geführt. Mehrere Dutzend Mitarbeiter hatten früh am Sonntagmorgen ihr warmes Bett verlassen, um für den Prediger und die anderen Mitwirkenden zu beten. Und wie sie beteten: wenig Spucke und reichlich Inspiration. Einige waren gerade von einer Erweckungsveranstaltung in Florida zurückgekommen und schwebten sprichwörtlich über den Wolken. Sie baten Gott, er möge eine mächtige Begegnung mit dem Heiligen Geist schenken und die Halle erschüttern. Da stand ich nun und nickte schwach. Die ganze Zeit dachte ich an den episch breiten Lehrtext, den ich mitgebracht hatte: „Vortreten zum Abschlag".

Es ist mir peinlich, aber ich muss zugeben, dass ich mich einfach nicht dazu durchringen konnte, das zu sagen, was ich aus heutiger Sicht als Gottes Plan erkenne. Ich verwarf die Sache mit dem „Abschlag" als Produkt eines Gehirns, das sich zu lange in 12000 Metern Höhe befunden hatte. Also wählte ich eine altbewährte Predigt von mir, ein treues Stück, immer einsatzbereit, und wir erlebten tatsächlich einen *sehr* guten Gottesdienst: Mehr als ein Dutzend Besucher machten einen Anfang mit Gott. Hinterher, auf dem Weg zum Restaurant, gratulierte ich mir innerlich dazu, die alberne „Vortreten zum Abschlag"-Idee fallen gelassen zu haben. Immerhin hatte Gott zu meiner Version ja sichtlich seinen Segen gegeben, Menschen hatten sich ihm zugewendet; eine klare Rechtfertigung meiner Entscheidung, oder?

Falsch! Beim Essen fragte ich den Pastor beiläufig, was in letzter Zeit denn so in seiner Kirche los sei.

Seine Antwort ließ mich erstarren: „Na ja, Jeff, wir konzentrieren uns darauf, unseren Mitgliedern klarzumachen, dass jeder Einzelne Begabungen besitzt, die er als Teil des Leibes Christi einsetzen kann. Nächste Woche fängt eine neue Predigtreihe an, mit der allen Mut gemacht werden soll, sich Gott zur Verfügung zu stellen. Man spürt schon, wie begeistert die ganze Gemeinde über diesen neuen Schwerpunkt ist."

Ich wünschte, die nächste Frage hätte ich nie gestellt, aber irgendetwas tief in mir drängte mich dazu. Ich ahnte, dass ich die Antwort schon kannte. „Wie heißt denn das Thema für eure neue Predigtreihe?", fuhr ich fort.

„Ach, wir haben es aus dem Baseball-Wortschatz entlehnt. Die Reihe läuft unter dem Thema ‚Vortreten zum Abschlag'."

Na wunderbar, Jeff! Gott hatte meinen „Alternativgottesdienst" freundlichst gesegnet, aber ich kann mir vorstellen, wie die Wirkung gewesen wäre, wenn ich ohne Kenntnis der nächsten Predigtreihe einfach dem Heiligen Geist Folge geleistet und das Wort Gottes verkündet hätte. Den Gemeindemitgliedern wäre auf großartige Weise klargemacht worden, dass Gott an ihrer Entwicklung und ihren Plänen regen Anteil nahm und sie darin unterstützte.

Ich legte den Kopf in meine Hände und stöhnte. Der Pastor dachte, es gäbe ein Problem mit dem Essen, bis ich ihm alles erklärte – und mich entschuldigte.

„Vortreten zum Abschlag": Was heißt das? Direkt gesagt, fordert Gott sein Volk auf, sich für seine Pläne zur Verfügung zu stellen, Verantwortung zu übernehmen, seine Rolle als Teil der Mannschaft zu spielen. Allgemeiner gilt, dass der Herr Menschen gebraucht, die gebraucht werden wollen. Er hat es lieber mit Freiwilligen zu tun als mit Zwangsverpflichteten.

Jesaja ist ein Beispiel dafür. Erinnern wir uns an seine Berufung? Der arme Kerl steckt in der Krise, weil er sich so schlecht fühlt, und er will seine „Wehe mir"-Rede ins Endlose ziehen. Gott schickt einen Engel mit einer glühenden Kohle in der Hand und befiehlt, Jesaja mit besagter Kohle den Mund zu verbrennen. Diese zündende Strategie zielte wohl darauf ab, die Tirade gegen sich selbst verstummen zu lassen. Und dann verkündet der Herr, dass es eine freie Stelle gäbe, eine Arbeit, die erledigt werden müsse. Vergessen wir nicht, nur Gott, Jesaja und der Engel im Asbestanzug sind anwesend, aber Gott trägt Jesaja etwas auf, das nur als kosmisch beschrieben werden kann.

„Wen soll ich senden? Wer ist bereit, unser Bote zu sein?", fragt Gott.

Jesaja versteht den himmlischen Hinweis und bietet sich selbst für die Aufgabe an. Er tritt „vor zum Abschlag", und das Ergebnis ist eine monumentale Veränderung. Damals im Restaurant wurde mir die Ironie meines Fehlers klar. Meine Angst vor Peinlichkeiten hatte mich gelähmt, und folglich stand ich dem Heiligen Geist nicht mehr als Überbringer seiner Botschaft zur Verfügung. Ich war nicht bereit zum Vortreten gewesen.

Ich frage mich, wie viele hektische Aktivitäten in meinem Dienst wohl noch unter der Rubrik „gut gemeinte Ideen, die Gott nachträglich segnet" laufen, statt dass ich die Träume Gottes zu erfüllen versuche.

Gott ist auf der Suche nach Verfügbarkeit, nicht nach Fähigkeiten. Er ist der Weinstock – wir die Reben. Beten wir also am besten so: „Gott, hilf mir, eine Rebe zu sein."

Gott braucht den nächsten Mann oder die nächste Frau am Abschlag. Wer tritt vor?

Ausreden

Mrs. Robinson war eine strahlend lebendige Frau, die ihre gute Laune nicht mehr zügeln konnte, wenn der Name Jesus bloß erwähnt wurde, so groß war ihre ansteckende Liebe zu ihm. Sie war eine allein erziehende Mutter mit zwei heranwachsenden Töchtern, und bald würde sie sterben – der Krebs fraß sich immer weiter in sie hinein. Es konnte nicht mehr lange dauern.

Ich besuchte sie jede Woche, und immer gelang es ihr, mich aufzumuntern. Sie erzählte mir von ihrer Heimat, der westindischen Insel St. Vincent. Über den Tod hat sie immer nur gelacht. Das war keine gespielte Tapferkeit, keine Verdrängung. Sie wusste, dass sie sterben würde, und sie wusste, dass Jesus ihr vorangegangen war. Ihre Begeisterung, ihn bald zu sehen, war direkt spürbar.

„Nein, Pastor, wissen Sie, ich habe keine Angst vor dem Sterben. Aber ich mache mir Sorgen um meine Töchter, Hazel und Denise. Was wird bloß aus den beiden werden?" Und dann verdunkelten sich ihre Augen, und sie kam aus dem Himmel zurück auf die Erde, und vor Sorge um ihre Kinder wiegte sie sich hin und her und schrie zu Gott. „O Gott, o Gott ..."

Ich machte ihr Mut, so gut ich konnte. „Machen Sie sich jetzt keine Gedanken, Mrs. Robinson. Hat der Herr nicht versprochen, dass er für uns sorgt, wenn wir unsere Sorgen auf ihn werfen?"

Ich schlug die Bibel auf und zeigte ihr den Vers im 1 Petrusbrief 5, 7. Sie kannte ihn auswendig.

Woche für Woche erlebte sie dieses Wechselbad ihrer Gefühle. Jedes Mal las ich ihr eine neue Bibelstelle vor. Eines Tages fand ich eine Bibelstelle, in der es darum ging, wie Gott sich um die Witwe in ihrer Not kümmert. Ich sagte Mrs. Robinson zu, dass der Herr selbst sich darum kümmern werde, dass Hazel und Denise in gute Obhut kämen. Sie ließ sich wieder beruhigen.

Als ich aus ihrem Haus trat, sprach Gott zu mir durch eine unbequeme Frage, wie so oft. „Also, wie genau werde ich mich eigentlich um diese Kinder kümmern?"

Ich merkte im Bruchteil einer Sekunde, dass all meine blumigen Gebete und das Vorlesen von Bibelstellen nur abgedroschene Phrasen waren, wenn ich mich nicht um das Problem kümmerte, das Gott hier zur Sprache brachte. Mir kam in den Sinn, dass Gott damit Kay und mir das Angebot machte, Hazel und Denise nach dem Tod ihrer Mutter in unsere Familie aufzunehmen. Wir hatten selbst ein kleines Kind und ein sehr kleines Haus. Da waren Stress und Unannehmlichkeiten vorprogrammiert. Die Frage, auf welche Weise Gott sich eigentlich um die Kinder kümmern werde, ging mir einfach nicht aus dem Kopf.

Ich entschloss mich, Gott ein „Vlies auszulegen", ihm eine unmögliche Bedingung zu stellen. Für die Leser, die zum Glück keine Ahnung haben, worum es bei dieser Methode der Entscheidungshilfe geht, nur so viel: Man bittet Gott, bestimmte unwahrscheinliche Umstände herbeizuführen, und wenn sie sich tatsächlich ereignen, dann betrachtet man sie als Zeichen dafür, dass Gott etwas zu tun verlangt. Die Strategie ist sehr nützlich, wenn man die Sorge hegt, Gott erwarte beispielsweise einen Einsatz auf dem Gebiet der Auslandsmission in einem bürgerkriegsgeplagten Land. Also bittet man um etwas Unmögliches:

„Gut, Herr, ich gehe wirklich nach Burma, falls am nächsten Mittwoch, wenn ich in der Tiefkühlabteilung vom Supermarkt bin, ein kleinwüchsiger burmesischer Soldat aus dem Fischstäbchenfach springt und schreit: ‚Wohlan, du Lump. Komm nach Burma, aber dalli!' Wenn der Gnom ein gelbes Fagott bei sich trägt und holländische Holzschuhe an den Füßen hat, dann nehme ich das als Zeichen deiner Berufung und breche am gleichen Tag nach Burma auf."

Ich setzte auf eine leicht gemilderte, aber genauso unmöglich zu erfüllende Variante. Ich kündigte Gott an, ich werde nach Hause gehen und ohne Diskussion oder Vorgeplänkel einfach Kay damit überrumpeln, dass wir meiner Meinung nach Hazel und Denise als Pflegekinder aufnehmen sollten. Der Haken daran war, dass Kay ohne das kleinste Nachdenken oder Zögern sagen sollte: „Die Idee finde ich gut." Kay ist ein nachdenklicher, sensibler Mensch. Niemals würde ich ihr Wesen mit dem Wort „impulsiv" beschreiben.

Ich ging ins Haus, küsste Kay auf die Wange und sagte: „Ich glaube, wir sollten Hazel und Denise als Pflegekinder aufnehmen."

Ohne eine Pause entstehen zu lassen, gab Kay ihre Antwort: „Die Idee finde ich gut." Also taten wir es.

Mrs. Robinson starb, ohne sich irgendwelche Sorgen um die Zukunft ihrer Kinder machen zu müssen, und wir wurden zur fünfköpfigen Familie. Es war ganz wunderbar, obwohl sich die Nachbarn bestimmt wunderten, wie wir es geschafft hatten, zwei schwarze und ein weißes Kind in die Welt zu setzen. Vielleicht hatte es mit der Milch zu tun?

Machen Sie sich von der erweiterten Familie Lucas bitte keine besonders idyllischen Vorstellungen. Wir alle haben dazulernen müssen, vor allem ich. Aber Hazel und Denise wurden zu echten Angehörigen unserer vergrößerten Familie.

Ich kann die „Vlies-Methode" als Entscheidungshilfe nicht unbedingt empfehlen, obwohl sie manchmal funktioniert. Andererseits kann ich auch nicht empfehlen, leere Phrasen zu dreschen, im Gebet Probleme auf andere abzuwälzen und Ausreden fürs Nichtstun zu erfinden. Gott ist ganz in der Nähe. Es könnte passieren, dass er sich einfach in unser Leben einmischt.

Einfluss

Eine 1 plus für Einfluss

Wir alle haben ein gewisses Maß an Einfluss, mal mehr, mal weniger. Wir können täglich davon Gebrauch machen. Oft haben wir keine Ahnung, welche Auswirkungen unsere Worte und Taten auf andere haben. Ein Wort hier, eine freundliche Geste da, ein bisschen Zeit, die man sich nimmt, obwohl man sehr beschäftigt ist. Das alles kann ein Leben verändern, und zwar auf Dauer, zum Guten oder zum Schlechten.

Ich nenne ihren Namen nicht – sie hätte es nicht anders gewollt –, aber sie hat mein Leben verändert. Sie war Religionslehrerin in einer riesigen Gesamtschule in Essex, und sie wurde andauernd geärgert. Es gab dort kaum jemanden, der sich für Religion interessierte. Das wusste sie, und sie machte den Eindruck, als hätte Gott sie auf die Mission geschickt, unsere Gleichgültigkeit in Neugier zu verwandeln. Sie hatte es immer eilig. Schon Jahre vor dem Verwaltungsstress und dem Druck, der den Lehrern mit dem Erscheinen des landesweiten Rahmenplans auferlegt wurde, war sie anscheinend jede Sekunde ihres Arbeitstages irgendwohin unterwegs. Außerdem war sie Klassenlehrerin, was ihr zusätzlich eine Menge Stress einbrachte. Man sah, wie sie mit wahnsinnig dicken Aktenordnern – alles Vorgänge, die erledigt werden mussten – von Klasse zu Klasse rannte. Wenn sie ankam, war sie immer atemlos, lächelte aber trotzdem. Ihr Fach unterrichtete sie leidenschaftlich gern und sprach sehr überzeugt und intensiv von Gott, als hinge ihr ganzes Leben von ihm ab. Sie konnte lachen und weinen, ermutigen und überreden. Dabei wedelte sie mit ihren dünnen Armen und zeigte mit den knochigen Fingern mal hier- mal dorthin.

Ich hatte gehört, dass sie die Ehefrau eines Pastors war. Also kam zum Hexenkessel Schule auch noch ein ganzes anderes Leben mit vielen Anforderungen dazu, die allein schon gereicht hätten. Sie überzeugte mich, einen Grundkurs in Religion zu wählen. Damals dachte ich, dass alle religiösen Themen älteren Leuten vorbehalten sein sollten, die ja auch mal vor die Tür mussten. Ich fragte mich, was mir das Fach Religion für mein späteres Berufsleben „bringen" könnte. Ich nahm es trotzdem und schnitt gut ab. Sie sagte mir, ich müsse unbedingt beim Leistungskurs Religion mitmachen. Wieder grübelte ich über den akademischen Nutzen dieser Wahl nach. Aber wenn sie über Gott sprach, dann versprühte sie eine Energie, dann glitzerten ihre Augen so, dass man es nicht übersehen konnte.

Meine Freunde hielten mich für verrückt. Was wollte ich denn nach der Schule werden, etwa so eine Art Pastor? Gemeinsam trieben wir unseren Spott. Eigentlich amüsierte es mich selbst. Und dennoch wählte ich den Leistungskurs.

Vielleicht war es ihre Geduld, die den Ausschlag gab. Selbst so unsensible Schüler wie wir merkten, dass die anderen Lehrerkollegen sie ausnutzten, sie mit Arbeit überhäuften und dann auch noch erwarteten, dass sie alles lächelnd auf sich nahm, weil sie Christin war und zudem noch Pastorenfrau.

In den früheren Schuljahren auf der Gesamtschule trug auch ich dazu bei, ihre Geduld zu strapazieren. Einmal gab ich in der Stunde ein Zeichen, und alle in der Klasse glitten von ihrem Stuhl und legten sich mit dem Rücken auf den

Boden, wobei wir mit Armen und Beinen wie wild zappelten wie von BSE befallene Schafe. Sie merkte, dass ich der Erfinder und Urheber des ganzen Zirkus war und verordnete die Höchststrafe – ich musste zum Schulleiter gehen und ihr „Rohrstock und Buch" bringen. Der dünne Bambusstock wurde gehasst und gefürchtet: Ein Schlag konnte in Sekundenschnelle böse Striemen hinterlassen. Das schwarze Buch, ein feierliches Testament unserer Untaten, diente dazu, Namen und Vergehen des Störenfrieds einzutragen. Ich ging sehr ängstlich zur Tür, drehte mich um und sagte: „Bitte, Mrs. ... es tut mir wirklich Leid ..."

Ich erwartete nichts als eine kurze Zurechtweisung und die Wiederholung des Befehls, das Folterinstrument zu holen, aber stattdessen zeichnete sich auf ihrem Gesicht ein freundliches Lächeln ab. „In Ordnung, Jeffrey. Ich verzeihe dir. Setz dich jetzt hin und benimm dich."

Verblüfft ging ich zu meinem Platz und blieb den Rest der Stunde aufmerksam und festverschlossenen Mundes dort sitzen. Nie wieder wollte ich der Dirigent des Störorchesters sein, zu dem unsere Klasse taugte. Ich hatte Gnade pur erfahren.

Sie erzählte immer vor der ganzen Klasse von Gott, nicht gerade feinfühlig. „Jeffrey, du musst erlöst werden, ganz dringend", erklärte sie und lächelte wieder auf ihre besondere Art. Irgendwie habe ich mich wohl in sie verliebt, aber ich schwebte nicht wie der typische Teenager auf Wolke 7, sondern bewunderte sie, weil sie so offen zeigte, dass ihr etwas an mir lag. Ich wollte ihr gefallen, gute Arbeiten schreiben. Ich wusste, dass ihr solche Erfolge sehr wichtig waren.

Als ich anfing, mich für das Christentum zu interessieren und eine Kirche von innen sehen wollte, telefonierte ich erst einmal mit ihr. Sie versprach mir, dass man mich in der kleinen Pfingstgemeinde willkommen heißen würde, deren Pastor ihr Mann war. Und genauso kam es. Ihr Gatte entsprach meinen wildesten Träumen. Seine Frisur war der reine

Wahnsinn, absolut wirres Haar, und sein ganzes Gesicht war ein einziges breites Lächeln. Beim Predigen zupfte er andauernd am Kragen seines Talars, der ihn am Hals würgte, als könne er sich damit einfach nicht abfinden. Als ich mich ein paar Tage nach dem ersten Besuch in ihrer Kirche entschied, Gott mein Leben anzuvertrauen, wurde ich von beiden mit Liebe und Freundlichkeit überschüttet. Sie waren von meiner Bekehrung entzückt, richtig begeistert. Als ich später dann die Berufung verspürte, Pastor zu werden, war sie die Erste, der ich davon erzählen wollte.

Einige Jahre lang verlor ich dann den Kontakt zu ihr. Die Pastorenarbeit, der Umzug nach Amerika und dann der Wechsel in eine andere Konfession liefen darauf hinaus, dass unsere Pfade sich nicht mehr kreuzten. Und dann kam der Tag, als ich erfuhr, dass sie im Sterben lag. Krebs. Es ging mit ihr zu Ende, und zwar schnell.

Ich besuchte sie sofort. Unser Zusammensein war zuerst von einer leichten Verlegenheit geprägt. Ich hatte die Glaubensgemeinschaft gewechselt, was sie nicht ganz in Ordnung fand. Ich kam mir wieder wie ein kleiner Schuljunge beim Gespräch mit der Lehrerin vor und fürchtete Korrekturen in roter Tinte, gar ein „Mangelhaft" unter meinem Leben. Das schöne Haar hatte sie verloren; ihr Kopf war in einen Turban gewickelt, um die Glatze zu verbergen. Mir war klar, dass ich sie zum letzten Mal hier auf Erden sah. Ich wollte ihr danke sagen, weil sie mein Leben zum Guten verändert hatte. Wieder einmal lächelte sie und sagte mir, dass sie meine Schulhefte jetzt, 20 Jahre nach dem Abschluss, immer noch aufbewahre. Aus irgendeinem Grund seien sie ihr als Erinnerungsstücke wertvoll.

Dann ging ich, und ein paar Wochen später starb sie. Doch ihr Lächeln, ihre Anmut, ihre Geduld und Langmut hatten einen tiefen und bleibenden Abdruck in dem weichen Zement meiner Jugend hinterlassen.

Von mir bekommt sie eine 1+.

Tage in Rot

„Den Tag kreuze ich mir im Kalender an", denkt man sich manchmal. Tage kommen und gehen, ohne sich merklich voneinander abzuheben, einer gleicht meist dem andern. Sie verschwinden schnell aus unserem Gedächtnis. Es sind Tage in schwarzweiß: ohne Ereignisse, uninteressant, gelegentlich richtig aufreibend. Nichts, was der Erinnerung wert ist.

Doch dann gibt es auch die strahlenden Tage voller Lebendigkeit. Sie stechen hervor, springen uns im Gedächtnis vor den optischen Sucher – wichtige Tage, die sozusagen rot angekreuzt sind. Es sind Tage der Entscheidung. Eine neue Ausrichtung, neue Chancen und Aufgaben sind das Ergebnis. Wir erinnern uns an diese Tage wie an Meilensteine unserer persönlichen Geschichte und fragen uns, welche Wende unser Leben genommen hätte, wenn solche Tage nie gedämmert hätten.

Manchmal ist es nur eine rot angekreuzte Minute, die alles verändert. Pat Cook, eine pensionierte Missionarin und liebe Freundin unserer Familie, erinnert sich an einen Tag im Missionsdienst, als sie und andere Mitarbeiter auf einer oft befahrenen Strecke unterwegs waren. An diesem besonderen Tag hatte sie ohne einleuchtende Begründung den sehr starken Eindruck, sie sollten nicht die normale Route wählen, sondern eine längere Alternativstrecke. Ein paar Minuten später hörten sie in der Ferne eine Explosion. Eine Landmine war mitten auf der anderen Straße explodiert und hatte die Insassen des Autos umgebracht, das die Mine auslöste. Pats Unruhe war scheinbar nur eine Ahnung gewesen, tatsächlich aber hatte der Heilige Geist ihr wohl diesen Anstoß gegeben. Es war so eine rot angekreuzte Minute, die ihr und den Mitarbeitern das Leben gerettet hatte.

Und dann gibt es Tage, an denen uns ein Licht aufgeht, Schultage zum Lernen wichtiger Lebenslektionen. Ein Körnchen des wertvollsten aller Edelsteine, der Weisheit, wird unser Eigentum. Auch solche Episoden gehören zu den „unvergesslichen" Ereignissen. Solche Tage können sonnig sein; wir sind so glücklich, dass wir laut singen könnten. Wir klopfen Freunden auf die Schulter und fragen immer wieder: „Ist das nicht großartig?"

Manchmal beginnen solche Tage unter einem grauen Himmel mit Wolken, die sich zum strömenden Regen zusammenbrauen; doch sie enden in reichen, satten Farben voller Erkenntnisse.

Ob sie glücklich oder traurig gewesen sind, sind sie doch unsere wichtigsten Tage. Sie sind hoch und heilig. Ich finde, wir sollten sie aufzählen können.

Der Tag der Hochzeit, wenn man einen solchen erlebt hat, sollte sich auf dieser besonderen Liste finden. Holen Sie sich wieder einmal das Fotoalbum, lachen Sie über die Mode, über die Frisuren und fragen Sie zum 50-sten Mal: „Wer ist das da eigentlich, direkt hinter Tante Hilde?" Während Sie sich erinnern, denken Sie vielleicht auch an alles, was Sie sich gegenseitig vor versammelter Verwandtschaft versprochen haben. Jahrestage müssten viel mehr bewirken, als das Geschäft der Grußkartenindustrie zu fördern: Liebevolle Erinnerungen an die Vergangenheit können uns für die gegenwärtige Realität Kraft geben und für die Zukunft einen Schutzschild verleihen.

Wenn es einen bestimmten Tag in Ihrem Leben gab, an dem Sie sich bewusst für eine Freundschaft mit Jesus entschieden haben, sollte der auf jeden Fall auch auf dieser Liste stehen. Hier sind noch mehr Vorschläge für solche wichtigen Tage.

Der Spaziergang am Strand mit dem Menschen, der jetzt Ihr Lebenspartner ist. Sie gingen barfuß über den Sand; Sie haben in den Wind geschrieen und Fangen gespielt wie Kinder. Sie haben den tropfnassen, stinkenden Seetang durch die Gegend geschleudert und mit lachenden, leuchtenden

Augen gemeinsam Ausschau nach zukünftigen Hoffnungen und Träumen gehalten ...

Der Augenblick, als Ihnen klar wurde, dass es etwas anderes ist, ob Sie für Ihren Lebensunterhalt sorgen können oder ein lebenswertes Leben führen. Und diese Erkenntnis war Antrieb genug, mit einem dicken schwarzen Strich ein paar Termine loszuwerden. Statt sich vom Geld beherrschen zu lassen oder sich auf die trügerische Sicherheit einzulassen, die ein geschäftiges Dasein verspricht, haben Sie die Überstunden verweigert. Vielleicht haben Sie sogar den Fernseher eine Weile abgeschaltet, um sich einfach mal am Lachen Ihrer Kinder zu freuen.

Wir alle haben unterschiedliche Kriterien zur Unterscheidung von normalen Tagen und Tagen in Rot, aber ich glaube, wir sollten uns diese besonderen Tage gut merken, über sie nachdenken, sie feiern und sie uns immer wieder ins Gedächtnis rufen, für uns selbst, aber auch für unsere Kinder.

Der Passah-Abend war in der bewegten Geschichte der Hebräer so ein rot angekreuzter Tag. Es war der lang erwartete Moment, als der mächtige Gott in ihr Gefängnis, die ägyptische Unterdrückung, einbrach und sein Racheengel über jedes Haus kam, dessen Türpfosten nicht mit Blut bestrichen waren. Die Hebräer zogen aus Ägypten aus und marschierten in eine hellere Zukunft. Die Wellen des Meers blieben gehorsam stehen und ließen sie entkommen, doch auf die mächtige Armee der Verfolger prasselten sie nieder und verschlangen sie. Passah und Exodus sind seitdem als unvergessliche Erinnerungen im Herzen des Volkes Israel verwurzelt. Die überlieferten Feierlichkeiten, mit denen die Juden in aller Welt noch heute diese „roten Tage" feiern, sollten dafür sorgen, dass Israel nie vergisst, wie anders und besonders Gottes erwähltes Volk ist. Doch selbst diese intensiv erlebten Tage reichten dazu nicht aus. Immer weiter kam das Volk Israel von der Spur ab, und die eigene, einzigartige Identität ging verloren. Heute dient wenigstens die schmerzhafte Beschneidung noch als Bundeszeichen dazu, jedem männlichen Hebräer seine Identität und Geschichte täglich vor Augen zu halten. Und trotzdem vergaß Israel.

Wir alle haben es uns angewöhnt, das Erinnernswerte zu vergessen und uns an das zu erinnern, was wir vergessen sollten. Darf ich eine denkwürdige Episode meiner eigenen Geschichte erzählen? Wenn ich auf die ungestümen Tage meiner ersten, stolpernden Schritte als Christ zurückschaue, dann fallen mir drei besonders rot angekreuzte Tage auf – obwohl das erste Datum, genau gesagt, gleich ein Zeitraum von zwei Wochen war ...

Man forderte mich als frisch gebackenen Christen auf, mich für ein Jugendlager anzumelden, das auf den Klippen der Isle of Wight stattfinden sollte. Zu meinen Erinnerungen an die beiden Wochen gehören das morgendliche Aufwachen im herrlichen Duft des sonnendurchwärmten Zelts, lange Nachmittage mit Fußball und Schwimmen und dann die atemraubende Begeisterung der Abendveranstaltungen in einem riesigen Zelt. Jeder Abend brachte eine Begegnung mit Gott. Die Redner waren super, sie spielten mit uns Fußball und machten uns Mut, wenn wir öffentlich beteten, von unserer ersten Begegnung mit Gott erzählten oder uns an hastig komponierten Liedern versuchten, die mit drei Griffen begleitet wurden. Und sie erzählten witzige Geschichten so genial, dass mancher erfahrene, regelrechte Komiker von heute sich schämen müsste. Klar und unzweifelhaft war ihre Botschaft und Einladung, die Nähe zu Jesus zu suchen und ihm nachzufolgen.

Ich liebte das Camp, ich liebte die Sonne, und ich liebte Gott mit einer berauschenden Mischung aus Leidenschaft und Verfolgungswahn. Ich wollte unbedingt ein hundertprozentig echter Christ sein. Deshalb entfachte mein gerade flügge gewordener Glaube Freude und Kummer in mir, etwa zu gleichen Teilen. Ich war so wild darauf, alles richtig zu machen, dass es fast in Besessenheit ausartete, den „vollkommenen" Willen Gottes zu ergründen. Unseren Glauben maßen wir oft am ungewissen Barometer der Emotionen: Wir *fühlten*, dass wir etwas Bestimmtes tun und anderes wieder lassen sollten. Wir *fühlten*, dass Gott zu uns redete und *fühlten* uns inspiriert, von unserem Erleben mit Gott zu erzählen, zu beten oder was nicht alles. Leider hat man als Heranwachsender nicht die Mittel, seine Gefühle auf einer Skala wie in einem Messbecher eindeutig abzulesen. Ich wusste, dass Gott mich liebte, hoffte, dass auch ich ihn liebte, und manchmal hatte ich das Gefühl, dass beides nicht wahr sein könne. Es war eine verwirrende Zeit – aber Gott ist mir in diesem Nebel begegnet.

Am Ende jeder Abendveranstaltung gab es den unvermeidlichen „Altarruf": die Einladung, nach vorn zu kommen und sein Leben Gott anzuvertrauen oder eine bestimmte Sünde zu bekennen oder einen neuen Anfang zu machen. Ich muss der Traum jeden Predigers gewesen sein, weil ich das Bedürfnis hatte, auf alles zu reagieren: ein allabendlicher Cocktail aus Ekstase und schlechtem Gewissen. Wäre ein Aufruf ergangen, sich als französisch sprechender Korbweber für Unterwasser-Basketball zur Verfügung zu stellen, dann hätte man mich als Ersten nach vorn eilen sehen. Mein Lieblingsplatz war direkt links von der Behelfskanzel. Auf meinen Knien blieb Abend für Abend ein grüner Fleck vom Grasboden zurück. In den Augenblicken am Ende der Gottesdienste, wenn die Musik leise spielte und unsere Helden mit uns beteten, wurden Entscheidungen fürs ganze Leben getroffen. Wir weinten Tränen der Buße und legten Gelübde ab, die sich im Lauf der Zeit als dauerhaft erwiesen. Es waren lauter Tage in Rot, an die ich mich gern erinnere.

Ein anderer Tag in Rot ereignete sich kurz, nachdem ich Christ geworden war. Ich verabredete mich mit einem Mädchen. Sie hieß Kay und ist heute meine Frau. Sie überzeugte mich, es sei eine gute Idee, sich für eine Wochenendfreizeit anzumelden. Starke Nervosität machte sich in mir breit, als wir unsere Schlafsäcke ins Christliche Konferenzzentrum schleppten. Die Erwartungshaltung war groß. Obwohl ich erst seit ein paar Tagen bei „Gottes Truppe" war, hatte ich schon den Eindruck, Gott wolle mich zu irgendeinem geistlichen Dienst berufen, was für einen Neuling wie mich ein ziemlich verrückter Einfall war. Der Gastredner war ein ganz ungewöhnlicher Typ. Johnny Barr ist ein christlicher Zigeuner. Er und seine Frau haben mehr als genug persönliches Leid ertragen: Sie mussten erleben, wie vor vielen Jahren ihr Sohn bei einem Autounfall umkam. Manche von Gottes erlesensten und erfahrensten Dienern sind von harten Gewaltmärschen in den Gewitterstürmen des Lebens gezeichnet.

John war an diesem Wochenende unser Gastredner. Keinen von uns kannte er persönlich. Man stelle sich unsere Überraschung und Bestürzung vor, als er bei seiner Eröffnungsansprache eine absolut ungewöhnliche Ankündigung machte:

„Gott hat zu mir geredet, als ich hierhin unterwegs war. Er sagte mir, dass er drei von euch in irgendeine Art Leitungsdienst beruft. Tatsache ist, dass der Herr mir eure Vor- und Nachnamen genannt hat. Es wird euch nicht überraschen, sondern eher bestätigen. Ich habe vor, im Lauf dieses gemeinsamen Wochenendes noch mehr zum Thema mit euch zu besprechen."

Ich schaute mich im Raum um und fragte mich, wer diese drei besonderen Menschen wohl sein könnten. Trotz der inneren Eindrücke, die sich in mir regten, kam es mir einfach nicht in den Sinn, dass John auch mein Name genannt worden sein könnte. Unsere Psyche nach dem Sündenfall lässt uns fast automatisch damit rechnen, dass wir außen vor bleiben, wenn Gottes Berufung und Segen angekündigt werden – wenn es dagegen um Gottes Gericht geht, zählen wir uns zu den Betroffenen. Hätte John Barr gesagt, Gott habe ihm die persönlichen Daten von drei großen Sündern mitgeteilt, die sich schlimmer Untaten schuldig gemacht hätten, dann wäre ich sofort davon ausgegangen, dass er von mir redete. Aber eine Einladung zu etwas Bedeutendem, zu einer schicksalhaften Berufung? Er musste jemand anders meinen. Also, wen?

24 Stunden später versammelten wir uns zum Abendgottesdienst, als mir plötzlich Gottes Macht ganz spürbar bewusst wurde. Sie fühlte sich an wie eine Hand, die mich niederdrückte, eine sanfte Last, ein liebevoller Druck. Ich spürte das Bedürfnis, in Zungen zu reden – etwas, das ich nie zuvor getan hatte. Doch der Druck wollte nicht weichen. John leitete den Gottesdienst und stand auf, um noch etwas anzukündigen, als sei es selbstverständlich.

„Hier ist jemand im Raum, der gerade mit dem Heiligen Geist erfüllt wird und merkt, dass er in Zungen reden sollte. Tu es einfach ... vertrau Gott und fang an zu reden."

In mir kämpften zwei Gefühle miteinander. Einerseits dachte ich, dass ich diesen Typ überhaupt nicht leiden konnte. Er wusste anscheinend alles. Gott hatte ihm die vollständigen Namen von Leuten gegeben, an denen er arbeitete, und jetzt beschrieb er mit ganz unaufgeregter Stimme genau, was in mir vorging. Was denn sonst noch! Welche sonstigen persönlichen und intimen Einzelheiten sollten diesem seltsamen Mann denn noch offenbart werden? Andererseits aber war meine Angst mit Glauben durchmischt. Die Situation war phantastisch: Gott war phantastisch und John auch. Immer noch kämpfte ich mit mir und hatte Angst, dass ich mich wie ein Idiot benehmen würde. Ich sprach nicht in Zungen – jemand anders fing damit an. Der Druck ließ nach, und der Gottesdienst ging zu Ende.

Dann wurde der Schlusssegen gesprochen. Ich spürte, dass ich mich bei John entschuldigen müsse, weil ich auf die freundliche Aufforderung nicht eingegangen war. Ich ging auf ihn zu, sagte ihm, ohne mich vorzustellen, dass ich neu im christlichen Glauben sei und der Angst nachgegeben hatte, die mich an diesem Abend lähmte. Er blickte mich freundlich und aufmunternd an und ermahnte mich, beim nächsten Mal, wenn so etwas geschehen sollte, schnell Gott zu gehorchen. Ich wandte mich ab und wollte schon gehen, als er mir auf die Schulter tippte.

„Du heißt doch Jeff Lucas, nicht?"

Mir stockte der Atem, und ich wusste im gleichen Augenblick gar nicht mehr so richtig, wie ich heiße. „Äh ... ja, stimmt", bestätigte ich nach einer Weile.

Johns Augen waren jetzt ganz wach, und er stieß atemlos die Worte hervor, die mein Leben total veränderten: „Gott hat dich in seinen Dienst berufen, nicht? Er hat mir zur Bestätigung für dich deinen Namen genannt, Vor- und Nachnamen. Ist das wahr?"

Natürlich stimmte das. Ich nickte, konnte erst nicht sprechen und sagte dann: „Ja, das ist wahr."

John grinste: „Na, dann mach was draus, Junge."

Damit drehte er sich um und ging. Ich lief in mein Zimmer und weinte mich in den Schlaf. Gott kannte meinen Namen ja tatsächlich. Er hatte mich wirklich berufen.

Ein paar Monate danach stieß ich wieder auf John Barr, diesmal auf einer großen christlichen Konferenz. Ich war begeistert.

„Mr. Barr ... erinnern Sie sich noch an mich? Ich habe Sie gesucht."

John blieb stehen und lächelte über das ganze Gesicht. „Nein, mein Sohn, ich habe nach dir gesucht."

Genau dort legte er mir die Hände auf und fing an zu prophezeien, dass ich in den Dienst als Prediger treten werde; aus mir solle „ein Hammer werden, der die harten Herzen der Menschen zerschmettert". Das war wieder so ein Tag in Rot.

Im Jugendlager hatte ich mit mir gerungen und geweint und mit mir gekämpft, ob ich Gott meine Bereitschaft bekunden sollte, seinen Plan für mein Leben anzunehmen. Als ich John Barr traf, war das Gespür für Gott schlagartig in mir erweckt worden, eine Antwort auf mein Angebot, Gott zur Verfügung zu stehen.

Ich erlaube mir, einen dritten Tag zu beschreiben, diesmal einen Regentag.

Es war die lang erwartete Abschlussfeier nach mehreren ereignisarmen Studienjahren auf der Bibelschule. Ich war kein guter Student, vor allem wegen meiner Impulsivität und jugendlichen Ungeduld sowie einer unglücklichen Arroganz („Ich brauche keine Theologie, ich hab' schließlich Jesus"), die mir heute sehr Leid tut. In Griechisch bekam ich null Punkte hauptsächlich deswegen, weil ich Tischtennis spielte, während alle anderen mit grammatischen Übungssätzen kämpften. Ehrlich gesagt schrieb ich nur meinen Namen – auf Englisch – oben auf den Klausurbogen und zog mich dann sofort wieder in den Tischtennisraum zurück. Für meine schlampige Einstellung zum Lernen hatte ich eine fromme Ausrede: Ich wollte doch einfach nur in die wirkliche Welt hinaus und eine Gemeinde gründen.

Der Abschlusstag war das Signal, uns auf die nichts ahnende Welt loszulassen. Achtung, alter Planet Erde, jetzt kommen wir! Kay kam extra zu meiner Graduierung angereist. Wir hatten einen Gastredner eingeladen, der aus Simbabwe (damals Rhodesien) kam. Peter Griffiths war der Leiter einer Missionsstation, die in der Gegend von Vumba eine Schule und eine Klinik aufgebaut hatte. Er befand sich gerade auf dem Weg vom Flughafen zur Bibelschule, als das Telefon im holzgetäfelten Arbeitszimmer des Schulleiters klingelte.

Es war ein Anruf aus Rhodesien, und die Nachricht war niederschmetternd. Die Missionarskollegen, die Griffiths in Rhodesien zurückgelassen hatte, waren von Terroristen aus Mozambique angegriffen worden. Alle waren tot bis auf eine Frau, die es geschafft hatte, sich in den Büschen zu verstecken. Nach einigen Tagen sollte auch sie im Krankenhaus sterben. Die Frauen waren vergewaltigt worden, und sogar die Babys hatte man ermordet, mit rostigen Bajonetten aufgespießt. Jetzt kam Griffiths mit seiner Ansprache, und er hatte keine Ahnung, dass seine lieben Freunde und Mitarbeiter tot waren oder im Sterben lagen.

Die furchtbare Nachricht ging wie ein Lauffeuer durch den Campus. Die gute Stimmung und Vorfreude auf den Tag machte einer geschockten Betäubung Platz. Ein Student wurde abgestellt, um am Eingang der Bibelschule nach dem Auto von Peter Griffiths Ausschau zu halten. Sobald er eintraf, sollte er gleich ins Zimmer des Schulleiters geführt werden, in dem man ihm die entsetzliche Nachricht mitteilen wollte.

Ich werde nie die Einzelheiten der Szene erfahren, die sich damals im Arbeitszimmer abgespielt hat. Ich weiß nicht, ob Griffiths zu schockiert war, um reagieren zu können, ob er weinte, wütend mit der Faust auf den Schreibtisch hämmerte oder sich nur eine stumme Trauer erlaubte. Und doch weiß ich, dass er sich an seinen Auftrag hielt, die Aussendungspredigt zu halten.

Unsere Wangen waren tränenfeucht, als er still auf das Rednerpodium stieg. Ich sehe ihn heute noch vor mir, wie er in unsere Augen blickte. Seine eigenen waren blutunterlaufen und zeigten seine Trauer, aber auch Hoffnung. Sein Predigttext lautete: „Denn Leben, das ist für mich Christus; darum ist Sterben für mich nur Gewinn" (Philipperbrief 1, 21).

Er weinte, als er uns von seinen lieben Freunden und Kollegen erzählte, deren sterbliche Hüllen wahrscheinlich gerade jetzt im fernen Rhodesien in die Leichenhalle gebracht wurden. Noch einmal leuchteten seine Augen auf, als er sich ihr Opfer in Erinnerung rief, wie sie angesichts der Gefahren gelacht hatten. Und dann blieb er lange still, schaute uns wieder in die Augen und fragte uns, ob wir Jesus um jeden Preis die Treue halten würden.

Drei Jahre zuvor hatten wir unsere Ausbildung begonnen, waren gespannt gewesen, forsch und unreif. Wir glaubten, schon so viel zu wissen – warum war die Bibelschule überhaupt so nötig? Als wir uns jetzt zum Gebet hinknieten, waren wir ernüchtert, aber trotzdem entschlossen.

Griffiths selbst ist inzwischen gestorben und mit seinen Missionarsfreunden vereint. Aber er hatte eine Predigt gehalten, die ich nie vergessen werde. Es war ein Tag in Rot.

Vor ein paar Jahren hielt ich eine mehrtägige Vortragsreihe auf der Isle of Wight. Ich hatte sonst wenige Verpflichtungen und mehrere Stunden Freizeit, also lieh ich mir ein Fahrrad und fuhr quer über die Insel zur Whitecliff Bay. Ich fand die Wiese, auf der damals unser Lager aufgebaut war; ich stellte das Fahrrad ab und suchte die Umgebung nach dem kleinen Rasenstück ab, auf dem ich vor vielen Jahren gekniet hatte. Jetzt standen hier keine Zelte mehr, keine Behelfskanzel. Niemand spielte auf der verstimmten Gitarre. Es war nur ein großes, einsames, sehr grünes Feld.

Ich kniete auf einem Fleck nieder, der sich genauso anfühlte wie damals. Und ich erinnerte mich. Ich erinnerte mich an jeden Anblick, an jedes Geräusch, an die Gerüche dieser Segenstage vor zwei Jahrzehnten. Ich weinte, traurig und glücklich zugleich, als ich die Freuden und Qualen der vergangenen Kämpfe durchlebte. Und ich redete mit Gott.

Ich sagte ihm, dass sich in den 20 Jahren viel verändert hatte: Dass ich nicht mehr der Mensch sei, der dort vor Jahren gekniet hatte; dass mein naiver Glaube für immer verschwunden war; dass ich Christen erlebt hatte, wie sie besser und schlimmer nicht sein können; ich hatte üble Nachrede, Unmoral und Heuchelei erlebt. Mein naiver, unberührter Glaube war unwiderruflich fort. Aber ich sagte Gott, dass ich immer noch sein Freund sein und ihn als Freund haben wolle.

Als ich mich dann erhob, spielte kein Orchester. Es erschien kein Engel und berührte mich. Doch als ich aufstand und mit dem rostigen alten Fahrrad losfuhr, wusste ich, dass Gott zugehört hatte und etwas sehr, sehr Wichtiges geschehen war. Ich hatte einen Tag in Rot erlebt, einen Feiertag mit zwei Gästen, Gott und mir.

Erinnern Sie sich, feiern Sie Ihre Tage in Rot. Es geht um weit mehr als weinerliche Sentimentalität – die Erinnerung verleiht der Gegenwart Kraft und der Zukunft Hoffnung.

Dinosaurier auf der Kanzel

und andere inspirierende Geschichten zum Auftanken

Für Kay,
meine schöne und geduldige beste Freundin,
die lächeln und beten kann
und seit 25 Jahren meine Frau ist.

Dank

Mein Dank geht an die Verleger der Zeitschriften *Christianity and Renewal* und *Compass*, in denen einige dieser Texte zum ersten Mal erschienen sind.

Auch Malcolm Down und dem wunderbaren Team bei *Authentic* danke ich, denn während sie auf dieses Manuskript warten mussten, haben sie wie auf heißen Kohlen gesessen.

Ebenso an Mark Finnie für unser Gespräch in Eastbourne und vieles mehr.

Danke ebenfalls an Dary und Bonnie Northrup, die für ihre bemerkenswerte Begabung, mir Mut zu machen, gemeinsam einen Ehrendoktor verdient hätten.

Weiterhin an Josh und Sherri Zanders, die stillen Veteranen des Glaubens und der Gnade, die mir etwas über das Leben und den Heimgang ihres geliebten Tyler erzählt haben – und damit auch meinen Lesern.

Und schließlich danke ich Alan Johnson für seine Ermutigung, Unterstützung und Diplomatie ... euch allen sei Dank.

Einleitung

Ein paar freundliche Begrüßungsworte

Einmal kam nach meiner Predigt eine Dame auf mich zu und erkundigte sich, ob ich einen Schlaganfall erlitten hätte, weil ihr aufgefallen war: „Wenn Sie lächeln, verzieht sich das Gesicht auf der einen Seite." Ja, es stimmt, mein Grinsen ist, sagen wir mal, etwas schief. Ich glaube, mein „richtiges" Grinsen ging verloren, als mir mit zehn Jahren beim Fahrradfahren eine Plastiktüte in die Speichen des Vorderrads geriet. Ich machte einen Salto über den Lenker und küsste das Pflaster.

„Nein, ich hatte keinen Schlaganfall", hätte ich der alten Dame gern freundlich erwidert, „ich bin einfach nur echt hässlich – aber womit entschuldigen Sie Ihre Gesichtszüge?" Natürlich habe ich nichts Derartiges gesagt, aber meine Aussichten, ein international gefragtes männliches Model zu werden, stehen eher schlecht. Eigentlich würde ich lieber so aussehen wie Tom Cruise oder wie der ältere gut gebaute Pierce Brosnan – und wenn ich sie in ihren Filmen erlebe, dann wünschte ich mir, ein paar von diesen glattgesichtigen Typen würden mal stolpern und sich wie ich die Nase brechen (ich kann um die Ecke schnuppern), aber leider beschloss Er, der den Genpool schuf, dass das nicht passieren würde.

Und dann hätte ich auch gern einen vollen Haarschopf statt der ältlichen Strähnen mit wachsender Halbinsel aus rosa Kopfhaut vorne am Schädel, zu der ich verdonnert bin. Früher stand mein Haar in voller Blüte, und ich hatte eine große Tolle, die sich vorne wölbte. Kinder und kleine Tiere fanden in ihrem Schatten Zuflucht. Heute ist das alles entschwunden, mit den Jahren und zu viel ratlosem Kopfkratzen haben die Haare sich verflüchtigt. Das einzig Gute an meiner Frisur ist die Gewissheit, dass mir niemand vorwerfen kann, ich trüge eine Perücke. Glauben Sie mir, so eine Perücke würde ich mir nie kaufen!

Ach, das Leben ist ungerecht. Warum sieht dieser Steve Chalke so unglaublich gut aus – und ist dazu so ein netter Kerl, der auch noch Gott liebt? Das ist doch wirklich widerlich. Wenigstens kann ich mir beim Anblick der gut aussehenden Filmstars mit ihrem Millioneneinkommen sagen, dass sie bei ihrem oberflächlichen Leben in Wirklichkeit nicht glücklich sind (obwohl die meisten von uns gern mal ausprobieren würden, wie es sich so an Bord einer millionenschweren Luxusjacht lebt) ... aber mein Freund Steve sieht gut aus, hat Erfolg *und* auch eine Beziehung zu Gott. Und dann erwartet man noch, dass ich mich darüber freue ...

Ich wäre auch gern ein bisschen sportlich, wenn auch lieber in einer nicht ganz so anstrengenden Disziplin wie zum Beispiel Golf. Neulich habe ich es tatsächlich geschafft, einen Ball nicht in eine, sondern sogar zwei Luxusherbergen am Golfplatz zu schlagen, und zwar im rechten Winkel zur Bahn – keine schlechte Leistung. Mein hoffnungslos angeschnittener Ball segelte auf ein riesiges und daher teures Glasfenster zu. Alle hielten sich die Augen zu und kreischten mit hohen Stimmen Gebete (vorausgesetzt, der Aufschrei „O mein Gott" zählt als Fürbittegebet). Der Ball schlug ohrenbetäubend laut, aber harmlos auf die Dachziegel des ersten Hauses auf, und dann – um den Nachbarn nicht das Gefühl zu vermitteln, übergangen zu werden – polterte er ebenso ohrenbetäubend auch von deren Dach herunter: *wattattattat*. Ich hatte den Eindruck, dass ich den Platz wohl lieber schleunigst verlassen sollte. An jenem Tag erhielt ich keine Trophäe, obwohl ich bei anderer Gelegenheit bei einem kirchlichen Golfturnier den zweiten Platz gemacht hatte und sogar einen Preis bekam. Das war ein ziemlich gutes Gefühl, bis ich feststellte, dass meine drei Teamkameraden mich nur deshalb ausgesucht hatten, weil sie als tolle Golfspieler bekannt waren. Sie meinten, ich an ihrer Seite sei ein erkennbar nützliches Handicap. Ist das nicht toll: Da es klar war, dass ich eigentlich nur „Ballast" war, wurde ich mitgeschleppt, um die Gewinnchancen auszugleichen. Ich wurde meiner Aufgabe, den Punktestand zu verhageln, auf bewundernswerte Weise gerecht, aber obwohl ich Teil des Teams war, wurden wir immer noch Zweiter, was beweist, dass die anderen aus dem gleichen Holz geschnitzt sein mussten wie Tiger Woods.

Schluss mit so oberflächlichen und vergänglichen Bestrebungen. Reden wir über den *geistlichen* Menschen. Mir hat es eine neue Beschreibung angetan, die zurzeit in Mode ist: „christlicher Staatsmann". Hmmm. Klingt sehr würdevoll und äußerst edel. Aber ich werde sie wohl nicht bekommen. Oft passiert es mir, dass die Leute gleich bei unserer ersten Begegnung laut zu lachen anfangen: Vielleicht ist es die Nase ...

Gern wäre ich Martin Lloyd Jones (allerdings nicht tot), ein gelehrsamer Prediger von unergründlicher Tiefe, der eine ausführliche, 78-teilige Predigtserie über das „Aber" im Matthäusevangelium so schnell durchpeitschen kann wie Profikoch Jamie Oliver ein Eiersoufflé ... aber auch hier gilt, dass mir solches nicht bestimmt war.

Ich hätte auch nichts dagegen, wenn man mich nah und fern als Hort der Weisheit zitieren würde. Vergesst C. S. Lewis und G. K. Chesterton – hier kommt J. R. Lucas. Neulich war es fast so weit, als ein Freund von mir in einem Gottesdienst, dem wir beiwohnten, einen Ausschnitt aus dem ersten Band von „Hupe, wenn du Christ bist" vorlas. (Ich nenne seinen Namen nicht, weil ich Rob Parsons versprochen habe, ihn nicht bloßzustellen.) Im ersten Band gibt es eine Stelle, an der ich von der Gefahr spreche, meinen *naiven, unberührten* Glauben zu verlieren. Rob – mit großartiger walisischer Stimme und tief dramatisch – las die Passage ein bisschen anders vor und ließ mich meinen *umgerührten* Glauben verlieren. Die Menge röchelte, weil man sich als guter Christ die Bibel in den Mund stopft, um brüllendes

Gelächter zu ersticken. Und damit schwand meine große literarische Chance. Ein Weiser? Eher ein Waisenknabe.

Ohne hoffentlich an Frank Sinatra zu erinnern („My Way" und dieser ganze Quatsch), bin ich einfach nur ich. Ein leicht trotteliger Typ, der mehr als nur das normale Maß an peinlichen Schnitzern, Ungeschicklichkeiten und unglaublichen Erlebnissen gehabt hat, die Trotteln vorbehalten sind. Mir fallen manche der „einfachen" Dinge im Leben ziemlich schwer – zum Beispiel das Öffnen einer Tür. Angeblich ist das ganz leicht. Ich aber drücke immer, wenn ich ziehen sollte, ziehe, wenn man drückt, drehe nicht den Knopf, wenn er gedreht werden muss, und wenn ich mit dem Grauen einer *Doppel*tür konfrontiert werde, dann versuche ich, genau die Hälfte zu öffnen, die verriegelt ist. Gibt es da draußen noch jemanden, der bei Türen so erfolgreich versagt wie ich? Als ich neulich gute zehn Minuten mit dem Versuch verbrachte, in einen anheimelnden Antiquitätenladen zu gelangen, gab ich der Tür schließlich einen übereifrigen Schubs und landete mit dem Gesicht nach unten auf der Kokosnussmatte im Inneren. Die kleine alte Dame, die den Laden führte, blickte über ihre goldenen, halbmondförmigen Brillengläser hinweg, strickte und machte die trockene Bemerkung: „Ja, mein Lieber, sie ist ein bisschen schwergängig, nicht wahr?" Meine Freunde wälzten sich vor Lachen, als ich *schon wieder* unabsichtlich für Gratisunterhaltung gesorgt hatte. Die einfache Schlussfolgerung: Ich bin ziemlich dumm.

Ich habe sogar große Schwierigkeiten mit den kleinen Plastiktüten für Gemüse, die uns im Supermarkt aufgerollt zur Verfügung stehen. Geht es denn nur mir so? Bin ich der Einzige, dem das Öffnen dieser nervtötenden Dinger schwer fällt? Sie werden zweifellos von bösen Menschen mit Superkleber verschweißt, um mich um Frieden und Geduld zu bringen. So scheint es mir jedenfalls. Gestern verwandelte sich mein banales und geistloses Streben nach ein paar Tomaten und einer Gurke in einen ausgiebigen Alptraum der Peinlichkeit. Da stand ich fummelnd herum und versuchte etwa zehn Minuten lang, das obere Ende der Plastiktüte aufzudröseln. Allerdings fühlte sich das Ganze wie fünf Jahre an. Die Menschen kamen vorbei, sahen mich wie wild herumhantieren und neigten die Häupter, um den Spott in ihren Augen zu verbergen. Ein Kerl mit einer Eins im Tütenöffnen stellte sich neben mich, riss eine einzelne Tüte von der Rolle (als ich es versucht hatte, landeten 20 davon auf meinen Füßen, und die Rolle fiel auf die Tomaten) und öffnete sie einhändig in einer Millisekunde – er muss ein Geschicklichkeitskünstler gewesen sein. Ich wurde rot wie eine Tomate und murmelte eine pathetische Ausrede: „Die Dinger sind echt nervig, was?" Er sah mich an, als sei ich ein Stück Gemüse und als gehörte *ich* in so eine Tüte. Tja. Stimmt mich eigentlich ein bisschen traurig.

Ich meine allerdings, eine ganz gute Beobachtungsgabe für Menschen zu haben. Liebend gerne sinne ich über Lachen und Weinen nach, über das, was das Leben so lebenswert macht. Und wie Freunde und Angehörige bestätigen können, erzähle ich gern meine kleinen Geschichten – denn sie haben sie schon milliardenmal gehört und sind folglich oftmals von Schlaflosigkeit geheilt worden.

Wenn Sie also schon „Hupe, wenn du Christ bist" gelesen haben, dann bedanke ich mich, dass Sie auf mich zurückkommen: Ich lobe Ihren guten Geschmack in Sachen christlicher Literatur. Wenn nicht, dann haben Sie sich selbst übertroffen. Kaufen Sie dieses Buch aber trotzdem und dann das andere – und dann kaufen Sie noch 63 für Ihre Freunde.

Noch ein Dementi: Meine Weltsicht ist zugegebenermaßen etwas eng. Sie ist sehr an die westliche Weltanschauung angelehnt. Ich habe wenig Leid miterlebt, das ich beklagen müsste. Ich verbringe viel Zeit in Flugzeugen und fliege alle drei Wochen in die USA und zurück – daher spielt sich ein großer Teil meiner Episoden in zehntausend Metern Höhe ab. Lassen Sie mich Ihnen dennoch ein wenig davon mitteilen.

Ich hoffe, dass Sie beim Lesen ein wenig lachen, weinen

und viel nachdenken. Und dass Sie merken, dass Gott Sie wirklich für ganz toll hält – es geht um *Sie,* um den Menschen, der Sie im Augenblick sind. Und wenn Sie ihm noch nie begegnet sind, dann erwartet er von mir, dass ich Ihnen etwas sehr Wichtiges sage: dass er Sie liebend gern kennen lernen möchte. Dazu sei eine Begegnung mit ihm empfohlen; ich kann nur meine kleinen Schnipsel zum Thema Leben aufschreiben – *er* ist das Leben selbst. Er möchte aus dem Weg räumen, was zwischen Ihnen und ihm steht, wenn Sie ihn gewähren lassen. Er weiß alles Wissenswerte über Sie – und liebt Sie trotzdem.

Gute Reise.

Jeff Lucas

Einstellungssache

Gottes seltsames Volk

Wie eine lästige Mücke, die eine Endlosschleife um meinen Kopf zieht, ließ mir vergangenen Sonntag ein Gedanke einfach keine Ruhe, summte in meinem Hirn herum und ließ sich einfach nicht totschlagen. Ich schaute mich in der Gemeinde um, in der ich zu Gast war, und wunderte mich. Warum wirkten viele dieser Menschen so ausgesprochen seltsam?

Diese Perspektive ist für mich ungewöhnlich. Meistens blicke ich auf die Hinterköpfe der betenden Mitmenschen und fühle mich unterlegen. *Sie sind bestimmt viel frommer als ich,* denke ich mir. Während es mir heute Morgen schwer fiel, auch nur einen Vers aus dem Buch der Sprichwörter zu lesen, haben sie wahrscheinlich große Abschnitte aus dem vierten Buch Mose aufgesogen – und sie obendrein noch auswendig gelernt. Während ich, geistlich gesehen, im Chicagoer Flughafen vom Nebel aufgehalten werde und hoffnungsvoll, gelegentlich auch hoffnungslos durch die Schwaden blicke, haben sie eine superscharfe digitale Breitwandvision von Jesus im Milliardenpixelformat und eine super-schnelle DSL-Verbindung, durch die sie über unbeschränkte Gebetskapazität verfügen.

An jenem Morgen wunderte ich mich jedoch: Was für ein seltsames Völkchen sind doch meine Mitchristen. Der Typ da drüben, der in Sandalen – und was noch schlimmer ist, auch in Socken –, der trägt sie das ganze Jahr über, auch wenn Schnee fällt. Der begeisterte Bruder da vorne, der auch dann im Gottesdienst tanzen muss, wenn die Begleitung mit der akustischen Gitarre nicht gerade satt klingt, und sogar dann, wenn langsame Lieder gespielt werden wie „Er ist Herr" – ist er ein Draufgänger oder nur ein bisschen krank? Jene Dame trägt einen Hut auf dem Kopf, der in Wirklichkeit eine Obstschale aus Stroh ist, und sie trägt ihn in dem Bewusstsein, dass Jesus es so will und ohnehin die Sonne verdunkelt werden müsse – sie ist sehr präsent, aber ist sie wirklich „da"?

Es ist ein unbarmherziger Gedanke, und während ich ihn bekenne, plagt mich mein Gewissen – doch warum wirken so viele im Volk Gottes derart merkwürdig? Es ist schlimmer geworden. Ich habe mich gefragt: Ist die Kirche nichts anderes als ein Pferch mit bunten Fenstern, in dem sich nur die schwächsten Glieder der Herde ansammeln? Verpacken wir etwas hübsch theologisch, was in Wirklichkeit das soziale Bedürfnis von Versagern nach Gemeinschaft erfüllt? Würden sie nicht auch dann noch kommen, wenn wir unsere Anbetungslieder für einen Goldfisch sängen?

Bevor Sie jetzt an den Verleger schreiben (der übrigens ein Christ ist, seine Brille aber nicht mit Heftpflaster zusammenklebt), lassen Sie mich sagen, dass ich für diese unbarmherzigen Gedanken Buße getan habe. Ich werde immer noch nervös, wenn ich auf Christen stoße, die sich vor ihrer Begegnung mit Jesus offen zur Langeweile bekannt haben und sich in all den Jahren des Umgangs mit ihm, der spannendsten Persönlichkeit des Universums, immer noch der Langeweile verpflichtet fühlen. Doch mir ist klar geworden, dass ich mit meinem Urteil sehr im Unrecht bin.

Erstens ist das Reich Gottes tatsächlich für Versager gedacht. Ich meine damit nicht die oberflächlichen Anzeichen – etwa Fragen der Mode oder des Stils –, die scheinbar auf den eher traurigen Typus des Versagers hindeuten. Wir alle sind zu Gottes Fest eingeladen, wenn wir zugeben, dass wir die Versetzung nicht geschafft haben und nicht gerade mit stolz geschwellter Brust als Sieger durchs Ziel gelaufen sind. Gott sei Dank ist sein Festessen keine Gartenparty für die Erfolgreichen und Stromlinienförmigen. Im Gegenteil: Für die Niedergeschlagenen, die nie genug rausholen konnten, die als Letzte kamen, ist am Tisch des Königs ein Ehrenplatz reserviert. Das Reich Gottes hat so gar keine Ähnlichkeit mit dem Rennplatz von Ascot, wo sich die Steinreichen, Angesagten und Schönen versammeln. Es ist mit Blut erkauft und bietet all jenen freien Zugang, die normalerweise draußen herumgeschubst oder nur eingeladen werden, damit sie mit einem Besen die Abfälle der Gewinner wegfegen.

Und überhaupt, wer kann denn schon sagen, was ein Versager ist? Die Kirche ist keine Versammlung cooler Typen, die danach streben, in Jesu Namen noch cooler zu werden. Die oberflächlichen Merkmale von Auftreten und Kompetenz, die wir in unserer Gesellschaft an den Tag legen müssen, um Eindruck zu machen, sollten vor der Tür bleiben. Wer draußen in der eiskalten Welt „Spießer" genannt wird, sei willkommen, aber wenn er drin am warmen Herd des Vaters sitzt, wird das Wort „Spießer" verbannt. Hier sind alle eingeladen, ob sie so aussehen wie ich oder für Richard Gere gehalten werden. In diesem Königreich der Leistungsschwachen bleibt nur die Modepolizei ausgeschlossen, und selbst die kann kommen, wenn sie den Gummiknüppel ablegt.

Die Einsamen, all jene, die auf Partys nervös und hilflos herumstehen und deswegen nicht sehr oft ein zweites Mal eingeladen werden, sind hier zu Hause. Ich passe sehr gut zu ihnen – und das nicht, weil ich mich jetzt entschlossen hätte, Ganzjahressandalen zu tragen. Nein, wegen der Erkenntnis, dass wir alle es uns verdorben haben – alle haben gesündigt –, und wegen des Rufs, der an uns alle ergeht, zum Haus des Vaters zu kommen. Dort oben im Fenster brennt immer noch Licht. Er heißt uns willkommen.

Gott ist der Siegertyp, der die ungeschickten, schlaksig gebauten Spieler in sein Fußballteam aufnimmt und ihnen die gleichen Ehren erweist wie den Beckhams. Er ist der verwegene romantische Held, der Aschenputtel küsst, der für seine Ziele unbedingt die einfachen Menschen einspannen will und sie dadurch segnet. Es gibt einen ganz simplen Grund dafür, dass er den einfachen Menschen sein Herz schenkt – letzten Endes sind wir alle sehr einfach gestrickt.

Einfach. Aber sehr geliebt.

Werfen Sie doch, bevor Sie gehen, einen Blick auf den Mann in Socken und Sandalen, und Sie erahnen, dass er ein Herz aus Gold hat. Er führt seit einem Jahr einen Kampf mit dem Krebs und vor zehn Jahren hat er seine Frau verloren. Er stapft einen Weg entlang, der von Leid und Schmerz gesäumt ist, doch noch immer betet er Gott an, vom Scheitel bis zur Sohle seiner Sandalen. So sieht für mich ein echter Sieger aus.

Die britische Krankheit

Ich hab's schon mal gesagt, aber wir Briten sind richtig gut darin, negativ zu sein. (Kann ich so etwas sagen, ohne negativ zu sein?) Manchmal komme ich am Flughafen Heathrow an und glaube zu spüren, dass auf dem Weg zur Ankunftshalle aus großer Höhe eine riesige nasse Decke aus Pessimismus auf mich abgeworfen wird. Alle Mitmenschen zeigen mit ihrem jeweils eigenen Gesichtsausdruck an, dass sie jede Menge Ballaststoffe nötig haben, weil ihnen seit Jahrzehnten keine gute Entleerung mehr vergönnt war. Jedenfalls vermitteln sie diesen Eindruck. Vielleicht ist es unser düsteres Wetter, das direkt aus der Hölle zu kommen scheint: Wir, als eine Nation mit einem Sommer, der meist nicht länger als ungefähr eine Dreiviertelstunde dauert, haben eben ein Recht auf Trübsinnigkeit.

Eine führende Politikerin hat neulich beklagt, was sie als die „große britische Krankheit" der Negativität bezeichnet. Sie hat Recht. Unsere Negativität zeigt sich nicht nur in der Art unserer Redewendungen: Es geht uns niemals „gut" – vielmehr geht es uns „nicht allzu schlecht" („nicht gut" wäre ungeheuer oberflächlich); oder wir „können nicht klagen" (würden wir ja gern, und hinter der nächsten Ecke lauert etwas, das eine patzige Antwort rechtfertigen dürfte, aber in der Zwischenzeit warten wir mal ab). Unsere Negativität zeigt sich auch an der bizarren Tatsache, dass wir unseren Mitmenschen offensichtlich keinen Erfolg gönnen. Die Erfolgreichen machen uns nervös und argwöhnisch. Ist das vielleicht nur mühsam verhüllter Neid?

Dann ist da auch noch unser Begrüßungsstil – oder eher die *Vermeidung* desselben. Wir sind recht begabt in der Kunst, Fremde total zu ignorieren, weil wir das Gefühl haben, dass jemand, der uns ohne formelle Vorstellung tatsächlich anspricht, bestenfalls etwas vorschnell und deshalb ziemlich zweifelhaft ist. Schlimmstenfalls könnte dieser wortreiche Mensch sehr wohl ein vagabundierender Perverser sein, der eine Steinigung verdient hat oder zumindest ein ehernes Schweigen. Armer gelangweilter Reisender, wenn er versucht, im Eisenbahnabteil ein Gespräch anzuzetteln. Er wird mit einem Argwohn bedacht, der normalerweise entflohenen Sträflingen vorbehalten ist. Also fahren wir in Aufzügen, schaukeln an Haltegriffen in der U-Bahn hin und her und gehen ganz allgemein durch das Leben, ohne die Existenz der Mitmenschen großartig anzuerkennen. Natürlich will ich Sie nicht dazu anregen, sich mit jedermann auf ein munteres Schwätzchen nach dem anderen einzulassen, aber ein gelegentlicher Anflug von Verbundenheit wäre nicht schlecht.

Das Problem besteht nicht nur außerhalb unserer Kirchen und Gemeinden. Ich habe beispielsweise auf einer Reihe von christlichen Konferenzen mit einem „Hallo" für Fremde herumexperimentiert. Gelegentlich schaue ich den Leuten ganz gern in die Augen und entbiete ihnen ein freundliches „Guten Morgen". Die Reaktion oder eher der Mangel an Reaktion kann verblüffend sein. Immer wieder reagieren die Leute mit einem Blick, der besagt: „Weiche von mir, du dreckiger Quertreiber." Oder sie ignorieren mich ganz und gar, wozu sie natürlich ein gutes Recht haben, aber merkwürdig ist das schon, oder? Wenn ich manchmal komplett mit Blicken durchbohrt und kalt ignoriert werde, gehe ich weiter und fühle mich versucht zu sagen: „Na schön, dann eben *keinen* guten Morgen ..."

Die negative Grundhaltung kann weitere einschneidend zerstörerische Wirkungen entfalten: Sie kann uns in Jäger verwandeln, die stets nach ausgewachsenen Problemen Ausschau halten. Ich entdecke Christen, die in ihrer Gemeinde ständig nach Anlässen suchen, über die sie sich aufregen können. Für sie ist das Leben eine lange, anstrengende Safari, eine verbissene Jagd nach dem nächsten Ärger. Sie besuchen Gottesdienste in der unbewussten Hoffnung (fast beten sie darum), dass sich irgendetwas zeigt, das ihnen missfällt und wieder mal die Chance bietet, ordentlich zu nörgeln. Ich schätze, dass sie eigentlich schon durch die Tatsache ihrer Geburt beleidigt wurden und sich wahrscheinlich über die Begrüßung der Hebamme ärgerten: „Wag es ja nicht, mir einen Klaps zu geben!"

Woher stammt dieser Virus der Negativität? Ist er ein Überbleibsel der Generation des Zweiten Weltkriegs, denen der Glaube eingebombt wurde, dass nach dem Schrecken kein neuer Morgen aufgehen würde? Sie hatten sicherlich allen Grund, die Hoffnung zu verlieren, wenn sie während des Blitzkriegs in U-Bahn-Schächten kauerten. Sie hatten nicht den Mut, allzu viel zu erwarten. Haben wir, die jüngere Generation ohne Blutzoll, etwas von ihrem Stoizismus übernommen, ohne jemals den fürchterlichen Druck erlebt zu haben, dem sie täglich ausgesetzt waren? Sind wir einfach grundlos einer gelangweilten Negativität verfallen, wir, denen es ein halbes Jahrhundert später noch nie so gut gegangen ist? Fühlen wir uns unter der gebirgsschweren Last von Videos, Gameboys, Urlaub am sonnigen Strand und haufenweise anderem Zeug immer noch unwohl bei dem Gedanken, dass wir eigentlich glücklich sind?

Unser Antiserum gegen den Erreger der Negativität ist Ermutigung und Bestätigung. Ein Freund von mir hat meiner Meinung nach die größte Gabe der Ermutigung, die ich je erlebt habe. Er ist der Typ Mensch, der gerade in einer Krise seine Stärke beweist. Wenn Sie das Pech hätten, dass Ihnen ein LKW über die Füße fährt, würde er Sie nicht nur ins Krankenhaus bringen, sondern auch anbieten, Ihnen ein neues Paar Schuhe zu kaufen. Man kann sich immer darauf verlassen, dass er einen fröhlichen Kommentar auf den Lippen hat, um einen ansonsten düsteren Tag aufzuhellen.

Neulich haben wir gemeinsam Golf gespielt. Meine spielerischen Fähigkeiten sind absolut abschreckend und sollten am besten verfilmt werden nach dem Motto: „Guckt euch mal diesen Trottel an. So hat er gespielt, bevor er mit dem Golftraining angefangen hat." Mein Schlag hat weniger mit Schwung als vielmehr mit unfreiwilligen Zuckungen zu tun. Ich legte also los und schlug den Ball prompt in einen See. Das stimmte mich nicht gerade fröhlich, und ich war versucht, einen Fluch wie „Meine Güte" zu murmeln, als mein Freund mit einem Lächeln einsprang, das so breit war wie der Sandbunker, den ich beim Schlag in Richtung Gewässer knapp verfehlt hatte.

„Starker Schlag, Jeff", meinte er und gab mir einen Klaps auf den Rücken.

„Jetzt weiß ich, dass du bloß ein oberflächlicher, falscher Fuffziger bist ohne eine Spur von Ehrlichkeit", schrie ich. Wie konnte er mir zu so einer entsetzlichen Leistung gratulieren?

Ich wies ihn auf die Fakten hin. „Guck doch mal, ich hab den Ball direkt ins Wasser geschlagen!"

„Hast du ja auch ... aber, Jeff, du hast immerhin den Ball *geschlagen* ..."

Obwohl ich leider zugeben muss, dass es für mich bereits ein echter Triumph ist, mit einem Schläger den Ball zu treffen, hatte er Recht. In diesem Sinne war es ein toller Schlag, weil es ein *Schlag* war – ganz egal, dass er letzten Endes im Nassen gelandet war. Nach dieser Ermutigung zum Weiterspielen nehme ich zurzeit Unterricht, was mir dabei hilft, einen kleinen Ball aus immer größeren Entfernungen in ein kleines Loch zu bringen. Die Ermutigung versetzte mir den Schubs, es noch mal zu versuchen.

Lasst uns Gemeinden bauen, die wirklich ein Gegenmodell zu unserer Gesellschaft bilden, nicht nur, weil wir zum dünnen Klang einer akustischen Gitarre tanzen können. Heben wir unser Glas in Dankbarkeit, erheben wir Bestätigung und Dankbarkeit in den Rang einer gültigen Währung, versuchen wir nach Kräften, jemanden dabei zu ertappen, dass er das Richtige tut. Damit können wir anderen Menschen besser vorleben, wie Jesus ist. Immerhin hat er uns Zugang zur Ewigkeit versprochen, indem er seine Getreuen nicht mit dem Tadel empfängt, dass sie so vieles hätten besser machen können, sondern mit einem einfachen Willkommensgruß:

„Gut gemacht!"

Jeder braucht einen Kuss

Er war ein pensionierter Schulleiter: stocksteif, strengmoralisch, gestärkte Hemden, die seine knitterfreie Ethik augenscheinlich unterstreichen sollten. Wir konnten in der Gebetsstunde immer auf seine Beiträge zählen. Seine Gebete waren reich verzierte Bildwerke des Lobpreises, meisterliche Worte der Anbetung, verwoben mit Versen aus der Schrift, gesprochen im altertümlichen Englisch der Vergangenheit, überformt von seinem schweren Yorkshire-Akzent. Und doch gab es niemals Vorträge, mit denen er sich betend in den Vordergrund stellen wollte. Unter seinen Ehrfurcht gebietenden weißen Hemden schlug ein Herz nur für Jesus.

Ich war erst 21 und frisch gebackener Pastor. Unter „Hausbesuchen" wurde verstanden, dass ich verpflichtet war, gelegentlich bei den älteren Menschen vorbeizuschauen. Ich hörte mir ihre Litaneien über Schmerz und Leid an, trank ohne Ende Tee mit Milch und sprach dann an der nächsten Haustür vor. Ich gab mir ungeheure Mühe, Mitgefühl mit den rheumatischen Anfechtungen zu bekommen, hörte ihren Problemen aber im Prinzip mit den ungerührten Ohren der Jugend zu. Ich fühlte mich immer leicht unwohl in meiner Haut, wenn ich versuchte, ein Hirte für Menschen zu sein, die viermal länger auf diesem Planeten geweilt hatten als ich. Mein gewöhnungsbedürftiger Klerikerkragen – ein zwickender glänzender Plastikstreifen, der mich zum Schwitzen brachte – kratzte am Hals. Manchmal fühlte sich auch meine ganze Rolle als Pastor scheuernd und kratzig an.

Auch den alten Schulleiter und seine Frau besuchte ich ab und zu, und die Dinge nahmen stets den gleichen Lauf. Ich schlürfte meinen Tee und plapperte über irgendetwas Unwichtiges, und er und seine Frau hörten mit strahlenden Augen aufmerksam zu, als teile ich Perlen der Weisheit aus wie Salomo, wenn er einen guten Tag hatte. Wenn wir zum Ende gekommen waren, betete ich für die beiden, aber bevor ich gehen durfte, stellte er immer die gleiche Frage: „Dürfen wir für Sie beten, Pastor?"

Und dann kamen er und seine Frau, stellten sich ans grüne Sofa und legten mir sanft ihre Hände auf den Kopf. 20 Minuten lang dankten sie Gott für mich und baten in allen erdenklichen Variationen um Segen. Wenn es schließlich Zeit war, Abschied zu nehmen, umarmte er mich und gab mir einen Kuss auf die Wange.

Dieser Kuss bedeutete sehr viel. Dieser Mann war ein wahrer Gelehrter, was die Bibel anging; er hätte meine Predigten leicht auseinander nehmen und sie Satz für Satz wie ein kaputtes Bauwerk aus Lego-Steinen verstreut auf dem Boden liegen lassen können. Er hätte mir von anderen Gemeinden erzählen können, zu denen er im Laufe der Jahre gehört hatte und die atemberaubend effektiv waren – weit mehr als unsere eigene. Und er hätte die Zeit nutzen können, um mir klarzumachen, dass die Musik in unseren Gottesdiensten zu laut/lang/ungewohnt war und von einem kontraproduktiven Schlagzeug begleitet wurde.

Stattdessen küsste er mich.

Der alte Schulmeister webt gegenwärtig seine Gebete im Himmel ineinander. Er ist vor vielen Jahren gestorben, aber ich empfinde immer noch den leichten Druck seines Kusses auf meiner Stirn. An düsteren Tagen berühre ich mein Gesicht und denke an ihn, und beim Gedanken an sein bleibendes, ganz simples Vermächtnis bekomme ich neue Kraft.

Jeder braucht einen Kuss.

Vive la Différence!

Französisch war in der Schule nicht gerade mein Fach. Mein geduldiger Französischlehrer Mr. Ernie Peckett (das ist sein echter Name, glauben Sie mir) warf mich schließlich aus der Klasse, weil ich die französischen Grüße falsch verstanden hatte. Ich wollte die Aufmerksamkeit des Jungen mit den Sommersprossen in der Bank vor mir auf mich ziehen. Statt ihn mit einem fröhlichen *„Bonjour, Monsieur"* zu grüßen, verletzte ich ihn zutiefst mit der Zirkelspitze in seiner linken Hinterbacke. Der Verwundete ließ sich nicht von der Tatsache trösten, dass er damit ein echtes Piercing erhielt, und das Ganze 20 Jahre, bevor diese Sache in Mode kam. Er protestierte mit lautem Gebrüll auf Englisch, was meinen endgültigen Abgang von der Klasse signalisierte.

So kam es, dass ich heute, wie so mancher Engländer, in der Lage bin, „bitte" und „danke" auf Französisch zu sagen, aber nicht viel mehr. Ach, ich kann auf Französisch auch nach der Uhrzeit fragen – aber das ist nicht sehr hilfreich, denn ich habe selbst eine Uhr. Und ich kann nach dem Weg zum Bahnhof fragen – und die Kenntnis des Weges zum *„gare"* wäre bei mancher Gelegenheit hilfreich gewesen –, aber ich hätte nicht die Antwort verstanden, es sei denn, sie wäre von sprachlich neutralen Handzeichen unterstützt gewesen.

Also mache ich das, was die meisten Engländer in Frankreich machen – ich spreche Englisch mit französischem Akzent. *„Ello, ow arr yooo"*, frage ich in einer Mischung aus dem Stimmfall von Maurice Chevalier und Peter Sellers. Meist hänge ich ein triumphierendes *„Monsieur"* ans Ende jedes Satzes, was ganz cool ist, außer, es handelt sich bei meinem Gesprächspartner zufällig um eine Frau. Daher war meine Reise nach Paris vergangene Woche von einer Serie von Peinlichkeiten durchsetzt, bei denen ich stärker mit den Armen wedelte als eine Windmühle. Ich hatte versucht, in einem Café um einen Stuhl zu bitten – aber es stellte sich heraus, dass ich in Wirklichkeit verlangt hatte, auf einem Hund zu sitzen. Die meisten Pariser, denen ich begegnete, lächelten freundlich, als ich mich für meinen Mangel an Französischkenntnissen entschuldigte. Sie selbst sprachen ein gutes Englisch.

Eines Morgens beobachtete ich eine Schar meiner Landsleute und ihre Macken – und ich schämte mich. Sie ahmten mit hoher Papageienstimme den Franzosen nach, der versucht hatte, ihnen ein Metro-Ticket zu verkaufen. Allem Anschein nach waren es Studenten einer Diplomatenschule, die ganz entgeistert, wenn nicht sogar entsetzt waren, weil dieser Mann nicht das gleiche Englisch wie sie sprach, wobei sie die blanke Tatsache außer Acht ließen, dass sie als Gäste in Frankreich waren – in *seinem* Land.

Oder anders gesagt: Sie waren der Meinung, dass jeder so

aussehen und reden sollte, wie sie aussahen und redeten. Hinter ihrem krassen Verhalten lauerte die Fehleinschätzung, dass jedes Anderssein minderwertig sei. *Sei bitte so freundlich und pass dich an, oder du bist ein ganz kleines bisschen weniger wertvoll und bedeutend als wir, denn immerhin sind wir normal.* So oder ähnlich funktioniert der Selbstbetrug.

Religion bewirkt häufig eine farblose Uniformität. Wie geifernde Bluthunde waren die religiösen Führer von damals Jesus immer dicht auf den Fersen. Sein Hauptvergehen war seine *Andersartigkeit*. Sie erschnüffelten den Geruch seiner Einmaligkeit und bellten ihn wie Hunde an. Jesus aber, der sich ihren Ansprüchen total verweigerte, marschierte zum Takt einer anderen Trommel, der von seinem Vater vorgegeben wurde. Bei jeder Gelegenheit versuchten sie, ihn mit ihrer Gleichförmigkeit zu ersticken, ihn unbedingt in ihre religiöse Zwangsjacke zu stecken. Sie schafften es nicht. Er war – und ist – ein sympathischer Entfesselungskünstler, der sich nicht nur ihrer Gleichmacherei widersetzte, sondern seine Freunde und Nachfolger zu einem Leben des bewussten Nonkonformismus aufrief. Immer wieder äußerte er sich in der Bergpredigt zur platten Pseudo-Spiritualität der „Gesetzeslehrer". Sein Aufruf? „Seid ihnen nicht gleich."

Ich habe mich der religiösen Kontrollsucht mehr als schuldig gemacht und fühle mich in der Nähe von Gruppen wohl, die auf meine Weise Gottesdienst feiern, die meine Ansichten darüber teilen, wie die Leitung der Gemeinde strukturiert sein sollte, und die das gleiche charismatische Vokabular verwenden wie ich. Vielleicht ist das ja normal – Gleich und Gleich gesellt sich gern und so weiter –, aber wenn mein Wunsch nach Gemütlichkeit dazu führt, dass ich andere ablehne, die nicht in meine Schablone passen, dann bin ich einer blinden Arroganz zum Opfer gefallen.

Manchmal sind wir in unserer Erziehung bestrebt, Kinder auf unangemessene Art einzuzäunen, um kleine Kopien unserer selbst hervorzubringen. An dieser Stelle werde ich rot vor Scham: Manchmal habe ich den Wunsch, dass meine

Kinder Jesus ähnlicher werden mögen, mit einem Kreuzzug verwechselt und habe versucht, sie im Grunde *mir* ähnlich zu machen. Nein, vielen Dank auch, niemand braucht mich darauf hinzuweisen, dass es eine Schlucht vom Ausmaß des Grand Canyon zwischen meinem Schöpfer und mir gibt.

Es klingt unglaublich, aber wir können uns auch schuldig machen, indem wir von Gott selbst Konformität verlangen. In unseren Kirchen und Gemeinden kann alles auf diesen irrsinnigen Versuch hinauslaufen, Gott in unsere Schublade hineinzuzwängen. Wir systematisieren ihn in unserem Irrsinn, versuchen ihn anzupflocken wie jene Winzlinge, die um Gulliver herumwimmelten. Wir, die nach *seinem* Bilde geschaffen sind, versuchen verzweifelt, ihn nach *unserem* Bild umzugestalten.

Lasst uns Kirchen bauen, die wahrhaft farbenprächtige und vielfältige Gemeinschaften darstellen, wo exzentrische Persönlichkeiten willkommen sind statt gefürchtet und wo Gottes Einzelanfertigungen ihre Einzigartigkeit nicht zu opfern brauchen, wenn sie dazugehören wollen. In Kulten mag es um Systeme gehen, nicht aber in der Kirche Jesu.

Nebenbei, mein französischer Wortschatz hat sich um 30 Prozent erweitert ... hier ist der Beweis:

Au revoir.

Die Dinge und ihre Gefahren

Man sagt, dass es kaum eine zweite Erfahrung gibt, die für mehr Stress sorgt. Da ich gerade das mit einem Umzug verbundene Fegefeuer hinter mir habe, würde ich sagen, dass *man*, wer immer *man* auch ist, Recht hat.

Unser Speicher war sozusagen das Hauptquartier der Anonymen Sammler. Ich stapfte im feuchten, staubigen

Dämmerlicht umher und stellte mir vor, dass ich in einem Kreis trostlos wirkender Menschen mit geneigten Häuptern saß, von denen sich jeder an einen gelben Plastikmüllsack klammert, in dem sich seine Besitztümer befinden. „Hallo, ich heiße Jeff, und ich halte mich gern an meinen Sachen fest."

„Hallo, Jeff", erwidern die Versammelten einstimmig und pressen die Müllsäcke noch fester an ihre Brust ...

Der Dachboden bot wenig freudige Überraschungen. Wir fanden alte Lampenschirme, die in keiner Epoche der menschlichen Geschichte reizvoll gewesen und zweifellos von abartigen Kreaturen erdacht worden waren, die gewiss auf einer Mission der Hölle waren, die Welt wieder einmal etwas hässlicher zu machen. Wir zogen kaputtes Spielzeug ans Tageslicht, das keine noch so gute Reparatur wieder retten konnte, dazu Nippes mit Rissen und Sprüngen, aber „viel zu schade zum Wegwerfen". Es gab einen Weihnachtsbaum mit einem zweibeinigen Plastikständer; es wäre ein Wunder nötig gewesen, ihn wieder fröhlich wirken zu lassen. Ein alter Koffer mit Reißverschluss hatte keinen Nippel mehr. Die Kleidung hätte bestens in die Zeit gepasst, als man noch „Abba" hörte. Ich drehte mich im Dämmerlicht zu schnell um und wurde ins Auge gestochen – von einer alten Fernsehantenne, die an den Spinnweben übersäten Dachsparren hing. Freude über Freude.

Es gab eine kurze Unterbrechung, als wir die Familienfotos entdeckten, die unablässige Ohs und Ahs hervorriefen. Eine Träne oder auch zehn stahlen sich uns beim Anblick unserer lieben Kleinen in die Augen, die wir inzwischen ans Erwachsenendasein verloren hatten, und wir erschauderten angesichts der fürchterlichen Frisuren, die wir in den Siebzigern getragen hatten. Ob solche Frisuren als Mutprobe galten? Fragen über Fragen. Waren wir geistesgestört, standen wir unter Drogen, als wir zum Friseur gingen? Und warum habe ich diesen Anzug gekauft, bei dem die Jacke Kragenaufschläge in der Größenordnung von Boeingflügeln hatte?

Sah denn 1973 die ganze Welt so lächerlich aus? Wie kommt es, dass es niemandem auffiel? Blicken wir eines Tages auf Fotos des Jahres 2003 zurück und erleiden einen ähnlichen Brechreiz?

Also betätigten wir uns in der aufreibenden Arbeit, die Dinge loszuwerden. Wir brachten sechs Anhängerladungen auf die Mülldeponie. Wir waren sogar in der Lage, uns von einigen Dingen zu trennen, die noch in hervorragendem Zustand waren – die wir aber überhaupt nicht mehr brauchten. Der hiesige Wohltätigkeitsladen besorgte sich unseretwegen neue Regale, und unsere Tochter sammelte ein hübsches Sümmchen Kleingeld für Missionszwecke, indem sie die restlichen Dinge auf einen Flohmarkt schleppte. Doch der Vorgang des Abgebens verlief nicht ohne Schmerzen.

Wir stellten fest, dass die Dinge, sogar relativ nutzlose Dinge, etwas an sich haben, das dafür sorgt, dass sie an uns haften bleiben. Sie wollen unsere Gesellschaft nicht ohne einen echten Kampf aufgeben. Während wir am Sortieren waren, hörten wir es immer wieder, dieses irrsinnige Flüstern: „Man kann doch gar nicht wissen, ob wir das nicht noch mal brauchen." Ein verführerischer Gedanke, der uns vorübergehend die blanke Tatsache verstellte, dass wir in dem Fall, wir bräuchten den Gegenstand tatsächlich noch einmal, wohl kaum drei Stunden lang in irgendwelchen Kisten auf dem Dachboden herumwühlen würden, um ihn zu finden. Selbst dann nicht, wenn wir uns erinnern würden, wohin wir ihn gepackt hatten. Die nackte Wahrheit lautete: Das Zeug muss weg.

Noch größerer Willenskraft bedurfte es, die Sachen wegzuwerfen. Dabei setzten wir uns nicht immer durch. Manche Stücke auf dem „Wegwerfen"-Stapel lancierten einen stillen Appell an unser Wohlwollen und wurden wieder an unsere Brust gedrückt. Wir merkten, dass die Dinge ein irrationales Bündnis, eine unvernünftige Treue, wenn nicht sogar eine milde Form von Verehrung einforderten.

Doch als der Anhänger in Richtung Deponie fuhr und die

Kisten zum Wohltätigkeitsladen gebracht wurden, empfanden wir eine seltsame Heiterkeit. Wir hatten das Ausräumen erfolgreich überwunden – und die etwas minimalistische Einrichtung, die übrig blieb, spiegelte so etwas wie gereinigte Herzen und einen klaren Verstand wieder, ein bisschen weniger Durcheinander und Belastung.

Vielleicht haben wir beim Abschiednehmen von so vielen Dingen festgestellt, dass wir nicht zum Horten gezwungen sind wie die Eichhörnchen und ihre Berge von Nüssen. Mit diesem winzigen Versuch haben wir die Macht des Besitzens herausgefordert, wenn auch nur ein wenig. Immerhin haben wir nur das von uns gewiesen, was keinen Wert mehr für uns hatte: Ein Triumph über den Materialismus, wie ihn Mutter Teresa errungen hat, war es nicht. Trotzdem machten wir einen wackeligen Schritt in die richtige Richtung, lernten eine kleine Lektion, genossen eine Schulung, mit der Markt- und Werbewirtschaft uns nicht konfrontieren wollen: Dinge sind nur Dinge, Zeug ist nur Zeug. Oder etwas wortgewaltiger und wesentlich biblischer: „Denn das Leben eines Menschen hängt nicht von seinem Besitz ab, auch wenn dieser noch so groß ist" (Lukas 12,15).

Das Dorf

Ich nenne seinen Namen nicht, denn Sie könnten zufällig dort wohnen und einen Berufskiller auf mich ansetzen, wenn Sie dieses Kapitel gelesen haben. Es muss die Info genügen, dass dieses *Dorf* irgendwo in Dorset liegt. Seine ansichtspostkartenidyllische Hauptstraße, die von viktorianischen Straßenlaternen gesäumt wird und an der hübsche Bauernhäuser aus Naturstein stehen, ergeben einen Anblick, der die Verpackung von Pralinen zieren könnte. Wir verbrachten in diesem gemütlichen, 300 Jahre alten Nest einen Monat in einem Feriencottage, wo wir Weihnachten feiern und ich dieses Buch beenden wollte. Ein wahrer Segen. Vielleicht.

Unsere ersten Schritte führten uns in den Pub, der praktischerweise 20 Meter vom Cottage entfernt war. Ein beruhigend altes Gebäude, das so aussah, als hätte es Charakter und Charme. Drinnen aber herrschte etwas Kühlschrankmäßiges. Ich drückte gegen die große Tür mit den schmiedeeisernen Verzierungen, und mein Innerstes trübte sich unter der vagen, irrationalen Sorge, die ich meist wahrnehme, wenn ich unbekannte Gefilde betrete. Doch das Angstgefühl war berechtigt. Plötzlich verspürte ich das Trauma, nicht dazuzugehören. Der Raum um den Ausschank war klein, einer von mehreren fast winzigen Räumen, und die Ortsansässigen säumten die Wände, hielten alle Plätze besetzt und plapperten fröhlich miteinander – das Ping-Pong des Lebens in einem kleinen Dorf. Jeder kannte jeden. Und wir kannten natürlich niemanden. Wir schlenderten hoffnungsvoll hinein, lächelten und nickten grüßend in alle Richtungen, und plötzlich wurde alles sehr still. Das fröhliche Gesumm der Unterhaltungen verstummte; die eisige Stille war ohrenbetäubend. Plötzlich verwandelte sich die Theke, an der wir standen – und damit den Leuten die Blicke verstellten und praktisch jedes weitere Gespräch wirkungsvoll unterbanden, bis wir den Platz räumten –, in eine Bühne, auf der wir, die nicht willkommenen Trottel, gestrandet waren. Ich gab stotternd meine Bestellung auf, da ich mir der verstummten Zuhörerschaft samt ihren Blicken, die sich in meinen Rücken bohrten, allzu bewusst war. Der unbeholfene Versuch, die Gastwirtin mit einer freundlichen Bemerkung zu bedenken, wurde mit einem Naserümpfen quittiert. Also flohen wir mit unseren Drinks in den kahlen, leeren Raum nebenan. Als Touristen standen wir scheinbar genau wie Ratten am untersten Ende der Nahrungskette. Wir tranken unsere Gläser aus und organisierten aus dem Stegreif ein Fluchtkomitee.

Aber wir sind bescheuerte Idioten. Also lenkten wir am nächsten Abend unverzagt unsere Schritte zurück zum öden Pub. Die unterkühlte Gastwirtin gewährte uns nicht die leiseste Andeutung des Erkennens, dass sie uns jemals eines Blickes gewürdigt hatte. Unser „Guten Abend" wurde mit einem „Ja?" abgewürgt. *Unterlasst die Höflichkeiten, gebt einfach nur eure Bestellung auf.* Einer von uns entschloss sich überstürzt, geradezu selbstmörderisch, zu einem Kompliment an ihre Adresse.

„Ein sehr hübscher Pub ist das hier!", kicherte er.

Sie schaute beim Einschenken langsam auf, kniff die Augen zusammen und warf uns den netten Kommentar wie eine feindliche Handgranate um die Ohren: „Und daran wird sich auch nichts ändern!"

Ändern? Wer hat denn gesagt, dass irgendwelche Verbesserungen oder Erneuerungen nötig waren? Dies hier war ein *hübscher* Pub – ich sagte *h-ü-b-s-c-h*. Hallo? Vernichtet zogen wir uns wieder in den zugigen kleinen Raum vom Vortag zurück.

Gut, ich will mal nett sein. Vielleicht haben diese Leute absolut die Nase voll vom Klicken der Kameras, von lauten Touristen, die ihnen den Sommer verderben, und sie betrachten ihren Winter als notwendige Atempause, als Ferien von den Feriengästen.

Also fassten wir den Entschluss, die Kirche zur Mitternachtsmesse zu besuchen. Wir betraten das prächtige alte Gebäude, das mit den schönen, vom Kerzenlicht erhellten Bannern des Festes geschmückt war und uns einen herzlichen Empfang bereitete. Die Häupter der Anwesenden wandten sich uns zu, als wir die Liederbücher in Empfang nahmen. Jetzt fühlten wir uns als wandelnde Ausstellungsstücke. Wir mussten uns hinsetzen, ganz egal, wo, und ganz schnell.

In nächster Nähe gab es noch drei freie Plätze. Und unser Sitzfleisch wollte sie gerade füllen, als ein gut gekleideter Mann in der Reihe dahinter sich vorbeugte, mit den Händen gestikulierte und einen erschrockenen Blick aufsetzte. Dann stellte ich beschämt fest, dass wir Plätze einnehmen wollten, die für die Kollektenhelfer reserviert waren. Ich murmelte dem Klappsitzwächter eine nervöse Entschuldigung zu und scheuchte uns drei zu einigen Holzstühlen seitlich vom Kirchenschiff, die mir sicherer vorkamen. Schamrot gab ich meinem Herzen Gelegenheit, ruhiger zu schlagen und sich auf den Gottesdienst zu konzentrieren. Es dauerte nicht lange, bis ich froh war, das Sitzdebakel gemeistert zu haben. Der Gottesdienst selbst war reichhaltig, die Liturgie kam von Herzen. Die Leute hier sangen aus voller Kehle. Alles war im Fluss, bis die Predigt begann. Der Pastor war ziemlich nah daran, tatsächlich anzuerkennen, dass er zu echten, lebendigen Menschen sprach, statt den antiken Kirchenbänken eine vorgefertigte Predigt vorzulesen. Aber nicht nahe genug. Ich rutschte unruhig auf meinem Platz hin und her und versuchte, mir eine kritische Haltung zu verkneifen, war aber frustriert darüber, dass zwischen Priester und Volk ein gefühlter Abstand von Millionen Meilen klaffte. Ich ärgerte mich darüber, dass daraus unter Umständen der Eindruck entstand, auch zwischen ihnen und Gott gebe es einen Abstand von Lichtjahren.

Auf dem Weg ins Freie reichten wir dem Priester die Hand und er wünschte uns ein ziemlich frostiges „Frohes Weihnachtsfest". Ich hätte gern einen Augenblick bei diesem Mann innegehalten, mich eingemischt, ihm eine Frage gestellt, aber ich merkte, dass der Händedruck nur mechanisch war und den Sinn hatte, die Schlange nicht ins Stocken geraten zu lassen. Wir traten in die dunkle Nacht, wo die Lichterkette am Kirchenportal blinkte und dem Heiligtum eine illusorische Fröhlichkeit verlieh, die wir so nicht erlebt hatten. *Ach, was soll's, lassen wir Nächstenliebe walten.* Die Kirchendiener brauchten ja ihre reservierten Plätze. Der Sitzplatzkontrolleur hatte vermutlich versucht, uns die Peinlichkeit zu ersparen, als unwissentliche Platzbesetzer dazustehen. Und der Priester? Er hatte wahrscheinlich ein Dutzend

Weihnachtsgottesdienste hinter sich und freute sich auf den Feierabend-Sherry mit seiner Frau. Aber immer wieder drängt sich mir der Gedanke auf: Was hätten Menschen, die Gott – oder den Gottesdienstablauf – nicht kannten, aus alledem geschlossen? Wären sie nie wieder durch die alten Türen dieser Kirche getreten, oder, tragischer noch, hätten sie das Gefühl mitgenommen, dass sie mit Gott nie etwas würden anfangen können?

Es war aber nicht alles so frustrierend. Der Dorfladen mit integrierter Post entpuppte sich als wahrer Hort der Köstlichkeiten, und das nicht nur wegen der frischen, knusprigen Brötchen und der brandneuen Zeitung, die wie frisch gestärkt und gebügelt aussah. Der Inhaber war alles andere als steif; er begrüßte uns wie alte Bekannte und schwatzte fröhlich über das Leben im Dorf. Eines Morgens war sein Laden gerammelt voll mit Menschen, die in winzigen Gängen um ächzende Regale herumwuselten. Ich fragte ihn nach einem Wanderweg an der Küste entlang und der ganze Laden beteiligte sich wie ein Chor aus Hilfsbereitschaft und Freundlichkeit an unserem Gespräch. Keinerlei Andeutung von gerunzelter Stirn oder Stöhnen über „diese dummen Touristen", nur Lachen, Wegbeschreibungen und munteres Schwatzen.

Ich schloss die Tür hinter mir. Ein leises „Ding-dong" der daran befestigten Glocke gemahnte vage an vergangene Zeiten. Und obwohl ich überhaupt nichts zu kaufen brauchte, wäre ich plötzlich gern wieder hineingegangen, um zur Gemeinschaft zu gehören.

Der Kaufmann, der auch Postamtsleiter ist, muss viel zu tun haben. Doch ich frage mich, ob er nicht auch einen Pub führen könnte – und obendrein eine Kirche?

Führungsqualitäten

Ein Unfall

Das Handy klingelte, und was ich erfuhr, ließ erst einmal mein Herz stillstehen. Es war Richard, unser Sohn, dessen Stimme vom kreischenden Falsett bis hinunter zum Bass schwankte, was aber typisch für einen Stimmbruch-Kandidaten ist. Bei seiner Nachricht war mir dann auch nach Schreien zu Mute.

„Papa! Komm bitte schnell. Kelly und ich hatten einen Unfall. Ein Mann kam aus einer Seitenstraße raus und wir sind frontal zusammengestoßen. Niemand ist verletzt, aber es sieht ganz so aus, als hätte der Wagen einen Totalschaden. Komm bitte!"

Kay und ich fuhren sehr schnell zum Unfallort, höchst erleichtert, dass das Ganze ohne Verletzungen abgelaufen war, aber voller Sorge. Würden wir unsere geliebten Kinder unter Schock antreffen, vielleicht mit Platzwunden? Eine zweite, aber wichtige Frage: wie stark der Wagen wohl beschädigt war? Es war nicht unserer, sondern ein Leihwagen der Werkstatt, in der zu diesem Zeitpunkt unser nicht gerade zuverlässiges Gefährt repariert wurde. Wir begaben uns zum Unfallort.

Kelly war durch den Schock in Tränen aufgelöst, Richard, unser eingeborener Kreuzritter für Wahrheit, Gerechtigkeit und amerikanische Lebensart, telefonierte mit der Polizei, und der andere Fahrer betrachtete mit den Händen in den Hüften sein leicht beschädigtes Auto. Unser Mietwagen war ein Schrotthaufen.

Ich wartete eine Weile mit dem Aussteigen und versuchte, meine Gedanken zu sortieren und mich zu beruhigen. Beim Überqueren der belebten Straße wechselte ich ein paar Worte mit Kelly und Richard. Dann ging ich zum gegnerischen Fahrer, wobei ich mir mühsam meinen Ärger verkniff. Anscheinend war dieser Typ die alleinige Ursache für diesen kleinen Knall gewesen, weil er auf die Straße eingebogen war, ohne richtig zu gucken. Als ich schließlich bei ihm angelangt war und zu reden anfing, war meine Stimme wohl ein ganz kleines bisschen zu hoch, zu verkrampft. Kleiner Tipp: Wenn man unter Druck steht, sollte man eine Oktave tiefer ansetzen, um nicht wie ein Chorknabe zu klingen.

„Könnten Sie mir dann bitte mal sagen, was passiert ist?", fragte ich, was bei meiner angespannten Stimme stark nach Verhör klang.

„Na, Ihre Tochter ist auf mich draufgefahren ..."

Als der Fahrer diesen einen Satz sagte: *„Ihre Tochter ist auf mich draufgefahren"*, da wurde alles anders. Haben Sie mal den Film *Alien* gesehen, wo dieses ziemlich hässliche grüne Monster plötzlich aus der Brust eines bis dahin recht netten Mannes gesprungen kommt? Meine Augen wurden schmal, mein Puls beschleunigte sich und die Tränen meiner Tochter standen mir klar vor Augen. Ich ergriff wieder das Wort. Diesmal war die Wut in der Stimme unüberhörbar; das grüne Monster fing an, durch meine Rippen zu brechen und das Hemd zu zerreißen.

„Was soll das denn heißen, sie ist aufgefahren? Sie hatte Vorfahrt, Sie hatten hier die Schuld ..." Eigentlich klang „*Was soll das denn heißen?*" eher wie „*Wassssdasnheißn?*", und das viel lauter als nötig. Der Mann hatte ja keinen Hörfehler, sondern nur nicht die richtige Perspektive.

Woraufhin der Kamikaze-Fahrer selbst sehr lebhaft wurde, seine Stimme erhob, um sie meiner Lautstärke anzugleichen, ja, sie noch zu übertönen. Er schnaubte, er werde nicht mehr mit mir reden, da er schon festgestellt habe, dass er mich nicht leiden könne. Das unterstellte er ganz sanft mit den Worten: „Ich kann Sie nicht leiden!" Und damit stapfte er zu seinem Auto, stieg ein, knallte die Tür zu und blieb mit verschränkten Armen und wütendem Gesicht resolut darin sitzen.

Da stand ich nun und grübelte. Gut war das nicht. Wohl kaum ein besonders schöner evangelistischer Moment. Wenn in Seminaren gelehrt wird, wie man Fremden von Jesus erzählt, ist von Gebrüll keine Rede. Zu den lästigen Aspekten des Christseins gehört das Verbot, als streitbarer, reizbarer Schlägertyp aufzutreten. Gelegentlich würde man sich gern ein paar Minuten Auszeit erbitten, aber ich will es mir einfach nicht mit Gott verderben. Ich wusste, dass ich die Sache geradebiegen und mich entschuldigen musste.

Ich ging zu seinem Wagen hinüber und klopfte bescheiden ans Fenster, wobei ich mir in gewisser Hinsicht wie ein mobiler Zeuge Jehovas vorkam. Er kurbelte das Fenster nach unten und blickte mich an.

„Hallo, ich bin's noch mal, der, den Sie nicht leiden können, und zwar aus gutem Grund. Hören Sie mal, es tut mir Leid", stotterte ich. „Ich möchte mich entschuldigen, falls mein Ton und meine Haltung Sie verärgert haben. Fangen wir doch noch mal von vorn an." Ich wartete seine Reaktion ab: Hohn, Spott, Zurückweisung? Oder freundliche Versöhnlichkeit? Mir stand eine angenehme Überraschung bevor. Er sah erleichtert aus, lächelte herzlich und rückte dann mit seiner eigenen Entschuldigung heraus – verbunden mit einem richtigen Schock.

„Auch mir tut es sehr Leid", grinste er. „Eigentlich bin ich sonst nicht so – muss wohl der Schreck vom Unfall sein. Im Grunde ist es mir etwas peinlich", fuhr er fort, und dann warf er mir mit seinem nächsten Satz ganz beiläufig eine Bombe in den Schoß. Er sagte nur fünf Worte und meine Welt war aus den Angeln.

Er ergänzte: „Verstehen Sie, *ich bin Pastor ...*"

Mir schossen wild Gedanken durch den Kopf. Was für ein Horror! Fast wäre es darauf hinausgelaufen, dass sich zwei Pastoren am Straßenrand prügelten. Was, wenn ich im Verlauf unserer vorherigen Unterhaltung ein Schimpfwort verwendet hätte (leider muss ich bekennen, dass mir in gewissen Bedrängnissen einige davon erfreulich angemessen erscheinen)? Gott sei Dank hatte ich ihn nicht geschlagen – oder er mich! Man stelle sich die Schlagzeilen in der Zeitung vor: „Auf der Straße war die Hölle los: Zwei Talar-Träger prügeln sich" – „Ausbruch von kircheninternem Ringkampf nach Verkehrsunfall" – „Noch ein blaues Auge zum Tee, Pastor?" „Männer Gottes ohne Manieren" und so weiter.

Ich war versucht zu behaupten, eigentlich nur als Klempner zu einem verstopften Abfluss unterwegs gewesen zu sein. Ob er vielleicht auch meine Hilfe als Rohrreiniger brauche? Nein, das war nicht richtig. Zeit für Bekenntnisse. Ich holte tief Luft und spuckte es aus: „Eigentlich bin ich auch Pastor ..."

„Wirklich? Wie heißen Sie denn?"

Ach, du Schande. Der Unfall entwickelte sich zum Bibelgesprächskreis. Gut, dass ich meine Gitarre zu Hause gelassen hatte. Jeden Augenblick konnte es losgehen: Wir reichen uns die Hände, singen am Straßenrand *„Kum ba ya"* und tauschen Gebetsanliegen aus. Als ich ihm meinen Namen nannte, machte er große Augen – offensichtlich kannte er mich.

„Jeff Lucas? Ich kenne Sie! Ich habe Sie letztes Jahr bei ‚Spring Harvest' predigen gehört. Ich hab sogar das Video gekauft und es mir erst vor ein paar Wochen angeguckt ... *ist ja wirklich nett*, Sie mal kennen zu lernen, Jeff!"

Und so erledigte sich unser kleiner Konflikt (*Verärgerung* trifft die Sache besser als Wut). Tatsächlich kamen wir sehr nett ins Gespräch, und es ergab sich die Möglichkeit, ihn durch die ganze Stadt zu fahren, damit er seine Familie abholen konnte. Später am Abend rief uns mein neuer Freund (ein Priester der Anglikanischen Kirche, der unser Auto in der Tat zu Kleinholz gemacht hatte) an und sagte, er habe seiner Versicherung mitgeteilt, er sei an der Sache ganz allein schuld. Mit dem Schadenersatz gebe es kein Problem.

Ich schickte ein Stoßgebet voller Dankbarkeit zum Himmel, dass ich mich nicht noch unchristlicher verhalten hatte, als es nun mal passiert war. Aber dann fing ich an nachzudenken, was immer gefährlich ist.

Es war mir peinlich gewesen, mich als Mann Gottes danebenbenommen zu haben und dann als wohl bekannter Christ „auf frischer Tat" ertappt zu werden. Hieß das nun aber, dass ich mich entsprechend benehmen darf, wenn man mich nicht kennt? Zum Glück hatten wir uns beide beieinander entschuldigt, bevor wir uns als Geistliche zu erkennen gaben. Trotzdem meine ich, dass christliche Führungspersönlichkeiten besonders stark versucht sein können, schroff zu reagieren, wenn sie sich nicht zur Freundlichkeit verpflichtet fühlen müssen. Im sonstigen Leben führen sie eine Existenz, die von den Verhaltenserwartungen ihrer Gemeinden bestimmt ist. Ihrer Berufung wegen sind sie verpflichtet zu lächeln, zuzuhören, höflich zu sein, interessiert zu blicken und ganz allgemein andauernd gut zu sein.

Der Typ mit dem Guinness-Buch-Rekord für schlechten Mundgeruch verlangt auch unsere Aufmerksamkeit, selbst bei abstoßend nahem Abstand. Und Frau Werauchimmer, die Amok läuft, wenn wir am Sonntagmorgen wieder einmal dieses schreckliche neue Lied singen, und die wegen ihrer Rohheit sogar aus der Gestapo geworfen wurde, auch sie soll gehört werden: ein Nicken, „Ja, sicher", „Nein, meine Liebe", oder: „Ich kann Sie ja verstehen" ...

Und dann stoßen wir auf Fremde, die keine solchen Ansprüche an unser knapp bemessenes Reservoir an Nettigkeit stellen. Plötzlich, in Sekundenschnelle, wird aus unserer Theologie eine Theorie, etwas ganz anderes als unsere tatsächliche Praxis. Es läuft auf zwei unterschiedliche Verhaltensweisen hinaus: eine für den Sonntagmorgen, eine andere für den Rest der Woche.

Wie schnell verlieren wir unsere Integrität. Die Echtheit unseres Glaubens wird zu Recht fragwürdig, wenn wir diese Jekyll-und-Hyde-Dualität praktizieren. Authentizität stellt sich dann ein, wenn wir etwas zu glauben bekennen und dann danach leben – alles andere ist Firlefanz. Zweierlei Maß für Verhaltensweisen – das ist Schwindel. Ernste Worte bekamen die Pharisäer von Jesus zu hören, die die Kunst des „Betens und sich Zeigens" beherrschten, innerlich aber voller Tod und Verderben steckten. Es ist doch einleuchtend, dass mein Verhalten nicht von der Angst abhängen darf, dass ich erwischt werde, sondern von dem Wunsch, jeden Menschen, dem ich begegne, so zu behandeln, als wäre es Jesus selbst. Hier geht es nicht nur um ahnungslose Fremde: Unsere engsten Angehörigen haben das Recht auf die gleiche Höflichkeit, auf den gleichen Respekt, den wir Derek, dem peinlichen Diakon, entgegenbringen – auch wenn wir im Stillen darum beten, dass er von den Taliban entführt werden möge. Christliche Führungspersönlichkeiten sind nicht dazu berufen, als Verwandlungskünstler oder Rampenlicht-Chamäleons aufzutreten.

Wenn sich also das nächste Mal ein Autofahrer dicht an Sie dranhängt, ungeduldig hupt und Sie obendrein schneidet, dann schicken Sie ein dringendes Stoßgebet um Gnade zum Himmel und lassen Sie sich nicht zu unfreundlichen Gesten hinreißen – und das nicht nur, weil *dieser Fisch* hinten auf Ihrer Stoßstange klebt ...

Klone und Boxershorts

Die Anbetungszeit hatte fulminant begonnen, aber inzwischen waren selbst die erfahrensten Duracell-geladenen Charismatiker erlahmt. Beim Lobgesang erhobene Arme hingen schlaff und müde herab. Die Tänzer, die vor einer halben Stunde noch vor Energie gestrotzt und dennoch anmutig gewirkt hatten – als Fahnenschwenker sogar gefährlich gewesen waren –, waren nun reglos und still.

Doch der große, übergewichtige Anbetungsleiter, dessen Gürtel eine verlorene Schlacht gegen den darüber hängenden Bauch führte, war nicht zufrieden damit, dass wir unseren Teil geleistet hatten. Der Himmel selbst war scheinbar noch nicht zufrieden mit unserem Lobopfer. Genauer gesagt, er hatte keine Geduld mit den Bummelanten. Jesus war es wert, gelobt zu werden, „ODER ETWA NICHT?", brüllte er atemlos ins Mikrofon. Wenn schon wir nicht unsere Stimmen erheben würden, dann jedenfalls die Steine, „STIMMT DOCH, ODER?"

Wie ein Häuflein Schuljungen, die beim verbotenen Rauchen hinter dem Fahrradständer erwischt wurden, nickten wir müde und zustimmend. Sogar die Band hatte all das ein bisschen satt. Der Keyboardspieler brachte die erste Note des Liedes mit einer gewissen Härte zu Gehör. Ich fragte mich, ob er vielleicht insgeheim dem Anbetungsleiter ins Auge pieken wollte.

Ich besuche eine ganze Reihe solcher Versammlungen und fühle mich meistens wohl. Hin und wieder bin ich aber der ganzen Sache unaussprechlich überdrüssig und würde gern wissen, ob nicht auch Gott sich durch unsere erschöpfende Routine abgestumpft fühlt, bei der wir letzten Endes die Anbetung um ihrer selbst feiern. Seien wir ehrlich: Die Allgegenwart hat auch ihre Nachteile. Ob Jesus wohl schon sein Versprechen bereut hat, *gegenwärtig zu sein*, wenn zwei oder drei sich in seinem Namen versammeln?

Jetzt fand Bubba, der Anbetungsleiter, dass wir alle uns selbst, unsere Probleme und unser Leben vergessen sollten, selbst unseren Nachbarn (womit auch der Grund bestritten wurde, aus dem wir zunächst einmal zusammengekommen waren – ich hätte zu Hause bleiben und viel leichter einen Nachbarn vergessen können, der ja nicht neben mir gewesen wäre), und wir sollten *unsere Hände gemeinsam zum Herrn erheben – und zwar SOFORT!!*

Ich sah mich in der Versammlung um; ein stummer Seufzer hing merklich in der Luft. Resigniert hoben sich die Hände. Und da geschah es, ganz wunderbar und herrlich.

Der Anbetungsleiter, *Arme in die Höh'*, hatte einmal zu viel eingeatmet, und seine tapfere und langmütige Gürtelschnalle explodierte mit einem lauten *Peng*, was eine Reihe von älteren Anbetern zusammenzucken ließ. In Sekundenschnelle rutschte seine Hose bis ganz nach unten zu seinen Knöcheln, wobei sie ein voluminöses Paar Boxershorts enthüllte, das offensichtlich von Mr. Walt Disney hergestellt worden war. Mickey und Minnie – übrigens auch mit erhobenen Armen, vielleicht anbetungshalber – rannten überall auf der Unterwäsche umher. Sogleich griff der arme Mann hinunter und versuchte verzweifelt, sowohl seine flüchtende Bekleidung als auch seinen Anstand wiederzuerlangen. Die Gemeindemitglieder, unfreiwillige Zeugen eines Striptease, versuchten, freundliches Mitleid zu zeigen – ohne Erfolg. Viele kniffen die Augen zu, um sich wieder auf die Straßen von Gold dort oben zu konzentrieren. Sie gaben sich solche Mühe, ihre Heiterkeit zu verbergen, doch wenn auch die Augen heilig zu Schlitzen verengt waren, zuckten die Schultern ziemlich unbeherrscht vor Lachen.

Es war ein wunderbar befreiender Augenblick, der Sekunden später noch bizarrer wurde. Während der Anbetungsleiter an seiner wieder hoch gezogenen Hose fummelte, beugte er sich über das Mikrofon und flüsterte mit verschwörerischer Stimme: „Es ist erstaunlich, was der Teufel mit einem anstellt, wenn man versucht, die Anbetung zu leiten ..." Nervöse Brüder im Geist überall im Raum fühlten sich augenblicklich veranlasst, ihren eigenen Gürtel zu überprüfen, um den Feind samt seinen trügerischen Plänen zu übertölpeln.

Doch der Bann der Kontrolle war mit voller Macht gebrochen. Der Befehl an alle, zu gehorchen und sich einzureihen, wurde durch den Einbruch von wirklichem Leben erschüttert. Wir brauchten uns nicht mehr aufstacheln, einschüchtern oder gar schikanieren zu lassen, um im Gleichklang noch mehr zu singen. Der Bann war gleichzeitig mit der Gürtelschnalle gebrochen, wenn man so sagen darf.

Wenn man in führender Position ist, darf man nie die Tatsache vergessen, dass Gottes Volk genau das ist: *Gottes Volk*. Sie sind nicht bloß Schafe, die man weidet und mit seiner Vision füttert; keine armen Irren, die man von oben herab behandeln darf. Sie sind einzigartige Gedichte, die Gott selbst geschrieben hat. Wir dürfen diese Menschen ermahnen, ermutigen und einladen, aber nicht aufstacheln, einschüchtern oder manipulieren – sie gehören Gott. Lasst uns immer daran denken, wenn wir Hirten in Versuchung geraten, als Rancher tätig zu werden – brüllende Cowboys, die die Herde zusammentreiben. Vielmehr sollten wir bereit sein, unser Leben für die Herde einzusetzen. Der Hirte auf den Weiden des Ostens geht vor den Schafen her und führt sie, statt sie von hinten anzutreiben.

Natürlich sollten wir in diesen Zeiten geistlicher Angriffe immer daran denken und darauf achten ...

... unsere Gürtel doppelt zu überprüfen.

Ein Freund, den niemand will

Der Gottesdienst war gut gelaufen, und ich verspürte das wohlige Gefühl dankbarer Müdigkeit; ein warmes Glühen, das sich einstellt, wenn man als Prediger merkt: Man hat vielleicht dazu beigetragen, dass die Menschen mit ein wenig mehr Hoffnung in den nächsten Tag gehen können. Ich schlenderte zum hinteren Teil der Kirche, wo mein Büchertisch stand, und schickte mich an, die Sachen wegzupacken. Da sah ich ihn. Der Zettel war exakt halb zusammengefaltet und stand frisch und aufrecht auf dem Büchertisch und forderte meine Aufmerksamkeit. Mein Name war mit zorniger Schrift vorne drauf geschrieben. Irgendetwas sagte mir, dass dies kein Brief mit freundlichen, zustimmenden Worten war. Ich hatte Recht. Ein wohl bekanntes Angstgefühl verwandelte meinen Magen in Blei, als ich zögernd das messerscharf zusammengelegte Blatt aufklappte.

Die Worte darin waren noch schärfer. Offenbar hatte ich einige in der Gemeinde verärgert, die ganz bestimmt nicht an meine Predigtmethoden gewöhnt waren. Ich habe es gern humorvoll, doch nicht alle Christen lachen so herzlich gern wie ich, was sie auch gar nicht müssen. Schade nur, dass einige davon sich als freudlose Polizei aufspielen und rasend schnell jemanden in Haft nehmen, der möglicherweise ein ganz kleines bisschen mehr Spaß hat als sie selbst, was allerdings niemandem schwer fällt. Ich persönlich habe mich der Idee verschrieben, dass Spaß nichts ist, das a) Christen sich für das Leben nach dem Tod reservieren sollten und b) meilenweit von der biblischen Lehre entfernt sein muss. Die Verfasser der Notiz waren da vehement anderer Meinung. Das Gekritzel war wie eine grelle Wunde auf Papier; es schrie förmlich den empörten Protest hinaus. Wollen Sie, meine lieben und interessierten Leser, diese Notiz auch lesen? Okay.

„Sir,
wir möchten Jesus sehen, nicht Ihr komödiantisches Auftreten und diesen unsinnigen Quatsch. Man kann mit diesem ganzen Müll keine Seelen für Jesus gewinnen. Sie sind kein Prediger – Sie sind ein Komiker. Sie haben Ihre Berufung verfehlt."

Diese tödliche Diagnose an meine Adresse war nicht unterschrieben. Diese Person – oder Personen –, die sich verpflichtet fühlte, mir meine äußerste Wertlosigkeit zu verkünden, hatte sich nicht zur Enthüllung ihrer Identität entschlossen.

Ich faltete das Blatt wieder zusammen. Mir wurde das Herz schwer. Ich weiß, wozu ich berufen bin, und ich bin lange genug in der Szene, um zu wissen, dass es nicht jedem gefällt. Das Privileg der Leiterschaft beinhaltet auch die unangenehmen Situationen, in denen man den bitteren Stachel der Kritik zu spüren bekommt. Doch die hastig hingekritzelte Notiz wirkte wie ein Geschoss auf meine eigenen Hoffnungen und ließ meine Freude in Scherben zerspringen. Da stand ich nun und fragte mich, was für ein Mensch in Jesu Namen einen solchen Hass von sich geben konnte. Plötzlich wollte ich kein christlicher Prediger mehr sein. Tatsächlich wünschte ich mir mit Blick auf diese so genannten „Freunde Gottes" – derart versierte verbale Mörder – ein oder zwei Sekunden lang, gar kein Christ mehr zu sein. Zum Glück dauerte meine atheistische Neigung nur ein paar Sekunden an, bevor sich die Logik in meinem Gehirn durchsetzte.

Es ist nie besonders lustig, kritisiert zu werden, besonders dann nicht, wenn die Kritik im Gewand eines feigen anonymen Briefes daherkommt und in einem Umschlag aus verbalem Stacheldraht steckt. Wenn heute ein Brief ohne Unterschrift kommt, dann gebe ich ihm nicht die unverdiente Ehre, ihn zu lesen. Wenn dem Verfasser das moralische Rückgrat fehlt, ihn zu unterschreiben, dann brauche ich mir nicht die Mühe zu geben, die Frucht dieser rückgratlosen Meinung zu entziffern.

Doch einen Moment mal! Gibt es nicht auch Situationen, in denen wir Pastoren kritisiert werden und allzu schnell zu dem Schluss kommen, unsere Kritiker seien bloß Dummköpfe? Schreibt man die Kritik allzu schnell ab, könnte man damit ein unangenehmes Geschenk Gottes verwerfen.

Visionäre Führungspersönlichkeiten haben oft die größten Schwierigkeiten damit, selbst konstruktive Kritik anzunehmen. Von der Leidenschaft geblendet, das auszuführen, was nach unserer Ansicht ein von Gott erteilter Auftrag ist, schlagen wir warnende Hinweise und Verbesserungsvorschläge in den Wind, weil sie vermeintlich einem Mangel an Glauben entsprungen sind. Schlimmer noch, hämisch unterstellen wir unseren Kritikern, sie liehen Satan unwissentlich ihre Stimme. Wir ziehen den Schluss: Wenn wir im Auftrag des Herrn unterwegs seien (wie die „Blues Brothers"), dann müsse doch bestimmt jede Stimme, die unsere Mission anzweifelt, aus einer Quelle direkt in der Hölle schöpfen. Das ist besonders dann möglich, wenn eine Kirche auf ein prophetisches Wort hin handelt, das einmal ausgesprochen wurde. In vereinfachender Naivität bestimmt die Leitung, dass Gott gesprochen habe und deshalb jede Gegenstimme vom Satan kommen müsse, der so gern zerstreut. Aus Bequemlichkeit vergisst man, dass die Prophetie abgewogen werden muss und dass eine ehrliche, heftige und gesunde Debatte ein notwendiger Bestandteil dieses Prozesses ist.

Wir geraten dann in ein Fahrwasser, in dem jeder, der eine abweichende Meinung äußert, *selbst* zum Feind wird, auch wenn er eigentlich wahre Treue und ein Engagement zum Ausdruck bringen könnte, das für die besten Freunde typisch ist.

Das Problem wird noch verzwickter, wenn die Kritik im schrillen, unerfreulichen Ton einer falschen Einstellung daherkommt. Die Kritik ist wütend, verärgert, vielleicht sogar gehässig, und daher schließen wir aus der Art und Weise, wie die Botschaft vermittelt wird, dass *die Botschaft selbst* verkehrt sein muss. Das wäre so, als würde man einen Brief liegen lassen, weil der Umschlag zerrissen ist. Also stümpern wir weiter herum, sind davon überzeugt, dass wir im Recht sind, und fühlen uns als unfehlbare evangelikale Spitzenkräfte, die sich nicht einmal von der höchsten biblischen Autorität belehren lassen. Der Selbstbetrug greift nach uns und führt uns in einen netten, verführerischen Tanz.

Wir begeben uns tiefer in den Nebel hinein, wenn wir das Thema „Einheit in der Gemeinde" als Waffe bemühen, um

Kritik zum Schweigen zu bringen. Jedem, der unangenehme Fragen stellt, wird das Etikett „schwieriger Zeitgenosse" oder – verschärft – „Spalter" angeheftet. Es verschlägt mir den Atem, wenn ich sehe, wie einige Pastoren manchmal über Menschen reden, die die von ihnen geleitete Kirche verlassen haben. „Gott hat die Gemeinde gereinigt", versichern sie mit selbstgefälligem Lächeln, womit sie die Abgänger als Schlacke kennzeichnen. Das schlimmste Beispiel, an das ich mich erinnern kann, bot ein Pastor, der einige Personen, die die Kirche verlassen hatten, mit den Worten abschrieb: „Klar, natürlich muss jeder gesunde Körper hin und wieder mal Verdauungsprodukte ausscheiden" – ein arrogantes, vernichtendes Heruntermachen von Menschen als Abschaum. Empörend!

Machen wir uns nichts vor. Niemand von uns freut sich über Kritik, und oft genug ist sie ungerecht, verletzend und fühlt sich an wie ein Schlag ins Gesicht, vor allem, wenn man sowieso schon ausgelaugt ist. Manche Pastoren reagieren auf Kritik deswegen so sauer, weil sie davon so benommen sind, im Laufe all der Jahre so sehr von Geschossen aus den eigenen Reihen zermürbt wurden, dass sie es einfach nicht mehr ertragen. Doch so unangenehm der Schmerz auch ist, er stellt dennoch in Wirklichkeit eine Gabe Gottes dar. Wenn man die Hand auf den heißen Herd legt und es nicht wehtut, ist die Fäulnis der Lepra am Werk. Die Kritik ist demnach ein Signal, das wir ungern sehen, das vielleicht aber unser Leben rettet.

Nach wie vor rate ich dazu, Briefe ohne Unterschrift zu ignorieren, solange Sie in Ihrer Gemeinde nicht zu einer Kultur beigetragen haben, bei der die Leute zu viel Angst haben, sich sogar zur konstruktivsten Kritik zu bekennen. Doch wer immer Sie auch sein mögen, ob in leitender Position oder nicht, stempeln Sie Ihren nächsten Kritiker nicht vorschnell als Dummkopf ab. Er könnte sich als Ihr treuester Freund entpuppen.

Glaube

Der Tauchlehrer

Von Anfang an wusste ich, dass mein Entschluss, Tauchunterricht zu nehmen, ein Riesenfehler war. Das dämmerte mir, als ich mich in einen Gummianzug zwängte, der offensichtlich für ein Supermodel mit Idealgewicht geschaffen war. Ich zog mir grellgelbe Taucherflossen an, die so strahlend leuchteten, dass sie vermutlich vom Jupiter stammten, und versuchte, mit dieser Kleidung nonchalant zur Einführungsstunde am Swimmingpool zu schlendern. Es wird erwartet, dass man ziemlich entspannt und cool aussieht, wenn man am Poolrand entlanggeht. Schon mal versucht, als fetter, gestrandeter Seelöwe mit puddinggelben Füßen entspannt zu schlendern? Ich war dankbar, dass mir niemand einen Fisch zuwarf, doch peinlich berührt, weil meine Flossen mit jedem Schritt auf den Betonrand des Pools klatschten und mich dazu zwangen, den Fuß ganz hoch zu heben, bevor ich ihn aufsetzte. Der fette Seehund im Dienst der Albernheit. In der Tat sehr uncool.

Der Tauchlehrer wartete. Er war ein gebräunter Gladiator mit mattschwarzen Designerflossen und Muskeln an Stellen, wo ich nicht mal Stellen habe. Seine blonde ungebändigte Mähne war sonnengebleicht wie Stroh im Sommer; er erinnerte an einen nordischen Gott. In krassem Gegensatz dazu war der Scheitel meines schuppigen Kopfes von der gleichen Sonne so rot wie ein toter Krebs gebrannt worden. Zum Thema „Norden": Ich war noch nie in Norwegen und fühlte mich wie Quasimodo beim Treffen mit Tom Cruise.

Es wurde Zeit, den schweren Sauerstofftank auf meinen Rücken zu manövrieren. Ich kämpfte und strampelte mich fünf Minuten lang damit ab, das armselige Ding anzulegen. Der Tauchlehrer warf seinen Tank hoch in die Luft, sodass dieser perfekt auf den sommersprossigen Schultern landete. Na, prima.

Der Versuch, in einer Art Swimmingpool unter Wasser zu atmen, gelang. Also fand *Thor*, dass wir für den Ozean bereit seien. Nervös stieg ich auf die Rückbank des Kleinbusses, der uns an den Strand bringen sollte. Dann hieß es, dass man für diese Fahrt keinen Sauerstoff brauche. Ich stieg aus dem Wagen und befreite mich mühsam von diesem blöden Gerät. Die Schwimmflossen aber behielt ich unterwegs an.

Gut, ich geb's ja zu. Das Tauchen im Ozean war berauschend, ein Sprung in eine andere Welt. Riesenschwärme von Fischen in allen Farben des Regenbogens schlängelten und sausten wie bei einem perfekt choreographierten Tanz um mich herum. Ein riesiger zusammengekrümmter Oktopus hielt in einer schattigen Höhle Hof – in 40 Metern Tiefe. Bei einem nächtlichen Tauchgang setzten wir uns auf den Grund und knipsten unsere Unterwasserleuchten an, die das umherwirbelnde Plankton sichtbar machten, ein mobiles Fastfood-Restaurant für die Stachelrochen. Wie große Raumschiffe glitt ein Rochen nach dem anderen über uns hinweg. Sie sättigten sich im Lichtschein, sanken wie Sturzbomber in Zeitlupe auf uns nieder und strichen dabei mit ihren Bäuchen über unsere Köpfe. Bei meiner kurzen Stachelfrisur war ich für die Mantas ein echter Renner; an Land bin ich kein beliebtes Model, aber in der Welt der Rochen gelte ich als Schönheitsidol.

Richard, unser Sohn, gewann in der Gegenwart des Tauchlehrers immer mehr an Selbstsicherheit. Während des nächtlichen Tauchgangs war unser 13-Jähriger in Schwierigkeiten geraten. Erst wickelte sich ein Seeaal um sein Bein und dann verfing sich einer der Rochen mit der Flosse in seinem Tauchgerät. Plötzlich wurde er mit Höchstgeschwindigkeit in die dunkle Tiefe gerissen. Der Tauchlehrer reagierte blitzschnell, erkannte den Notfall und befreite meinen Sohn im Nu. Richard fand ihn toll: Immerhin hatte er ihm irgendwie das Leben gerettet.

Nach ein paar Tagen Tauchlehrgang teilte der Tauchlehrer uns aber etwas mit, das ich, gelinde gesagt, ketzerisch fand. Er sagte, es sei für Taucher etwas ganz Besonderes, unter Haien zu schwimmen. Es gebe in dieser Gegend zahlreiche Tigerhaie (zufällig seien sie höchst gefährliche Killermaschinen). Ob wir gern einmal mit ihnen schwimmen würden?

Mindestens eine halbe Sekunde lang zog ich sein Angebot in Erwägung, sagte dann in fünf verschiedenen Sprachen „Nein" und bekräftigte es mit heftigem Kopfschütteln. Lächerliche Vorstellung. Wie konnte es etwas Besonderes sein, zwischen Raubtieren zu schwimmen? Pah! Ich blätterte sogar in meiner geistigen Konkordanz zum Stichwort „Haie" und konnte keinen einzigen Bibelvers auftreiben, mit dem sich diese unbiblische Idee stützen ließe. Doch mein jugendlicher Sohn glaubte dem Tauchlehrer. Noch auf dem Boot durchkämmte er mit hoffnungsvoller Erwartung die Wasseroberfläche nach Haien.

Schließlich umkreiste eine bedrohlich aussehende Flosse das Boot und veranlasste mich dazu, die Filmmusik von „Der weiße Hai" zu summen.

„Schau mal, Richard, da ist ein ..."

Platsch.

Und schon war Richard weg, über Bord ins Wasser gesprungen – dahin, wo die Flosse war. Der Tauchlehrer ihm nach. Sie blieben etwa fünf Jahre lang verschwunden – so kam es mir jedenfalls vor.

Ich schrie, betete, bettelte um ihr Leben und wünschte, ich hätte es mit Segelfliegen oder Schnorcheln versucht. Ein paar Minuten später tauchten Richard und der Tauchlehrer tropfnass und triumphierend wieder auf. Ich legte die Begrüßungsszene aus dem Gleichnis „Der verlorene Sohn" hin und erkundigte mich, ob Richard psychiatrischen Beistand benötige.

„Papa, sei nicht so doof ... der Lehrer hat doch gesagt, dass es okay ist. Und er ist mitgetaucht. Mir geht's gut."

Seine Philosophie war ganz einfach: *Der Mann hat es doch gesagt. Der Mann ist bei mir. Deshalb will ich mit den Haien schwimmen.*

Und mir kommt es so vor, als habe Jesus sich einer ähnlichen Logik bedient, als er auf ein Dutzend Fragen nur eine Antwort hatte: „Ich bin bei euch."

Klingt das wie ein Klischee, wie ein sinnentleertes Schlagwort? Überhaupt nicht. Jesus war kein Draufgänger, bediente sich keiner hohlen Rhetorik. Diese Aussage ist schlicht und ergreifend die Zusicherung von jemandem, der den Tod bezwungen hat und der Satan ins Schwefelgelbe seiner Augen sah. Er hat erklärt, dass er selbst Tod und Teufel mit Füßen tritt.

Er ist bei uns und dieses Wissen gibt uns so viel mehr als nur eine christliche Moral oder evangelistischen Aktionismus. Es beruft uns zu einem Mut, der nicht nur auf dem Glauben an die richtigen Dinge gründet, sondern ganz zentral auf der Tatsache beruht, dass Jesus sich verpflichtet hat, mit uns zu gehen. Wir werden nie wieder allein dastehen, wenn wir ihn eingeladen haben, in unser Leben zu kommen.

Lasst uns staunend darüber nachdenken und mit neuem Blick auf die Haie schauen, die uns umkreisen. *Der Mann* ist bei uns.

Der Bahnhof von Pemberton

Ich war frustriert und wütend und knallte die Haustür hinter mir zu, ein lautstarkes *Amen* nach einem für mein Gefühl nervenaufreibenden Abend. Mein Haus"zellen"treffen (hört sich so an, als sei ich ein Straftäter) war die Ursache für den Ärger: Wir hatten ungefähr eine Stunde über das Übernatürliche geredet. Zwei von uns waren gerade aus Übersee zurückgekehrt, wo sie offensichtlich einige ziemlich eindrucksvolle Heilungswunder miterlebt hatten. In unserem Gespräch war es um unser Bedürfnis gegangen, stärker zu erleben, dass der Heilige Geist auch in *unserem* Land am Werk war. Das hätte mich inspirieren müssen – stattdessen ärgerte ich mich. Zweifellos ist es ziemlich „wunderbar" für die Kirche in China, wenn Tote auferweckt werden, besonders, wenn man selbst Chinese ist und zufällig gesehen hat, wie die entsprechende Leiche plötzlich aufspringt. Aber aus so großer Entfernung macht die ganze Geschichte keine Freude mehr.

Offen gesagt, komme ich mir immer ein bisschen wie ein verhungernder Heimatloser vor, wenn ich mit einer Diät von Geschichten über Gottes Wirken in der Ferne (oder aus der Vergangenheit) gefüttert werde. Das ist so, als äuge man sehnsüchtig durch die Büsche auf eine königliche Gartenparty. Anfangs läuft einem vielleicht noch das Wasser im Mund zusammen, doch nach einer Weile ist man über den eigenen Mangel an Gurkensandwiches doch etwas enttäuscht. Deshalb die zugeknallte Tür. Wie kommt es, wütete ich, dass Gott nicht ein bisschen mehr hier bei uns loslegt? Ja, ich kenne die ganzen Entschuldigungen – wir leben in einem gesellschaftlichen Umfeld des Unglaubens, aber warum könnte Gott uns nicht helfen, den eben erwähnten gesellschaftlichen Nebel mit ein paar glaubensfördernden Aktivitäten zu vertreiben, die uns die Augen öffnen und das

Herz erfrischen? Als ich die Haustür zuschlug, schloss ich vermutlich auch eine Tür in meinem eigenen Herzen. Meiner Meinung nach war dieses Gerede über Wunder bloß ermüdend. Ich empfand das Bedürfnis, mich gegen Prophetien abzuschotten, die gar nicht so furchtbar prophetisch sind. Ich war bei zahllosen charismatischen Treffen gewesen, wo es „Worte der Weisheit" gab, die nicht gerade vom Hocker rissen, und wo offensichtlich bedeutungslose Offenbarungen mit allzu großer Begeisterung begrüßt wurden.

Vielleicht wissen Sie, wovon ich rede. Inmitten einer leicht orgiastischen Hyper-Anbetungszeit stellt sich ein prophetischer Typ mit weit aufgerissenen Augen hin und macht einen atemlosen und halb ekstatischen Eindruck. Offensichtlich will er etwas mitteilen. „Ich verspüre einen Durchbruch im dritten Himmel, während wir uns mit unseren Fürbitte-Bohrmaschinen durch den Kern der angesammelten Kruste bohren. Ja, dort ist ein Brunnen, der seit der Zeit von Charles I. verstopft war (denn er wurde durch den Tod eines seiner Cocker-Spaniels geistlich blockiert; der Ärmste hauchte sein Leben aus, als der König durch unsere Stadt reiste) – und nun sprudelt er wieder vor Lebendigkeit, halleluja!" Wirklich wahnsinnig macht mich dabei, dass jeder, der dieses Geschwätz hört, gleich meint, er müsse so tun, als habe er alles verstanden und stimme dem Gesagten zu. Allerdings glaube ich insgeheim, dass sie überhaupt keinen Schimmer haben. Ich würde am liebsten aufstehen und losbrüllen: „Was zum Kuckuck steht denn dahinter?" Doch der Hyper-Mystizismus schafft sich sein eigenes Kraftfeld. Wenn man sagt, man habe nicht verstanden, was der „Prophet" von sich gibt, werfen die anderen einem mitleidige Blicke zu, weil man nicht zur geistlichen Elite der Eingeweihten gehört. „Lass mal, mein Lieber, du musst nur etwas tiefer graben. Eines Tages wirst auch du zu unserer Erkenntnis gelangen ..."

Klingt das etwa, als sei ich verärgert? Bin ich ja auch. Ich habe es nicht nur satt, mich mit „Propheten" abzugeben, die eher zur „Internationalen Vereinigung der Geheimniskrämer" gehören, als dass sie Kraft vermitteln, sondern ich mache mir auch echte Sorgen um junge Christen, die sich bei solch gnostischem Gefasel extrem ausgeschlossen fühlen. Genau das ist vor kurzem bei einem „geistlichen" Wochenende einer Kirche passiert, die ich kenne. Frisch bekehrte Christen kamen mit dem Gefühl aus den Gottesdiensten, dass sie auf gar keinen Fall dazugehörten, weil sie den intergalaktischen Mischmasch, der in Jesu Namen auf sie gekippt wurde, nicht einmal ansatzweise verstanden.

Ich befinde mich außerdem schon so lange „am Beginn eines Durchbruchs" (eine Folge all der Prophetien über „Erweckungen, die gleich hinter der nächsten Tür auf uns warten"), dass ich mich wie ein Bergsteiger fühle. Auch jetzt, während ich dies hier schreibe, kommt die gleiche leise Wut in mir hoch, aus der heraus ich damals die Tür zugeschlagen habe. Ich wollte mich offiziell aus den Reihen der Charismatiker verabschieden. Genau das wollte ich tun. Ich stapfte zu Bett und verzichtete auf jedes Nachtgebet. Ich war eingeschnappt.

Am nächsten Morgen wachte ich mit kratzender Kehle und vernebeltem Kopf auf – ich hatte mir eine echte Erkältung eingefangen. Mir kam der Gedanke, ich könne mir diese Pest als Strafe für meine Aggressivität zugezogen haben, und entschied mich, nur dieses eine Mal noch um Heilung zu beten, nachdem ich ja ein für alle Mal damit Schluss gemacht hatte.

Ich probiere die verschiedenen Gebetsarten für Krankenheilung aus, die damals in Mode waren: erst das leise und vornehme kalifornische Flüstern, die *Vineyard*-Methode. Es handelt sich um ein Heilungsgebet, das ich besonders mag, weil es ohne Schreie oder Massage von Körperteilen auskommt. Hier wird nur ehrfürchtig und beiläufig darum gebetet, Gott möge irgendetwas tun. Ich säuselte und flüsterte und betete um Besserung und es passierte gar nichts.

Ich entschloss mich dann, zur eher teutonisch-aggressiven Gangart des pfingstlichen Reinhard-Bonnke-Gebets zu wechseln. Bonnke ist ein wunderbarer deutscher Evangelist, und sein Gebetsstil basiert auf der Vorstellung, dass Gott zwar nicht taub, aber auch nicht schreckhaft ist. Gelegentlich kommen bei dieser Art des Gebets harmlose Verletzungen vor. Man bittet vielleicht um das Nachlassen von Ohrenschmerzen, stellt aber unter Umständen im Nachhinein fest, dass man sich böse Prellungen zugezogen hat – eine Folge von unbestreitbar aufrichtigen, aber leicht körperbetonten Gebetsringkämpfen, die sich dabei ereignet haben. Ich durfte ein paar von diesen inbrünstigen Schlagabtauschen erleben, bei denen auf meine Ohren geboxt wurde, mein Magen einen Schlag erlitt und sogar eine nagelneue Jacke vor Fett triefte, weil das übereifrige Heilungsteam es mit garantiert echtem Olivenöl aus dem Heiligen Land eingeweicht hatte. Man bemerkte immerhin den Irrtum und bezahlte die Reinigungskosten.

Wie auch immer, ich legte beide Hände an den Kopf und brüllte den Erkältungsviren einen Verweis zu, so laut, dass es dem Teufel die Hölle austreiben konnte. Zwei oder drei Minuten lang band und löste ich, verwies und trieb ich aus, ja, atomisierte ich alles, was mir einfiel. Ich benahm mich so bonnkemäßig, dass mir auffiel, wie ich mit leicht deutschem Akzent betete. Kennen Sie die Gefängniswärter in Filmen über den Zweiten Weltkrieg, die andauernd herumrennen und „Raus! Raus!" schreien? So war ich, als ich der Erkältung in Jesu Namen „Raus! Raus!" befahl. Sie wollte aber nicht raus. Mein „Amen" hörte sich nach verstopfter Nase an. Abends ging ich mit Nasenspray, zwei Packungen Taschentüchern und Kopfschmerztabletten bewaffnet zu Bett. Ich brauche wohl kaum zu erwähnen, dass sich mein Glaube nicht auf dem höchsten Niveau befand. Die oben erwähnte Tür war zugeschlagen, abgeschlossen und verriegelt, und ich dachte daran, sie auf Dauer zu vernageln.

Doch obwohl Gott meist darauf wartet, dass man nach ihm fragt, gibt es Situationen, in denen er wie ein freundlicher Einbrecher erscheint, unsere pathetisch aufgezogenen Verteidigungsmauern ersteigt, das Alarmsystem abklemmt und alles mit einer Liebe überwindet, die zunächst unerwünscht zu sein scheint. Der väterliche Eindringling kam während meines Schlafs; vielleicht die einzige Gelegenheit, bei der mein Verstand und der Mund still genug sind, dass er überhaupt die Chance hat, ein Wort zu sagen. Ich träumte immer wieder den gleichen seltsamen Traum – selbst jetzt noch, wenn ich Ihnen, meinen staunenden Lesern, davon erzähle, habe ich das dumpfe Gefühl, als berichte ich aus der charismatischen „Twilight Zone". Ertragen Sie mich, wenn Sie können.

Im Traum befand ich mich in einem Bahnhof – im Bahnhof von Pemberton. Ein Beamter stand auf dem Bahnsteig und plauderte ein Weilchen mit mir, während ich auf den Zug wartete, der im Grunde nie kam. Während seines Geplauders weihte er mich in alles Mögliche ein, das diesen Ort namens Pemberton betraf. Als ich wach wurde, schwand der Traum nicht wie der Morgentau (was sonst mit meinen Träumen passiert). Ich erinnerte mich kristallklar, lebendig und deutlich daran. Als ich dort in meinem warmen Koma lag, das man Erwachen nennt, kam mir in den Sinn, dass ich am gleichen Tag auf jemanden stoßen würde, der „Pemberton" hieße, dass ich ihm alles erzählen würde, was mir der Bahnbeamte gesagt hatte, und dass dies als Botschaft der Hoffnung und einer besseren Zukunft verstanden werden würde. Das alles war ungewöhnlich und seltsam und musste Gott wohl ein gehöriges Stück akrobatischer Organisationskunst abverlangen, wenn es wahr werden sollte. Vor allem hatte ich ja noch nie einen Menschen namens *Pemberton* kennen gelernt.

Ich musste während eines eintägigen Leiterschaftsseminars, zu dem etwa 60 Menschen erwartet wurden, einen Vortrag halten – nicht gerade eine Tausendschaft, worunter sich mancher Pemberton finden konnte. Ich fuhr aufgeregt zu dem Saal, in dem die Versammlung stattfinden sollte, eilte hinein und griff mir die Liste der angemeldeten Delegierten. Mein federleicht gestimmtes Herz wurde schwer wie Blei, als ich die Liste überflog und nach *P* wie *Pemberton* suchte. Es gab keinen. Ich spürte einen schlechten Geschmack im Mund: wieder eine Enttäuschung, die meinen Eindruck bestärkte, nur verschlossene Türen seien gute Türen. Wenn Glaube ein Lebenszeichen wäre, dann hätte man mich in diesem Augenblick für tot erklären müssen.

Kurz vor Beginn der ersten Zusammenkunft kam ein Ehepaar atemlos zur Registrierung gelaufen. Sie kündigten an, am Kurs teilnehmen zu wollen; die Anmeldefrist hätten sie jedoch leider nicht einhalten können. Ginge das in Ordnung? Ich lächelte zustimmend, bat um die Namen und fiel beinahe in Ohnmacht. Es waren Mr. und Mrs. Pemberton. Ich glaube, dass ich etwas überaus Dummes gesagt habe, etwa: „Nett, Sie kennen zu lernen, ich war die ganze letzte Nacht auf Ihrem Bahnhof", aber dann fragte ich, ob wir uns in der Pause unterhalten könnten. Kaum zu glauben – plötzlich war der christliche Glaube wieder glaubwürdig.

Ich musste ihnen meinen Traum von der britischen Eisenbahn erzählen, der ihrer Angabe zufolge durchaus einen Sinn ergab. Aber ich bat sie darum, darüber nachzudenken und jedem davon zu erzählen, den sie einweihen wollten (ich glaube an die persönliche, nicht aber *private* Prophetie). Wir lachten und weinten gemeinsam, und ein paar Wochen später riefen sie mich an und erzählten, sie hätten über meine Mitteilung nachgedacht, gebetet und sie vertrauenswürdigen Freunden weitererzählt. Ihrer Meinung nach habe Gott deutlich gesprochen.

Damit dieses Kapitel nicht damit endet, dass alle fröhlich weiterleben, wenn sie nicht gestorben sind und John Wayne auf einem grinsenden Gaul über einen sonnenuntergangbeleuchteten Hügel reitet, möchte ich, wenn Sie gestatten, ein kleines Postscriptum für Ihre Gebete anfügen. Ein prophetisches Wort ist keine Krankmeldung von Gott, die uns von allen Versuchungen ausnimmt und bewahrt. Die Pembertons hatten in den vergangen Monaten mit gesundheitlichen Problemen zu tun – beten Sie bitte für die beiden. Ich kann jedoch nicht abstreiten, dass Gott sich angesichts meiner Erschöpfung und Ungläubigkeit (als ich dem charismatischen Dampfer und den Gaben des Heiligen Geistes auf immer Lebewohl sagen wollte) des Schlosses an meiner Tür und meines Gehirns angenommen und aufs Schönste mein kleines Verteidigungssystem durchbrochen hat.

Noch immer sehne ich mich nach mehr Qualitätskontrolle und einigen offenen Worten zum Thema „Prophetie". Falsch aber war es, das Pendel so weit ausschlagen zu lassen, dass ich Gott abweisen und ihn als Feind betrachten wollte. Himmlische Einbrecher sind willkommene Gäste. Am besten wäre es aber, wenn man die Tür überhaupt nicht zuschlägt.

Unwirklichkeit

Der Gottesdienst war vorüber und ich genoss das herzliche Nachgespräch bei einer Tasse Tee. Der Mann kam auf mich zu, lächelte über das ganze Gesicht, schaute aber ein wenig nervös drein.

„Ich möchte Ihnen mal eine Frage stellen, wenn ich darf", hob er an.

Ich nickte bereitwillig und versicherte, für Fragen offen zu sein. In diesen Momenten der Begegnung nach dem Gottesdienst kann man nie wissen, was als Nächstes kommt. Er schaute sich verstohlen um, als wolle er jeden Moment gestehen, am großen Eisenbahn-Postraub beteiligt gewesen oder insgeheim ein Massenmörder zu sein. Ich machte mich auf alles gefasst. Ich habe schon mehr als genügend Schauergeschichten gehört. Entgegen aller Bedenken hob er zu seiner Frage an.

„Ist es in Ordnung, wenn ich sage, dass ich Kopfschmerzen habe?"

Ich runzelte verwirrt meine Stirn. Das war, anders als erwartet, kein verschämtes, selbst erniedrigendes Geflüster. Er wollte bloß wissen, ob ein dumpfer Schmerz im Hirn zulässig sei. Ich antwortete vorsichtig.

„Gut, fangen wir mal von vorn an. *Haben* Sie denn Kopfschmerzen?"

Er schaute zu Boden, als hätte ich mich erkundigt, ob er Überträger einer Geschlechtskrankheit sei.

„Ja."

„Na, wenn das so ist, dann dürfen Sie ruhig sagen, dass Sie Kopfschmerzen haben."

Inzwischen wusste ich, was los war. Vermutlich kam dieser Mann aus einer jener Gemeinden, in denen Christen niemals krank werden dürfen. Beim Hüpfen von einem siegreichen Gipfel zum nächsten vertreten diese Leute den Standpunkt, dass es einem Christen nie an Gesundheit oder Wohlstand fehlen dürfe. Natürlich gibt es bei alledem ein ziemlich drängendes Problem: Als Christ wird man trotzdem krank (tatsächlich sagt man einigen von uns nach, dass sie gestorben seien, genau wie alle anderen Menschen auch). Zudem steht der Saldo unseres Bankkontos nicht immer in einem satten Plus, selbst dann nicht, wenn wir den Zehnten geben, die Missionare mit Spenden bedenken *und* dem Schreihals im Fernsehen noch ein paar Scheinchen schicken, weil er behauptet, dass man todsicher reichlich Kohle kassiert, falls man seinen Dienst unterstützt. Dahinter verbirgt sich die Vorstellung, dass man es nicht zugeben darf, wenn man tief im Morast dieser Probleme steckt: Das wäre nämlich ein Bekenntnis der Niederlage, und deshalb wird von uns erwartet, dass wir ein *positives Bekenntnis* ablegen und etwas ins Sein rufen, das noch nicht existiert. Daher sprechen wir jedes Mal unsere eigene Krankheit in die Realität, wenn wir sagen, dass wir krank sind, statt Worte des Glaubens zu sprechen. Daher sind Kopfschmerzen verboten.

Schlechte Theologie ist ein harter Lehrmeister; so mancher ist gestorben, weil er auf diesem Trip gelandet ist. Aber es gibt noch eine weniger erkennbare, doch ebenso unheilvolle Facette dieser Methode des positiven Bekenntnisses. Wenn man unter dem Druck steht, pflichtgemäß Siege zu erringen, dann stellt sich die Unwirklichkeit nicht nur bei Aussagen über die Gesundheit ein. Wie bei einer Funken sprühenden Autobatterie springt die Unechtheit auf alle Knotenpunkte unseres Lebens über, in alle möglichen Bereiche, in denen wir zwar in Not sind, aber den Zwang verspüren, Probleme zu leugnen. Unsere gesamte Moral kann in diesen Nebel der Verstellung geraten. Obwohl wir uns zutiefst unwürdig fühlen und wissen, dass in unserem Leben zahlreiche verborgene Sünden wie die sprichwörtliche Leiche im Keller vergraben sind, „bekennen" wir, dass alles in Ordnung *ist* – als ob die bloße Aussage alles gut machen würde. Im Grunde lügen wir, und das nur deswegen, weil wir die Fassade des Glaubens aufrechterhalten wollen. Die Sünden liegen daher sehr tief begraben und bleiben bis zum Tag der Katastrophe (oder der Befreiung?) unentdeckt, wenn wir endlich ertappt werden und das Licht in die dunklen Gruben strahlt, die wir selbst ausgeschachtet haben. Doch wo Gottes Herrschaft ist, sein Königreich, da regiert die Wahrheit, auch wenn die Wahrheit unbequem ist und eher wie bittere Medizin schmeckt.

Johannes der Täufer, jener komische Typ mit dem schrägen Modegeschmack und den noch komischeren Essgewohnheiten, taufte Scharen von Menschen in der Wildnis und baute dem Messias eine Straße, auf die dieser sich begeben konnte. Währenddessen bekannten die Leute lauthals ihre Sünden, bevor sie unter Wasser getunkt wurden. Warum? Natürlich weil der König kam – es wurde Zeit, „echt" zu werden, authentisch zu sein. Echte Gemeinschaft hat etwas mit Authentizität und Wahrheit zu tun. Oft reduziert sich die „Zeit der Gemeinschaft" auf einen flüchtigen Händedruck, für den im Gottesdienst eine halbe Minute reserviert wird. Das Singen der Lieder genießt jedoch höchste Priorität. Miteinander zu reden und von den guten und schlechten Ereignissen unseres Lebens zu berichten, ist eigentlich viel weiter unten auf der Rangordnung angesiedelt. Im Licht zu wandeln, um einmal die Terminologie des Apostels Johannes zu verwenden, ist jedoch die Grundvoraussetzung für Gemeinschaft. Damit meine ich nicht, dass wir auf jede Frage nach unserem Wohlbefinden einen medizinischen Fachbericht, Röntgenbilder und eine regelrechte Diagnose liefern sollten. Wohl aber sollten wir dafür Sorge tragen, dass es Menschen gibt, die uns wirklich kennen und die uns dabei helfen dürfen, uns selbst kennen zu lernen: durch Zurechtweisung, Trost, Herausforderung und offene Fragen. Jesus weinte im Angesicht seiner Freunde und Nachfolger und bekannte, er sei im Garten von Gethsemane total überwältigt gewesen. Und selbst der etwas stoische Paulus informierte die streitlustigen Korinther, dass sogar er vielleicht die Versuchung empfunden habe, Selbstmord zu begehen: „Ich hatte keine Hoffnung mehr, mit dem Leben davonzukommen. Ich fühlte mich wie einer, der sein Todesurteil empfangen hat" (2. Korintherbrief 1,8–9). Das ist kaum der Stoff, aus dem grinsende „positive Bekenntnisse" gestrickt sind.

Ironischerweise gibt es einen deutlichen Bezug zwischen Realität und Heilung. Jakobus ermahnt uns, bei Kopfschmerzen und Schlimmerem die Ältesten der Gemeinde zu rufen und um Gebet zu bitten, doch Knall auf Fall fordert er mitten in der übernatürlichen Thematik auf, einander auch die Sünden zu bekennen. Vielleicht würden wir mehr Wunder erleben, wenn wir nur ein wenig authentischer wären.

Also: Ja, es ist gestattet, Kopfschmerzen zu haben, Angst zu haben, wütend zu sein, an Tumoren zu leiden und in der Tat ein ganzes Bündel von Schmerzen durchzustehen, die uns Christen gewiss nicht erspart bleiben. Wenn wir vielleicht ein wenig ehrlicher miteinander umgingen, würden wir erleben, wie manches davon tatsächlich verschwindet, und zwar durch Gebet, das von Herzen kommt, eine Spur Glauben enthält und ehrlich ist.

Auf dünnem Eis

Es war ein wunderschöner, frischer Herbsttag, die Sonne strahlte und verhüllte die tödliche Realität von dunklem Eis, das tückisch auf der Straßenoberfläche lauerte. Wir fuhren einen Gebirgspass in Oregon hinauf. Die Millionen von Nadelbäume, die sich unterhalb von uns befanden, erschienen uns wie ein üppiger, grüner Teppich. Während wir uns den Pass hinaufschlängelten, fiel mir auf, dass man den Straßenrand meiden musste, denn dort ging es Hunderte von Metern steil bergab; es gab keine Leitplanke. Die Philosophie, die uns diese Straße lehrte, war ganz einfach: Fahr vorsichtig oder stirb.

Am Steuer des Wagens saß ein Freund. Ich befand mich hinten im Auto und kämpfte mit unseren kleinen Kindern, die alle 30 Sekunden wissen wollten, ob wir denn bald da seien. Als wir in eine ziemlich enge Kurve fuhren, gerieten wir plötzlich auf eine Stelle von gefrorenem Eis (ein Hinweis für Nichtphysiker: Eis ist meistens gefroren). Das Auto kam ins Schleudern, und ganz nebenbei beobachtete ich, dass wir die Straße entlang auf den klaffenden, schneeweißen Abgrund des Vergessens zurutschten. Das war gar nicht gut; es konnte nicht sein, dass Gott so etwas mit uns vorhatte, und selbst dann, wenn es zu seinem Plan gehörte, gefiel es mir nicht. Ich protestierte dagegen, ganz klar und eindeutig.

In der Bibel wird uns befohlen, dass wir bei allem, was wir tun, ganz bei der Sache sein sollen: „Was immer deine Hand zu tun findet, das tue mit ganzer Kraft." Ich holte tief eine ganze Lunge voll Luft und ging daran, dieser biblischen Anweisung Folge zu leisten, indem ich Zeter und Mordio schrie, so laut ich konnte. Gott muss mich wohl gehört haben – wahrscheinlich haben sogar alle Aliens meinen Schrei gehört, die zum Picknick auf anderen Planeten unterwegs waren und bei uns hier vorbeikamen. Nun schlidderten wir in hilflosen Drehungen auf den Abgrund zu, in jenem Zeitlupentempo, das dem Tode vorangeht. Meine Güte.

Dann fiel mir auf, dass mein Freund, der Fahrer, im Gegensatz zu mir gar nicht schrie – vielmehr betete er. Er fühlte sich offensichtlich als Opfer übler Tricks, denn ich hörte, wie er Satan in eindeutigen Formulierungen darüber informierte, er solle „die Finger vom Auto lassen". Während wir dem Abgrund entgegenwirbelten, äugte ich durch die Frontscheibe, erblickte aber keinen Gehörnten mit Forke und roter Strumpfhose auf der Rübe. Immerhin, Beten kam mir sinnvoll vor, und ich machte mit, doch aus meinem Mund kam statt einer Fürbitte im „Bruce-Willis-Stil" eher ein Quietschen, das sich anhörte, als käme es von Minnie Maus, die sich ihren Schwanz in der Fahrstuhltür eingeklemmt hat. Und dann tauchte der Abgrund drohend vor uns auf. Ich ließ das Beten sein und tat einfach das, worin ich wirklich gut bin – Schreien.

Das Auto neigte sich plötzlich, als wir über den Rand glitten. Was als Nächstes geschah, spottet jeder logischen Erklärung, es sei denn, man gibt zu, dass es einen Gott gibt, der sich für uns interessiert. In Sekundenbruchteilen wurde das Auto angehoben und auf die Straße zurückgeschoben. Eine Fahrerin, die gerade den Pass herunterkam, blieb stehen, so sehr musste sie über den Anblick staunen. Eine Minute später, beim atemlosen Gespräch am Straßenrand, berichtete sie, dass sie drei von vier Rädern bereits über dem Rand schweben sah – und dann habe sich das Auto gehoben. Sie war auch Christin und hatte keinen Zweifel daran, wer uns da beigestanden hatte.

Während ich diese Worte schreibe, stecke ich in einem Dilemma: Christen – auch bessere als ich – sterben bei Autounfällen. Erst vor ein paar Wochen ist ein junger Mann, mit dem ich gemeinsam im Dienst gestanden habe, am Steuer eingeschlafen und beim Aufprall gegen einen Baum sofort ums Leben gekommen. Er hatte in der Nachfolge Jesu manches Opfer gebracht und durfte in seinem Dienst für Gott eigentlich eine strahlende, verheißungsvolle Zukunft erwarten. Doch er wurde nicht bewahrt.

Ich war versucht, nie wieder ein Wort über meine Rettung vor dem Abgrund zu verlieren. Doch wenn ich mich dazu entschließen würde, darüber zu schweigen, würde ich damit leugnen, dass Gott definitiv aktiv in unser Leben eingreift. Vielleicht muss ich mich behutsam auf den Bereich der Geheimnisse einlassen, wenn ich verdeutlichen will, was Gott damals für mich getan hat. Tatsache ist, dass ich keine Ahnung habe, warum ich bewahrt wurde, während andere, treuere Freunde Jesu überall auf der Welt bei Unfällen sterben. Doch mein Halbwissen darf mich nicht davon abbringen, das Geschehene zu bezeugen. Gott heilt so manches Mal, und keine Krankheit ist stärker als seine Macht, aber dennoch werden viele nicht geheilt.

Dieses Wissen weckt in mir Abscheu vor jener Form des Christentums, die den Menschen greifbare Resultate verspricht – Gesundheit, Heilung, Wohlstand –, solange sie sich an eine Liste vorformulierter Glaubensgrundsätze halten. Nicht nur, dass dadurch Gott auf den Status eines glücklosen Automaten reduziert wird, sondern aufrichtige Menschen werden schlicht hereingelegt. Der Glaube ähnelt manchmal mehr einer Liebesbeziehung – einer Romanze, die uns manchmal zur Verzweiflung treibt, die uns verwirrt – als einer 20-stufigen, stabilen Leiter zum Erfolg. Wie jede Beziehung so kann auch der Glaube nicht auf leblose Gesetze oder geistreiche Formeln reduziert werden.

Hat Gott Sie heute gesegnet? Gut – dann erzählen Sie, was Ihnen Gutes passiert ist. Gehen Sie aber vorsichtig und sensibel mit Menschen um, die zurzeit eher das Gefühl haben, dass es „knüppeldick" kommt, und deren Gang beschwerlich ist, die aber bei allem Schmerz immer noch treu auf Gottes Eingreifen warten. Wenn wir die Macht und das Handeln eines übernatürlichen Gottes bezeugen, dann ist dies in einer Welt von Leid und Schmerzen ein Balanceakt. Und um diesen zu bestehen, braucht man Gnade.

Entscheidungen

Wohin jetzt?

Führung. Dieses Wort stach mir in meinen frühen Jahren als Christ wie ein Dolch ins Herz – der schiere Terror. Es lief alles wie geschmiert bis zum Tag, an dem jemand den merkwürdigen Ausdruck „der Wille Gottes" in ein Gespräch einfließen ließ. Nachdem ich festgestellt hatte, dass es hier nicht um ein Dokument ging, mit dem Gott seinen Verwandten den himmlischen Letzten Willen hinterließ, machte ich mich auf die mühselige Suche nach *dem Willen Gottes für mein Leben*. Andere Christen mit mehr Erfahrung als ich gaben mir den Rat, ich müsse nach *Führung* streben. Scheinbar waren zwei Navigationssysteme im Angebot. Der *„vollkommene"* Wille Gottes war die Version mit „sofortiger Wirkung, hundertachtzigprozentig, mitten ins Schwarze", die den wirklich Eifrigen empfohlen wurde. Dann gab es noch die etwas zwielichtige, *freizügige* Variante des Willens Gottes, auf die man als Lehrling Jesu mit gleichgültigerer, vager Gesinnung setzen konnte. Das tat ich verächtlich ab: Für mich bitte nichts weniger als die *vollkommene* Version, unbedingt. Ich wollte auf den Meter genau im *vollkommenen* Willen Gottes leben – besser noch zentimetergenau. Ich eilte sofort zu unserem christlichen Buchladen, weil ich in solch gewichtigen Angelegenheiten Beistand brauchte.

Leider wurden hier zahlreiche Bücher zum Thema „Führung" angeboten, was mich an Ort und Stelle mit einem lähmenden Dilemma konfrontierte: Welches Buch über den Willen Gottes konnte Gott denn für mich gewollt haben? Ich wanderte im Laden umher und enthielt mich dabei mindestens fünf Minuten lang jeder Speise in der Hoffnung, dass dieses Miniaturfasten meiner Seele die Offenbarung bringen würde. Ach, ich konnte mich nicht entscheiden. Mehrere Buchtitel sahen verheißungsvoll aus, aber welches war das richtige?

Ich hatte gehört, dass man „ein Vlies auslegen" solle, wenn man vor mehreren Möglichkeiten stehe. Nachdem ich in Erfahrung gebracht hatte, dass ich dabei kein Schaf zur Welt zu bringen brauchte, bat ich Gott, den ruhigen, glatzköpfigen Geschäftsführer dazu zu bringen, mich aus dem Laden zu werfen, wenn ich das falsche Buch ausgesucht habe. Besagter Herr rührte sich nicht; ich schloss daraus, dass ich tatsächlich auf der richtigen Fährte war. Es blähten sich sogar seine haarigen Nasenlöcher, als er die Ladenkasse klingeln ließ und mir das Buch einpackte: War das vielleicht ein Zeichen?

Und so begann eine Phase nebulöser Verwirrung, während ich aufrichtig um das Thema „Führung" rang. Einige wohlmeinende Personen (die zuvor vielleicht damit beschäftigt waren, einen Typ namens Hiob zu beraten) taten ihr Bestes, um mich in das rechte Fahrwasser zu bringen. Der eine sagte, Gott werde zu mir reden, wenn ich meine Bibel einfach aufs Geratewohl aufschlagen würde. Ich hatte gerade meine ersten Verabredungen mit Kay, mit der ich heute verheiratet bin, und wollte unbedingt wissen, ob sie ein Teil des vollkommenen Planes sei. Sorgfältig entfernte ich alle Lesezeichen, Quittungen und leere Chipstüten aus meiner Bibel, schlug sie auf und legte meinen Finger willkürlich auf einen Vers. Er stand in den Sprüchen und warnte mich davor, mich mit Prostituierten einzulassen. Ich war entsetzt. Hatte Kay mir etwas verschwiegen?

Ich bin nicht der Erste, der die Bibel nach der Methode „Glücksrad" erforscht. Die folgende Geschichte ist eine alte Kamelle, aber durchaus erzählenswert, falls Sie sie noch nicht kennen sollten.

Ein Mann, der verzweifelt um Führung ringt, schlägt die Bibel auf und legt den Finger auf einen Vers. Er lautet: „Und Judas ging hin und erhängte sich." Entmutigt schließt der Mann die Bibel und findet, er solle es noch mal probieren. Der nächste Vers, den er per Zufall findet, hilft ihm nicht weiter. Dieser lautet nämlich: „Gehe hin und tue desgleichen." Da er jetzt wirklich verzweifelt ist, will der Mann der Methode „Fingerzeig Gottes" eine letzte Chance geben. Ein letztes Mal schlägt er die Bibel auf und stößt seinen Finger mit dramatisch geschlossenen Augen auf die Seite. Der Vers lautet: „Was du tun willst, das tue eilends."

Dann experimentierte ich mit dem Alltagsgeschehen – zum Beispiel mit dem Wechsel der Verkehrsampelfarbe nach dem Motto: „Wenn erst das passiert und dann das, dann bedeutet das soundso." Rückblickend habe ich den Eindruck, dass ich damals eigentlich eher die Fürsorge psychiatrischer Fachkräfte gebraucht hätte – allerdings würden Sie staunen, wie viele Menschen sich melden, wenn ich in einer öffentlichen Veranstaltung frage, wer schon mal die „Verkehrsampelführungsmethode" probiert hat. Da ich unsicher war, ob Gott mich von meiner scheinbar liederlichen Freundin trennen und zu einem zölibatären Leben als Missionar in Afrika berufen wollte, stellte ich mich ihm zur Verfügung, als ich eines Tages mit dem Auto unterwegs war. Ich bat ihn, die nächste Ampel grün werden zu lassen, wenn ich den Tropenhelm nehmen solle. Ich bin ihm sehr dankbar dafür, dass die Ampel rot wurde und mir der schweißtreibende Ruf in die Sahara erspart blieb. (Okay. Ich bekenne: Sie war grün, aber ich fuhr langsamer, bis sie rot wurde.) Genau, Sie ahnen schon: Ich war kurz davor durchzudrehen.

Dann hörte ich, dass man sich auf dem rechten Wege wähnen durfte, wenn man Frieden spüre – offensichtlich wirkte dieser innere Friede wie der Schiedsrichter bei einem Kricketspiel. Ein Gefühl von Unruhe und emotionalen Wirren konnte der Hinweis dieses Schiedsrichters sein, dass man sich drückte – nämlich vor dem Willen Gottes. Das verschaffte mir manches ernste Problem. Natürlich hatte ich keinen Frieden – vor allem, weil ich furchtbare Angst hatte, Fehler zu machen. Man könnte genauso gut einen Trapezartisten fragen, ob er einen Frieden verspüre, während er merkt, wie sein Fuß von der Stange rutscht. „*Na, wenn du bedenkst, dass du kopfüber in den Abgrund stürzen und dir da unten alle Knochen brechen könntest – bist du da ganz ruhig?*" Ich befand mich in einem lähmenden Teufelskreis: Ich hatte keinen Frieden, weil ich keinen Frieden hatte, weil ich keinen …

Eines Tages entschloss ich mich dann, jenen Bibelvers über Frieden und Schiedsrichter einmal näher zu betrachten, und stellte fest, dass es darin um die Notwendigkeit harmonischer Beziehungen in der Gemeinde ging. Er hatte in keiner Hinsicht mit Führung zu tun. Ich war etwas sauer über die unnötige Qual, die ich ausgestanden hatte, weil ich der schlechten Lehre ohne Rücksicht auf den Kontext gefolgt war. Es ging ja gar nicht um Kricket.

Es sollte aber noch schlimmer kommen. Irgendein heller Kopf meinte, es sei ganz einfach, Gottes Willen zu erkunden – es sei das genaue Gegenteil von dem, was *ich* gern getan hätte. Heute klingt das nach Spinnerei, aber damals kam es mir absolut vernünftig vor. Allerdings ruinierte es mein Gefühlsleben. Was zum Beispiel sollte ich mit Kay anfangen? Ich ging eindeutig deshalb mit ihr aus, weil ich sie mochte und attraktiv fand. Damit war sie also für mich tabu. Bestimmt sollte ich mir eine suchen, die unerträglich langweilig und total hässlich war. *Ja, das ist es, ich soll um deines Namens willen eine echt hässliche Frau heiraten, o Herr! Halleluja! Damit trage ich mein Fleisch ein für alle Mal ans Kreuz!* (Wenn einige meiner Leser mein Foto gesehen haben, ziehen sie wohl schon den

Schluss, dass auch meine Frau dieser irrsinnigen Idee verfallen war.)

Es gibt eine ganze Reihe von Varianten dieser ziemlich verkorksten Lehre. Ich habe von mehr als nur einem Prediger gehört, der ganze Gemeinden mit dieser Methode der Führung („Gott denkt sich etwas Übles für dich aus") belästigte: „Sag niemals, du würdest irgendetwas nicht tun wollen. Gott wird dich auf seine Art dazu bringen, genau das zu tun! Ich habe von jemandem gehört, der von ganzem Herzen Curry hasste und schon beim bloßen Gedanken, in heiße Gegenden zu reisen, weinen musste. Aber ... (wirkungsvolle Pause zum Schaffen einer Atmosphäre von maximaler Schadenfreude für den schwitzenden Unglücklichen, der heute sein Dasein damit fristet, dass er eine verhasste Arbeit an einem verachtenswerten Ort leistet und seit Jahren kein anständiges Essen mehr bekommen hat) ratet mal, was er jetzt für Gott tut? Ja! Er ist Missionar in Kalkutta!"

Natürlich gibt es Situationen, in denen Gott uns etwas ins Herz legt, worauf wir nicht scharf sind: zum Beispiel das Märtyrertum. Doch die Vorstellung, dass er nur darauf wartet, mir seine ganze Verachtung für das zu erweisen, was ich mag, ist bestenfalls irgendwie pervers. Man stelle sich vor, ich ginge mit einer ähnlichen Einstellung Weihnachtsgeschenke kaufen.

„Aha! Obwohl ich weiß, wie sehr mein Sohn sich über ein Surfbrett unter dem Weihnachtsbaum freuen würde, stelle ich hiermit seine Liebe zu mir auf die Probe, indem ich ihm heizbare Lockenwickler schenke. Jawohl!"

Ich hatte auch mit der Vorstellung zu kämpfen, dass, wie der eine Autor sagt, „Gottes Wille sich auf alles erstreckt". Selbst wenn das wahr sein sollte, woran ich zweifle, dann müsste ich darunter verstehen, dass ich nach Anweisungen für jede Einzelheit meines Lebens zu forschen habe. Soll ich einen grünen oder meinen blauen Lieblingspullover tragen, soll ich im Supermarkt oder im Bioladen einkaufen? Und wenn ich zu Weihnachten „Cluedo" spiele, ist es dann schon vorherbestimmt, dass der Oberst den Mord mit dem Bleirohr begangen hat? Kennt Gott bereits den Ausgang eines harmlosen Tischtennisspiels – und wichtiger noch, hat er denn schon entschieden, wer der Sieger sein soll?

Ich geriet in tieferes und in philosophischer Hinsicht brenzliges Fahrwasser. Ich las die Ankündigung eines ganz gründlichen Autors: „Möchten Sie Gottes souveränen Willen für die Vergangenheit kennen lernen? Nun, wenn etwas geschehen ist, dann gehörte es zu seinem Plan ..." Hilfe! Das heißt dann wohl, dass zu diesem „Plan" zwei durchgedrehte Schuljungen gehörten, die in der Highschool von Columbine mit Gewehren herumspielten und massenhaft Schüler und Lehrer exekutierten, bevor sie sich selbst ins Jenseits beförderten. Das heißt, die Schreie und Schluchzer von Sarah Payne, die von einem der kaltherzigsten Menschen der Geschichte entführt und ermordet wurde, „gehörten zum Plan". Und das bedeutet, dass die obszönen Fotos, auf denen die Qual der Opfer sichtbar wird, die auf der Flucht vor den Flammen von den *Twin Towers* in New York sprangen, „zum Plan gehörten". Das kann und will ich nicht glauben. Ich hatte mich mit der ganzen Geschichte in eine richtige Zwangsjacke begeben. Eines Tages dämmerte es mir: Es war nicht der Wille Gottes, dass ich vom Willen Gottes besessen war.

Gott ist kein bloßer Lebensplaner und Richtungsweiser, der seine Kinder wie Spielfiguren auf dem Schachbrett hin- und herrückt. Im Bereich der Spiritualität hat eine Art „mystischer Größenwahn" keinen Platz, bei dem es darum geht, ständig irgendwelche „Streckenbeschreibungen" aus dem Jenseits herunterzuladen. Wenn sich so etwas wie Führung ereignet, ist sie das Resultat einer Freundschaft, einer Beziehung. Gott lässt sich nicht auf ein gesichtsloses Orakel reduzieren. Er ist und bleibt in Ewigkeit Vater.

Es gibt Zeiten, da er uns offensichtlich die Chance gibt, eine eigene Entscheidung zu fällen. Es kam dann auch bei mir ein Tag, an dem ich einen ziemlichen Schock erlebte. In einer bestimmten Situation bat ich Gott ehrlichen Herzens um seine Weisung und seine klare Antwort schockierte mich. „Ich habe nichts dagegen. Was möchtest du selbst?" Das schlug wie eine Bombe ein, denn ich war der festen Überzeugung gewesen, alles, was ich wollte, sei automatisch das, was Gott *nicht* wollte. Ich rege hier nicht an, im Großen und Ganzen zu tun, wozu man Lust hat, aber bei jener Gelegenheit überraschte Gott mich, indem er mir die Entscheidung überließ.

25 Jahre später habe ich zum Thema „Führung" einen ganz einfachen Rat. Hören Sie auf, sich nach dem Willen Gottes auszustrecken. Lesen Sie den Satz noch einmal, weil ich es ernst meine. Strecken Sie sich stattdessen nach Gott aus. Freuen Sie sich an ihm, lieben Sie ihn, öffnen Sie Ihr Leben für ihn, teilen Sie ihm mit, dass Sie alles wollen, was er will.

Dann ergibt sich die Führung, wenn sie nötig ist, ganz natürlich, und man gerät nicht in jene charismatische Neurose, die mich in den frühen Jahren als Christ heimsuchte. Man rennt dann nicht ständig Offenbarungen hinterher – vielmehr stellt sich echte Weisheit im Leben ein.

Und wenn jemand nach Tropenhelmen Ausschau hält, ich könnte einen verkaufen. Mir ist schon wieder eine rote Ampel in die Quere gekommen.

Sünden für Dumme

Mit Computern komme ich nicht besonders gut klar. Zurzeit bin ich stolzer Besitzer eines „IBM Beelzebub" mit 666 Megahertz-Prozessor. Er ist ein wahrer Diener Satans, der meine stille, geheiligte Persönlichkeit sabotiert. Ich verwende ihn zur Ausarbeitung meiner Predigten, doch immer, wenn ich in meinen Vorträgen zum Thema „Geduld" zum dritten Abschnitt komme, hängt er sich auf, und alle meine freundlichen Gedanken verflüchtigen sich, wobei ich laut schreie und in den Bildschirm beiße.

Teilweise hängt sein okkultes Verhalten wahrscheinlich damit zusammen, dass ich so einiges eingegeben habe, das er nicht angemessen fand – zum Beispiel einen halben Liter Bier. Als ich eines späten Abends so vor mich hintippte, blieb ich mit dem Ellbogen an einem Glas mit der für die Computer dieser Welt vermutlich schädlichsten Flüssigkeit hängen, die sich dann direkt auf die Tastatur ergoss. Das pappige Gebräu verklebte die Tasten und der Computer selbst grinste mich wochenlang dümmlich an, den Eindruck hatte ich jedenfalls. Die Leute dachten, ich hätte mir ein Online-Stottern zugelegt, denn meine E-Mails begannen immer gleich mit einem „HHHHHHallo".

Dann war da noch die Sache mit der PowerPoint-Präsentation, die ich gerade auf meinem Notebook abrunden wollte, als das Telefon zu klingeln begann. Ich griff zum Hörer, stieß einen kochenden Wasserkessel um und verwandelte den Computer im Nu in einen dampfenden Schrotthaufen. Der Computer hat wirklich aufgeschrien, ehrlich, und ich stimmte mitleidsvoll mit ein. Wieder einmal ein Gang zum Computerkrankenhaus, diesmal mit einem verbrühten, empörten Gerät.

Mein bisher schlimmstes Erlebnis aber war der Vorfall, bei dem ich aus Versehen meine Festplatte formatierte. Diesen hochtechnischen Begriff (!) sollte ich wohl besser jenen glücklichen Uneingeweihten erklären, die noch nicht in diese Tiefen der Technologie vorgedrungen sind. Die Festplatte formatieren – das entspricht dem Abheben der Schädeldecke, dem Entfernen des Gehirns, dem Entsorgen besagten Gehirns auf immer und ewig und dem Aufsetzen der zuvor erwähnten Schädeldecke. In Blitzesschnelle löscht man alles aus.

Ich weiß nicht, warum ich das gemacht habe. Ich war sehr müde, tippte die falschen Tastaturbefehle ein und gab dem Computer den Formatierungsbefehl. Es bedeutete, dass jede Predigt, die ich jemals geschrieben habe, sowie fünf Jahre Buchhaltung vernichtet werden sollten. Die Weiterführung meines Tagebuchs in den beiden nächsten Jahren konnte ich mir getrost abschminken. Der Computer selbst runzelte angesichts meines Befehls beunruhigt die Stirn und bat um die Bestätigung dieses ungewöhnlichen, im Grunde selbstmörderischen Befehls. Ich war auf Kamikaze-Kurs. Eine Warnmeldung blinkte auf und verlangte die Bestätigung meines Selbstzerstörungsbefehls.

„SIND SIE SICHER?"

Natürlich bin ich sicher! Wie kannst du es wagen, meine Entscheidung in Frage zu stellen, du böses, jämmerliches Gerät! In diesem Moment ungezügelten Wahnsinns schwebte mein Finger über der J-Taste. Noch einmal für die Nichttechniker: „J" steht für „Ja". Ich drückte die Taste ganz bewusst. Und in einer Sekunde oder zwei war alles ausgelöscht. Noch während ich die J-Taste einen ganz kurzen Augenblick lang gedrückt hielt, erkannte ich den extremen Schwachsinn meines Handelns. Die Festplatte war jetzt leer. Es gab kein Zurück mehr, alles war Geschichte, *unwiederbringliche* Geschichte. Meine Reaktion war, sagen wir mal, nicht gut. Ich wünschte, ich könnte berichten, dass ich meine Dummheit mit stillem Anstand hinnahm und murmelte: „Der Herr hat's gegeben, der Herr hat's genommen, gesegnet sei der Name ..."

„*Neeeeeeeiiiiiiiin!*", kreischte ich in höchsten Tönen, rannte irrwitzig im Zimmer umher und stieß gegen die Möbel.

Hätte ich doch nur die Warnung beachtet – „*Sind Sie sicher?"* – und einen Augenblick innegehalten, um mein Tun zu überdenken. Ich hätte mir den Kummer der nächsten Monate erspart. Stattdessen habe ich mit meiner ungeduldigen, gedankenlosen Hast alles zerstört.

Und manchmal passiert dies auch, wenn man in einen erregenden Moment der Versuchung gerät. In der Hitze des Augenblicks preschen wir mit irrsinnigem Tempo auf den Wahnsinnspfad in Richtung Sünde – ja wirklich, wir leiden unter zeitweiligem Schwachsinn. Man ignoriert alles, was man als Wahrheit erkannt hat, überrennt jeden Bibelvers, den man gelernt, und jede Lehre, die das Leben einen gelehrt hat. Kopfüber springen wir aus dem Zwielicht des Dämmerzustands in die Missetat. Wenn es dabei doch nur eine Error-Meldung gäbe, die uns automatisch vor Augen stünde: „Sind Sie sicher, das Sie das tun wollen?" Oder eine Art Zeitverzögerungsmechanismus wie auf der Bank: „Der Safe mit dem Bargeld öffnet sich erst nach einer halben Stunde." Der Mensch mit dem Verstand eines Esels, der gerade jetzt mehr vom Bauch als vom Kopf dirigiert wird, wäre eine volle halbe Stunde nicht zur Sünde fähig: „Bitte warten und darüber nachdenken."

Wie viele Ehen hätten gerettet werden können, wenn die ehebrecherischen Vorsätze wenigstens ein paar Sekunden im Angesicht der eigenen Kinder überdacht würden oder wenn man sich ein Eheversprechen voller Liebe und Zuversicht vor Augen hielte, statt gedankenlos in ein Bett voller Rosen und dann Dornen zu hüpfen? Von dort aus ist nichts mehr genau so wie zuvor.

Wie anders sähe es in manchem Leben aus, wenn man bedachte, überlegte Entscheidungen getroffen hätte, vielleicht ohne die Vernebelung, die zu viel Alkohol mit sich bringt? Wie viele Kinder, die von alkoholisierten Autofahrern überfahren wurden, würden heute noch leben und lachen, wenn es nur eine Pause vor dem letzten Glas gegeben hätte? Wie vielen Freundschaften wäre der Bruch erspart geblieben, wenn man verletzende Worte rechtzeitig zurückgehalten hätte, um dem Gehirn Zeit zu geben, das Mundwerk wieder einzuholen?

Wenn Sie also das nächste Mal die Versuchung verspüren, einen schwachsinnigen, zwanghaften Sprung zu tun, halten Sie lieber inne, und denken Sie einen Augenblick nach. Das könnte Ihnen einen Tag – oder gar ein Leben – voller Reue ersparen.

Extrameilen

Die Spätnachmittagssonne fühlte sich wunderbar warm auf unserem Rücken an, als wir am – vermeintlichen – Abschluss unseres Tages im *„Water World"-Park* in Colorado hintereinander durch die Drehkreuze gingen. Wir hatten gejauchzt und geplanscht, Dutzende Male Rutschen und Flöße bestiegen und spürten jetzt am ganzen Leibe den angenehmen Schmerz der Erschöpfung, der einem schönen, amüsanten Tag die Krönung verleiht.

Unter Hunderten von Autos suchten wir nun den Weg zu dem unsrigen. Es war leicht zu erkennen, weil es mit all unseren Taschen und Koffern voll beladen war. Wir befanden uns auf einer ausgedehnten Reise, und wenn auch unser Auto keine Küchenspüle hatte, so schleppten wir jedenfalls eine ganze Menge Zeug mit. Als wir uns dem Wagen näherten, wurde mein schläfriger, friedlicher Zustand jäh erschüttert, ebenso wie offensichtlich zuvor das Fenster an der Fahrerseite. Wir waren bestohlen worden. Aus dem Meer von Hunderten, vielleicht sogar Tausenden von Autos war unseres auserwählt worden. Auf dem Betonboden lagen Glassplitter. Mir sank das Herz in die Hose.

Unter Tränen überprüften wir wie die Wilden, was gestohlen worden war. Die meisten Taschen waren unberührt. Ein Notebook, das ich dummerweise auf dem Rücksitz liegen gelassen hatte, war übersehen worden: Vielleicht waren die Diebe gestört worden und hatten sich schnell zurückziehen müssen. Ein wichtiges Teil fehlte aber doch: die

Tasche mit Kays Schmuck, in der auch unsere Pässe und die wichtigen Aufenthaltsgenehmigungen lagen (*Green Card* genannt, selbst wenn sie blau ist), der Beweis, dass wir in Amerika leben dürfen. Auch unsere Flugtickets waren verschwunden. Ohne Pässe würde es uns wohl nicht gelingen, nach England zurückzukehren. Wir mussten die britische Botschaft in Los Angeles aufsuchen, um Ersatz zu bekommen, und dann nach Portland in Oregon weiterfliegen, um uns bei der Einwanderungsbehörde die Aufenthaltsgenehmigungen ersetzen zu lassen. Das alles musste in den nächsten beiden Tagen passieren und für die dazu nötigen Flugtickets würden wir Tausende von Dollars zahlen müssen. Wir waren am Boden zerstört.

Kelly stapfte auf dem Parkplatz umher und hoffte, die Pässe zu finden, die die Räuber vielleicht auf der Flucht weggeworfen hatten, aber ohne Erfolg. Richard gab telefonisch der Polizei Bescheid und Kay weinte vor Enttäuschung. Dieses Ereignis würde uns den Urlaub völlig ruinieren. In einem seltenen Moment dieses meines Lebens geriet ich nicht in Panik, sondern verspürte einen Anflug von Inspiration und Glauben. Sie müssen wissen, dass so etwas bei mir nur ausgesprochen selten vorkommt. Meist ist Kay dafür zuständig, in einer Krise die Ruhe zu bewahren und aus dem Glauben Kraft zu schöpfen. In unserer Form von Partnerschaft übernehme ich für gewöhnlich die Rolle des erschrockenen, nervösen und aufgeregt Handelnden, eine Rolle, in der ich mich zu Hause fühle. Sie stellt sich bei mir ganz natürlich ein. Das gebe ich übrigens ungern zu; ich betone es nur für den Fall, dass Sie mich für selbstgefällig halten. In dieser Situation jedenfalls kam bei mir überhaupt keine Panik auf, sondern nur das Gefühl, dass alles gut ausgehen würde. Ich versammelte die Familie um mich und machte eine Ansage, die schwachsinnig geklungen haben muss.

„Ich finde, wir sollten darum beten, dass wir in den nächsten 24 Stunden den ganzen Kram zurückkriegen", verkündete ich, während allmählich sogar mir dämmerte, wie ungeheuerlich sich diese Aussage aus meinem Munde anhörte. „Bitten wir Gott, uns zu helfen – das kann er ja."

Ich weiß nicht, ob es bloßes Wunschdenken oder ein echtes Glaubensgeschenk war, aber ich sagte es trotzdem, und direkt dort auf dem Parkplatz auf knirschenden Glasscherben legten wir Gott unsere Bitte vor. „Bring uns bitte die ganzen Sachen zurück."

Die Polizei tauchte auf, notierte sich unsere Angaben und teilte uns mit, dass eher die Hölle einfrieren würde, als dass wir unsere Sachen zurückbekämen. Pässe ließen sich sehr gut verkaufen, und für den Fall, dass wir das Ausmaß unserer Probleme immer noch nicht erkannt hatten, gab der Beamte zu bedenken: „Die Diebe sind inzwischen über alle Berge." Man gab uns den Rat, besagten Flug an die Westküste zu buchen, um die gestohlenen Dokumente ersetzen zu lassen, und zwar ganz schnell. Wir fuhren ins Hotel. Der Wind donnerte durch das kaputte Autofenster. Ein eiliger Anruf in der britischen Botschaft, bei dem wir es mit einem meisterlich unhilfsbereiten Beamten zu tun hatten, bestätigte unsere Befürchtungen. Wir mussten zu viert auf die Reise gehen. Doch wir hatten ja gebetet, und deshalb waren wir fest entschlossen, uns die Freude, die uns den ersten Teil des Tages versüßt hatte, nicht samt den Pässen rauben zu lassen. Und wirklich erlebten wir einen sehr schönen gemeinsamen Abend.

Am nächsten Morgen begaben wir uns zum Flughafen, um den Verlust der Tickets zu melden. Die Angestellte tippte eine oder zwei Minuten lang die Angaben ein und dann veränderte sich die ganze Situation. Während sie sprach, brach die Sonne durch die Wolken.

„Ich habe eine gute Nachricht für Sie. Ihre Pässe, die ‚Green Cards' und die Tickets wurden gefunden. Ein Passant hat sie gestern im Gebüsch entdeckt. Hier ist seine Telefonnummer – er will Sie unbedingt kennen lernen. Rufen Sie bitte gleich an."

Vor Aufregung außer Atem, rief ich unseren guten

Samariter an. Offensichtlich hatten die Diebe unsere Dokumententasche ein paar Meilen von *Water World* entfernt entsorgt – zumindest damit hatte sich die Vermutung des Polizisten bestätigt. Die Tasche hätte jahrelang am Straßenrand oder im Gebüsch liegen, vielleicht sogar unentdeckt bleiben können. Doch dieser unser Ritter in schimmernder Rüstung sah hinter seinem Haus etwas aus dem Gebüsch herausragen, stellte fest, wie wichtig diese Dokumente waren, und machte sich sogleich an die Arbeit. Er rief bei der Polizei an, um seinen Fund zu melden. Man teilte ihm unverbindlich mit, man werde in den nächsten paar Tagen vorbeikommen, um die Tasche abzuholen; unsere Verlustanzeige hatte man mit seiner Fundmeldung überhaupt nicht in Verbindung gebracht. Da er mit dieser Antwort unzufrieden war, sagte er der Polizei, man solle sich keine Mühe machen – er werde uns selbst zu finden wissen. Weil er in den Sachen eine Hotelquittung fand, rief er dort an, nur um zu erfahren, dass wir vor ein paar Tagen ausgecheckt hatten. Unbeirrt rief er bei einigen unserer Freunde in Oregon an – ihre Karte befand sich auch in der Tasche –, aber sie hatten keine Ahnung, wo wir waren oder wie sie Kontakt zu uns aufnehmen konnten. Dann stellte er fest, dass wir aus England sind, und fand ein paar englische Telefonnummern, die wir uns aufgeschrieben und auch eingesteckt hatten. Er fing an, systematisch eine Nummer in Übersee nach der anderen anzurufen. Seine Suche nach uns war ebenso entschlossen wie sorgfältig. Schließlich entdeckte er die Flugtickets, rief die Fluglinie an und bat sie, eine Anmerkung bei unserer Computerreservierung einzugeben, sodass wir beim Einchecken die wunderbare Nachricht erhalten würden. Ich fuhr quer durch die Stadt und dankte unterwegs Gott. Wir würden außer einigen Schmuckstücken innerhalb von 24 Stunden alles zurückbekommen.

Das alles aber wegen eines Mannes, der meines Wissens gar kein Christ war und trotzdem diese „Extrameilen" ging. Er begrüßte uns wie verloren geglaubte Freunde. Wir luden ihn zum Essen ein, ein etwas schwächlicher Versuch, ihm unseren Dank für die rechtzeitige Rettungsoperation auszudrücken, die er unternommen hatte. Er kannte uns so gut wie gar nicht, entschloss sich aber einfach, jede Anstrengung zu unternehmen, nur aus Freundlichkeit. Als wir uns mit Handschlag und Umarmung verabschiedeten, dankten wir Gott dafür, dass er unser Gebet erhört hatte – und das durch die Entschlossenheit eines Fremden.

Ewigkeit

Der Überfall

Es war ein heimtückischer Angriff, jäh und gewalttätig, aber nicht durch einen Straßenräuber, sondern durch einen Gedanken, der sich mit einer Wildheit in mein Gehirn bohrte, die mich völlig lähmte. Ein Fall von mentalem Raubüberfall. Der Gedanke breitete sich in Sekundenbruchteilen in meinem Hirn aus und flüsterte mir ein, was ich immer für undenkbar gehalten hatte.

Ich habe Gott satt. Ich habe es satt, Christ zu sein.

Ich war gerade mit mir selbst beschäftigt, als es geschah. Die Szenerie, in der sich der Angriff ereignete, war ungewöhnlich: Es geschah in der ruhigen, kühlen Sterilität einer klimatisierten Lounge im Flughafen. Ich hatte mich auf einem jener kleinen würfelförmigen Sitze niedergelassen, die viel beschäftigten Menschen auf Reisen zur Verfügung stehen. Hier kann man seinen Computer vernetzen, ein Dutzend Anrufe erledigen oder eine Karte an die Kinder schreiben. Ich setzte mein Notebook in Gang und ließ mich nieder, um an einer Predigt zu arbeiten. Die anderen Plätze waren auch besetzt, und um mich herum war ein eintöniges Summen zu hören – Stimmgewirr von Telefonaten mit der Sekretärin, Geschäftsabschlüsse, dazu das zerhackte Rauschen von Modems, die sich ins Internet einklinkten.

Ich ließ mich in meinen Gedankengängen von einem

Gespräch ablenken, das lautstark von einem sehr elegant gekleideten Typen in der nächsten Sitzecke geführt wurde. Die Hosen messerscharf gebügelt, der Haifischkragen offen, die teure Seidenkrawatte locker um den Hals geschlungen, vermittelte er den geschäftshungrigen Eindruck des lupenreinen, cleveren jungen Überfliegers. Offenbar schloss er gerade einen acht Millionen Dollar schweren Vertrag mit einem größeren Unternehmen ab. Er wirkte aufgedreht, regelrecht lebhaft, als er die Einzelheiten abklärte. Heimlich äugte ich hinüber. Er konnte nicht älter als 30 sein, wie er da so saß, umtriebig, voll im Geschäft und einer von den ganz Großen. Er war bedeutend. Wichtig. Spielte eine Schlüsselrolle. Und war *sehr* unentbehrlich.

Und plötzlich erkannte ich, dass ich im Grunde das absolute Gegenteil von allem war, was er verkörperte. Ich verspürte die Krise, die sich bei Pastoren einstellt, wenn wir das Gefühl haben, immer zum Umgang mit dem Unsichtbaren, dem Unfassbaren, dem Jenseits verurteilt zu sein. In meinem Umfeld sah ich Menschen, die mit dem sehr Greifbaren, Berührbaren zu tun hatten. Und dann ich, der sich mit einer Predigt abmühte, die überhaupt gar keine Auswirkungen haben würde und die sich an Leute richtete, für die sie nichts weiter wäre als der übliche Snack evangelikaler Unterhaltung. Plötzlich fühlte ich mich in dieser Flughafen-Lounge unter lauter Überfliegern sehr klein, sehr unerfüllt.

Mich überwältigte die offensichtliche Unsinnigkeit eines dem Unsichtbaren gewidmeten Lebens, die rasch gefolgt wurde von einer Welle schlechten Gewissens darüber, dass ich einen solchen Gedanken auch nur zulassen konnte. Und dann verbitterte mich das Schuldgefühl selbst. Die drückende Last eines Lebens unter dem Schatten des „Du sollst": Ich sollte mehr beten, ich sollte die Gemeinde besser leiten, ich sollte eigentlich hin und wieder ein Wunder erleben; ich sollte, sollte, sollte ... Es war ein Gefühl, als würde ich ertrinken.

Ich schnappte nach Luft.

Ich war fassungslos, wie einfach es war, mich anzugreifen. Es war mir gelungen, das Gleichgewicht zu wahren, als ich neulich von einer Freundin hörte, dass sie einen Gehirntumor hatte. Wer war ich denn, dass ich zornig wurde, während sie in der Arena ihrer Schmerzen standhaft blieb und ihr Mann tapfer und ohne Vorbehalt an ihrer Seite stand? Welches Recht hat man schon, zornig zu werden, wenn man ihre Qualen gesehen hat, wenn man weiß, dass die beiden sich entschieden haben, zu glauben und vertrauen?

Und hoffnungsvoll hatte ich trotz der aufreibenden Aspekte christlicher Leiterschaft weitergemacht, trotz Klatsch und Tratsch unter Christen, denen man in der Ewigkeit lieber aus dem Weg gehen möchte, trotz evangelikaler Politik und Machtmenschen, die schmierig lächelnd im Namen Gottes ihre Intrigen spinnen, und trotz des Zynismus, der sich bemerkbar macht, wenn man eine Weile mit der Leitung christlicher Gruppen betraut ist. Wenn man all diese Dinge erlebt, dann verliert man im Grunde seine Unschuld – dann geht es uns wie dem leidenschaftlichen Theaterbesucher, der sich zum ersten Mal hinter die Bühne begibt und mit Kulissen, Stützen und sonstigen Instrumenten konfrontiert wird, die die Illusion schaffen.

Ich weiß, wie wir Pastoren die Atmosphäre konstruieren, Menschen unter dem Vorwand der Ermahnung manipulieren können oder wie man das eine predigt und das andere lebt. Ich habe erlebt, dass die Aufbruchsstimmung in Anbetungsgottesdiensten manchmal mehr mit einem zeitlich gut abgestimmten Tonartwechsel zu tun hat als mit einer himmlischen Begegnung. Und ein paar Mal musste ich über die Grenzen der Vertrautheit nachgrübeln: Es ist mühsam, Glauben als etwas Frisches zu empfinden, wenn Gott auch Teil des Berufsfeldes ist, wenn man für das Frommsein bezahlt wird. Durch diese Gedanken hatte ich mich aber relativ unbeschwert hindurchmanövriert. Jetzt saß ich hier und fühlte mich, als hätte mir das mitgehörte Gespräch eines jungen Draufgängers einen schlimmen Streich gespielt. Dabei spielte es keine Rolle, dass er mit dem Vergänglichen und ich mit dem Ewigen beschäftigt war. Gerade das war ja der Punkt: Ich wollte so sehr irgendetwas, das im Hier und Jetzt zu haben war.

Ich hatte sehr wohl die Erfahrung gemacht, dass Gott trotzdem an uns dranbleibt, wenn wir mit ihm Schluss machen wollen. Dieses Zeichen von Schwäche ist oft der Landestreifen, nach dem er Ausschau hält. Als ich endlich zu Hause war, überkam mich die Müdigkeit wie ein bleierner Umhang. Ich kam in unser leeres Haus, legte meine Taschen im Flur ab und warf einen Blick auf einen schieren Mount Everest an Post – eine Mischung aus Rechnungen und Werbemüll. Es roch muffig und war kalt. Nicht einmal der Hund begrüßte mich: Meine müden Augen sagten ihm, dass der beste Freund des Menschen heute nicht allzu viel Aufmerksamkeit bekommen würde.

In den nächsten 24 Stunden musste ich ins nächste Flugzeug steigen, um zu einer weiteren Gruppe hoffnungsfroher Menschen über Gott zu reden. Sie erwarteten durch mich, den Erschöpften und Reizbaren, ein paar Worte vom Schöpfer des Universums.

Ich wollte nicht dorthin. Ich hatte keine Lust, über Gott, das Leben, die Liebe, die Kirche oder sonst irgendwas zu reden, das Bedeutung und Relevanz besaß. Ich wollte mich für die nächsten drei Tage im Bett verkriechen und nur aufwachen, um mir ein witziges Video oder ungesundes Essen reinzuziehen. Ich wollte nicht einmal einen flüchtigen Gedanken an hohe Ziele, Engagement oder Jüngerschaft verschwenden. Eine alte Fernsehserie würde mir völlig reichen.

Aus irgendeinem Grund, den ich mir bis heute nicht erklären kann, hat Gott mir geholfen, und einige ausgesprochen bedeutsame Dinge geschahen. Ich war gebeten worden, auf einem großen Jugendfestival über Sex zu reden. Eine ganze Reihe von jungen Menschen, die unter Missbrauch litten, brachen in Tränen aus und beschlossen, dass es jetzt endlich genug sei, dass Alarm geschlagen werden musste. Selbst wenn es nur einer gewesen wäre, wäre es das ganze Wochenende wert gewesen.

Am Sonntagabend weinte dann eine junge Frau, die seit fünf Jahren durch keine Kirchentür mehr gegangen war, während der letzten 20 Minuten meines Vortrags. Leise, mit bebenden Schultern weinte sie, als Gott ihr begegnete. Zahlreiche Menschen strahlten vor Dankbarkeit, äußerten diese im geflüsterten Gebet und bestätigten, dass Gott ihnen durch meine Predigt geholfen hatte, auch wenn ich noch so müde gewesen war.

Ich könnte nicht sagen, dass meine hektische Terminplanung in irgendeiner Weise nachahmenswert ist. Sie ergibt sich aus den falschen Entscheidungen vom Vorjahr, als ich ein leeres Notizbuch vor mir hatte. Nur mein eigener Irrwitz konnte es mit solcher Hyperaktivität beflecken.

Mir ist aber aufgefallen, dass Gott solche Schwächen ziemlich unwiderstehlich findet. Wenn wir am Ende der Fahnenstange angekommen sind, nimmt er freudig die Gelegenheit wahr und taucht auf.

Was also blieb ein paar Tage später von alledem übrig? Nun ja, ich bin zu dem Schluss gekommen, dass ich Gott eigentlich gar nicht satt habe. Wer ist so unschlagbar vielfältig und überraschend wie er? Nein, ich bin wieder froh darüber, dass aus dem Herzen des Universums ein Lachen dringt, und ich weiß, woher es kommt. Was für ein Wunder: Der Schöpfer selbst ist mein Freund.

Ich glaube aber, dass es normal ist, ein Leben von dieser Art Fülle auch einmal satt zu haben. Eines Tages werden wir alle das Angesicht Jesu sehen. Der Glaube wird als entbehrliche Antiquität ausgedient haben. Die Fragen werden angesichts des atemberaubenden, kristallklaren Anblicks verstummen. In der Zwischenzeit könnte es durchaus noch Tage geben, an denen ich zu müde zum Glauben bin, zu erschöpft zum Hoffen, Tage, an denen ich mich auf eine entschlossene, emotionslose Treue und auf das beschränken muss, was ich für richtig halte.

Wirklich, ich freue mich jetzt schon auf diesen klaren, himmlischen Anblick. Komm doch, Jesus. Komm zurück.

Wieder einmal: die Wiederkunft

Vor 20 Jahren hatte ich mir die Wiederkunft Jesu fein säuberlich zurechtgelegt, was ich einer hilfreichen Tabelle verdankte, die mir die bärtige Dame im christlichen Bücherladen verkauft hatte. Diese Tabelle in antiken gotischen Lettern und mit Zeichnungen der Tiere und Zornesschalen aus der Offenbarung war mein handlicher Führer in die Zukunft des Universums. Bücher mit reißerischen Titeln klärten mich über die wahre, dunkle Identität Russlands und die bevorstehende Bedrohung durch China auf (allesamt mehr als zweifelhaft) sowie über die mögliche Identität des Antichristen.

Natürlich war die Starrolle des zuvor erwähnten Tieres in höchstem Maße Veränderungen unterworfen. Soweit ich mich erinnere, übernahm Henry Kissinger eine kurze Schicht, der derzeitige Papst war mehrjähriger Favorit, und sogar Bob Dylan hielt eine Zeit lang die Position, bis er die ganze Sache dadurch vermasselte, dass er seine Entscheidung für Christus bekannt gab, zumindest eine Zeit lang. Diese Belegung des Tieres mit einem konkreten Namen dauert bis heute an. Erst letzten Sonntag erzählte mir eine Dame, sie habe gehört, ein gewisses Mitglied der britischen königlichen Familie sei angeblich der jüngste Kandidat für die – sozusagen – Tierschaft. Ich erwiderte, das sei eine lächerliche und unbegründete Behauptung: Auf gar keinen Fall könne das Tier so große Ohren haben ...

Das Ergebnis dieser ganzen Ratespiele von vor 20 Jahren war das Gefühl, Jesus könne schon heute zurückkommen, und die Wahrscheinlichkeit seiner Wiederkunft steigerte sich noch, wenn man zufällig ins Kino ging. Gott wollte die Wiederkunft scheinbar mit der supergünstigen Gelegenheit verknüpfen, ganze Scharen Popcorn mampfender Christen auszusortieren, die gerne ins Kino gingen. Man stellte sich am Schalter an und achtete auf die Wolken hoch droben, und wenn jemand aus der verräucherten Dunkelheit zur Toilette ging und zu lange blieb, geriet man in Panik. War der Betreffende senkrecht nach oben zur Entrückung gestartet, mussten die anderen Kinokumpel zurückbleiben? Große Freude – und große Erleichterung –, wenn man entdeckte, dass er nicht in die Lüfte entrückt und beim Hochzeitsmahl des Lammes war, sondern nur durch einen dummerweise verdorbenen Magen aufgehalten wurde.

Ich bin mir nicht sicher, warum so viele von uns den größten Teil dieser eschatologischen Sternbeschau aufgegeben haben. Es ist ja nicht so, dass wir die Wiederkunft selbst in den Müll befördert haben, obwohl, offen gesagt, hin und wieder die Versuchung aufkam. Die Panikmache, Jesus könne „noch heute" wiederkommen, lässt sich langfristig genauso wenig durchhalten wie die Phrase: „Ich glaube, wir stehen am Anfang einer Erweckung." Man kann nicht auf unbegrenzte Zeit in Aufbruchsstimmung bleiben. Nach einer Weile bekam man das Gefühl, als warte man ewig auf die Buslinie 58: Letzten Endes fragte man sich, ob der Bus überhaupt noch mal kommt. Wir hielten aber an der grundsätzlichen Wahrheit fest – und wahr ist es ja –, dass Jesus wiederkommen wird. Wir haben nur still und leise unsere Tabellen verbrannt, „evangelistische" Filme entsorgt, die den Menschen nackte Angst einjagen, und uns leicht verkitscht zu „Pan-Millennium-Anhängern" erklärt. Ich zitiere: „Früher meinte ich, dass die Entrückung sich vor dem Tausendjährigen Reich ereignen wird, aber jetzt glaube ich, dass schon alles irgendwie laufen wird."

Einige von uns haben also ihre zukunftsweisenden Tabellen in den Müll geworfen. Wodurch aber haben wir sie ersetzt, von einem verschwommenen Agnostizismus in Sachen Eschatologie mal abgesehen?

In letzter Zeit erfreute sich die stark behaarte Dame aus dem Buchladen eines großen Comebacks, vor allem in Amerika, wo sie vielleicht nie aus der Mode gekommen war. Tim LaHayes Romanserie zum Thema „Entrückung" mit einer Verkaufsauflage von über 20 Millionen ist nach wie vor ein echtes Phänomen.

Manche lehnen diese und andere Bücher als christliche Schundliteratur ab: Das sei Science-Fiction-Eschatologie, das könne man nicht allzu ernst nehmen. Doch wenn wir das glauben, dann sollten wir uns mal die Frage stellen, wie die ganzen Infos zum Thema zu verstehen sind, die wir in Daniel und der Offenbarung finden.

Bei alledem geht es nicht nur darum, theologisch informiert zu sein, damit wir in geselliger Runde ein angeregtes Schwätzchen über den Nahen Osten halten können. Es ist allgemein bekannt, dass Präsident Bush sich mit fundamentalistischen evangelikalen Christen umgibt, von denen die meisten eine feste Meinung zur biblischen Prophetie und Israels Stellung darin haben. Es spielt keine Rolle, ob wir mit ihren Ansichten übereinstimmen oder nicht – Tatsache ist, dass die Lehre von den letzten Dingen bei weitem nicht nur Spielplatz wissbegieriger akademischer Seminare ist, sondern das Potenzial birgt, die Welt zu verändern.

In einigen Kreisen herrscht die sehr reale Angst, es könne ein „christlicher" Bin Laden an die Macht kommen. Stellen wir uns einen fanatischen Fundamentalisten vor, der glaubt, wenn Jesus zurückkehren solle, dann müsse man erst einmal den Tempel in Jerusalem wieder aufbauen – und dann gibt er dessen Wiederkunft noch einen kleinen Schub, indem er den Felsendom in die Luft jagt ...

Vielleicht wird es Zeit, dass wir den Staub von unseren Bibelkommentaren wischen und noch einmal anfangen, mit der apokalyptischen Sprache der Bibel zu ringen. Ganz egal, was wir *nicht* glauben – was glauben wir eigentlich?

Nach Hause

Tyler war 16, als er starb. Schon mit acht Jahren lebte er im Tal der Todesschatten, doch erst während seines letzten Jahres auf der Erde erkannte er das schreckliche Ausmaß seiner Krankheit. Der Kampf um Tyler fing an, als er im zarten Alter von vier Jahren an Neurofibromatose erkrankte – einer Krankheit, die dem Körper die entsetzliche Fähigkeit verleiht, einen Tumor nach dem anderen zu bilden. Viele leiden unter dieser Anomalie, überleben sie aber und können ihren Enkeln davon erzählen. Tyler gehörte jedoch zu jenem einen Prozent, dem das nicht gelingt. Tatsächlich war sein Fall der schlimmste, an den die Ärzte sich erinnern können. Seine Körperzellen glichen einem Haufen kleiner Raubtiere, die sich verschworen hatten, ihm die Gehfähigkeit zu rauben, einen Gehirntumor wachsen zu lassen und ihm schon mit acht Jahren das rechte Auge zu nehmen. Er musste zwölf größere Operationen über sich ergehen lassen und war in einer solchen sechswöchigen Phase unvorstellbare 49 Stunden lang unter dem Messer. Letzten Endes hörten die Ärzte auf, die Tumore zu zählen, und rechneten stattdessen die Tage aus, die ihm noch blieben. Sie wussten, dass es nicht mehr viele sein konnten.

14 Jahre lang stellte das Leben Tyler immer wieder vor ein knallhartes „Nein". Sein Wunsch, beim geliebten Baseball mitzumischen, wurde ihm harsch versagt: Er musste stattdessen in einen elektrischen Rollstuhl. Er arbeitete eine Weile in einem Skateboardladen und hätte sich nur zu gern

auf das schnittige Brett gestellt, das er geschenkt bekam, aber jede Hoffnung, an sonnigen Tagen mit Freunden auf den Gehwegen zu fahren, wurde grausam zunichte gemacht. Wie jeder Teenager wollte er liebend gern Auto fahren. Doch sein Schicksal war besiegelt – keine Aussicht auf Berufung: Nein. Und sein Fahrrad? Früher konnte er richtig in die Pedale treten, aber auch das wurde ihm genommen.

Für einen so jungen Menschen wie Tyler war das höchste Ziel, das er sich für sein Leben setzte, sehr ungewöhnlich. Er wollte Vater werden. Zweifellos war es dem Vorbild und der Liebe seiner Eltern, Josh und Sherri, zu verdanken, dass Tyler sich danach sehnte, eines Tages die lachenden Gesichter seiner eigenen Kinder zu sehen. Als ihm mitgeteilt wurde, dass seine Krankheit tödlich sei, überraschte er die Ärzte mit seiner Reaktion: „Hoffentlich kann ich vorher noch Kinder haben." Man sagte ihm, selbst wenn er dafür tatsächlich lange genug lebe, würden seine eigenen Nachkommen mit 50-prozentiger Wahrscheinlichkeit der gleichen furchtbaren Krankheit erliegen wie er. Er setzte sich in den Kopf, vielleicht alt genug zu werden, um ein Kind zu bekommen und weitere zu adoptieren. Doch die Prognose war niederschmetternd und traf in ihrer kalten Präzision zu – seine Hoffnung, Kinder zu bekommen, würde sich nicht erfüllen. Nein.

Der vielleicht härteste Verzicht für den auf Körperkontakt angewiesenen Tyler bestand darin, dass seine Familie ihn nicht mehr umarmen konnte, etwas, auf das sie aus Liebe verzichteten, nicht aus kühler Ablehnung: Eine Umarmung hätte in seinen Nerven brennende Qualen verursacht. Sehnsüchtig sah er zu, wie sein Vater mit den Brüdern und Schwestern raufte; diese spielerischen Ringkämpfe kamen für ihn auf Grund seines zerbrechlichen Körperbaus gar nicht in Frage.

Trotz aller Verzichte war Tyler ein Mensch, der trotzig das Leben bejahte und liebte. Seine Eltern betonen immer wieder, dass er kein Heiliger war, und wie wir alle hatte er seine Momente, in denen er sich wie alle anderen Menschen danebenbenahm. Ohne seine Behinderung, berichtet Sherri, hätte er sich größere Probleme eingehandelt, als es mit Rollstuhl möglich war. Doch aus der Tiefe seines Leidens glänzte auch pures Gold hervor. Er hielt entschlossen an Beziehungen fest, auch wenn das Telefon nur noch selten läutete, da seine Schulfreunde ihre Anrufe einstellten, weil sie nicht mehr wussten, was sie sagen oder tun sollten. Es war Tyler besonders wichtig, einem Kumpel zu helfen, der als „harter Brocken" galt und sich allmählich rar machte. Am Abend vor seinem Tod bekam Tyler einen Anruf von diesem auf Abstand gegangenen Freund, der ihn unbedingt besuchen wollte. An diesem letzten Abend waren sie eine Stunde lang zusammen.

Tyler fand in Situationen zu einem „Ja", wenn andere nur ein „Nein" sahen. Als er gezwungen war, sein normales Fahrrad stehen zu lassen, kaufte sein Vater ihm eine dreirädrige Version in knallgelb. Deprimiert darüber, dass sein Sohn auf ein „uncooles" Dreirad angewiesen war, wurde Josh angesichts des gelben Gefährts schwermütig, bis Tyler auf dem Nachhauseweg loslegte: „Was hab ich für ein Glück! Ich hab ein Fahrrad mit drei Rädern gekriegt!" Keine Spur von Ironie oder Sarkasmus, einfach Dankbarkeit und Freude im Angesicht der Demütigung. Wenn auch seine Sehfähigkeit nachließ, so blieb ihm doch sein ausgeprägter Sinn für Humor erhalten. Als er eines Abends mit der Familie in der Küche zusammensaß und in aller Augen Tränen standen, verkündete er, das „Heulfestival", wie er es nannte, sollte endlich aufhören. „Wie wär's, wenn wir damit Schluss machen und schlafen gehen?", schlug er vor. Er gab Josh einen Ring mit dem eingravierten Wort „Dad" – noch mehr Schluchzen. Später hielt er seine eigene Hand hoch, tat so, als ob ein Ring dran sei, und ahmte grinsend seinen Vater nach, wie er weinte.

Er wurde gefragt, ob er gern einmal eine Traumreise antreten würde, und wie so viele chronisch kranke Kinder entschied er sich für *Disney World*. Hier aber muss etwas angemerkt werden: Es war Tyler unmöglich, auch nur eine einzige Reise zu machen; damit hätte er sich unaufhörliche Schmerzen eingehandelt. Die Familie wusste, dass er diesen Wunsch nur um ihretwillen geäußert hatte.

Sherri wollte ihrem Sohn erklären, dass ihm nach dieser Welt eine strahlende Zukunft bevorstehe. Sie stellte ein Buch über sein Leben zusammen und nannte es „Herrlichkeiten eimerweise", und das aus einem ganz einfachen Grund: Wenn sie an ihren Jungen dachte, hatte sie immer den Eindruck, er sei mit Hunderten von Eimern Leid und Schmerzen überschüttet worden. In der Bibel steht jedoch, dass die Herrlichkeit „da oben" bei weitem jedes Leiden hier auf der Erde ausgleicht und überstrahlt. Eine einfache Rechnung – auf ihren Tyler würden Hunderte und Aberhunderte von Eimern voller Herrlichkeit warten.

Es gab da noch eine weitere Hoffnung, die Tyler hegte. Er mochte seit sehr langer Zeit ein Mädchen in seiner Gemeinde. Erica ist blond und hübsch, hat ein freundliches, einnehmendes Lächeln, und ihr Herz schlägt für Gott. In Amerika fängt die Footballsaison mit einer so genannten „Homecoming-Party" an. Tyler fragte Erica, ob sie ihm die Ehre erweisen würde, ihn zu diesem ganz besonderen Fest zu begleiten. Irgendwie machte die Nachricht von diesem Antrag in der Stadt die Runde. Zwei Verleihfirmen für Limousinen meldeten sich und boten an, die beiden mit allem Luxus zu diesem Fest zu bringen. Ein Blumenladen sorgte für den wunderschönsten Strauß, um den Abend damit zu krönen. Ein Juwelier spendierte Tyler ein Paar Ohrringe und eine Halskette, damit er sie seiner Angebeteten überreichen konnte – und von drei Restaurants kamen Anrufe mit der Einladung zu einem kostenlosen Abendessen. Blieb noch die große Frage: Würde Erica auf das Date eingehen?

Tyler kam vom Krankenhaus zurück und stellte fest, dass der Garten seines Elternhauses völlig neu gestaltet worden war. Ericas Familie hatte mit angepackt und Blumen in allen Farben des Regenbogens gepflanzt. Bunte Ballons tanzten im Wind. Die Hecken waren mit Girlanden aus Fähnchen geschmückt. Was aber Tyler am meisten ins Auge sprang, als er sprachlos auf den Garten starrte, waren Dutzende von Postern in leuchtenden Farben, die überall hingen. Auf vielen davon stand nur ein Wort, fett und auffallend.

JA. JA. JA. JA.

Tyler – ganz elegant im geliehenen Smoking und Zylinder – und die wunderschöne Erica wurden wie ein Königspaar zur Party kutschiert. Er tanzte mit ihr, indem er den Joystick seines elektrischen Rollstuhls vor- und zurückdrehte. Es war ein wunderbarer Abend, als wenigstens dieses eine Mal das Leben ein großes „Ja" für ihn hatte.

Wenn Sie jetzt diese Zeilen lesen, ist Tyler nicht mehr hier. Sein Kampf gegen die Tumormaschine, in die sich sein Körper verwandelt hatte, ist endlich vorüber. Sherri und Josh spürten, dass sie als seine Eltern vor einem Geschehen standen, das zu erleben etwas Besonderes war – die Aufnahme ihres Sohnes in den Himmel. Drei Geschenke bekam Tyler noch, bevor sein Leben hier auf Erden zu Ende ging. Er war seit fünf Monaten vollständig taub gewesen, doch gegen Ende hin konnte er das leiseste Flüstern hören, die beruhigenden Worte von Mutter und Vater, als sie ihn auf die große Reise einstimmten. In der Nacht dann, bevor er ging, berichtete er von einer Stimme, die seinen Namen rief: War das der Aufruf von oben zum Fest? Schließlich wurde ihm noch das Geschenk des Gebens gewährt, selbst als er schon im Sterben lag. Er drängte beharrlich darauf, dass seine Eltern nicht allein wären, wenn er starb, und wartete, bis Hilfe und Unterstützung kam, um dann friedlich einzuschlafen. Als die Familie einschließlich der Geschwister Jeremy, Charlie, Katie und Colby versammelt war und alle sechs flüsternd vorläufig von ihm Abschied nahmen, wandte er sich noch einmal bedachtsam an jeden Einzelnen von ihnen. Er deutete auf jeden und beschrieb in Zeichensprache mit seinen Händen, die er noch am Tag zuvor wegen seiner Schmerzen kaum hatte bewegen können: „Ich hab dich lieb."

Und sie flüsterten: „Wir geben dich frei." Wie sie berichten, war der Raum von einem greifbaren, starken Gefühl des Friedens erfüllt, als er fortschwebte.

Irgendetwas sagt mir, dass er nach seiner Heimkehr zu Jesus – jetzt ohne den sperrigen Rollstuhl – als ersten Anblick gar nicht den Herrn selbst vor Augen hatte. Nennen Sie mich ruhig sentimental. Aber wie ich Jesus kenne, vermute ich, dass Tyler im Himmel eine ganz besondere „Homecoming-Party" bekam: ein paar Milliarden Eimer randvoll mit Herrlichkeiten; ein Fahrrad mit zwei Rädern, nicht drei. Und vielleicht als Willkommensgruß noch unzählige Poster, auf denen immer wieder nur ein Wort geschrieben stand:

„Ja."

Tyler ist zu Hause.

Einheit

Alte Schätze

Zu meinen Lieblingshobbys gehört das Beobachten von Menschen. Man gebe mir zehn freie Minuten, und ich lasse mich glücklich irgendwo auf einer Bank nieder und schaue einfach zu, wie die Welt vorüberhastet. Keine Angst, mit Voyeurismus hat das nichts zu tun, aber ich mache mir eben gern Gedanken über das Leben dieser Namenlosen, während sie vorübergehen: Wer sind sie, welche Hoffnungen oder Träume haben sie? Wo kommen sie her, was haben sie erlebt? Was für Geschichten könnten sie erzählen? Ich betrachte die tief ins Gesicht gegrabenen Falten und frage mich, welche Umstände solche Einkerbungen gezeichnet haben. Welche Augenblicke der Freude haben sie erlebt, bei denen sie laut lachen konnten? Welche tiefschwarzen Tage von Hoffnungslosigkeit und Verzweiflung mussten sie durchstehen?

Wo stehen sie jetzt? Was ist aus ihnen geworden? Ich weiß, dass es in ihren Köpfen wahrscheinlich vor Gedanken nur so schwirrt, während sie schweigend an mir vorüberschlendern: fast schon greifbare Gedanken, Listen mit Pflichten und verschwommene, gestaltlose Gefühle, die sich durch Worte nicht beschreiben lassen – das alles verbirgt sich hinter diesen fremden Gesichtern. Manchmal verraten die Augen ein klein wenig von dem, was sich auf dem inneren

Bildschirm abspielt: kleinste Regungen von Schmerz, Angst, Lust, Sehnsucht und Wunschdenken. *Habe ich wohl richtig vermutet?*, frage ich mich. Doch das werde ich wohl nie erfahren.

Erst neulich fielen mir die älteren Menschen auf. Ich betrachtete die Gesichter von alten, gebückt gehenden Damen, die von roten Äderchen durchzogen waren, dort tief gemeißelt, wo sich die Stirn runzelt, wo sich ein Lachen abgezeichnet hat oder ein Weinen. Bei einigen, die im Herzen und im Gesicht jung geblieben waren, strahlten die Augen und das Abenteuer des Lebens war noch im Gange. Bei manchen aber sagte die Körpersprache alles: Das gekrümmte Rückgrat zwingt sie dazu, gebeugt zu gehen, der Gang selbst ist mühselig, die wasserblauen Augen tränen vor Kälte. Rüstige alte Herren schreiten vorbei, ganz schick im blauen Blazer, auf der Brusttasche ein mit Stolz getragenes Regimentsabzeichen. Einige tragen eine Mütze, fertig gebundene Krawatten und Stöcke mit Gummispitze. Daneben Damen mit silberblau gefärbten Haaren, Kopftuch und Einkaufstaschen auf Rädern und langen dicken Mänteln ...

... Und ich frage mich, was diese Senioren eigentlich von der jetzigen Welt halten – insbesondere von meiner Generation. Erst gestern schob sich an meinem Beobachtungsposten langsam ein Paar vorüber, das so wirkte, als wäre es schon ein Leben lang verheiratet. Und im gleichen Augenblick wurde es im Vorübergehen von einer Horde Zwölfjähriger grob angerempelt und das laute Pöbeln über dies und das schallte durch die ganze Gegend. Ich sah den traurigen Blick des Mannes: Er spürte ihre Verachtung und die völlige Respektlosigkeit. Niedergeschlagen und resigniert schüttelte er den Kopf, und eine Angst, zu der es niemals kommen dürfte, stand im Gesicht seiner Frau geschrieben. Vielleicht hatten sie mehr als genug Schrecken erlebt, da sie ja alt genug waren, einen Weltkrieg oder vielleicht sogar beide durchgestanden zu haben.

Was müssen diese Veteranen von uns halten? Meine Generation hat nie erlebt, was es bedeutet, zum Bahnhof zu gehen, um dem uniformierten Ehemann oder Vater zum Abschied zuzuwinken. Man wusste damals nicht, ob man ihn je wieder sehen würde. Wir haben die endlosen, zermürbenden Mühsale der Weltwirtschaftskrise nicht erlebt. Wir waren den qualvollen Schlächtereien des Krieges nie so nahe wie in den blutigen Anfangsszenen des Films „Der Soldat James Ryan", wenn wir ängstlich durch die Finger auf die schreckliche Szenerie gelugt haben. Wir haben nie den Tod jeder Hoffnung erlebt, den Wahnsinn, der sich einstellt, wenn Menschen gezwungen sind, einander auf dem Schlachtfeld das Leben zu nehmen. Und doch ist es meine Generation, die im großen Stil vor der Realität geflüchtet ist. Wir haben den Mini-Druck, der auf unser Leben ausgeübt wird, mit Suchtmitteln oder der Couch des Psychotherapeuten gelindert. Wir besitzen viel mehr, als bisherige Generationen je besessen haben, und das halten wir auch noch für selbstverständlich: Wir halten es für unser gutes Recht, all das Spielzeug zu besitzen. Was denken sie, die hinausgingen, um ihre wenigen Rechte zu verteidigen – wobei viele einen Großteil ihrer Jugend und ihrer Freunde verloren –, was denken sie über uns?

Mein Vater war vier Jahre lang Kriegsgefangener. Seine Jugend schwand in den Wüsten Nordafrikas dahin, als er zu Beginn des Krieges gefangen genommen wurde. Jahre, die eigentlich unbeschwert und ungezwungen hätten sein sollen, verbrachte er hinter Stacheldrahtrollen. Kein Freitagabend unter lachenden Freunden bei McDonald's; nein, stattdessen wurde er bei Rationen, die ihn fast verhungern ließen, immer blasser und ausgezehrter. Doch er erzählte mir nie besonders viel über die Kriegsjahre. Ich dachte immer, er gehöre zu einer Generation, die sich nicht äußern konnte: Sie konnten einem erzählen, was sie getan, aber nicht, was sie gefühlt hatten. Ich glaube mittlerweile, dass ich im Unrecht war. Er gehörte zu einer Generation, die das Unsagbare zu sehen bekam, und vielleicht konnten einige von ihnen

Gefühle im wahrsten Sinne des Wortes gar nicht mehr wahrnehmen. Es konnte unter Umständen zu gefährlich werden, den Gefühlen Tür und Tor zu öffnen, und deshalb sperrten sie sie ein, legten einen Riegel davor und versuchten so gut wie möglich, wieder normal zu werden – indem sie einfach nur von einem Tag auf den anderen existierten.

Manchmal fühlen die Alten sich in unseren Kirchen entfremdet. Für sie *ist* die Musik wirklich zu laut; die Lieder, die wir abgeschafft haben, waren für sie auf ihrem eigenen Lebensweg Hymnen der Kraft und Hoffnung. Und doch tun wir ihre Wünsche mit einem spöttischen Lächeln ab. Stattdessen erwarten wir von ihnen, dass sie auf *unsere* Vorlieben eingehen. Einige von den Älteren stecken gar nicht so sehr in eingefahrenen Gleisen. Sie sind bloß unsere Besessenheit leid, mit der wir den ständigen Wandel zum ehernen Gesetz erheben, und manchmal haben sie die genialen „neuen" Ideen auch schon allesamt hinter sich, nur in anderer Verpackung, und so etwas beeindruckt sie nicht mehr.

Werfen wir noch einmal einen Blick auf den alten Knaben, dessen Nase und Ohren einfach weiter wuchsen, dessen Augen trüb sind vom Schleier der Erinnerungen. Gehen wir sanft um mit der Witwe, die nach 60 Jahren ihren Freund, Gefährten und Liebsten verloren hat. Äußerungen wie „Er hatte ein langes, erfülltes Leben" wären für sie wie ein Schlag ins Gesicht. Für sie sind die Jahre viel zu schnell vorübergegangen. Streichen wir das Wort „alter Knacker" aus unserem Wortschatz. Unterdrücken wir das Kichern, wenn Helene fragt, ob wir bitte am nächsten Sonntag nur dieses eine Mal ein altes Kirchenlied singen könnten. Woche für Woche versucht sie so gut wie möglich, mit *unserem* Rhythmus Schritt zu halten, auch wenn sie ihn grauenhaft findet.

Gibt es überhaupt nervtötende, miesepetrige und sture Senioren? Aber sicher. Riskieren wir aber trotzdem einen zweiten Blick und schauen hinter die staubigen Hüte und geblümten Kleider, hinter abgeschabte karierte Jacketts und tropfende Nasen, hinter silberblaue Löckchen und abgetragene Krawatten. In alten Gefäßen finden sich wahre Schätze und ewig bleiben sie nicht unter uns.

Bloße Gemeinschaft

Es ist 25 Jahre her. Ich war Theologiestudent, sah jung aus und brannte darauf, am nächsten Dienstag die Welt für Jesus zu verändern. Gelinde gesagt, war ich richtig scharf darauf. Ich konnte während der Gottesdienste aus vollem Rohr und mit Begeisterung „Preiset den Herrn" brüllen, womit ich andere eher kontemplative Beter an den Rand des Herzstillstands brachte. Ich war ständig bis an die Zähne mit eselsohrigen Traktaten sowie mit einer Taschenbibel bewaffnet, die ich jederzeit, blitzschnell wie eine Pistole, vor arglosen Heiden zücken konnte. Und ich dachte mir, *meine* Gemeinde sei die *beste* Gemeinde. Personen aus anderen Kirchen und Gemeinden brachte ich Anteilnahme, ja sogar Mitleid entgegen. Mir taten sie Leid, da sie noch nicht die Gelegenheit gehabt hatten, von *unserer* Gemeinde zu hören. Diese war nämlich mit Sicherheit weltweit der Gipfel des Leibes Christi. Wenn wir doch nur die Kameras der BBC in unseren Saal locken könnten – dann würden alle Bewohner des Planeten Erde sich schon allein beim bloßen Anblick bekehren. Das nahm ich jedenfalls an.

Eines Samstagnachmittags fühlte ich mich mal nicht innerlich geleitet (oder geneigt), unschuldige Einkaufsbummler mit angejahrter christlicher Literatur zu belästigen. Ich entschloss mich stattdessen, dem kommunalen Freizeitzentrum – einem respektierlichen Etablissement – einen Besuch abzustatten, und zwar der Sauna. Nach sorgsamer Vergewisserung, dass sie an diesem Tag wirklich für Männer reserviert war, bezahlte ich bei einer sehr attraktiven jungen Dame am Eingang den Eintritt. Sie gab das Wechselgeld heraus und reichte mir ein Handtuch. Weil es in der Sauna still war, schreckte ich merklich zusammen, als ein nackter Vier-Zentner-Mann aus einer der Kabinen geschossen kam und seinen umfangreichen Leib schnurstracks in ein eisiges Becken versenkte. Es waren gerade mal ein paar Zentimeter Wasser um ihn herum frei. Der Platscher ins eiskalte Wasser war ein Wunder der Präzisionstechnik; wie eine selbst lenkende Waffe schlug er ein.

Alle Anwesenden waren nackt, von den weißen Handtüchern mal abgesehen, die man gefährlich knapp um die ausgedehnten Wänste geschlungen hatte. Ich legte ebenfalls ab und trat unter einen der vorstehenden Duschköpfe in der offenen, weiß gefliesten Duschecke. Alles lief ziemlich glatt, bis mein kraftvolles Einseifen plötzlich von einer Stimme hinter mir unterbrochen wurde. Als ich mich rasch umdrehte, stellte ich – zu spät – fest, dass es wahrhaftig eine weibliche Stimme war. Es handelte sich um die blonde Dame mit dem Dienst der Handtuchverteilung, der ich am Eingang begegnet war – und jetzt war sie zum Plaudern vorbeigekommen.

„Hallo, du bist zum ersten Mal hier, stimmt's?", sagte sie und schaute mir geradewegs in die Augen, was mich mit Dankbarkeit erfüllte. Ich erwiderte, dass ich tatsächlich ein Neuling sei. Farblich nahm mein ganzer Körper rasch einen fleckigen rötlichen Ton an, so verlegen war ich. Mist. Ich hatte kein Traktat, mit dem ich mich anstandshalber hätte bedecken können, und auch keine Taschenbibel – nicht mal eine Tasche.

„Woher kommst du?", fragte sie, als wäre es absolut normal, sich den Tag mit einem nackten Mann zu vertreiben, den man noch nie gesehen hatte – und für sie war es wirklich normal.

„Ich komme von der Bibelschule am Ende der Straße", bezeugte ich wahrheitsgemäß. Nun fiel mir das Unwirkliche an dieser Unterhaltung allmählich auf. Doch aus dem Unwirklichen sollte etwas extrem Bizarres werden.

„Ach, ist ja stark", erwiderte sie mit strahlenden Augen. „Ich gehe zu einer kleinen Brüdergemeinde gleich um die Ecke."

Plötzlich bemerkte ich ein kleines goldenes Kreuz am Kragen ihrer Dienstbekleidung. Einen Augenblick lang vergaß ich, dass ich keine Hose anhatte, und wollte sie schon fragen, welche Lehren und Strukturen diese besondere Gemeinde hatte: „Wie funktioniert eigentlich eine Gemeinde, wenn sie statt eines eingesetzten Pastors eine leitende Gruppe von Ältesten hat? Und haben sich die verschlossenen Brüder inzwischen für Neuerungen geöffnet?" Und dann fiel mir wieder auf, dass ich – so ganz ohne Wäsche – einer der besonders offenen Brüder der Kirchengeschichte war. Bei ihr aber flackerten nicht einmal die Augenlider. Scheinbar verteilte sie nicht nur die Handtücher, sondern sammelte sie auch ein. Sie schlängelte sich durch die Sauna und griff nach den abgelegten Handtüchern, wobei sie mit den Männern plauderte. Diese hatten sich an sie gewöhnt und betrachteten ihren eigenen textilfreien Zustand mit der gleichen Sorglosigkeit, die man in Gegenwart von Medizinern empfindet.

Ich aber konnte meine Verlegenheit nicht verbergen, weil mein Körper so rot angelaufen war, dass ich wie eine Verkehrsampel aussah. Ich murmelte „Gott segne dich" und drehte mich zur weiß gefliesten Wand. Ein brüderlicher Händedruck hätte sich wohl nicht gehört.

Ich war nie wieder in diesem Freizeitzentrum. Meinen Anteil an der interkonfessionellen Einheit und Verständigung aber habe ich geleistet … und zwar nackt und bloß.

Flugzeuggeschichten

Flugangst

Der Flug war überhaupt nicht gut gewesen. Nach elf langen Stunden Gefangenschaft kämpften einige Passagiere mit Ratespielen gegen die Langeweile an. Sie starrten auf ihr Essenstablett und versuchten, die Nahrungsbestandteile zu bestimmen. Die meisten rieten falsch; das Futter sah aus wie eine Luftaufnahme von Bauernhöfen. Es war uns so ungenießbar und unansehnlich präsentiert worden, dass manch einer spekulierte, die Fluglinie habe einen Ex-Catcher eingestellt, und dieser habe den Schmaus kurz vor dem Servieren zusammengeschlagen. Die Toilette wiederum war so klein, dass man zum Hinsetzen eine Ausbildung zum Schlangenmenschen brauchte. Wenn man aber dann endlich saß, bekam man es mit der Angst zu tun und befürchtete, in dieser Position eingekeilt zu bleiben, während das Flugzeug von Kontinent zu Kontinent flog. Ich wollte raus aus dem Flugzeug. Und zwar sofort.

Unruhig und zwischen zwei Körpern eingezwängt, rutschte ich auf meinem Platz hin und her. Ein Freund und Evangelist saß zu meiner Linken, und zu meiner Rechten saß eine Dame, die offensichtlich nicht oft flog. Sie hatte Angst. Große Angst. Ich würde Ihnen gern weismachen, dass ich deswegen von ihrer Furcht wusste, weil ich einen „geistlichen Eindruck" hatte, wie man so schön sagt. Leider nein, es hatte nichts mit der „Unterscheidung der Geister" zu tun. Sie verschlang die Bordzeitschrift, schon ein erster Hinweis. Ihre Spannung war geradezu greifbar, immer wieder verschränkte und löste sie die Finger und warf alle paar Sekunden schräge Blicke aus dem Fenster. Auch mein evangelistischer Kollege hatte ihre Angst bemerkt.

Er stieß mich in die Rippen und zischte mir eindringlich ins Ohr. „Lucas! Guck mal – die Frau neben dir hat offensichtlich schreckliche Flugangst."

Ich nickte stumm. Er hatte ja so Recht. Aber was sollte ich dagegen tun?

Der Möchtegern-Billy-Graham links von mir zischte wieder. „Frag sie doch, ob du für sie beten sollst. Flugangst ist nämlich nicht sehr lustig. Sie braucht deine Hilfe."

Natürlich hatte er Recht. Aber ich war müde, gelangweilt, uninspiriert und irgendwie von zeitweiligem Atheismus angehaucht, der christliche Geistliche befällt, wenn sie zu lange untätig herumsitzen müssen. Wir flogen also weiter.

Dann gerieten wir in eine Turbulenz oder so, wie Nigel, der Pilot, uns mitteilte (alle britischen Piloten heißen Nigel, das gehört verpflichtend zu ihrer Ausbildung). Die so genannte „Turbulenz" schleuderte das Flugzeug so stark hin und her, dass ich mich wie Unterwäsche in einer Waschmaschine fühlte. In unserer Sitzreihe reagierten die Menschen ganz unmittelbar auf das Luftloch. Der Evangelist zu meiner Linken schrie ein, zwei Sekunden lang ein paar Worte in „Zungen". Ihm wurde dadurch Hilfe zuteil, ebenso einem türkischen Mann zwei Sitze weiter, der dachte, dass ihm irgendjemand im eigenen Dialekt ein Rezept verraten wollte. Einen Augenblick lang tat ich wegen meiner atheistischen Einstellung Buße. Und die erschrockene Dame schrie. Jetzt verschlang sie den Sitz vor ihr mit so großen Augen, als sei das ihre nächste Mahlzeit, nachdem die Zeitschrift schon in Fetzen lag.

Zischen und Rippenstoß von links. „Hast du nicht gehört, Lucas? Die Frau hat geschrien."

Ja, weiß ich, Sherlock Holmes, es ist schließlich mein Ohr, das dank des Schreis jetzt taub ist.

„Jetzt guck mal ... sie weint ... ach, hast du denn kein Herz im Leib? Bete für sie!"

Klar. Bete für sie. Sie wird das Ganze für die kreativste Anmache ihres Lebens halten: „Allo, Liebling, wie wär's, wänn isch für disch bäte?"

Wir flogen weiter. Und dann hüpften wir scheinbar über den Gipfel des Mount Everest – oder erlebten eine noch *stärkere* Turbulenz, wie Nigel da vorn sich auszudrücken beliebte. Das war's dann. Die arme Frau schrie wieder, streckte ihren Arm herüber und griff nach meiner Hand, um sie nicht mehr loszulassen. Da saßen wir nun ein paar Sekunden lang Hand in Hand, sie und ich, einander völlig fremd. Lust auf ein fröhliches Tänzchen, vielleicht im Mittelgang?

Der dritte Rippenstoß plus Zischen. „Mach was, Lucas! Die Frau leidet ... guck mal ... sie hält deine Hand!"

Weiß ich. Ist ja meine Hand. Warum stehst du nicht auf und machst einen evangelistischen Haustüreinsatz am Notausstieg?

Ich flüsterte meinem Freund zu, dass ich mit dem fortwährenden Händchenhalten meine Leistung definitiv erbracht hätte. Warum fragte er sie denn nicht, ob er für sie beten dürfe? Er beugte sich über mich und sprach sie freundlich an.

„Entschuldigen Sie, meine Dame. Man merkt Ihnen an, dass Sie nicht gern fliegen. Na ja, mein Freund und ich – der Mann, dessen Hand Sie gerade halten – sind beide Christen. Möchten Sie, dass wir ein Gebet für Sie sprechen?"

Ich machte mich auf hysterisches Gelächter gefasst, spöttische Verachtung und die Erkenntnis, dass ich die Hand der Präsidentin der Freidenker-Weltvereinigung hielt. Aber es folgte überhaupt keine Ablehnung. Ihr vor Angst verkrampftes Gesicht entspannte sich zu einem nervösen Lächeln. Sie fing an zu reden.

„Beten? Ach, das wäre aber schön. Bitte, tun Sie das – ich bin ja so dankbar."

Ich war wie betäubt. Ich hatte eine negative Reaktion von ihr erwartet und deshalb gar nichts gesagt. Der Vorschlag meines Freundes, für sie zu beten, war genau das, worauf sie gewartet hatte. Sie war ausgesprochen dankbar.

Wie oft projizieren wir unsere Ängste vor Ablehnung auf Menschen, die von der Guten Nachricht noch nie gehört haben? Wir erwarten eine frostige Reaktion, und aus Angst vor der vielleicht peinlichen Situation verschließen wir uns, gehen vorüber und verpassen eine Chance, freundlich zu sein. Wir lassen die Gelegenheit verstreichen, in Jesu Namen einen Becher kaltes Wasser zu reichen, weil wir fürchten, dass der Durstige es samt einem Fluch ausspuckt. Wir setzen den Flug einfach fort. Auch als Leiter einer Gemeinde verhält man sich unter Umständen so und drückt sich nervös vor Veränderungen, weil man eine negative Reaktion als fast unvermeidlich ansieht. Geistliche können ihr ganzes Leben mit Schattenboxen verschwenden. Aber es bleibt nicht immer dabei. Die Dame auf Platz 31a lächelte entspannt bis zum Ende des Fluges und dankte uns nach der Landung nochmals – meinem Freund für seine Gebete und mir, weil ich ihre Hand gehalten hatte. Das überrascht übrigens umso mehr, wenn man das Gebet meines Freundes bedenkt. Kein ruhiges, sensibles „Vater, bitte hilf dieser lieben Dame" mit sanfter Berührung. Nein, er stieg voll ein und legte eine Fürbitte in höchster Lautstärke hin.

„O Gott, tu was gegen diese Turbulenz und lass die Angst dieser Frau verschwinden, GLEICH JETZT, in Jesu Namen. Wir befehlen es, WIR VERKÜNDEN ES!"

Er sprach laut und voller Leidenschaft und besprenkelte meine linke Gesichtshälfte mit Spucke. Alle anderen Passagiere schauten sich um, weil sie unbedingt wissen wollten, woher diese „Turbulenz" kam. Dabei sahen sie mich an. Es war ihnen peinlich. Mir auch.

Die Dame aber ließ sich von diesem Catcher-Gebet nicht abschrecken. Sie lächelte nur, nickte und lächelte nochmals. Ich glaube, Gott hat gelacht.

Die Macht des Rufes

„Du meine Güte, das kann doch nicht wahr sein, oder?"

Ich seufzte, weil sich wieder einmal die Augenbrauen eines Freundes zum Senkrechtstart erhoben und der Mund vor Entsetzen offen stand. Warum diese ungläubige Reaktion? Hatte ich eine Geschlechtsoperation angekündigt, um als „Schwester Mandy" einen Dienst unter Frauen zu beginnen? Hatte ich gerade enthüllt, dass mein Leben als Geistlicher nur der Deckmantel für meine wahre Tätigkeit als Mitglied eines kolumbianischen Drogenkartells war? Nein, die schockierte Reaktion ergab sich aus der Information, dass Kay und ich daran dachten, Urlaub auf Teneriffa zu machen.

Auf Grund der Kommentare mussten unser Flug und der kurze Aufenthalt in Teneriffa garantiert ein wahrer Alptraum werden. Ich stellte mich auf einen Kuhstall mit Flügeln ein, überwacht von Flugbegleitern, die den Passagieren mit Hochspannungs-Viehpeitschen in die Sitze halfen. Tatsächlich aber wurden wir an Bord mit einem Lächeln begrüßt, während im Hintergrund klassische Musik spielte. Ich hätte eher fetzige Stücke wie „Jetzt geht's los, jetzt geht's los" bei wummernder Lautstärke erwartet.

Richtig ist, dass die Plätze ein bisschen eng waren: Eigentlich sind sie auf zwergenhafte Limbo-Tanzgruppen zugeschnitten, die die Welt umkreisen. Hinter mir saß übrigens die Adams-Family. Eines der Kinder (der Junge hieß ohne Zweifel Damien) fuhr andauernd die Lehne zurück und trat dann wiederholt gegen meinen Sitz – und meinen Hinterkopf. Ich zog mit einem Schleudertrauma von dannen und Damien hätte beinahe die Gelegenheit bekommen, sich als kindlicher Fallschirmspringer zu beweisen. Und doch war dieser Flug mit der Gesellschaft JMC eigentlich recht angenehm (JMC ist scheinbar doch nicht die Abkürzung für „Jetzt macht's crash") und das Essen war dem transatlantischen Fraß von neulich bei weitem überlegen. Der Ruf von Charterflügen entbehrt jeder Grundlage.

Was Teneriffa selbst angeht, war mir weisgemacht worden, dass ich mit Sicherheit auf randalierende Horden von Bier trinkenden Männern stoßen würde, allesamt in Shorts, die aus der britischen Flagge geschneidert worden waren, die Häupter mit schmuddeligen, verknoteten Taschentüchern bedeckt. Krebsrote Bierbäuche, siebenmal so groß wie die Köpfe, würden sich mir entgegenstrecken. Alle Frauen würden sich an mich ranmachen und bei jeder sich bietenden Gelegenheit den BH ablegen, selbst wenn es auf der Insel gegen alle Erwartung kühl sei. Auch das stimmte nicht, selbst wenn ich eine junge Frau mit einem T-Shirt mit der Aufschrift „Manche Mädchen wollen, manche nicht, und ich könnte wollen" traf. Zugegeben, das ist wahrscheinlich kein Zitat aus den Sprüchen Salomos, und das Shirt wurde wohl kaum in einem christlichen Bücherladen erstanden, aber es war die einzige Anmache in Sichtweite. Während tatsächlich einige Frauen, ihrer Kleidung bar, alles hängen ließen, behielten die meisten ihre Oberteile zum Glück an. Teneriffa ist übrigens, von den Fish-and-Chips-Promenaden abgesehen, ein hübsches Fleckchen Erde. Zwar traf ich tatsächlich ein paar Kerle an, die sich scheinbar ihre Autoreifen in ihre ausladenden, braun gebrannten Bäuche eingepflanzt hatten, aber sie waren eigentlich in der Minderheit.

Tatsache ist, dass Teneriffa und Charterfluggesellschaften tendenziell unter ihrem schlechten Ruf leiden. Oft hat die Wirklichkeit mit dem Ruf gar nichts zu tun, aber Urlaubsorte, Unternehmen und Beschäftigte leiden darunter, weil sie irgendwann mit dem Pinsel der Verallgemeinerung angeschwärzt worden sind. Das passiert oft auch in der Kirche, wo doch gerade wir Christen an die Möglichkeit glauben sollten, dass ein Mensch sich weiterentwickeln und verändern kann, einfach deshalb, weil er mit Gott zu tun hat. Leider aber schaffen wir es, die Menschen in eine Schublade der Klischees zu sperren und sie an die Kette ihrer Vergangenheit zu legen. Auf diese Weise macht man sie zu Opfern eines negativen Rufes.

Ein positiver Ruf birgt auch seine Gefahren. Ich bin zu der Auffassung gelangt, dass es kaum etwas Schlimmeres für eine Gemeinde gibt, als sich ein Profil zu erwerben und die Aufmerksamkeit der breiten Öffentlichkeit auf sich zu ziehen – und den Ruf, der sich folglich einstellt. Der Ruf hängt meist mit der Vergangenheit zusammen (während er sich verbreitet, kann sich die ganze Situation schon längst verändert haben) und wird vor allem von Gerüchten und Übertreibungen genährt (nicht nur, dass mancher Ruf mit der Wirklichkeit nicht viel zu tun hat – meist traf er niemals zu). Die wahre Macht des Rufs ist jedoch sein Vermögen, eine Gemeinde in die Nebelsuppe des Selbstbetrugs zu geleiten. Wir fangen an, unseren eigenen Pressemitteilungen zu glauben. Propheten finden sich ein, erahnen einen Hauch vergangener Größe und erzählen uns, wir seien unglaublich toll. Daher glauben wir weiterhin an das Märchen. Wenn alle anderen finden, dass wir uns so gut machen – Gott selbst auch –, dann können wir doch wohl nicht danebenliegen?

Die Kirche in Laodicea hatte auch einen guten Ruf. Mit ein paar gut gewählten, scharfen Worten machte Jesus ihn jedoch platt. „Wir sind reich und gut versorgt; uns fehlt nichts", das war die Haltung der Menschen. Jesus sah das anders. Sie waren arm, blind und nackt.

Hüten wir uns also vor der Macht des Rufes. Image hin oder her, bitten wir den Gott des Durchblicks um sein Urteil. Hüten wir uns, Menschen wegen ihrer Fehler von gestern einfach abzuschreiben. Wenn ich meine Bibel richtig verstehe, dann ist der einzige Ruf, an dem uns wirklich etwas liegen sollte, derjenige bei Außenstehenden, die Jesus *nicht* nachfolgen; und dann natürlich bei Jesus selbst.

Inzwischen könnte Damien, das dämonisch besessene Kleinkind, dem ich mein Schleudertrauma zu verdanken habe, zu einem herzensguten Jungen geworden sein. Vielleicht braucht er aber auch einen Fallschirm ...

Gnadenmissbrauch

Ich stand im Flughafen in der Schlange zum Einchecken. Während ich wartete, türmten sich dunkle Wolken in meinem Herzen. Ich musste nämlich ausgesprochen lange warten. Mir grauste vor der Aussicht auf einen weiteren neunstündigen transatlantischen Flug, währenddessen ich meine Beine um meinen Nacken falten musste, weil man erfahrungsgemäß immer zu wenig Platz hat. Ich wollte einfach nur nach Hause. Flughäfen sind ja so einsame Orte – emotionale schwarze Löcher, voll gestopft mit Menschen, die überhaupt keine Lust haben, sich dort aufzuhalten. Sie wollen alle nur unbedingt nach Hause/in den Urlaub/zu einem Geschäftstermin. Und die Vorstellung, Flugreisen hätten etwas Glamouröses, könnte nicht verkehrter sein: Man sitzt angeschnallt mit anderen 300 Passagieren in einer silbrigen Röhre, von denen die meisten vergeblich gegen Höhenblähungen ankämpfen – das ist weniger bezaubernd. Ich trat vor an den Schalter und wünschte, „Beam me up, Scotty" sei ein Gebet, das mich nach Hause bringen könnte, *und zwar sofort*.

Sekunden später, als mich die Angestellte ansprach, brach die Sonne hinter dunklen Wolken hervor.

„Guten Morgen, Mr Lucas. Ich habe eine gute Nachricht

für Sie – Sie sind heute in die Business Class umgesetzt worden."

Ich hätte sie küssen können. Wirklich, ich hätte jeden Menschen im Flughafen küssen, Walzer tanzen, eine Strophe aus *Sound of Music* singen und mein Gelächter laut über das ganze Lautsprechersystem erschallen lassen können. Die Business Class! Ein großer, gemütlicher Sitz ganz für mich allein, Champagner und genießbare Speisen, die aussehen und sogar so schmecken wie Essen, Flugbegleiter, die lächeln und nicht den Gang auf und ab schreiten und wie die Wache vom Dienst gucken ...

... Das musste wunderbar sein. Wie ein ungläubig staunender Lottogewinner bedankte ich mich unentwegt und eilte zur Lounge. Mein Herz hüpfte vor Freude. Plötzlich war der Flughafen ein Ort, an dem es sich wahrhaft schön leben ließ, erfüllt von lieben, freundlichen Menschen, wie ich fand. Die Empfangsdame in der Lounge lächelte und fragte mich, warum ich so glücklich sei. Außer Atem teilte ich ihr die gute Nachricht mit – ich war aufgerückt!

Ich plauderte etwa eine Viertelstunde lang mit der Dame und sie berichtete mir etwas ganz Seltsames: Viele Passagiere reagierten auf eine solche kostenlose Höherstufung befremdlich. Man sollte meinen, dass jeder vor Dankbarkeit fast platzen müsse – eine Höherstufung ist nichts anderes als ein Scheck über Tausende von Pfund, so groß ist nämlich der Preisunterschied zwischen dem Ticketpreis der Touristen- und dem der Business-Klasse. Und doch benehmen sich viele Leute komischerweise überheblich und aggressiv, wenn sie merken, dass sie auf einen besseren Sitz geraten sind. Sie werden laut, anspruchsvoll und unausstehlich. Manche drohen sogar, sich über die Person zu beschweren, die sie umgesetzt hat! Sie missbrauchen die Gnade, die man über sie ausgeschüttet hat, und greifen genau die an, die ihnen solche Freundlichkeit erwiesen haben.

Ich habe mich gefragt, ob ich wohl auch so ein Gnadenmissbraucher war. Mir ist Vergebung geschenkt worden, umsonst und ohne Ende – aber wie gern dehne ich diese Gnade auf all jene aus, die mich ärgern und beleidigen? Durch das Kreuz hat Gott mir die größtmögliche Höherstufung gewährt – vom ewigen Verlorensein zu einer Ewigkeit mit dem echten Luxus, immer in Jesu Nähe zu sein.

Ich kenne nur allzu viele Gemeinden, die zerbrochen sind. Verantwortlich dafür sind Menschen, die sehr wohl „Amazing Grace" singen können, selbst aber gnadenlos, emotional verkümmert und gemein sind. Von Experten für Konfliktmanagement hört man, dass Christen richtig schlecht mit abweichenden Meinungen umgehen können. Vielleicht hängt das damit zusammen, dass wir in jeden Konflikt, in jede Unstimmigkeit unbedingt Gott hineinziehen wollen und von ihm verlangen, dass er *unseren* Vorlieben und Meinungen zustimmt. Um geistlich scheinende Sprüche und Klischees sind wir nicht verlegen, wenn wir ausfällig werden – nein, wir ärgern uns nicht übereinander, wir sind „in unserem Geist betrübt". Es ist nicht einfach so, dass die Musik am Sonntag uns nicht gepasst hat – plötzlich muss Gott selbst sich die Ohren zugehalten haben: Immerhin war sie nicht nach *unserem* Geschmack, also konnte *er* sie mit Sicherheit auch nicht leiden.

Rühren wir noch einen vollen Eimer emotionale Prophetien hinein, eine großzügige Prise geistlicher Überheblichkeit, und schon haben wir das Rezept für die totale Katastrophe.

Aus der Bibel geht ganz klar hervor, dass wir die Gnade nicht nur genießen und empfangen dürfen, sondern sie weitergeben sollen. Hat man Vergebung erlangt, muss man vergeben; wir, die wir den Himmel selbst mit unserer idiotischen, schusseligen Sündhaftigkeit verstören, werden ermahnt, uns mit den Eigenheiten der anderen abzufinden. Wir sind Geliebte, Kinder eines Gottes, der uns gern alles anvertrauen will, einschließlich der Erlösung dieses Planeten. Das sollte uns zur Aufgabe unserer zynischen Haltung bewegen und dazu, voneinander wirklich nur das Beste zu denken. Wir werden dabei natürlich enttäuscht. Das ist aber viel besser als eine verbitterte Existenz ohne Hoffnung oder Optimismus.

Inzwischen wartete in der Flughafenlounge eine weitere Überraschung auf mich. Fünf Minuten vor Abflug eilte die freundliche Angestellte herbei. Mit dem nettesten Lächeln flüsterte sie mir zu: „Sie sind ja bereits in die Business Class befördert worden, aber wir müssen dort noch einen Passagier unterbringen. Deshalb stufe ich Sie *noch einmal* höher und setze Sie in die Erste Klasse. Damit können Sie in einem echten Bett schlafen, und Sie bekommen das beste Essen, das wir haben."

Mir fiel beinahe die Kinnlade herunter. So viel Gnade! Der Platz in der Ersten Klasse war zehn Mal so teuer wie mein Ticket. Ich fragte, warum sie das gemacht habe.

„Ganz einfach. Sie waren nett zu mir. Ich wünsche Ihnen einen besonders schönen Flug."

Lob des Zweifels

Zweifel. Ganz sicher der Herpes-Virus der Evangelikalen. Man spricht in gedämpfter Stimmlage darüber; man sorgt sich, er könne ansteckend sein, und hat Angst, dass der Ruf irreparabel ruiniert ist, wenn jemand erfährt, dass es einen erwischt hat. Es ist auch sehr übel, wenn man von einem Ausbruch betroffen wird. Bei mir stellt sich der Zweifel meist inmitten einer Atmosphäre starker Gewissheit ein wie beispielsweise bei jenen ausufernden Jubiläumsveranstaltungen, wo man sich bei aller Vorsicht ein drittes Nasenloch einhandeln kann, so tief fliegen die charismatischen Flaggen. Man kennt das Gefühl – der Typ auf dem Nachbarplatz schlägt sich in derart monotonem Rhythmus das Tamburin auf den Kopf, dass man Mordfantasien entwickelt. Die Frau in der Reihe davor gerät über ihr Christendasein so in Ekstase, dass sie den ganzen Gottesdienst lang die Hände im Lobpreis nach oben streckt, auch bei den 20-minütigen Ankündigungen, die bei mir immer nur dafür sorgen, dass mir die Füße einschlafen. Der quietschvergnügte Lobpreisleiter auf der Bühne überschwemmt uns mit Plattitüden, die er heiser ins Mikrofon brüllt: „Spürt ihr nicht auch, dass der Herr an diesem Ort ist? Er ist hier mitten unter uns!" Die Frau vor mir streckt sich immer noch und berührt mit ihren anbetenden Fingernägeln beinahe die Decke; der fanatische Typ neben mir schlägt enthusiastisch seine Zähne ins Tamburin. Ich selbst seufze. Die Last des Glaubens erdrückt mich in solchen Augenblicken. Kann dieser ganze Kram mit Gott denn wahr sein? Ist da oben jenseits der Zeltleinwand/der Zimmerdecke wirklich jemand?

Ansonsten überfällt mich der Zweifel immer beim Fliegen. Eigentlich sitze ich während des Schreibens dieses Buches gerade im Innenraum eines ziemlich großen Jets der *British Airways* und bin auf dem Weg nach Amerika. Demnächst soll ich vor einem erlesenen Publikum ziemlich netter Christen große Brocken biblischer Lehre austeilen. Im Augenblick rase ich mit 800 Stundenkilometern über den Himmel in einem Geschoss, das penibel von Computern navigiert wird, weshalb Nigel, der britische Pilot, unsere mutmaßliche Ankunftszeit auf die Minute genau angeben kann, auch wenn wir noch 5 000 Kilometer vom Ziel entfernt sind.

Doch die Gesetze der Physik und die geniale Genauigkeit der Computerchips haben keinen Einfluss auf meine emotionale und geistliche Befindlichkeit. In dieser Situation empfinde ich weniger Gewissheit als sonst, was meine Fähigkeit angeht, irgendetwas Nützliches für Jesus zu tun. Ich bin mir nicht sicher, an wem ich mehr zweifle – an ihm oder an mir. Heute, beim Kampf mit einem eher faden *Caesar Salad* in 11 000 Meter Höhe, muss ich mich in der Kabine umschauen und werde in Sachen Glauben zunehmend unsicher, etwas, für das es keine andere Ursache gibt als den Anblick der Hinterköpfe meiner Mitreisenden. Womit tragen sie dazu bei, dass dieser Tick geistlicher Nervosität in mir ausbricht? Ganz einfach. Sie bringen mich aus der Fassung, weil sie *normal* sind. Sie sitzen da, halten ihre Plastikbecher und verschwenden scheinbar keinen Gedanken an Heiligkeit und Moral, an Sinn und Bedeutung des Lebens oder die Umwälzung, die einen Menschen aus der Bahn geraten lässt, wenn er merkt, dass im Herzen des Universums ein Schöpfer lebt und wohlauf und munter ist – und *mich* kennt. Ich entdecke auf ihren Gesichtern keine Anzeichen der Klage, dass die Kirche, die den Namen Christi mutig bekennt, eine quälende Unfähigkeit an den Tag legt und seine Existenz so Mitleid erregend bezeugt. Nein, sie sitzen einfach da, leben ohne erkennbare Tiefe oder Bedeutung in den Tag hinein, als befänden sie sich in einer existenziellen Starre, und einen Augenblick lang beneide ich sie und finde, dass es harte Arbeit ist, die ganze Zeit am Glauben festzuhalten. Und dann fange ich an, mir wegen meines heimlichen, skandalösen Neides wirklich Sorgen um mich selbst zu machen. Meine Eifersucht ist wahrhaft böse. Immerhin trage ich in meiner Tasche ein schwarzes, ledergebundenes Buch, in dem doch offensichtlich steht, dass alle diese Menschen verloren sind und sich Schritt für Schritt auf das schwarze Loch einer Ewigkeit ohne Gott zubegeben. Ich schimpfe über mich: Glaube ich denn stark genug daran, um etwas zu verändern? Bin ich wirklich davon überzeugt, dass diese netten Menschen, die doch scheinbar genetisch nichts mit den Serienmördern und KZ-Wachen dieser Welt zu tun haben, verloren sind? Hin und her schwirren diese verwirrten, ängstlichen Gedanken durch meinen Kopf und eine Weile lang fühle ich mich noch verlorener als die anderen. Manche schütteln ihre Plastikbecher und ärgern sich, weil das Eis darin schmilzt. Und ich schüttle meinen Kopf in der vergeblichen Hoffnung, den Nebel in meinem Schädel zu zerstreuen, doch der hält sich recht hartnäckig. Eine ganze Zeit lang scheint Gott da oben in 11 000 Metern Höhe weit weg zu sein. Das Flugzeug rast wie ein Präzisionspfeil auf dem Kurs ins Ziel mühelos vorwärts. Doch die Kabine ist scheinbar voller Nebel, während ich nach dem Notebook greife und dieses Kapitel schreibe. Ein paar Augenblicke des Nachdenkens werden mir die Einsicht bringen, dass ein Leben ohne Ziel, in dem es um das bloße Überleben geht, kein Segen, sondern ein echter Fluch ist. Doch in der Müdigkeit, in der fast leicht depressiven Stimmung, die der Langstreckenflug in mir hervorruft, fühle ich mich von den Wellen der Ungewissheit und Desorientierung geradezu zerschmettert.

Zweifel. Ach, hier gibt es keine magische Formel, kein idiotensicheres Rezept, mit dessen Hilfe man den Zweifel ein für alle Mal verbannen könnte. Es bleibt die Erkenntnis, dass wir alle ab und zu darunter leiden. Eines Tages werden wir Jesus von Angesicht zu Angesicht sehen, und das Leben in der Grauzone des Glaubens ist vorbei, auf ewig. In der Zwischenzeit leben wir, geistlich gesehen, auf der der Sonne abgewandten Seite des Mondes. Gottes Antlitz ist manchmal fern und verschwommen zu erahnen; das Fleisch, das Leben, die Hetze und die Angst verhindern unsere Sicht auf ihn. Mit der Auferstehung offenbart er sich uns jedoch von Angesicht zu Angesicht. Was für eine Freude wird das sein! In der Zwischenzeit macht ein gelegentlicher Zweifel aus uns noch keinen drittklassigen Christen oder einen ausgemachten Heiden.

Zweifel beweisen nichts anderes, als dass man noch nicht tot ist.

Elternschaft

Fahrstunde

Den eigenen Kindern Fahrstunden zu geben, das kann nicht gut gehen. Lassen Sie es mich anders formulieren: Es sollte ein biblisches Gebot geben, das einen solchen Unsinn verbietet und mit allem Ernst die elterlichen Möchtegern-Fahrlehrer darauf hinweist, dass sie zu Tode gesteinigt werden, wenn sie dem Nachwuchs Fahrunterricht zu geben versuchen. Vielleicht gibt es ja im Buch Levitikus – vergraben in den Ausführungen über Rindergallenblasen – einen Vers darüber: „Du sollst nicht im Wagen deiner Tochter fahren, damit nicht unversehens schmutzige große Beulen überall an deinem Haupte ausbrechen", oder Ähnliches.

Damals kam uns die Idee ausgesprochen gut vor. Mir schwebte eine glückliche Stunde vor, in der wir unsere Eltern-Kind-Beziehung pflegen würden. Wir wollten mit bedächtiger Geschwindigkeit die grünen Straßen von Sussex entlangfahren, wobei ich gedachte, Kelly in ihrer Fahrtechnik sachte zu bestärken, ihr dabei zu helfen, Unsicherheiten zu überwinden, und sie gelegentlich zu korrigieren. Meine Stimme würde ruhig und maßvoll klingen und sie würde sich entzückt am sachkundigen Rat ihres immerwährend liebevollen Vaters erfreuen. Wie fröhlich und entspannend das doch werden musste! Es stellte sich heraus, dass die ganze Sache etwa so entspannend wurde wie die

Schlacht von Harmagedon. Die Spannung wuchs, wenn wir sanft Sträucher und Hecken streiften, die unvorsichtigerweise am Straßenrand wuchsen, und stieg sogar an, als wir knapp an der herzlichen Begegnung mit einem Sattelschlepper vorbeischrammten. Es war nicht Kellys Schuld – sie war ja Anfängerin. Doch ihre Bremsmanöver fielen – wie soll ich sagen – etwas abrupt aus. Ein paar Male musste ich die Frontscheibe küssen und meine Nase bog sich am unnachgiebigen Glas nach oben. Meine Ungeduld stieg auf einen gefährlichen Pegel. Ich schrie sogar in Zungen, und zwar in so hohen Oktaven, dass es sich wie ein Stück der Wiener Sängerknaben aus dem Album „Glossolalia" anhörte.

Doch der Siedepunkt der Qualen wurde erreicht, als wir an einem Kreisverkehr angelangten. Kelly war nervös (was man nachvollziehen konnte, denn ihr Fahrlehrer war Saddam Hussein) und würgte den Motor ein paar Mal ab. Ein Fahrer hinter uns wurde ungeduldig und hupte zwei- oder dreimal. Ich hätte ihn umbringen können. Ich hatte große Lust, eine Geste zu machen, die dem „One Way"-Zeichen nicht unähnlich sieht, so sehr regte mich sein krasser Mangel an Verständnis auf. Und dann fiel es mir wie Schuppen von den Augen: Ich ärgerte mich wegen genau des gleichen Verhaltens über ihn, das ich mir die letzten 20 Minuten hatte zu Schulden kommen lassen. Er war leicht gereizt über jemanden, den er nicht kannte; mir platzte der Kragen wegen der Fahrkünste meiner Tochter, die ich von Herzen liebe. Wie kommt es, dass wir so oft extrem intolerant auf Fehlverhalten bei anderen reagieren, wenn sie doch die gleichen Sünden begehen wie wir? Mir scheint, dass uns ein blinder Wahn packt, der uns in besonders großer Ausführung und unter Flutlicht die kleinen Vergehen unserer Mitmenschen vor Augen hält, während wir unsere Jumbo-Fehler völlig außer Acht lassen, uns ihrer nicht einmal bewusst sind. Wir sieben die Mücken aus und verschlucken dabei ein dreihöckriges Kamel.

Vielleicht verbirgt sich in unserer kritischen Einstellung tatsächlich etwas Boshaftes. Wir schießen uns auf die Sündenflecken der anderen ein und hoffen, durch diese Aktion die eigenen, dunkleren Flecken zu übertünchen. Zutiefst unglücklich über den Schmutz am eigenen Leib, destillieren wir unsere Scham heraus und gewinnen daraus ein Gift, das beim nächsten Schlangenbiss Gemeinschaft und Freundschaft in Sekundenschnelle vergiften und zerstören kann. Passen wir auf, dass wir unseren Nächsten nicht zusammenschlagen, weil uns nicht gefällt, was wir im Spiegel sehen. Denken wir daran, dass vergiftete Worte töten können.

Und meiden wir Satans raffinierte Falle: Spendieren wir unseren Kindern reguläre Fahrstunden.

Der Ritt

Mir dämmerte allmählich, dass mein hübscher kleiner Plan, die ganze Familie zu einem Pferderitt einzuladen, ein schwerwiegender Fehler gewesen war. In der Frühe des Tages hatte ich mich noch als evangelikalen John Wayne gesehen, und die Vorstellung, hoch zu Ross unter den sonnenverwöhnten Bäumen von Oregon dahinzutraben, war sehr reizvoll. Ich war sogar dazu übergegangen, meine Frau „Kumpel" zu nennen.

Als ich jetzt an Bord dieses schwitzenden braunen Monsters auf und ab hüpfte, das keine Handbremse und auch keinen Sicherheitsgurt hatte, schossen mir zahllose Gedanken durch den Kopf: Wie sollte man dieses Ding ohne Lenkrad steuern? Hatte dieses Tier überhaupt die Absicht, sich irgendwohin lenken zu lassen? Ich war geneigt, die Zügel loszulassen und mich einfach an Dobbins Ohren so krampfhaft festzuhalten, dass es blutunterlaufene Augen bekommen würde. Ich wollte, dass der Ritt vorbei war, und zwar *sofort*.

Der Versuch, mit dem Pferd zu plaudern, war nutzlos. Ich probierte sogar ein paar pferdemäßige Witze: „Sag mal, Pferd, warum so ein langes Gesicht?" usw. Es hörte nicht hin und ließ eine längere und satte Blähung ab. Wie die meisten Männer, die Blähungen für eine ziemlich witzige Sache halten, war ich beeindruckt. Meine Freunde schauten sich über die Schulter mit vorwurfsvollem Blick und angeekelt nach mir um.

„Was ist denn? Das war das Pferd ..."

20 Minuten später wurden meine schlimmsten Alpträume wahr. Ich war der Fünfte in einer Reihe von etwa 30 Tonnen Pferdefleisch, als ein Schrei ertönte: „Kelly ist abgeworfen worden!"

Ich stellte mir den Schrecken meines damals zehnjährigen kleinen Mädchens vor, das wie ein Püppchen in die Luft geschleudert wurde und mit knochenbrecherischer Wucht aufschlug. Ich geriet in Panik, trat Dobbin in die Seite, der sofort reagierte, und galoppierte an die Stelle, an der meine Tochter auf dem Boden lag. Unsere Freunde waren schon an ihrer Seite. Sie schrie vor Schmerzen und ihr Gesicht war blutüberströmt. Ich fiel buchstäblich vom Pferd und lief zu ihr.

Alle Eltern wissen, dass die Angst sich mit Lichtgeschwindigkeit im Gehirn ausbreiten kann. Ich dachte, sie hätte sich das Genick gebrochen, und ein Film wurde im Zeitraffertempo vor meinem inneren Augen abgespult: Szenen mit Rollstuhl, Krankenhaus und Operationen. Ich war vor Panik außer mir. Dr. Chris, unser Freund, suchte Kelly bereits nach Verletzungen ab. Gott sei Dank war er mit dabei. Wir waren nämlich meilenweit vom nächsten Krankenhaus entfernt.

Richard, unser Sohn, kniete neben seiner Schwester und weinte auch. *Warum das denn?*, fragte ich mich.

„Ich hab sie doch lieb, ich hab sie lieb ...", schluchzte er.

Das lenkte mich einen Augenblick lang ab. Dieses untypische Bild der Zuneigung des Bruders zur Schwester war ein Wunder, das irgendwie an die Auferstehung des Lazarus erinnerte.

Meine Aufmerksamkeit wurde schnell wieder auf Kelly gelenkt, als sie erneut aufschrie. Ihr Rücken war unversehrt, aber sie hatte sich den Arm gebrochen und die Kinnlade ausgerenkt. Das Gesicht war jetzt mit tränenfeuchtem Schlamm beschmiert, der mit hellrotem Blut vermischt war.

Irgendetwas in mir hakte aus. Ich weiß, dass ich mit väterlicher Reife hätte reagieren sollen, damit Ruhe und ein Hauch von geistlicher Ordnung ins Chaos kämen, das wir im Moment verspürten. Vielleicht hätte ich die Familie um mich sammeln sollen, um zu beten oder um wenigstens ein paar tröstende, fürsorgliche Worte zu flüstern. Aber das tat ich nicht.

Stattdessen machte ich meiner Panik dadurch Luft, dass ich den Kopf in den Nacken legte und aus vollem Hals ein grobes Schimpfwort brüllte. Ich bin nicht stolz auf meine Dummheit, aber so ist es nun einmal gewesen. Was als Nächstes passierte, überraschte mich völlig. Kelly hörte auf zu schreien und drehte sich zu ihrem fluchenden christlichen Vater um.

„Papa! Ich kann gar nicht glauben, dass du so was gesagt hast. Wie kannst du das wagen ... und das als Pastor! Du solltest dich schämen!" Nach dieser blitzschnellen Zurechtweisung ihres jetzt dämlich dreinblickenden Vaters ging sie wieder dazu über, aus voller Kehle zu jammern.

Als Kelly ein paar Stunden später tapfer in der Notaufnahme saß, wo man ihr die Splitter aus dem Unterkiefer zupfte, lachten wir über die Situation, in der sie mir so richtig Bescheid gesagt hatte. An diesem Tag aber habe ich meine Lektion gelernt. Mir dämmerte, dass der sensiblen Kelly ein Vater, der das Gegenteil von dem tat, was er in aller Öffentlichkeit predigte (die treffende Kurzbeschreibung ist „Heuchelei"), mehr Schmerzen verursachte als ein gebrochener Arm und ein ausgerenktes Kinn. Eltern – und Führungspersönlichkeiten – sind dazu berufen, ein Vorbild zu sein; Kinder – und das Volk Gottes – sind wie frischer Zement. Wenn wir die Führungsrolle haben, sind wir mit dem Vorrecht und der Verantwortung dieses Mysteriums gesegnet, das man *Einfluss* nennt. Wir haben die Macht, das Leben unserer Mitmenschen zu beglücken oder zu beschmutzen.

Als Paulus mit mahnendem Unterton Timotheus den Ansporn gab, ein „Vorbild zu sein", erinnerte er den jungen Kämpfer daran, dass seine Führungsrolle mehr verlangte als begnadetes Predigen oder theologisches Geschick. Es geht hier nicht nur um das Erlernen von Managementtechniken oder die Fähigkeit, Menschen zum Handeln zu motivieren. Wir sind dazu berufen, Vorbild zu sein (griechisch *typos*), was ebenfalls so viel bedeutet wie „auf eine Wachstafel schreiben". Das Leben der Menschen wird durch unsere kalligrafische Kunst oder aber durch selbstsüchtiges Gekritzel grundlegend beeinflusst.

Eine solche Vorbildfunktion darf aber nicht mit der Sorge um das richtige Image verwechselt werden. Oft begegne ich Pastoren, die Angst davor haben, ein echter Mensch zu sein. Weil sie fürchten, die anderen zu enttäuschen, verkneifen sie sich jeden Hinweis auf die eigenen Ängste, Zweifel und Sünden und präsentieren sich stattdessen als die Tugend selbst, womit ihre sehr menschlichen Gefolgsleute sich letzten Endes nicht identifizieren können.

Unser Vorbild soll den Menschen nicht den Eindruck vermitteln, dass wir unfehlbar seien, vielmehr sollten wir ihnen die Entschlossenheit vorleben, unbedingt Jesus nachzufolgen, auch wenn wir mit den gleichen Problemen zu kämpfen haben wie die Gemeindemitglieder. Unser Wille zur Heiligkeit drückt sich nicht darin aus, dass wir so tun, als seien wir gegen Sünde und Versuchung immun, sondern in den täglichen Entscheidungen aus Gottes Gnade, die wir in der Wahl des rechten Weges tatsächlich treffen.

Heuchelei tut weh. So tun als ob, hilft niemandem. Und ich möchte nie wieder auf Dobbins Rücken reiten ... nicht einmal hinter ihm stehen.

48 Stunden

Ich kannte Jane erst seit 48 Stunden. Sie strahlte mir bei einer Freizeit in Texas aus der Menge entgegen, vor der ich meinen Vortrag hielt – sie sah ganz so aus wie eine begeisterte Christin, was sie aber gar nicht war. Ihre lachenden Augen hatten mit Glauben nichts zu tun: Sie war nur froh, unter positiv eingestellten, fröhlichen Menschen zu sein. Janes 17-jähriges Dasein war bis zu diesem Zeitpunkt eine Aneinanderreihung von Enttäuschungen und Ablehnungen gewesen. Ihre Familie wurde von einem Tag auf den anderen durch Scheidung zerstört. Ihre Hoffnungen zerbrachen unter der kalten Realität, dass weder Vater noch Mutter sie wirklich wollten. Sie war von einem entfernten Verwandten zum nächsten herumgereicht worden wie die Kugel in einem Flipperautomaten, die achtlos durch die Gegend geschleudert wird. Irgendwie hatte sie sich dennoch die Fähigkeit zu lächeln bewahrt. Die christliche Freizeit in den glühend heißen Hügeln von Texas war für uns andere ein Härtetest aus gleißendem Licht und Schweiß. Für sie war es eine kühle Oase, in der sie die Atmosphäre von Lachen und Liebe in sich aufsaugen konnte, wenigstens für eine Weile.

In diesen 48 Stunden erlebte Jane drei besondere Dinge. Das erste Ereignis hätte für alle Zeit jede Chance auslöschen können, dass sie zum Glauben kam. Wir teilten uns das Freizeitgelände mit einer anderen, ziemlich fanatischen, einseitigen christlichen Gruppierung, die scheinbar ein bisschen besser Bescheid wussten als Gott selbst und darauf brannten, alle anderen daran teilhaben zu lassen. Janes schwarzes *Metallica*-T-Shirt fiel ihnen auf. Wie evangelistische Straßenräuber fiel man über sie her.

„Du hörst Rockmusik?", fragten sie, ohne einen Gedanken daran zu verschwenden, sich auch nur vorzustellen. Jane mochte diese Musikrichtung und bestätigte frohgemut obige Tatsache. Woraufhin ihr wiederum bestätigt wurde, dass Gott sie gewisslich schnurstracks in die lodernde Hölle schicken werde, wenn sie ihren Musikgeschmack nicht überdenke. Der Gott des ganzen Universums musste wohl ein leidenschaftlicher Musikkritiker sein, und ungeheure Ladungen menschlicher Wesen würden eingeäschert, wenn ihre CD-Vorlieben von der seinigen abwichen. Jane sagte ihnen, sie sollten sich um ihre eigenen Angelegenheiten kümmern. Die Betreffenden stapften von dannen, zweifellos, um für ihre elende Seele zu beten und sich ein paar Volksmusik-Stücke anzuhören.

Das zweite große Ereignis war Janes Entscheidung für Christus. Es geschah während der Versammlung am Samstagabend. Die Anbetungszeit bewegte uns alle, war aber nicht besonders intensiv. Jane kam irgendwann ohne besondere Aufforderung nach vorn, nahm das Mikrofon in die zitternden Hände und teilte aller Welt mit, dass sie seit einer halben Minute gläubig sei. Mit einer Redegabe, wie ich sie bis dahin in meinem Leben selten erlebt hatte, dankte sie der Gruppe für ihre Freundlichkeit, die einer der Gründe war, aus denen sie sich für Christus entschieden habe. Jetzt wurde eine Willkommensparty gefeiert. Alles klatschte und jubelte und versammelte sich um Jane, um sie zu umarmen.

Das dritte Ereignis, das Jane widerfuhr, war die erneute Begegnung mit einer Patrouille der Radikalen. Diese durchstreiften das Gelände auf der Suche nach Menschen, die unangemessen fröhlich wirkten, und diesmal wollten sie von ihr wissen, wie lange sie vor dem Fernseher sitze (Entspannung ist Zeitverschwendung) und welche Freunde sie habe (die Unerlösten sind gefährlicher Abschaum), doch es interessierte sie überhaupt nicht, ob sie Christ sei. Kay und ich fanden Jane unter einem Baum; die Augen waren gerötet, die niedergeschlagene Miene tränenfeucht.

„Ich hasse diesen ganzen Kram! Deshalb bin ich auch noch nicht früher Christ geworden! Welches Recht haben die, so mit mir zu reden? Wer sind die denn, dass sie mir vorschreiben, ob ich fernsehen darf oder nicht?"

Wir sprachen etwa eine halbe Stunde lang mit Jane und versuchten, ihr freundlich zu erklären, dass es zwar etwas koste, Jesus nachzufolgen, dass man aber nicht den Gesetzen mobbender Frömmler Folge leisten müsse. Wir teilten ihr mit, dass Gott nicht extra für sie einen Grill anheize und sie in die Hölle werfen wolle, auch dann nicht, wenn ihr Fehler unterliefen oder sie vom Weg abkäme. Wir machten ihr einfach Mut und beteten eine Weile mit ihr. Wir betrieben keinen besonderen Aufwand, erbrachten kein Opfer und auch keine Heldenleistung. Es war nur ein Gespräch.

Dann war es Zeit zum Aufbruch und unser Auto wartete schon. Wir umarmten Jane zum Abschied. Sie ließ uns nicht gerne gehen. Ihre Abschiedsworte bewegen mich selbst heute noch, obwohl die Geschichte schon mehr als ein Jahr her ist. Ihr Abschied bedrückt mich noch heute, macht mir aber auch Mut – so unwahrscheinlich es auch ist, dass wir uns jemals wieder sehen, jedenfalls auf dieser Seite des Himmels. Mit strahlenden Augen, in denen jetzt keine Tränen mehr standen, lächelte sie uns breit an.

„Tschüß, Mama. Tschüß, Papa."

Manchmal muss man gar nicht so viel tun.

Anbetung

Sind wir doof?

Es ist ein unbequemer Gedanke, und die bloße Frage hört sich herzlos an, aber immer wieder nagt sie in letzter Zeit an mir: Sind Christen wirklich so blöd? Würde eine „Erweckung" im Grunde darauf hinauslaufen, dass noch mehr bescheuerte Menschen herumlaufen?

Diese möglicherweise unfreundliche Frage saß mir im Genick, als ich mir neulich den Auftritt eines Typen auf einem christlichen Fernsehsender ansah. Lauthals machte er das Versprechen auf garantierte Reichtümer und einen Superwohlstand im Austausch gegen eine Spende, die natürlich an ihn gehen sollte. Dass er selbst etwa 300 Jahre alt aussah, an der Schwelle des Todes stand und seine Präsentation im Fernsehen wie ein grinsendes Gespensterskelett wirkte, kam mir und meinem einfach gestrickten Gehirn ein wenig widersprüchlich vor. Er verkündete seine Botschaft vom gewaltigen Reichtum aus einem Gebäude, das wie das Innere einer Bahnhofstoilette aussah, aber davon ließen sich die Trottel nicht abhalten, die scharenweise anriefen und sich das Angebot sicherten. Ich war wie vor den Kopf geschlagen. Warum dieser Ansturm von Gläubigen, die sich wie die Lemminge bereitwillig in den Abgrund des Wahnsinns stürzten? Meine Frau hat mir jetzt verboten, dem Kerl beim Frühstück oder zu sonstigen Tageszeiten zuzuschauen, weil sie es nicht mag, wenn am Bildschirm aufgeweichte Cornflakes kleben.

Ich war bei einer Veranstaltung, auf der der Redner ständig zwei Kernbotschaften vermittelte. Erstens ergötzte er uns mit seinem Zeugnis darüber, dass sein persönliches Sicherheitsgefühl nichts mit seinem Dienst zu tun habe; nein, die Größe seines Dienstes sei nicht wichtig. Zweitens würzte er praktisch jeden Satz seiner Predigten mit Bemerkungen, die uns alle laut und deutlich darüber informierten, wie groß, im Wachsen begriffen und expandierend sein Werk sei, dass es ganze Nationen umfasse und im Allgemeinen intergalaktisch sei. Die Menschen kauften ihm in Scharen die Kassetten ab und vergaßen darüber ganz, dass er nicht nur nicht praktizierte, was er predigte – er predigte nicht mal, was er gerade gepredigt hatte, wenn Sie wissen, was ich meine. Wahnsinn.

Ein weiteres Beispiel kollektiver Dummheit erlebte ich in Gottesdiensten, wenn ein angebliches „Wort der Erkenntnis" mitgeteilt wird. Vielleicht kommt Ihnen das Folgende ja bekannt vor.

Pastor: „Hmh, danke Herr, ja. Ja, heute Abend ist hier jemand mit Rückenschmerzen ..."

(Die Menge freut sich merklich, wohl ungeachtet der Tatsache, dass vermutlich mindestens 50 Prozent der Besucher Rückenschmerzen haben, was teilweise an den billigen Klappstühlen liegt, die zu einem sagenhaft günstigen Preis von der Brüdergemeinde gekauft wurden, die letztes Jahr geschlossen hat.)

Pastor: „Ja, ich kann weiter mitteilen, dass diese Person mit den bereits erwähnten Rückenschmerzen entweder männlich ist ...

... oder weiblich."

(In der Menge schaut man einher, um Menschen beiderlei Geschlechts ausfindig zu machen.)

Pastor: „Mhm, noch etwas. Diese Person mit dem von Satan gepeinigten Rücken, entweder männlich oder weiblich, *ist von einer Frau geboren ...*"

(Die Menge ist erstaunlicherweise beeindruckt von dieser Offenbarung. Man vernimmt unterdrücktes, verblüfftes Aufstöhnen ob der Präzision und Genauigkeit.)

... Und dann gibt es noch jenes „Gebet für die Kranken", bei dem man den Menschen nicht nur einen kleinen Schubs gibt, um ihnen beim Umfallen zu helfen, was ja an sich schon schlimm genug wäre. Ich war aber schon in Versammlungen, bei denen der Evangelist sich in Karate besser auskannte als Jackie Chan.

Ich weiß, dass Gott uns Menschen mit Schafen vergleicht, die, machen wir uns nichts vor, nicht gerade helle sind. Kann es aber angehen, dass viele Nachfolger Jesu ihrem Gehirn tatsächlich auf Dauer den Laufpass gegeben haben und sich mittlerweile Minzsauce hinter die Ohren tupfen? (Dazu müssen Sie wissen, dass bei uns in England das Lammfleisch typischerweise in Minzsauce serviert wird.) Hatte Josh McDowell Recht mit seiner Beteuerung, dass die meisten Christen nur zwei Gehirnzellen haben – die eine hat sich verlaufen, die andere sucht gerade nach ihr?

Vielleicht auch nicht. Nur finde ich, allzu oft wünschen wir uns so dringend, dass irgendetwas passiert, dass wir wie Wüstenwanderer von Tümpel zu Tümpel hasten, ganz egal, wie schlammig das Wasser ist. Gottes Name wird aber nicht durch Taschenspielertricks geehrt, die als Wunder daherkommen, durch übertriebene Zeugnisse oder die Pawlow'schen Reflexe einer Versammlung, die bereitwillig aufspringt, wenn der Anführer mit dem Glöckchen bimmelt.

Wir meinen, Eintritt bezahlen zu müssen, wenn wir dazugehören wollen. Wir fürchten, einen Mangel an Tiefe und Spiritualität zuzugeben, wenn wir irgendetwas als bedeutungslos empfinden. Ich habe genau das erlebt, als ich einmal an einer Konferenz teilnahm, auf der der Redner eine „tiefe" Lehre darbrachte, wie viele es beschrieben. „Das war wirklich tief" bedeutet in Wirklichkeit oft: „Ich habe keinen blassen Schimmer, worüber er sich ausgelassen hat, du etwa?" Alle von mir Befragten gaben an, sie hätten die

Predigt großartig gefunden. Als ich die nächste Frage stellte – worum es denn gegangen sei –, wirkten sie allesamt ratlos.

Dann gibt es noch eine weitere interne Verschwörung. Beim verzweifelten Versuch, zu glauben und positiv zu erscheinen, fürchten wir, den anderen in den Rücken zu fallen, wenn wir unbequeme Fragen stellen. Wer aber den Dingen auf den Grund gehen will, beweist ganz im Gegenteil Treue, nicht Verrat. Fragen stellen heißt, nach Authentizität zu hungern, statt sich mit dem Oberflächlichen zufrieden zu geben, das keiner Überprüfung standhält. Zynismus wäre tödlich, aber wenn man den Mund nur aufmacht, um alles zu schlucken, bringt es letzten Endes den guten Namen Gottes in Verruf.

Fangen wir also um Gottes willen lieber an zu denken.

Der allzu menschliche Gottesdienst

Vor Jahren war ich Pastor in einer Gemeinde, in der jeden Sonntagmorgen eine „offene Anbetung" praktiziert wurde. Es lief darauf hinaus, dass es einen ziemlich beängstigenden und manchmal wunderbaren Teil des Gottesdienstes gab – der normalerweise 30 Minuten dauerte –, in dem jeder der Anwesenden beten, einen Bibeltext vorlesen, ein prophetisches Wort verkünden oder – ein wenig besorgniserregender – die ganze Gemeinde zum Singen eines Anbetungsliedes anleiten konnte. Letzteres machte uns immer ein bisschen Angst und war oft ziemlich qualvoll. Manch einer fühlte sich „geleitet", ein Lied anzustimmen, das ursprünglich in der Tonart C-Dur komponiert wurde. Doch nun setzte er es höher, auf F-Dur. So kam es, dass man an den höheren Stellen 150 Menschen wie die Wilden im Falsett kreischen hörte. Der Klavierspieler stocherte an jedem Bereich der Tastatur herum, weil er die unerreichbare Tonart finden wollte. Ich hätte eigentlich nach vorn gehen und das Lied neu anstimmen müssen, aber die Feigheit setzte sich durch: Das traurige Gekreische dauerte an.

Auch bei den „Gebetsanliegen" konnte es etwas peinlich werden – jeder durfte aufstehen und um Gebet für, na ja, alles bitten. Eines Morgens wollte eine Frau, dass wir für ihren Sohn beteten, einen Teenager, der sich – ich zitiere den Wortlaut – „die Hoden verdreht hatte". Viele waren sich nicht sicher, ob dieser Zustand bildlich oder wörtlich gemeint war. Der betroffene Junge, der selbst anwesend war, sah ganz so aus, als würde er nie wieder in der Öffentlichkeit erscheinen; sein purpurrotes Gesicht fluoreszierte richtig. Und doch reagierte man auf dieses höchst peinvolle Anliegen mit viel Fürbitte: Einige erhoben beim Beten die Hände – und ein paar von den Brüdern konnten das Leid scheinbar nachempfinden, weil sie sich mit dem Jungen und seinem unglückseligen Hodenchaos identifizierten. Sie schlugen die Beine übereinander und vergossen beim bloßen Gedanken daran Tränen.

Natürlich gab es auch die unvermeidlichen platten Prophetien, deren Bandbreite sich von der harmlosen, unschuldigen Erinnerung daran erstreckte, dass der Herr bald wiederkäme („Haltet daran fest und er wird weiter zu uns reden"), bis zu den eher bizarren Ankündigungen: „Fürchte dich nicht, mein Volk; dies sind angstvolle Zeiten. Ab und zu erschrecke selbst ich, der Herr, euer Gott, ein bisschen ..."

Wir waren sehr, sehr geistlich, doch hin und wieder gab es Augenblicke, in denen sich eine wunderbare Menschlichkeit einschlich, und man konnte sich gut vorstellen, wie im Himmel ein schiefes Lächeln auf Gottes Gesicht erschien.

Ein reizender älterer Herr fand das alles wohl ermüdend und nickte beim Beten öfter mal ein. Das war soweit in Ordnung, bis seine Rachenmandeln und die Nase sich bei einer Gelegenheit entschlossen, mit ohrenbetäubendem Schnarchen zum Geschehen beizutragen. Einige fühlten sich geleitet, für den Jumbo-Jet zu beten, der offensichtlich im Tiefflug vorbeidröhnte, während andere sich fragten, wer hier bloß mitten im Gottesdienst die Kettensäge schwang oder vielleicht eine knatternde Harley Davidson durch die Gänge lenkte. Das Schnarchen wurde lauter.

Als es Zeit war, mit der Predigt zu beginnen, hustete ich laut – ein unhöflicher Versuch, ihn wieder aufzuwecken. Er schnarchte weiter. Da meine Ansprache von geistlicher Kriegsführung handelte, dachte ich, die Versammelten hätten es vielleicht auch einmal ganz allgemein nötig, aufgerüttelt zu werden, vor allem der friedliche Schläfer, und zwar mit einem lauten Kampfschrei.

„Der Teufel ist geschlagen!", brüllte ich begeistert.

Es klappte. Der Schläfer erwachte und reagierte auf meinen anfeuernden Ruf unverzüglich: „Gesegnet sei sein wunderbarer Name!", rief er zurück, die Augenlider immer noch schwer vom Schlaf.

Sofort machte sich ein Anflug von Besorgnis bemerkbar. Hatte unser lieber Bruder sich dem Satanismus zugewandt? Ganz und gar nicht. Er war nur zur falschen Zeit wach geworden.

Was mich wiederum daran erinnert, dass wir nie unsere Menschlichkeit aus den Augen verlieren dürfen, wenn wir zusammenkommen, um gemeinsam Gott anzubeten. Die Anbetung Gottes sollte absolut ernst genommen werden – aber bei alledem sollten wir uns selbst nicht zu ernst nehmen. Wenn alles gesagt und getan ist – ganz egal, wie kontrolliert, geordnet und durchdacht unsere Anbetung war oder wie zeitgemäß und musikalisch brillant wir auch sein mögen –, wir bleiben immer noch ein loser Haufen von Idioten, die ihr Bestes geben, um sich auf das Erhabene zu konzentrieren. Wir stammeln unsere Gebete, unterwerfen mit unserem Gesang die Engel unvorstellbaren Schmerzen, und wenn wir abzuschätzen versuchen, was Gott durch das prophetische Wort sagen könnte, ist das manchmal zum Lachen. Unsere Predigten strotzen oft in ihrem Bestreben, die Tiefen des Göttlichen auszuloten, vor gestotterten Klischees und Allgemeinplätzen. Nicht, dass wir absichtlich gottlos sein wollen, dass wir falsche Propheten sind, die eigentlich eine Steinigung verdient hätten. Wir sind nur Menschen. Und Gott weiß das.

Altarrufe

Es war der Augenblick, den ich nicht nur liebte, sondern auch fürchtete. Die Predigt war vorüber, der Pastor schloss die Bibel – und jetzt war es Zeit für die Gemeinde, ihren Beitrag zu leisten. Unbeirrbar reagierte ich als einer der Ersten.

Dieser Teil des Gottesdienstes wird je nach Volksstamm und Tradition mit ganz unterschiedlichen Begriffen benannt: Manche bezeichnen ihn als „Altarruf", andere als „Antwort" oder „Aufruf zur Seelsorge". Natürlich kennen einige Kirchen und Gemeinden so etwas gar nicht – während andere davon ausgehen, dass ihre Zusammenkunft so lange nicht koscher und christlich sei, bis es am Ende fast jedes Gottesdienstes eine Unterbrechung gibt, in der man dem Ruf folgen kann. In manchen Gemeinden sorgt man für sanfte Hintergrundmusik, während andere in ernster Stille stoisch vortreten lassen. Manchmal braucht der Angesprochene nur die Hand zu heben oder aufzustehen, damit man für ihn beten kann – dann aber gibt es natürlich auch den Billy-Graham-Stil: „Komm nach vorne, und zwar *jetzt*." Bei der Heilsarmee gibt es „Büßerbänke" – und in den USA habe ich Pfingstgemeinden besucht, in denen es hölzerne „Altäre" mit eingebauten Papiertaschentuchhaltern gibt, die man im Fall von Tränenfluss bequem nutzen kann.

Wie alles andere im Gemeindeleben, so können auch

diese so genannten Altarrufe missbraucht und als Werkzeug der Manipulation eingesetzt werden. Oder sie entwickeln sich zu einem leeren Ritual, bei dem sich der Redner bestätigen lässt, dass er etwas Nützliches gesagt hat *(Es war ein voller Erfolg! Die Leute kamen in Scharen nach vorn!)*. Ein tiefes, bedeutsames Geschehen bleibt dabei jedoch auf der Strecke. Und manche Altarrufe beleidigen jeden vernünftig denkenden Menschen, besonders dann, wenn der Redner Freiwillige zum Märtyrertum nach vorn bittet, bei wenig Resonanz aber den Eindruck vermittelt, man sollte unbedingt vorne stehen, und zwar *gleich jetzt*, falls man irgendwann im Leben je ein Frühstück gegessen hat. Außerdem fürchte ich jene „Nescafé-Spiritualität", die sich einstellt, wenn uns gesagt wird, alle unsere Probleme könnten sofort gelöst werden, wenn man nur mal schnell in Richtung Kanzel schlendert.

Meistens aber kann der Altarruf sich als Gelegenheit erweisen, die positive Auswirkungen hat. Wir befinden uns doch in der Gemeinde Christi, einer Gemeinschaft, in der wir ständig Entscheidungen treffen, um unser Leben auf Jesus auszurichten, wobei die Gebetsunterstützung unseres Nächsten hilfreich kann.

Als junger Christ reagierte ich bei jeder Gelegenheit auf diese Appelle. Ich war wild entschlossen, Gott zu gefallen, und eilte nach jeder Predigt nach vorn, ungeachtet dessen, worum es in der Predigt überhaupt gegangen war. Zweifellos war ich in meiner unbedingten Bereitschaft, schnell in die nächste Woge des Neubeginns einzutauchen, der Traum jedes Predigers. Und manchmal hatte meine Reaktion keinerlei Bezug zu irgendeiner Art von Realität. Wenn der Prediger dazu aufgefordert hätte, alle taiwanesischen Analphabeten und Korbflechter im Hause sollten nach vorn kommen, um für sich beten zu lassen, dann hätte man auch mich vorn angetroffen, bereit, ins Korbgeschäft einzusteigen. Beim Aufruf an alle Frauen, sich doch für eine Führungsposition bei der örtlichen Gruppe von *Women Aglow* zu entscheiden, wäre ich eifrig nach vorn gekommen, um den „Feuer-und-Flamme-Schwestern" mein Leitungsgeschick anzudienen.

Einen Faktor aber haben alle meine geistlichen Sprintaktionen in Hunderten von Kirchenschiffen und Gängen gemeinsam – fast immer ging ich nach vorn, um mich zu *entschuldigen*. Wie ein geschlagener Hundewelpe, der in Erwartung des nächsten Hiebes zurückzuckt, nahm ich an, dass Gott für den Erzsünder Lucas nie um Worte der Kritik und Beschwerde verlegen sei. Nie wäre ich auf die Idee gekommen, dass er mich ermutigen und stärken oder mir einfach nur mitteilen wolle, ich sei auf dem richtigen Weg. Niemals.

Also tat ich Buße für die paar Dinge, die eigentlich keine Sünde waren. Eines sonnigen Abends ging ich nach vorn, um mich bei Gott dafür zu entschuldigen, dass ich glücklich war, so als sei irgendein anderes Gefühl unterhalb der *reinen Freude* seiner unwürdig. Ich ging auch deshalb, weil ich Buße über meine Gefühle für Kay tun wollte. Sie ist heute meine Frau. Bestimmt konnte es nicht Gottes Wille sein, dass ich sie heiratete – immerhin stand ich auf sie ... äh, ich meine, ich fand sie attraktiv. Da mir eingebläut worden war, dass Gottes wunderbarer Plan für mein Leben wahrscheinlich genau das Gegenteil von dem vorsah, was mir gefiel, lag der Schluss nahe, dass ich eine echt hässliche Frau heiraten musste.

Ich habe gerade eine ausgedehnte Studie zu den sieben Gemeinden der Offenbarung hinter mir und war verblüfft angesichts der Tatsache, dass Jesus zwei davon mit *keinem einzigen* Wort tadelte – für sie hatte er nur Lob und verbales Schulterklopfen. Dieser Mangel an Zurechtweisung ist ... schockierend. Warum nur fühlen wir uns besser, wenn wir vom Gericht bedroht sind? Warum macht uns die Vorstellung zu schaffen, dass Gott uns ganz in Ordnung findet?

Vielleicht wartet eine große Überraschung auf uns, wenn wir am letzten aller Tage vortreten und Jesus von Angesicht zu Angesicht sehen. Gut möglich, dass gar nicht der Himmel selbst uns atemlos staunen lässt. Es wird nicht der Megachor überschwänglicher Engel sein, der uns an jenem Tag den Atem raubt, oder die erste Besichtigung einer neuen Stadt, in der das Lamm Gottes unsere Lichtquelle ist. Der vielleicht allergrößte Schock wird der Anblick des vollkommenen Gottes sein, wenn er uns Fußvolk einen Gruß zuflüstert, den wir nie erwartet hätten: „Gut gemacht, mein guter und treuer Diener."

Willkommen zu Hause

Das Flugzeug war proppenvoll gewesen, jeder Platz besetzt, alle Fächer mit Gepäck voll gestopft. Der Transatlantikflug war diesmal besonders schlimm gewesen, da der Typ neben mir auf die Idee gekommen war, seine Nachbarin zu befummeln, während sie schlief. Er hatte sie vorher gar nicht gekannt. Jetzt wurden Aussagen aufgenommen, und die Polizei wartete am Landeflughafen auf ihn, um ihn abzuführen.

Schließlich ging die halbe Ewigkeit zu Ende und ich kam über die Rolltreppe nach oben in den Ankunftsbereich. Dieser war mit eifrig winkenden Menschen überfüllt, die ihre Angehörigen begrüßen wollten. Einige trugen hastig bekritzelte Namensschilder und schauten sich mit einem erwartungsvollen Lächeln in den Augen in der Masse um. Kinder mit Luftballons hielten aufgeregt nach ihrem Papa Ausschau. Männer mit Blumensträußen reckten die Hälse in die Höhe und forschten nach dem vertrauten Gesicht der heimkehrenden Tochter. Und einen ganz wilden, irrationalen Augenblick lang stand ich da und suchte hoffnungsfroh nach einem Schild, auf dem *mein* Name stand. Natürlich war das albern, sogar unlogisch. Mein Auto stand ja auf dem Flughafenparkplatz. Es gab keinen einzigen Grund, warum jemand für mich eine Willkommensparty feiern sollte. Doch nach 18 Stunden Anonymität verspürte ich ganz einfach den Drang nach ein wenig Wärme und einem freundlichen Wiedersehen. Klar, dass die Suche nach Luftballons oder einem Namensschild vergeblich blieb.

Allerdings hatte ich einen solchen Ballon, jedenfalls etwas emotional Gleichwertiges, vor ein paar Wochen bei einem Besuch in Jerusalem bekommen. Die Gruppe, zu der ich gehörte, spazierte durch das chassidische Viertel der Stadt, eigentlich ein Ghetto, die exklusive Domäne der ultrakonservativen, traditionellen Juden. Am Rande des Gebiets der Orthodoxen gebietet ein großes Schild dem Besucher, dass er anständige Bekleidung zu tragen hat. Die dunklen Straßen wimmeln von Männern mit jenen Locken, die von den Schläfen baumeln, und mit großen schwarzen Filzhüten. Manche trugen lange silbrig schimmernde Gewänder und Pelzhüte. Wir in unserer europäischen Kleidung boten einen absolut exotischen Anblick und erinnerten an Ausflügler von einem anderen Planeten.

Schließlich kamen wir bei einer der Versammlungsstätten an. Wir waren eigentlich uneingeladene Touristen auf Safari, um „Pharisäer" zu besichtigen. Der Anführer des Teams verschwand im Inneren. Ein paar Augenblicke später erstiegen wir nervös die Treppe, um nach ihm zu suchen.

Drinnen befanden sich etwa 200 Männer und Jungen, die alle im antiquierten traditionellen Stil ihrer Kultur gekleidet waren. Sie saßen an Tischen, unterhielten sich, aßen und tranken. Einige schaukelten vor und zurück im Rhythmus ihres Gebets, andere, wissensdurstige Studenten, diskutierten eifrig, die aufgeschlagene Thora vor sich. Plötzlich kam einer der Männer auf uns zu. Er lächelte zur Begrüßung über das ganze Gesicht. Ohne zu fragen, wer wir waren oder woher wir kamen, führte er uns in den Saal und verwarf unser Zögern, hier einzudringen, mit einem ständig wiederholten „Kommt, kommt". Sie machten uns Platz an einem Tisch, bestellten uns einen Imbiss und Getränke und versuchten, uns ins Gespräch zu ziehen, was nicht einfach war, weil sie Jiddisch sprachen.

Dann fingen sie an zu singen, eine seltsam klagende Melodie, ein spontanes Lied ohne Worte. Es gab keinen „Anbetungsleiter". Je einer stimmte den munteren Refrain an, der dann von den Tischen widerhallte und von den Männern geschluchzt wurde. Ich war noch nie ein Fan dieser jüdischen Gebetslieder gewesen, weil sie damit aufhören, dass jedermann „Oi" ruft, und ich bringe mein „Oi" erfahrungsgemäß erst nach allen anderen heraus, was wirklich peinlich ist. Tatsächlich war ich noch nie scharf auf jene hebräischen Momente in Anbetungskonferenzen gewesen, wo irgendein begeisterter Teilnehmer meint, einmal richtig ins obligatorische Widderhorn blasen zu müssen, das *Schofar*. Alle anderen geraten an dieser Stelle so richtig in Wallung, man schreit andauernd „Halleluja" und schlägt sich Tamburins mit flatternden Bändern auf den Kopf, aber ich kann nicht so richtig mitmachen. Das obszöne Quäken des Horns klingt irgendwie so, als ob man den Hintern einer Kuh mit Pressluft füllt. Ist nicht besonders inspirierend, jedenfalls nicht für mich. Doch dieses Lied hier hatte etwas Bezauberndes. Wir hörten still und respektvoll zu.

Und dann stellten sie sich hin und bewegten sich in einer Art Schreittanz durch den Raum, bei dem sie die Arme auf die Schultern ihres Nebenmannes gelegt hatten. Das traurige Lied verwandelte sich in eine Ode der Freude. Plötzlich waren sie an unserem Tisch und baten uns in ihren Kreis hinein. Es war unmöglich, Widerstand zu leisten. In Wirklichkeit wollten wir alle in diese bizarre Welt eintauchen. Immer wieder machten wir die Runde und sangen dabei aus voller Kehle.

Eine halbe Stunde danach hatten wir uns schon verabschiedet und standen wieder draußen auf der Straße. Der Empfang aber, der uns zuteil geworden war, wird uns unvergesslich bleiben. Wir hatten uns nicht der Gemeinschaft angeschlossen oder uns mit ihrer Ethik und den Traditionen angefreundet. Sie aber gewährten uns Zugang ins Innerste dessen, was sie vollzogen, und wir waren eine kurze, gesegnete Weile mit ihnen gegangen. An diesem Tag habe ich etwas über die Gemeinde Jesu gelernt: Sie ist eine Gemeinschaft, in der Ethik und Disziplin geschätzt werden. Wer Christus nachfolgt und deshalb dazugehört, betritt einen Bereich der Freiwilligkeit, in dem man zu Recht Erwartungen im Hinblick auf eine gewisse Art der Lebensführung hegt. Wir müssen aber auch ein Volk sein, das ungezügelte „Sünder" in seiner Mitte willkommen heißt, die uns begleiten, mit uns essen und mit uns tanzen. Es muss möglich sein, dass Menschen, die sich offen unmoralisch verhalten, trotzdem einen Blick auf bunte Ballons oder ein Schild mit ihrem Namen erhaschen, wenn sie auf uns stoßen.

Ein solcher Empfang wird einen unauslöschbaren Eindruck hinterlassen. Aus diesem Grunde schaffe ich es auch nicht, diese beschwingte Melodie aus meinen Ohren zu verbannen, egal, wie viel Mühe ich mir auch gebe.

Hinterlassenschaft

Der Gottesdienst lief ganz gut, dachte ich jedenfalls. Das Gebäude war im unteren Bereich mit begeisterten Teilnehmern gefüllt, doch über uns gähnte eine leere Empore. Ich schloss wieder meine Augen und betete weiter. Kay zupfte mich andauernd am Arm und flüsterte leise, aber dringlich.

„Schnell! Schau mal auf die Empore."

Ich blickte noch einmal hinauf in den höhlenartigen Raum und bestätigte, dass er architektonisch in der Tat ganz hübsch sei, sicher seit langem eine der hübschesten Emporen, die ich gesehen hatte. Kay warf mir einen Blick zu, der nichts anderes besagte als: „Seit wann hast du dein Gehirn mit dem eines Esels getauscht?" Ich war verblüfft. Ja, verwirrt.

Das gab ich auch zum Ausdruck: „Was meinst du denn?"

Wieder so ein Blick („Wann hast du denn das letzte Mal dein Gehirn benutzt?"): „Guck doch, kannst du sie denn nicht sehen?"

Jetzt erwachte mein Interesse. Die Empore war leer. *Sie?*

„Na, die Dämonen, da sind gleich zwei davon. Sie haben eine körperliche Gestalt, beugen sich über das Geländer und lachen uns aus. Siehst du sie jetzt?"

An dieser Stelle muss ich zwei wichtige Tatsachen einfügen. Erstens: Meine liebe Frau ist sehr normal, ausgeglichen und vernünftig. Sie hat nicht etwa 40 000 Visionen pro Tag; sie denkt höchst rational, hat ein ruhiges Wesen und glaubt nicht, dass hinter allem, was im Leben schief geht, Beelzebub steckt, der sich als Übernachtungsgast in unserem Badezimmer verbirgt. Sie wäre die Letzte, die sich superspirituellen Fantasien hingibt. Die zweite Tatsache: So sehr ich mich auch anstrengte, ich konnte nichts anderes sehen als eine leere Empore. Ich kam mir sehr fleischlich vor, als ich da so stand, erst blinzelnd (was nicht half), dann mit geschlossenen Augen, die ich schnell wieder aufschlug. Ich sah selbst dann noch nichts, als ich mich auf nur ein Bein stellte und in Zungen redete. Da war nichts – wenigstens nichts, das ich sehen konnte.

Kay konnte sie immer noch sehen. „Was sollen wir denn machen?", flüsterte sie eindringlich.

Meine Antwort war ziemlich genial, auch wenn Sie jetzt vielleicht misstrauisch sind, weil ich das selbst behaupte. Eigentlich wollte ich in dieser Situation sagen: „Wir besorgen dir Tabletten. Wir gehen zum Arzt. Wir weisen dich ein. Such dir irgendwas davon aus." Stattdessen kam mir aber hochnäsiges Geschwätz über die Lippen, das mich wenigstens aus der Gefahrenzone brachte und dafür sorgte, dass ich während der gesamten Veranstaltung davor bewahrt blieb, nach oben und ins Nichts zu starren.

„Liebling, wir sind doch hier, weil wir Jesus anbeten. Dämonen wollen nichts als unsere Aufmerksamkeit – also beachten wir sie einfach nicht und machen das, was wichtiger ist, ja?" Ich lächelte und war zwar nicht sicher, sie damit ganz und gar überzeugt zu haben, aber vorläufig würde es reichen. Wir beendeten den Gottesdienst ohne gemeinschaftliche Emporeninspektion.

Kay erzählte niemandem, was sie gesehen hatte, wofür ich dankbar war. Und Sie können darauf wetten, dass auch ich ganz gewiss kein einziges Wort darüber verlor. Warum auch? Am nächsten Morgen nahm sich der Pastor der Kirche etwas Zeit, um sich mit uns und unserem Team über den Abend zu unterhalten. Er fragte, ob wir nicht vor unserer Abfahrt bei einer Gebetszeit in der Kirche mitmachen wollten.

Seine Bitte war merkwürdig – oder vielleicht war sie auch gar nicht so seltsam. „Ich will nicht so tun, als ob es da unheimlich ist oder spukt oder so – aber könntet ihr eine Weile ganz intensiv oben auf der Empore beten?"

Kay warf mir einen Blick zu. Ich beachtete sie nicht. „Wieso – gibt's da oben Bauschäden? Platzt der Stuck ab? Ersatzbalken fällig?"

Der Pastor zögerte. „Na ja ... eigentlich ist es ein geistliches Problem. Da oben ist so eine finstere Atmosphäre – und wir haben gespürt, dass es dort eine echte dämonische Belastung gibt ..."

Kay warf mir wieder einen Blick zu. Ich beachtete sie nicht.

„Wir haben schon jahrelang Probleme mit da oben. Anscheinend fing alles damit an, dass der Kirchenchor sich mit einem früheren Pastor zerstritt. Sie hatten so einen Hass auf ihn, dass sie eines Sonntagmorgens in den Streik traten. Damit versuchten sie, ihn aus der Kirche zu jagen. Da oben auf der Empore haben sie sich getroffen und die Sache ausgeheckt. Seit damals hat man hier mit diesem unheimlichen Phänomen zu tun."

Wir stapften auf der Empore herum, beteten und banden und lösten und setzten alles ein, was uns einfiel, außer vielleicht Kruzifixen und Knoblauch. An diesem Tag lernte ich, dass hinter Vereinbarungen und Absprachen eine ernst zu nehmende Macht steht – sowohl in negativer als auch positiver Hinsicht. Vor 25 Jahren trat eine Gruppe zu einem anarchischen Bund zusammen, und das dunkle Erbe dieser Vereinbarung, die auf jener Empore geschmiedet wurde, hielt sich jahrzehntelang. Ganze Gruppen können von „struktureller Sünde" befallen werden, wenn sich das Böse in Vereinigungen, Regierungen und sogar Konfessionen und deren Leitungsgremien festsetzt. Doch was im Negativen gilt, trifft auch für das Reich Gottes in all seiner Dynamik zu. Jesus hat dazu aufgerufen, dass wir uns im Gebet für eine Sache eins machen. Er hat deutlich gemacht, dass im Kollektiv eine höhere Autorität liegt als beim Einzelnen.

Tun Sie die Dämonen auf der Empore als Fledermäuse im Gemäuer oder seltsame charismatische Fantasien ab, so lange Sie wollen, aber nehmen Sie die Erkenntnis mit, dass alle unsere Beziehungen ein Vermächtnis hinterlassen. Sie sind die Ursache jeder Nachwirkung. Das Ergebnis ist oft sichtbar; manchmal, wage ich zu sagen, auch unsichtbar. Ganz unabhängig von Ihrer Einstellung zu diesem Thema sollten Sie sich mit mir die eine Frage vor Augen halten: „Was hinterlasse ich?"

Jesus

Achtung, Abgrund

Gestern wurde mir ein Hamburger mit Rentierfleisch serviert. Das Management des örtlichen Fast-Food-Restaurants hatte sein lächelndes Personal dazu verpflichtet, große, purpurrote Geweihe zu tragen, die mit bunten Blinklichtern verziert waren. Als Hintergrundmusik wurde eine CD mit dem Titel gespielt: „Musik, von der man garantiert verrückt wird". In einem der Titel trällerte jemand:

*„Zu Weihnachten, da wollen wir zusammen sein.
Zu Weihnachten, da lieben wir uns alle fein ..."*

Ich sah mich im Lokal um. Eine Dame und ihr Mann saßen schweigend an einem Ecktisch. Irgendwie machte es einen bedrohlichen Eindruck, wie sie da raubtierhaft winzige Häppchen aus ihrem Burger biss. Hin und wieder wurde ein frostiger Blick ausgetauscht; zwischen den beiden knisterte fühlbar die Spannung wie statische Elektrizität. Und drüben in der anderen Ecke spielte sich ein weiteres munteres Familiendrama ab, bei dem ein hyperaktives Kind sein Milchmixgetränk über dem Kopf herumwirbelte und die Nachbartische, von denen missbilligende Mahnungen kamen, aufs Herrlichste mit Erdbeermilch taufte.

Plötzlich gähnte vor mir ein Abgrund groß wie der Grand

Canyon zwischen dem *Image* von Weihnachten (wie es sein sollte) und der *Realität* (wie es wirklich ist). Ist dieser Abgrund eine Ursache dafür, warum mancher den ganzen Weihnachtsrummel so deprimierend findet? Ehekrisen, lebensbedrohliche Erkrankungen und die Sorge um den Arbeitsplatz bauen einen Druck auf, der sich nicht etwa zu Weihnachten eine Auszeit nimmt, während der Festtage höflich verschwindet und nach dem 2. Weihnachtsfeiertag wieder aufkommt. Die Vorstellung einer magischen Glückssaison kann uns in ihrer unrealistischen Zumutung sogar richtiggehend quälen, vor allem dann, wenn man verpflichtet ist, die Festtage mit entfernten Verwandten zu verbringen, was uns schon vor der nachmittäglichen Ansprache der Queen zu Mordgedanken reizt.

Die Unwirklichkeit hat sich sogar in der eigentlichen Grundlage für das Fest breit gemacht. Ich habe ein paar Weihnachtskarten, auf denen Künstler die traditionelle Szene der Geburt in unrealistische Farben getaucht und alles mit einer falschen, grellen Herrlichkeit aufgetakelt haben. Eine unwirklich ruhige Maria, die für die Geburt ein blaues, von Kopf bis Fuß reichendes Nonnengewand angelegt hat. Ein weiches Strahlen umgibt sie dank eines Heiligenscheins, der wie ein Goldfischglas geformt ist. Josef taucht in dieser Szene gewöhnlich nicht auf. Vielleicht ist er draußen und bringt einen wackligen Couchtisch in Ordnung, den er zuvor gezimmert hat. Baby Jesus, selbst mit einem Goldfischglas in Juniorgröße versehen, kann schon sitzen und scheint den weisen Männern zu danken, dass sie zu seiner Party erschienen sind. Alles schon richtig gut für jemanden, der gerade erst eine halbe Stunde alt ist. Grinsendes Vieh äugt von ordentlichen Heuhaufen herüber, die nach Chanel No. 5 duften. Lieblich.

Sogar das alte Weihnachtslied beschwört eine empörend unrealistische Szene herauf:

*„Die Rinder, sie muhen, das Kindlein erwacht.
Der kleine Herr Jesus, er weint nicht, er lacht."*

Ach ja? Warum hat Jesus denn nicht geweint? Vielleicht hat er lieber mit einer segnend erhobenen Hand statt mit einem Schrei aus voller Kehle jedermann auf die Tatsache aufmerksam machen wollen, dass sein Wickelkleidchen gewechselt werden musste; immerhin war er ja der Sohn Gottes und so weiter.

Großen Ärger verschaffte sich ein Prediger, als er bemerkte, dass Jesus in seinem Erdenleben auf die Toilette ging – als ob man das nicht wüsste. Doch einige versetzte es in Aufruhr. Sie behaupteten, das sei Blasphemie. Was in aller Welt, glauben sie denn, hat er im Laufe von 33 Jahren getan? Es ist ja bloß so, dass das Klo so ... so gewöhnlich, so zweckbestimmt, so menschlich ist.

Die Ironie liegt darin, dass es bei Weihnachten um die Geschichte des außergewöhnlichen Gottes geht, der sich hinabneigt, um eine ganz gewöhnliche Welt zu küssen. Der wahre Glanz des Geburtsfestes besteht darin, dass Gott ohne Fanfaren oder Aufstand bei uns landet und von ein paar Nachtarbeitern und reisenden Mystikern begrüßt wird. Der König zeigt sich im Elend. Wie ein himmlischer Bungee-Springer gab er die hehre, himmlische Ordnung auf, um in die verschwitzte, verwirrte, vernebelte Welt einzutauchen, um eine neue Ordnung zu verkünden. Weihnachten besagt, dass wir uns nicht mehr selbst am eigenen Schopf in Richtung Himmel ziehen müssen, sondern dass Gott kommt, um alle zu retten, die seine Einladung annehmen.

Weihnachten: Es geht um Gott, der bereit ist, den Abgrund zu überbrücken.

Partys und Wunder

„Das Hurenhaus", so nannte man es in der Stadt. Das große, imposante Gemeindegebäude war zum Objekt der Verachtung verkommen. Zwei frühere Pastoren hatten Mitglieder ihrer Herde verführt und die Nachricht verbreitete sich in der ganzen Gegend. Skandale haben ein langes Leben: Jahrelang schämten sich die Mitglieder dieser Gemeinde. Sie hielten zusammen, gingen aber ins innere Exil. Als Reaktion auf die Promiskuität der Vergangenheit waren sie in eine andere, eher respektierte Unmoral gefallen – in die Gesetzlichkeit. Sie pflegten ein negatives Christentum, das durch das definiert war, was man *nicht* tat. Erdrückende Gesetze regulierten das Verhalten. Jeder Spaß blieb im steifen Benehmen stecken. Ihr Glaube war so hart wie Eis und ebenso kalt. Sie glaubten, dass die Weintrinker eines Tages von eben dem Jesus zur Hölle geschickt würden, der sein Wirken in Kana begonnen hatte. Tanzen, Kegeln, Fernsehen und alles, was im Verdacht stand, Spaß zu machen, waren verpönt. Mit ihren pfingstlerischen Einschränkungen war es ihnen ernst wie damals den fanatischen Zeloten.

Und dann setzte ganz langsam das Tauwetter des Frühlings ein. Erst noch klang es ein bisschen nervös, das Lachen während der Gottesdienste. Die Anbetungslieder wurden ein bisschen beschwingter gesungen, und man stellte fest, dass Händeklatschen und Tanzschritte enge Verwandte sind. Neue Christen tauchten auf und wirkten wie ein Lebenselixier; man trennte sich von der Gesetzlichkeit und tauschte sie gegen einen gesunden, hoffnungsvollen Glauben. In der Stadt vergaß man ganz, dass es die Bezeichnung „Hurenhaus" je gegeben hatte.

Vergangene Woche spitzte sich dann alles zu: Die wöchentliche Gebets- und Bibelstunde fiel zu Gunsten eines gemeinsamen Essens aus. Eine witzige, kurze Predigt wurde gehalten. Man machte ein paar lustige Spielchen. Dann übernahm eine Band die Bühne, in deren Reihen sich zwei Diakone befanden. Die Leute saßen respektvoll an den Tischen, als die Musiker ein paar gängige Tanzmelodien darbrachten. Man klopfte im Rhythmus mit den Fingern auf den Tisch; unter dem weißen Tischtuch zuckten bald die Füße. Plötzlich stand James auf. Er ist ein Riese von einem Mann, der einem beim Umarmen das Rückgrat brechen könnte. Vor drei Jahren noch war er im Gefängnis und hätte so etwas vielleicht sogar gemacht, aber dann lernte er Jesus kennen. Erst bat er den Pastor um seine Zustimmung – und dann seine Frau zum Tanz. Arm in Arm fegten die beiden durch den Raum, der zum Tanzboden geworden war, während die anderen Mitglieder der Gemeinde applaudierten und dank schierer, ungezügelter Freude lachten. Ian, auch Diakon, forderte seine Frau zum Tanz auf, und sie machte fröhlich mit. Und dann fragte John seine Frau, ob sie ihm die Ehre gebe. Er war ein älterer Herr, der viel zu viele Jahre unter dem Leichentuch missmutiger Religiosität verbracht und in seinen 40 Ehejahren noch nie getanzt hatte. Seine Frau konnte nicht darauf eingehen, weil sie nicht wusste, wie man tanzt – aber über seinen Vorschlag war sie begeistert.

Bald war die Fläche voller Menschen und ein Fest der Fröhlichkeit und Treue wurde gefeiert. Darunter war auch ein Paar, das eine Weile getrennt gelebt hatte und sich sehr wahrscheinlich hätte scheiden lassen. Jetzt tanzten sie Arm in Arm, ein neuer Anfang, ein Wunder auf dem Fest, eine wahre Überraschung.

Jesus freut sich ja auch über Feste und Wunder. Er schien sich im vollmundigen Lachen seiner Freunde bei ausgedehnten Mahlzeiten und dem so genannten albernen Kichern zappeliger Kinder wohler zu fühlen als bei den asketischen, schablonenhaft „Guten" der frommen Welt. Er fand ihren Bann gegen die Freude restriktiv wie ein Korsett, in das sie ihn so fest wie möglich schnüren wollten. Die Spielverderber dürfen ruhig höhnisch grinsen, und die eingeschworenen, steifen Feinde der „Leichtfertigkeit" können draußen in ihrer selbst gemachten Kälte warten, aber als die Band spielte und die Leute die Nacht zum Tage machten, da war ein Leuchten in ihren Augen, ein Lichtreflex, der von ihm selbst ausging.

Ziele, Kräfte und Postleitzahlen

Ich verirre mich ziemlich oft. Meine häufig genug erlebte geografische Ratlosigkeit ist ganz und gar mein Problem, obwohl ich oft genug Kay, meiner geduldigen, kartenbewehrten Frau, die Schuld in die Schuhe schieben will. Doch, ja, es gibt Zeiten von navigationsbedingten Spannungen in unserer Ehe.

Es gibt meist einen einzigen Grund dafür, dass ich mich verirre – ich höre mir nicht gern Wegbeschreibungen an. Ich kann die Karte und sogar Straßenschilder lesen, langweile mich aber ziemlich schnell, wenn mir jemand mit Monologen der ausführlichen Art kommt: „Dritte Ampel links, dann geradeaus bis zum nächsten Kreisverkehr ..." – was die Sache nicht gerade erleichtert. Anfangs habe ich die besten Vorsätze. Wenn ich mich verirre, halte ich am Bordstein bei jemandem an, der a) einen Kompass am Anorak trägt oder b) so aussieht, als könne er im Erdkundeunterricht eine Eins bekommen haben. Dann lasse ich die Scheibe herunter und frage nach dem Weg. Das sollte ja einfach genug sein. Aber bald wird mir klar, dass ich diesem hilfsbereiten Fußgänger, der freundlich versucht, mein Leben wieder auf die richtige Bahn zu bringen, gar nicht mehr zuhöre. Ich schalte ab und begebe mich bei Halbzeit der Anweisungen in einen mentalen Dämmerzustand. „Biegen Sie hier links ab, bei der Kneipe dann die zweite rechts ...", und schon werden meine Augen glasig, und die Augenlider werden schwer. Mein bereitwilliger Führer spürt, dass ich beim ersten Mal vielleicht nicht so aufmerksam zugehört habe (mein Schnarchen lässt das vermuten), und er beginnt, mir die Strecke *laaaangsam, methodisch* noch einmal zu erklären. Diesmal fällt mir die Kinnlade auf die Brust und ich versinke in den Tiefschlaf. Kosmetische Chirurgie würde in meinem Fall etwas nutzen, aber ich meine nicht die zur Gesichtshautstraffung: Ich wünschte, ich könnte mir ein satellitengestütztes Navigationssystem in meine linke Armbeuge implantieren lassen. Nicht zu wissen, wo um alles in der Welt ich bin, scheint bei mir ganz natürliche Ursachen zu haben.

Ich habe mich sogar schon *drinnen* verlaufen. Als ich vergangene Woche Gastprediger in einer kanadischen Gemeinde war, suchte ich vor dem Gottesdienst die Herrentoilette auf. Hineinzukommen war einfach, aber als es Zeit wurde, den Ort wieder zu verlassen, war ich aufgeschmissen. Ganze fünf Minuten lang rang ich mit dem Türgriff, drückte, zog und fragte mich, ob man in 20 Jahren mein bleiches Skelett im Herrenklo finden würde – ein Märtyrer der verschlossenen Gemeindetoilette. Dann fiel mir auf, dass es an der gegenüberliegenden Wand *noch* eine Tür gab. Ich hatte mich im Örtchen umgedreht und die ganze Zeit versucht, den Ausgang durch die (verschlossene) Tür zum Schrank mit den Reinigungsmitteln zu finden. Manchmal stellen mir die Leute bedeutende Fragen, zum Beispiel: „Wohin ist die Gemeinde Jesu unterwegs?", oder: „Was hat Gott mit Großbritannien vor?" Woher soll ich das wissen? Ich finde ja nicht einmal aus der Herrentoilette heraus.

Doch erst in dieser Woche erreichte ich in „Sachen Verirren" einen neuen Gipfel der Dummheit; es war ein echter Mount Everest hirnverbrannten Verhaltens. Ich wollte über das Internet ein Hotelzimmer buchen und führte die Reservierung durch. Dann kam mir die brillante Idee, mir dazu online die genaue Streckenbeschreibung zu beschaffen, mit der ich mühelos von unserem Wohnort zum Hotel geführt werden würde. Ich brauchte nur die Postleitzahl des Hotels in das Programm einzugeben, auf „Eingabe" zu drücken und zuzusehen, wie im Nu meine Streckenbeschreibung auftauchte. Es war so einfach! Ich kam mir ziemlich schlau vor, als ich die Beschreibung ausdruckte – das war doch viel besser, als im Dämmerlicht des Abends auf die Karte zu blinzeln; keine Frustration, keine Notwendigkeit, den Wagen zu wenden. *Was für eine wunderbare und Mühe sparende Sache die Technologie doch ist*, sann ich so bei mir ...

Drei Stunden später wollte ich mein Notebook Marke IBM Beelzebub 666 schon aus dem Auto werfen. Zwei Dinge waren geschehen, die beide nicht die Schuld des Computers waren; doch ich will die Sache mit dieser Art Logik nicht noch komplizierter machen. Erstens war die Streckenbeschreibung aus dem Internet scheinbar auf einem Hexensabbat verfasst worden, bei dem man sich verschworen hatte, christliche Führungskräfte hoffnungslos in die Irre zu schicken. Die ach so zuverlässigen Hinweise hatten mir geraten, in Essex von der sicheren, aber langsamen M25 in ein rabenschwarzes Labyrinth von Landstraßen abzufahren, von denen viele jahrelang weder von Mensch noch Tier benutzt worden waren. Auf und nieder, hin und her fuhren wir im mondlosen Irrgarten und beteten, dass ein Pub oder eine Tankstelle auftauchen würde – ganz egal, was. (Eigentlich seltsam, wenn man so was betet, nicht wahr? Als ob man von Gott verlangen könnte, auf unsere dringende Bitte hin so etwas zu bauen.) Als wir schließlich in eine Straße bogen, die ganz plötzlich aufhörte, weil vor kurzem jemand ein Haus hingebaut und damit eine Sackgasse daraus gemacht hatte, wusste ich, dass irgendetwas ganz und gar nicht stimmte.

Anderthalb Stunden später – ein Zeitraum, der in keiner Weise von Anbetungsliederklängen im Duett mit unserem Motor gewürzt ward – bogen wir wieder auf die vertraute M25 und machten uns dahin auf, wo in etwa das Hotel lag. Leider mussten wir feststellen, dass die von mir in die Streckenbeschreibung kopierte Postleitzahl des Hotels die *einzige* Angabe war, die ich von unserer Übernachtungsmöglichkeit notiert hatte.

„Wo kommen wir denn unter?", fragte Kay unschuldig.

„IL5 2QY", erwiderte ich gleichmütig, als ob Hotels solche Namen trügen.

Ich werde Sie nicht mit den Einzelheiten darüber langweilen, wie es uns schließlich doch gelang, in unsere Postleitzahl einzuchecken. Lassen Sie mich nur so viel sagen, dass eine ansonsten einstündige Fahrt sich in einen verzweifelten dreistündigen Marathon verwandelt hatte – und wiederum war ganz allein ich schuld daran. Verstehen Sie? Ich bin ein Genie. Ohne auch nur annähernd Antworten auf die Fragen der komplizierten Lebensreise zu haben, stolpere ich wie ein neugeborener Mr Bean von einem kapitalen Schnitzer zum nächsten. Im geschilderten Fall liegt der Grund auf der Hand – ich war so eifrig, ich brannte so sehr darauf, mich in die Reise zu stürzen, dass ich mir keine 20 Sekunden gegönnt hatte, um Name und Adresse des Hotels zu notieren.

Meine Erfahrung hat mir aber Einblick in einen Missstand gegeben, der mein Leben besser charakterisiert, als mir lieb ist. In gewisser Hinsicht war mein Postleitzahlendilemma kein Einzelfall. Bildlich betrachtet, verschwende ich tatsächlich einen Teil meines Lebens mit eiligen Manövern, um „das Werk des Herrn" voranzutreiben, doch im Anschluss daran frage ich mich immer wieder, inwieweit er wirklich hinter oder annähernd neben meiner wilden Jagd steht. Ich möchte meinem Leben ein genaues Ziel geben, ein ganz spezielles – doch oft tappe ich im Ungewissen, im Nebel, hoffe, das Ziel zu erreichen, mache mir aber die ganze Zeit Sorgen, dass ich bei aller Geschäftigkeit gar nichts schaffe. Meine Gesichtsmuskeln sind angespannt, wenn ich so atemlos dahineile, die Finger greifen das Steuerrad so fest, dass die Knöchel weiß sind, aber die ganze Intensität bedeutet nicht, dass ich auch wirklich auf dem Weg bin, den er begonnen hat.

Schließlich sprinte ich wie ein Turboschaf durch die Gegend, wie ein Hammel mit Adrenalinkick, zwar in der generellen Richtung, die der Wille Gottes vorgibt, aber eher mit dem Etappenziel des bloßen Überlebens, statt wahrhaft zu leben. Wir wissen, dass Jesus gesagt hat: „Ohne mich könnt ihr nichts tun." Nur ist es so, dass wir ihm oft genug nicht glauben, und wenn doch, dann versuchen wir trotzdem, unser Bestes aus eigener Kraft zu geben.

Nicht, dass wir mit allen unseren Leistungen, Treffen und Gottesdiensten nicht fleißig beschäftigt wären. Doch wenn Gott nicht der Initiator ist, der Regisseur unseres Lebens, dann wird all das nicht viel bringen. Die Frucht der Geschäftigkeit wird mager sein, und bei uns selbst stellt sich das Gefühl ein, dass wir uns auf den selbst gewählten Straßen verirrt haben. Deshalb glaube ich allmählich, dass wir uns täglich die Frage stellen sollten: „Was ist mein Ziel?"

Was sind die großen Leitthemen, die Gott für mein Leben gewählt hat – und für Ihres? Jeder von uns, ob im so genannten „Vollzeitdienst" oder nicht, ist auf die Welt gekommen, um Gottes Zielen zu dienen. Ich glaube, dass es einiges gibt, das nur wir allein auf einzigartige Weise erreichen können. Vielleicht ist das auch der Grund, warum wir den Fuß vom Gashebel nehmen, uns Zeit zum Nachdenken und zur Neuorientierung nehmen und ganz regelmäßig Pausen auf unserer Tagesreise einlegen müssen. In den Psalmen gibt es ein kleines Wort, das wir leicht überlesen oder unter Umständen nie bemerken: „Sela." Ich habe gehört, dass es so viel bedeutet wie: „Halt ein und denk darüber nach."

Ich gehöre zu denen, die nur ungern an der Tankstelle halten, um voll zu tanken. Ich neige dazu, zu Beginn der Reise eine vollkommen unnötige Stoppuhr zu starten und dann im Rahmen der Straßenverkehrsordnung so schnell wie möglich zu fahren, um meine eigenen Weltrekorde zu brechen. Tanken ist eine Ablenkung, die mich wertvolle Sekunden kostet, und daher werfe ich unterwegs oft ängstliche Blicke auf die Tankuhr und erschrecke, wenn die Nadel langsam in Richtung „0" sinkt. Man darf davon ausgehen, dass ich bei dieser leicht manischen Grundeinstellung auch Schwierigkeiten habe, bei „Sela"-Gelegenheiten Halt zu machen.

Doch wenn ich mit meinem Leben mehr als ein paar verschlissene Reifen hinterlassen will, dann muss ich Gott die wahre Millionenfrage stellen: „Warum um alles in der Welt lebe ich?"

Es gibt da eine weitere Frage, der wir uns stellen sollten. Sie lautet: „Woher beziehe ich meine Kraft?" Ich habe das Problem, dass ich schon beim geringsten Anhaltspunkt dafür, was Gott mit mir vorhat, gleich losrenne und wie ein Wilder daran arbeite – aus eigener Kraft. Statt mich wirklich danach auszustrecken, in der Kraft und Befähigung Gottes voranzuschreiten, will ich meine eigene Tüchtigkeit unter Beweis stellen und arbeite unabhängig. Leider sinkt unsere Abhängigkeit von Gott oft im gleichen Maße, wie Fachkenntnisse und Erfahrung anwachsen. Deshalb geraten auch gute und große Gemeinden oft in Schwierigkeiten. Nach einer Weile werden sie in ihrem Bereich so gut, dass sie nicht mehr auf Gott angewiesen sind, und sie würden ihn zumindest eine Zeit lang nicht vermissen, wenn er sich aus ihnen zurückziehen würde.

Jesus war auf Erden wie ein Präzisionsinstrument; nie machte er Wellen, vielmehr nutzte er die Wellen, die sein Vater schlug. Für Jesus war das Leben in allen Bereichen ein Abenteuer, je nachdem, wo sein Vater am Werk war, und in der Kraft des Heiligen Geistes hatte er daran Anteil. Er war nicht der Macher, sondern ein begeisterter, sich unterordnender Partner.

Sicher liegt hier auch das Geheimnis seiner Haltung. Denken wir an das Megatonnengewicht einer Welt, die auf seinen Schultern ruhte. Er hat den bedeutendsten Auftrag in der Geschichte aller Aufträge. Er hat die wichtigste Botschaft, die je verkündet worden ist, ein etwas begriffsstutziges und langsames Team, das erst noch ausgebildet werden muss, und zahlreiche Ansprüche, die durch geistliche Führer, die ihn in Befragungen und Debatten verwickeln wollen, an seine Zeit gestellt werden. Er wird ständig von Kranken umringt, die dringend Heilung brauchen, und von Massen, die wie verirrte Schafe ohne Hirte sind. All das trägt er auf seinen Schultern, dazu noch das Wissen, dass er von Tag zu Tag nicht nur einem qualvollen Tod immer näher kommt, sondern auch noch der ungeheuren Last, die Erlösung bewirken zu müssen. Doch bei alledem sehen wir ihn niemals hetzen und sich den Ansprüchen anderer beugen. Nie verliert er die Orientierung oder zerbricht emotional unter dem Druck. Unglaublich bedrängt war er in Gethsemane. Dort wendet er sich an seinen Vater und seine Freunde. Doch er gerät nicht in Panik, ist nicht gereizt, launisch oder verfällt in die zahllosen möglichen Reaktionen, die uns typischerweise nahe liegen. Ein Autor, J. B. Phillips, machte die berühmt gewordene Beobachtung:

„Es ist erfrischend und heilsam, die Gelassenheit und Stille Christi zu studieren. Seine Aufgabe und Verantwortung hätten einen Menschen sehr wohl außer sich geraten lassen. Doch er hatte es nie eilig, ließ sich nicht von großen Scharen beeindrucken, war nie ein Sklave der Uhr. Er handelte, wie er selbst sagte, indem er Gott gehorchte – und der ist nie in Eile."

Vielleicht müssen wir neu unsere Aufmerksamkeit auf die geistlichen Übungen der Meditation und Kontemplation richten. Das Wort „Meditation" hat man uns entführt, und es lässt in unserer Vorstellung das Bild von spirituellen Verrenkungen, einem stundenlangen Lotossitz aufblitzen; man riecht das Aroma von Räucherstäbchen; im Hintergrund trällert Enya leise ihre Lieder. Man muss die Augen zukneifen, um immer tiefer vorzustoßen – tiefer in das Selbst.

Und damit wir Christen angesichts solcher Bilder nicht gleich in Überlegenheitsgefühle verfallen, müssen wir uns der Tatsache stellen, dass wir mit den Themen Zurückgezogenheit und Nachdenklichkeit nicht immer gut umgegangen sind. Denn wir haben zugelassen, dass sie von Askese, Gesetzlichkeit und eindeutigem Extremismus gekapert wurden. So entschlossen waren die Flüchtigen, sich von der großen bösen Welt eine Meile – oder 50 – zu entfernen, dass sie letzten Endes wunderbare Geschenke, mit denen Gott uns zu unserer Freude verwöhnt hat (zum Beispiel Essen, Schlaf und Sex), rundweg ablehnten. Niemand wird ihren Enthusiasmus und ihre Hingabe in Zweifel ziehen, aber sie waren im Unrecht, und die Nachwirkungen beeinflussen deshalb immer noch unsere Vorstellung von Einkehrzeiten, Stille und jeder Art mönchischer Erfahrung.

Manche Asketen des Mittelalters konnten beispielsweise damit prahlen, sich 50 Jahre lang nicht zum Schlaf hingelegt zu haben. Macarius von Alexandria aß sieben Jahre lang kein gekochtes Essen. Sechs Monate lang schlief er in einem Sumpf, wobei er seinen nackten Körper absichtlich giftigen Fliegen preisgab. Andere hinterließen Aufzeichnungen darüber, wie lange es her war, dass sie eine Frau auch nur angesehen hätten.

Der berühmt gewordene Simeon Stylites (309–459 n. Chr.) baute sich in der syrischen Wüste eine zwei Meter hohe Säule. Er war dann mit der Höhe nicht zufrieden und fand eine, die 20 Meter hoch war und einen Durchmesser von einem Meter hatte. Darauf saß er dann 30 Jahre lang und war Tag für Tag unaufhörlich den Elementen ausgesetzt. Er wurde vom Regen durchweicht, von der Sonne verbrannt und von der Kälte geplagt. Freunde und Anhänger brachten ihm mit einer Leiter Nahrung und entsorgten seine Exkremente. Um sich während des Schlafs vor dem Herabstürzen und letztlich vor dem Tod zu schützen, band er sich mit einem Seil an die Säule, das sich tief in sein Fleisch einschnitt und dort Verwesung, Gestank und Madenbefall verursachte. Simeon hob die Maden auf, die von seinen Wunden fielen, und legte sie mit den Worten: „Esst, was Gott euch gegeben hat", wieder darauf. Sehr eklig, außer für die Würmer, wie ich vermute.

Der irische Heilige St. Finnchua hing sieben Jahre lang in Eisenketten, die unter seine Achselhöhlen gespannt waren. Er und St. Ite ließen ihre Leiber freiwillig von Käfern fressen. St. Ciaran mischte Sand unter sein Brot und St. Kevin verzichtete sieben Jahre lang auf das Sitzen. Das Tragen von Haar-Gewändern, die Selbstgeißelung und zwanghaftes Tanzen wurde von den rivalisierenden Orden der Franziskaner und Dominikaner praktiziert. Clarissa wusch sich nach ihrer Entscheidung für Christus nie mehr, abgesehen von den Fingerspitzen; überliefert ist, dass „Gewürm von ihr fiel, wenn sie ging".

Daher kommt es, dass Charismatiker wie ich, die es gern auch mal laut haben, und die Evangelikalen im Allgemeinen, die oft Projekte und Programme pflegen und von Natur aus eher aktivistisch als kontemplativ sind, die Kraft der Stille neu entdecken müssen. Pastoren aus traditionellen Großkirchen haben den Geschwistern in jüngeren Gemeinden viel über die Kräfte zu berichten, die sich in einem Sabbatjahr entfalten, sowie über den Einsatz von geistlichen Leitern. Wir haben auf die Vergangenheit sauer reagiert und sind in der Folge zu abgehetzten Workaholicern geworden. Mein Freund Phil Wall hat Recht, wenn er uns einen „kontemplativen Aktivismus" empfiehlt.

Gehen wir es also um Gottes und um unsertwillen etwas langsamer an. Holen wir tief Luft. Sehen wir uns einmal um. Orientieren wir uns, schauen wir auf der Karte nach. In jener Nacht in Essex kamen wir schließlich müde und frustriert im Postleitzahlenhotel an und waren nur froh darüber, dass die Fahrt hinter uns lag. Ich möchte so etwas nicht noch einmal erleben, wenn ich am letzten Tag meines Lebens ankomme. Also halten wir einfach mal an, legen eine Pause ein, holen tief Luft – und genießen unsere Reise, genauso wie Jesus es tat.

Dinosaurier auf der Kanzel

Suchen Sie sich ein *interessantes* Wort aus – ganz egal, welches.

Hier ein paar Beispiele, die es aus guten oder schlechten Gründen auf eine Beliebtheitsliste der interessanten Wörter schaffen könnten:

„Ferrari", „Skifahren", „Sex", „Bergsteigen", „Lotto", „Fußball" ...

Und hier ein Wort, das wahrscheinlich nicht auf die Liste käme:

„Predigt".

Nicht besonders aufregend, oder? Die meisten Menschen würden das Wort „Predigt" in einem Atemzug mit langweiligen Aktivitäten nennen, die man meiden sollte wie eine Nahrungsmittelvergiftung. Viele denken dabei an endloses, monotones Wortgeklingel, das dem steifen Sonntagmorgen vorbehalten ist. Schlechtes Gestühl betäubt das Gesäß, das Auge hängt wie festgeklebt an der Uhr, deren Minutenzeiger keinerlei sichtbare Bewegung zeitigt. Eine Übung in gepflegter Langeweile, die wohl kaum den Puls beschleunigt oder den Schritt belebt. Etwas, das Christen sich jede Woche anhören, um zu beweisen, dass sie wirklich engagiert sind, eine Art evangelikales Büßerhemd. Aber keinesfalls sehr interessant ...

Doch als Jesus predigte, hörte man wie gebannt zu. Bei ihm gab es keine platten, farblosen Allgemeinplätze, nur Worte, die wie die Faust aufs Auge trafen. Seine Predigten waren keine dämmerigen Gedanken zur Abendstille, sondern wuchtig wie ein blendender Suchscheinwerfer, der die Schwärze eines mondlosen Nachthimmels zerreißt. Es heißt, dass er wie kein anderer redete, nicht nur wegen seines Stils, seiner Redebegabung, sondern auch wegen der gewichtigen Autorität, die sich hinter seinen prägnanten Predigten verbarg. Vor allem war er ganz anders als der einschläfernde Haufen der Geistlichkeit mit ihren an den Haaren herbeigezogenen, irrelevanten Sprüchen, deren Unterton besagte: „Ich bin besser als ihr dreckigen Heiden."

Ich hätte gern ein Ticket für die Bergpredigt bekommen. Ich frage mich, wie dafür wohl geworben wurde. Grelle Poster mit der Aufschrift: „Heute! Am Berg! Der Wundertäter! Nur einen Tag! Eintritt frei!" Natürlich müssen normalerweise keine Anzeigen geschaltet werden, wenn jemand im Gelände umherzieht und blinde Augen sowie taube Ohren öffnet. Da tauchen die Leute einfach auf, lautstark und in ganzen Horden. Sie wollen unbedingt einen Hauch jener Welt verspüren, die jenseits des eigenen Horizonts liegt.

Als Jesus vor 2 000 Jahren zu diesem Hügel gestapft kam, sich niederließ und seine Rede hielt, warf er seelenruhig ein Dutzend verbale Handgranaten in die Menge – und der Widerhall, die Nachwirkungen sind noch bis zu diesem Tag zu spüren. Jesus, der König des Hügels, sagte seinen Zuhörern einfach, wie man eigentlich leben sollte. Es waren Worte, die jeden Verstand sprengten und die radikal und revolutionär genug waren, um der ganzen Menge den Atem stocken zu lassen. In einer Präsentation, die vermutlich gerade einmal 14 Minuten gedauert hat, machte Jesus fast jede populäre Vorstellung vom so genannten „erfolgreichen" Leben zunichte – falsche Ideologien, die heute immer noch ihre müden Runden drehen. Er stellte eine total neue Lebensweise vor. Die Menge staunte. Diese unterdrückten Menschen, die kein Stück Land ihr Eigen nennen konnten und damals von der römischen Besatzungsmacht unterdrückt wurden, hörten von einem König und einem Königreich, das größer war als jedes Land, jedes Volk und der Planet Erde selbst. Sie hörten von einem ganz anderen Leben, in dem nicht das Ego und der Überlebensdrang herrschten, sondern Jesus auf dem Thron saß. Die Pharisäer, die sich an den Rändern der Menschenmenge aufhielten, waren wohl schockiert über diese neue Art Gerechtigkeit, bei der es nicht darum ging, die eigene Frömmigkeit öffentlich zur Schau zu stellen, vielmehr darum, sich um die Letzten, die Geringsten und die Verlorenen zu kümmern.

Fassungslos stöhnte die Menge auf, als man hörte, dass jeder von diesem neuen, guten König angenommen wurde, wenn man dies wollte. Dass man eine ganz neue Art von Beziehung schaffen konnte. Dass unter der Herrschaft dieses guten Herrn sexuelle und eheliche Treue wichtig und möglich seien. Dass Worte so leicht verletzen, aber auch helfen konnten und dass der König sie alle dazu einlud, jeden einzelnen Lebensbereich seiner Führung zu unterstellen. Am meisten schockierte und interessierte die Menschen, dass dieser König kein ferner Monarch war, der sich im Luxus hinter verschlossenen Palasttoren verbarg. Vielmehr war der König der Liebe persönlich an den Ort gekommen, an dem sie lebten, und lud sie ein, die Freundschaft mit ihm selbst zu genießen: bei ihm, dem *wahren* König des Volkes. Das alles hörten sie von Jesus, dem Prediger.

Was Jesus predigte, erweiterte ihren Horizont, forderte die Zuhörer heraus, machte ihnen Mut und Spaß und erneuerte ihr Leben. Eines aber ist gewiss: Langweilig wurde es nie.

Doch weil viele unserer Predigten leider genau so sind, nämlich langweilig, gibt es manche, die sich dagegen aussprechen. Für sie ist die Predigt ein schwerfälliger Dinosaurier, der sich überlebt hat, ein anstrengendes Relikt von gestern, das im modernen High-Tech-Chatroom, zu dem unsere Gesellschaft geworden ist, keinen Platz mehr hat. Vor allem die großen Veranstaltungen, bei denen aus der Bibel gelehrt wird, sind zur Zielscheibe der Kritik geworden. In einem kürzlich erschienenen Buch, dessen Inhalt ich größtenteils herzlich empfehle (tatsächlich habe ich frohgemut das Vorwort geschrieben), findet sich die nachdrückliche Wertung, dass „die Tage der Predigten von der Kanzel aus gezählt sind". Man gestatte mir eine bedachtsame und maßvolle Antwort auf diese Behauptung: Quatsch!

Ich bin davon überzeugt, dass es nie ein größeres Bedürfnis nach biblischer Belesenheit gegeben hat als heute. Wenn das durch unsere Versammlungen gefördert werden kann, in denen wir gut durchdachte, gut vorbereitete Predigten hören, mit denen wir uns besser auf dem Felsen gründen können – warum nicht? Manche Kirchen und Gemeinden stecken voller prophetischer „Junkies", die gespannt auf das nächste „Wort" warten, sich aber beinahe abgestoßen fühlen von einer ausführlicheren Auslegung. Bittet man sie, ein Kapitel und die Verse darin nachzuschlagen, werden ihre Augen vor Desinteresse glasig. Behauptet man aber, ein „Bild" zu haben, und kleidet man die Botschaft in prophetisch modische Gewänder, dann bekommt man schnell ihre Aufmerksamkeit.

Ich bitte Gott darum, dass er uns neuen Schwung für unsere Predigten schenkt, allerdings so, wie Jesus ihn hatte: farbenprächtig, kraftvoll, mit Bezug zu unserem Leben, ganz irdisch-praktisch, doch vom Himmel berührt. Weg mit dem pastoralen Stimmfall und dem monotonen Geleier. Die Kinder sollen sie verstehen und ihren Spaß daran haben, die Erwachsenen Trost, Hilfe für den Alltag und auch Herausforderung darin finden.

Kurz gesagt, wir brauchen Hilfe. Herr Jesus, bring uns bitte bei, wie man predigt.

Evangelisation

Wahnsinnslogik

„Hallo, mein Name ist Jeff ..."

Die Mitreisende auf dem Nachbarsitz befestigte den Gurt, lächelte und sagte mir, sie heiße Laura und praktiziere in San Francisco als Psychotherapeutin. *Hmmm.* Diese Frau war ernsthaft intelligent. Wir konnten uns also auf faszinierende Gespräche freuen, um uns während des langen Nachtfluges die Zeit zu vertreiben. Ich entschied mich, ihr nichts von meinem Beruf zu erzählen. Noch nicht. Also fragte ich, ob sie sich auf einen bestimmten Bereich spezialisiert habe. Ihre Antwort ließ mir das Blut in den Adern gefrieren.

„Am liebsten helfe ich Christen, sich aus dem Christentum zu befreien."

Ich schaute hinter das sanfte Lächeln und vermeinte in einem Anfall von wütender Überreaktion, einen Vampir in ihren Augen entdeckt zu haben. Sie fragte mich, womit ich meinen Lebensunterhalt bestreite, und ich war sofort versucht, mich als Klempner vorzustellen, der sich auf das Entleeren verstopfter Abflüsse spezialisiere.

Ich holte tief Luft, sagte ihr, womit ich mich beschäftige, und fügte hinzu: „Ich helfe am liebsten Menschen, die keine Christen sind, ins Christentum zu gelangen." Tja, da hatte ich es gesagt. Ihr Gesicht verzog sich vor Abscheu, und nun platzten die Worte in scharfem Stakkato hervor, so als kämen sie aus dem Lauf einer verbalen Maschinenpistole:

„Wie können Sie den ganzen Kram nur glauben, dieses Gefasel über: ‚Ich bin der Weg, die Wahrheit und das Leben'? Dieses Gedankengut besteht aus absoluten Aussagen. Ich glaube an *gar nichts* Absolutes. Gibt es überhaupt *jemanden*, der das kann?"

Die letzte Frage versetzte mir einen Stich, denn hier wurde plump unterstellt, dass *niemand* außer einem Alien vom Planeten Throg, dessen Gehirn vielleicht partiell entfernt worden war, sich auf ein Leben mit absoluten Wahrheiten einlassen würde – was Christen nun mal tun. Kalt erwischt, kam ich wieder zu Kräften und schickte einen Volley über das Netz mit der Frage, ob sie *sicher* sei (absolut sicher?), dass sie an nichts Absolutes glaube?

Sie bestätigte, dass es so sei (hä?), und reichte das Beispiel nach, wir säßen vielleicht in Wirklichkeit gar nicht in einem Flugzeug, da die Erklärung „Ich sitze in einem Flugzeug" eine absolute Idee sei. Ich wagte den wohl etwas schalkhaften Einwurf, wir säßen auf unserem Flug in 11 000 Metern Höhe deshalb wohl vielleicht in einem großen Schiff oder sogar in einer Apfelsine oder irgendeinem anderen weichen Obststück, und sie fand, ich hätte unter Umständen Recht. Ich hingegen fand, sie benötige wohl einen Termin bei sich selbst, aber es wäre ein bisschen übertrieben und respektlos gewesen, das zu erwähnen, also unterließ ich es.

Der Flug war faszinierend, verstörte mich aber ein wenig. Unser Gespräch verlief herzlich und respektvoll, verdüsterte aber meine Stimmung. Ich stieg mit dem Gefühl aus dem Flugzeug, ein Dinosaurier zu sein, ein nicht mehr greifbares Fossil, dessen Glaube ins vergangene Jahrhundert und im Namen des Fortschritts beerdigt gehört. Sie versuchte, mich davon zu überzeugen, dass der Glaube an Gott eine lächerliche Vorstellung sei: intellektuell bankrott, philosophisch unvernünftig und unhaltbar. Ihre Argumente erschütterten mich keineswegs, doch ihre ganze Art vermittelte mir das

Gefühl, irrational zu denken. Jede Art von Gewissheit oder Überzeugung sei auf dem modernen Markt der Unbestimmtheit, des Pluralismus und Relativismus wertlos. Ich fühlte mich überwältigt, nicht so sehr durch die Macht der Argumente, sondern angesichts der Erkenntnis, dass unsere Gesellschaft total von dieser Art des Denkens durchzogen ist: „Windelweich ist gut". Feste Überzeugungen werden oft ebenso argwöhnisch beäugt wie jede Art von Fundamentalismus – der ja seit der Katastrophe des Angriffs auf die *Twin Towers* als die Blasphemie unserer Zeit gilt.

Wir leben in einer Zeit, in der das schwachsinnige Gefasel, das sich Astrologie nennt, immer mehr Raum in unseren Zeitungen einnimmt. Man sollte überrascht sein, dass so viele Menschen tatsächlich zugeben, dass sie daran glauben, ihr Leben werde vom Stand der Planeten beeinflusst, doch nichtsdestoweniger überfliegen Millionen täglich genau diese Seiten. Natürlich hat die Astrologie eine geheime Zutat, die den Erfolg erklärt: Sie räumt die Existenz einer höheren Macht ein, ohne eine einzige moralische Forderung an uns zu stellen. Das verleiht unserer Existenz einen höheren Sinn, jedoch ganz ohne jedes Fünkchen Jüngerschaft oder Opfer. Vielleicht ist das der Grund für diese Besessenheit.

Es ist nicht einfach, in diesem Supermarkt des Glaubens für Christus zu leben. Da braucht man Gnade, Weisheit und Geduld – dazu noch Mut und Kühnheit. Doch betrachten wir die Weisen getrost als Narren und die Philosophen als zusammenhangloses Zeug murmelnde, blinde Führer. Ich möchte mich an Jesus halten mit allen Gewissheiten, die er gibt, und allen Opfern, die es mich kostet. Sollen sie uns ruhig erzählen, wir verrückten Gläubigen seien in den Weiten des Raumes verloren. Ich halte mich in dieser unserer vernebelten Gesellschaft an ihn als die Quelle des Lichts, den wahren Leuchtturm.

Die Gruppe

Meine Handflächen waren feucht, und meine Stimme zitterte vor Nervosität, als ich mich im kleinen Kreis von Männern und Frauen umschaute. Ich war an der Reihe.

„Hallo miteinander ... mein Name ist Jeff." Ich machte Halt, weil ich vorläufig wie gelähmt und nicht in der Lage war, das schreckliche Geständnis abzulegen. Der Gruppenleiter nickte aufmunternd, damit ich weitermachte.

Leicht stotternd, atmete ich tief ein und wiederholte meine Vorstellung: „Mein Name ist Jeff ... und ich bin Evangelist."

„Hi, Jeff", erwiderten sie einstimmig und mitfühlend und lächelten allesamt erleichtert.

Sie alle hatten das, was mir jetzt noch bevorstand, schon hinter sich; sie wussten, wie hart der erste Schritt war. Von ihrer Freundlichkeit ermutigt, stürzte ich mich mitten in meine traurige Geschichte. Beim Bericht über meinen Niedergang ließ ich nichts aus.

Alles hatte so unschuldig angefangen. Ich wollte doch nur, dass die Menschen auf Jesu Einladung antworteten. Ich erzählte möglichst jedem von ihm; oft verschwand ich hinter dem Fahrradschuppen in der Schule, um allen, die mir zuhörten, die Gute Nachricht mitzuteilen. Dann fing es mit den Traktaten an. Ich klapperte jeden Samstagabend die schmutzigen Straßen unserer Stadt ab und drängte jedem eines auf, der es nehmen wollte. Ich war abhängig. Ich kaufte mir das größte evangelistische Abzeichen, das ich finden konnte, eine laute Botschaft am Kragenaufschlag. Große schwarze Buchstaben auf leuchtendem Orange schrien den Menschen *die* Frage ins Gesicht: „Die Ewigkeit – mit oder ohne Feuer?"

Bald aber stellte ich fest, dass ein persönliches Zeugnis nicht reichte: Es brachte mir einfach nicht den nötigen Kick.

Ich brauchte härteren Stoff. Im Rausch des Missionseifers fing ich an, zu reisen und zu predigen, sehnsüchtig, ja, geradezu wild darauf, mitzuerleben, wie Menschen zu Christus kamen. Und dann setzten die klassischen Merkmale meiner Berufung ein. Ich fing an, mich mit Gleichgesinnten herumzutreiben und mit ihnen in tiefer Nacht in den Städten, in denen ich gerade predigte, beim Inder essen zu gehen. Meine persönliche Moral ließ nach. Ich wurde geldgierig. Ich verlor den Bezug zur Wirklichkeit. Ich ging auf Distanz zu meiner Gemeinde, wurde zum Einzelgänger. Da gab es nur noch eines, wenn ich mit meiner furchtbaren Sucht brechen wollte. Ich musste mich der Wahrheit stellen, erkennen, was aus mir geworden war. *Ich war ein Evangelist.* Und jetzt, bei den wöchentlichen Treffen der AE – der *Anonymen Evangelisten* –, ließ ich meiner armseligen Geschichte freien Lauf.

Natürlich ist das, was Sie gerade gelesen haben, frei erfunden, aber ich habe es zu Papier gebracht, um die ganz reale Tatsache zu verdeutlichen, dass die Bezeichnung „Evangelist" oft in den Schmutz gezogen wird. Folglich stellt man Menschen mit entsprechender Berufung als Karikatur dar, was nicht gerade hilfreich ist. Obwohl ich darauf bestehe, dass ich dazu berufen bin, ein Bibellehrer zu sein (sicher ein respektierlicheres Etikett), werde ich oft als Evangelist bezeichnet – besonders in den Vereinigten Staaten. In Amerika ist praktisch jeder Christ ein Evangelist, wenn er einen Koffer hat. Dass manche Menschen sich nach meinem Vortrag entscheiden, Christ zu werden, führt in Verbindung mit meiner Sammlung von Gepäckstücken dazu, dass ich in die „E"-Schublade gesteckt werde. Ich zucke zusammen, wenn ich mit dieser Bezeichnung vorgestellt werde, weil die Berufsbezeichnung Evangelist in Amerika nicht mehr ehrbar ist. Man könnte mir ebenso gut nachsagen, dass ich mit Vornamen Saddam heiße. In der Öffentlichkeit stehen Evangelisten in dem Ruf, gegen Pornografie anzupredigen und insgeheim zu Prostituierten zu gehen. Die aggressivsten Marktschreier, die ihre Zuschauer um Spenden anbetteln, werden in Bausch und Bogen „Fernseh*evangelisten*" genannt, auch wenn die meisten davon Bibellehrer sind – irgendwie jedenfalls. In Großbritannien ist es nicht ganz so schlimm, aber sogar hier leiden die Evangelisten manchmal unter solch negativen Karikaturen. Typischerweise übertreiben Evangelisten mit den Besucherzahlen bei ihren Veranstaltungen oder mit Angaben, wie viele Menschen zum Glauben kommen. Jedenfalls hört man das gerüchteweise. Also haben wir den etwas platten christlichen Wortwitz aufgebracht, dass Evangelisten *evang-elastisch* reden. Andere wiederum finden, dass der Evangelist zur „Fahrerflucht" berufen ist, weil er nach den Veranstaltungen immer gleich verschwindet, oder dass er Mundwerk ohne Herz hat. Meiner Erfahrung nach dürfte nichts weniger zutreffen als das.

Natürlich habe ich auch merkwürdige Einzelgänger kennen gelernt, deren Charakter mit ihrer Berufung nicht Schritt hält. Auch andere traf ich an, die ein wenig zu selbstverliebt sind und ihre Bedeutung im Reich Gottes etwas überschätzen. Nie werde ich den Typen vergessen, der mir seine Visitenkarte überreichte. „Gott hat dir heute etwas zu sagen, wenn du zuhören willst – Missionswerk" lautete der schmucke Name seiner Organisation. Außerdem habe ich Evangelisten erlebt, die Dummes tun und sagen – vor allem am Ende ihrer Predigt, wenn sie „das Netz auswerfen", um Menschen zu fischen. „Wenn du heute Abend hier bist", sagen sie, wobei sie komischerweise vergessen, dass jeder, der heute Abend hier ist – nun ja, eben hier ist.

Manchmal sind sie so erpicht auf Reaktionen, dass sie merkwürdige Aufrufe machen. Ursprünglich soll zum Beispiel jeder nach vorn kommen, der freiwillig in den Märtyrertod gehen will. Es wird berichtet, dass man die Bedingung abmilderte: „Kommt einfach nach vorn, wenn ihr euer Leben als Christ ein wenig verbessern wollt", oder: „Wenn ihr schon mal gefrühstückt habt, dann kommt nach vorn", bis hin zu: „Kommt hierher nach vorn, wenn ihr euch schon mal die Zähne geputzt habt – oder wenigstens putzen wolltet." Mein

Freund Pete Gilbert, zufällig ein guter Evangelist, erlebte einmal einen Altarruf, bei dem man mit einem Auge zwinkern sollte, um deutlich zu machen, dass man Jesus in sein Leben aufnehmen wolle!

Da ich mich aber im Laufe der Jahre mit ziemlich vielen Evangelisten herumgetrieben habe, kam ich zu der Erkenntnis, dass die überwiegende Mehrheit sich aus leidenschaftlich engagierten Menschen zusammensetzt, die oft Hunderte einsamer Stunden im Land unterwegs sind. Manchmal reisen sie zu winzigen Gemeinden, in denen sie mit Lesezeichen bezahlt werden. Sie stehen ihren Mitmenschen alles andere als gleichgültig gegenüber – deshalb predigen sie mit solcher Leidenschaft. Und ihr edles Anliegen hat sie eben auch süchtig gemacht. Mit Paulus stimmen sie in den Ruf ein: „Ich kann gar nicht anders – weh mir, wenn ich sie (die Gute Nachricht) nicht weitergebe" (1. Korinther 9,16).

Beten Sie also bitte für die berufenen Evangelisten: Sie erleben die Freude an einer Arbeit, die selbst die Engel im Himmel feiern lässt, wenn sie nämlich Sünder zur Umkehr führen. Was sie tun, lässt den Feind aber auch vor Wut schäumen.

Verzerren Sie uns bitte nicht zur Karikatur – wir sind dringend und bedingungslos auf diese unbezahlbaren Frauen und Männer angewiesen, die der Berufung zum Evangelisten folgen, und das nicht nur, weil wir Enthusiasten brauchen. Ohne sie blieben die Verlorenen da, wo sie sind: verloren.

Religion

Ein Volk von Reaktionären?

„Ich möchte euch allen eine richtig gute Veraschung verpassen!", lächelte der Bischof und gluckste dabei.

Wir, die wir im Tagungsraum saßen, schauten uns nervös um. Die Konferenz näherte sich dem Ende, und wir waren uns einig, dass wir sie mit einem Gebet beenden sollten, aber jetzt hatte der Bischof uns mit seiner Ankündigung überrascht. Leichte Panik brach unter uns aus, vor allem bei denen, die ihn falsch verstanden hatten und dachten, er gebe seinem Wunsch Ausdruck, uns zu *verarschen*.

Unbeirrt von unseren nervösen Anwandlungen holte der Bischof einen Korken, eine Schachtel Streichhölzer und ein Gebetbuch hervor. Erst, als er den Korken anzündete und sich in seinen lächelnden Augen die Flamme wie bei einem religiösen Brandstifter spiegelte, merkten einige von uns, dass es um *Asche* ging.

Es war Aschermittwoch. Deshalb führte uns Bischof Pete durch eine Liturgie, in der die Gnade Gottes für eine Menschheit gefeiert wird, die in gewisser Hinsicht nicht mehr ist als Asche. Dann ging er durch den Raum, betete dafür, dass wir in unserer ungehobelten Nichtswürdigkeit die Ungeheuerlichkeit der Gnade sowie die Tatsache erkennen würden, dass der König den Bettler zu sich erhebt. Tränen der Dankbarkeit und Umkehr flossen. Es war ein großartiges Geschenk.

Seit damals verwende ich das anglikanische Gebetbuch als Grundlage für mein eigenes Beten, manchmal gleich frühmorgens, manchmal vor dem Schlafengehen am Ende des Tages. Merkwürdigerweise verspüre ich den Drang, ganz für mich allein die liturgischen Dialoge zu sprechen: „Der Herr sei mit euch. *Und auch mit dir.*" Ist es nicht ein bisschen komisch, jeden Tag mit Gruß und Segen für mich selbst zu beginnen, ist das vielleicht ein erstes Anzeichen von Wahnsinn? Doch seit der Begegnung mit dieser kraftvollen Liturgie habe ich die simple Entdeckung gemacht, dass ich nicht viel mehr als diese Worte beten kann, weil mir sonst gar nichts Sinnvolles zu sagen einfällt. Seit ich bedachtsam die Worte anderer spreche, Worte, die vor biblischer Wahrheit hüpfen und springen, Worte, die im Laufe von Jahrhunderten der Trost gläubiger Christen waren, habe ich mein geistliches Leben durch eine neue Dimension bereichert. Was geht hier vor? Werde ich insgeheim zum Anglikaner?

Was die Sache besser trifft: Allmählich stelle ich fest, wie sehr mein Bestreben, ein nichtreligiöses Christentum zu pflegen, auf einer ungesunden Reaktion beruhte. Es ist beruhigend einfach, den eigenen Glauben durch das zu definieren, was man *nicht tut*. Also neigen gesetzlich geprägte Gläubige dazu, ihre Herkunft mit jenen Dingen zu beschreiben, derer sie sich enthalten. Das derart Beschriebene ist dann das Echte und Wahre. Ich habe dies genau so gemacht wie viele andere, um mein nichtreligiöses Christentum zu unterstreichen. Dazu habe ich unter die Lupe genommen, was mir als religiöser Stil auffiel: Kirchenbänke, Priestergewänder, Altäre, Kerzen, Ikonen, die Liturgie und zahllose andere Praktiken. All das warf ich dann in einen großen Container mit der Aufschrift „Religion". Dieser Container ist ein dickes, fettes Zeugnis meiner eigenen Arroganz sowie meines ungeheuren Selbstbetrugs. Indem ich die Traditionen von anderen als *religiös* verwerfe, stelle ich meine eigenen Gewohnheiten und Glaubensweisen als *alternativ, radikal* und *nichtreligiös* dar und eigne mir dabei eines der Hauptmerkmale des wahrhaft religiösen Wesens an – Stolz. War der Container erst einmal gefüllt, musste man ironischerweise ziemlich lange herumsuchen, um Alternativen zu den entsorgten Merkmalen zu finden.

Warum verwenden denn zum Beispiel einige von uns Fahnen im Gottesdienst? Ganz einfach. In unserer gemeindlichen Tradition gibt es keine bunten Glasfenster. Die Farben, die schmückenden Elemente der religiösen Architektur, bieten dem Menschen ein wenig erhellenden Sonnenschein für den ansonsten grauen Alltag. Wenn wir ein Fenster oder ein Symbol betrachten, dann werden die Geschichten lebendig. Wir aber haben die Fensterbilder in den Container geworfen und in den neugemeindlichen Gottesdienst unseren eigenen langweiligen Plastikstil eingebracht. Alles, was mit Farbe und Symbolen zu tun hatte, wurde mit neopuritanischem Eifer abgelehnt. In unseren angemieteten, zugigen und öden Schulaulen hüpften wir auf und nieder und langweilten uns mächtig. Bei uns gab es keinen Duft nach Weihrauch, nur den schwachen Geruch saurer Milch von der Kantine. Und dann nähten wir uns ein paar Fahnen, da wir unsere klinisch sterile Religion satt hatten: ein paar farbige Stoffbahnen, und ich bin froh darüber. Das war der Versuch, mit geringen Mitteln aus dem Skandal auszubrechen, der das Göttliche langweilig gemacht hat; der Taubheit zu entkommen, die Annie Dillard beklagt:

„Woche für Woche rührte mich aufs Neue die Erbärmlichkeit der Sakristei mit ihrem nackten Linoleumboden, die durch keine Blume aufgelockert oder gemildert werden konnte, der furchtbare Gesang, den ich so sehr liebte, das matte Vorlesen der Bibelverse, die schleppende Leere der verwässerten Liturgie, die entsetzliche Hohlheit der Predigt. Das alles gab es neben dem Wunder, dass wir kamen, und war vermutlich der Grund dafür; wir kamen immer wieder, wir ließen uns sehen; eine Woche nach der anderen machten wir das alles durch ..." (Annie Dillard: *Teaching a Stone to Talk*)

Wir reagierten und beglückwünschten uns zu unserer Radikalität. Vielleicht werden wir dieser Tage von einer Demut heimgesucht, vom aufrichtigen Gespür, dass wir uns an den Traditionen der anderen wahrhaft freuen können.

Doch auch darin besteht eine Gefahr. Es ist möglich, dass wir in unserem Übereifer gleich alles übernehmen, was der Markt bietet, weil wir unbedingt erleben wollen, dass irgendetwas passiert. Die etwas nervige Eigenschaft Gottes, gleich herbeizueilen, wenn er Menschen findet, die nach ihm hungern, frustriert jene in unserer Mitte, die nur wissen wollen, ob etwas „richtig" oder „falsch" ist. Wir bleiben so lange im Unklaren, bis wir uns daran erinnern, dass er nach dem gleichen Muster mit *uns* verfährt, wenn wir gefallen sind. Doch sein Segen und Handeln bedeuten keinesfalls, dass er alles bestätigt oder gutheißt, was in der Gemeinde geschieht. Er beruft uns eher dazu, freundlich und klug Gewohnheiten in Frage zu stellen, statt in Bausch und Bogen alles zu schlucken, was in seinem Namen getan wird.

Übertreiben wir also einerseits nicht, wenn wir die Riten anderer Kirchen und Gemeinden dem Müll überantworten; schalten wir andererseits nicht unser Hirn auf Sparflamme, um ohne Rücksicht auf Qualität alles zu übernehmen, was ein „Gefühl der Weite" schaffen könnte. Nachdenklichkeit schafft Licht; die bloße Reaktion nur Hitze.

Ich muss jetzt gehen. Ich habe einen großen Container, in dem ich herumwühlen möchte.

Wie man Christ wird –
oder lieber nicht?

Sie waren „sehr geistlich", um es mal so auszudrücken. Immer die Ersten, wenn es ums Beten ging, und bekannt für ihre missionarischen Einsätze auf der Straße. Sie verkörperten eine radikale Frömmigkeit, die die Aufmerksamkeit auf sich zog. Es ging das Gerücht, dass sie drei Stunden täglich beteten. Ihr Glaube war von stählerner Festigkeit; mit windelweicher, liberaler Theologie hatten sie nichts am Hut. Sie hielten fest an den Lehren der Auferstehung, des Gerichts, von den Engeln und Dämonen. Locker und leicht konnten sie Bibelstellen exakt zitieren.

Sie waren feurige, lautstarke Verfechter der Erweckung. Bei ihnen gab es keine Spur jenes eiskalten, toten Zynismus, der wenig oder gar nichts vom Himmel erwartet. Sie waren immer auf dem Sprung, erwarteten jeden Moment, dass Gott sich regte, und riefen die Sünder zur Buße auf, um für sein Kommen bereit zu sein. Als Mitglieder einer Heiligungsbewegung beflügelte sie ihre Hoffnung zu einer fast schon pingeligen Leidenschaft für reinliche Lebensführung. Sie verachteten faule Kompromisse und verkündeten donnernd, dass Gott entweder der Herr über alles sei oder überhaupt kein Herr. Jeder Bereich des Lebens müsse unter seine Herrschaft gestellt werden.

Beeindruckt?

Bei *ihnen* handelte es sich um die Pharisäer.

Heutzutage neigen wir Prediger dazu, uns auf die Pharisäer einzuschießen, weil sie ein leichtes Ziel abgeben. Wir verwenden sie als Sandsäcke, um sonntagmorgens Seitenhiebe landen zu können. Wie die bösen Hexen aus dem Märchen, die wir auszischen und ausbuhen, sind die Pharisäer meist in ein völlig negatives Licht gerückt worden.

Doch nicht immer waren ihre Mängel so offensichtlich,

und sie ähnelten uns, den modernen evangelikalen Christen, in beunruhigender Weise. Die Pharisäer sammelten sich um etwa 200 v. Chr. als Laienbewegung und ihr geistliches Leben war durch Leidenschaft und Hingabe geprägt. Sie kamen sogar zu Veranstaltungen zusammen, um sich gegenseitig Mut zuzusprechen. Ich kann mir vorstellen, dass bei so einem *Spring-Harvest-Pharisäertreffen* der Spaß ein wenig zu kurz gekommen wäre ...

Ihre engsten Verbündeten waren die Schriftgelehrten oder „Gesetzeslehrer", wie Matthäus sie bezeichnet. Sie traten mit jener seltsamen Mischung aus Hingabe und Langeweile auf, die auch heutzutage an frommen Menschen beobachtet werden kann. Im Allgemeinen hielt man sie für staubtrockene, uninspirierte Prediger mit großem Wissen, aber ohne geistliche Autorität. Doch dahinter stand ein hohes Maß an Schriftkenntnis. Ihr Studium der „Alltagsgesetze" ließ sie die Erkenntnis verkünden, es gebe 613 Gebote in den ersten fünf Büchern Mose des Alten Testaments: 248 positive und 365 negative. Diese Mikro-Betrachtung der Bibel erforderte unendliche Genauigkeit und Liebe zum Detail – was jedoch dazu führte, dass sie das Gesamtbild aus den Augen verloren. Sie kämpften um jede Einzelheit, verfehlten aber meilenweit den eigentlichen Sinn der Sache.

Zweifellos standen auch Pharisäer und Schriftgelehrte an jenem legendären Tag in der Menge, als Jesus seine Bergpredigt hielt. Ausgerüstet mit mentalen Notizbüchern und Bleistiften, die gut gespitzt waren, lauschten sie sorgsam jedem einzelnen seiner Worte: Sie waren die selbst ernannten Geschworenen seines Prozesses. Konzentriert runzelten sich die Stirnen, jede Aussage wurde auf „Richtigkeit" bewertet und analysiert. Sie standen bereit, beim leisesten Hinweis auf das, was sie als Irrtum erkannten, Alarm zu schlagen. Alle einfachen, normalen Menschen in der Menge machten an jenem Tag wohl einen weiten Bogen um sie. Die Schriftgelehrten und Pharisäer praktizierten eine einschüchternde, weiß glühende Religion, die den niedriger gestellten Gläubigen zu versengen drohte. Die Schriftgelehrten und Pharisäer trieben alle von Niederlagen und Schande versehrten Menschen in einen Pferch, für den es nur eine einzige anklagende Bezeichnung gab: „Sünder". Ihre Religiosität beinhaltete eine große Gesetzestreue, wies aber wenig Mitleid auf. Ohne Zweifel würden sie für ihren Eifer ein dickes Lob kassieren, oder?

Scheinbar nicht. Als Jesus seine große Predigt hielt, waren es nicht die „Sünder", die er mit seinen Worten unter Beschuss nahm. Ganz im Gegenteil. Jesus rollte einen roten Teppich aus für jene, die sich ihres mangelhaften Ansehens bei Gott bewusst waren, für die „Armen im Geiste". Unglaublich, dass es die Satten waren, nicht die Hungrigen, die Pächter der etablierten Religion, die Schriftgelehrten und Pharisäer, auf die Jesus mit seiner Gerichtssalve abzielte. Weit davon entfernt, sie den anderen als Vorbild an Hingabe und Frömmigkeit zu empfehlen, putzte er sie mit der wiederholten vernichtenden Aussage herunter: „Seid ihnen nicht gleich." Ihre erhabensten Akte der Frömmigkeit, im Gebet, Fasten und Almosen, wurden von Jesus als nutzlos verworfen. An anderer Stelle warnte er seine Freunde und möglichen Nachfolger davor, sich durch „den Sauerteig der Pharisäer" das eigene geistliche Leben verderben zu lassen (Matthäus 16,6). Und niemand kann ohne Furcht und Zittern die nahezu atomgewaltige Wortwahl von Matthäus 23 lesen, wo die Pharisäer als „Ottern" und „getünchte Gräber voller Totengebeine" bezeichnet werden.

Als Jesus seine Mannschaft aufstellte, wurde keiner von diesen Experten für Gebet oder Bibelwissen gebeten, mitzumachen. Anscheinend waren ihm die unverdorbenen, formbaren, rauen und einfachen Arbeiter, ja, sogar die früheren Ausbeuter in ihrer verlegenen Dankbarkeit lieber als die in Frömmigkeit versierten Theologieprofis. Die Pharisäer waren so von ihrer eigenen Religiosität geblendet, dass sie das unverkennbar übernatürliche Wirken Jesu ablehnten und behaupteten, dahinter stünden dunkle Mächte. Sogar

Lazarus, der soeben von den Toten auferstanden war und noch nach Verwesung roch, konnte sie darin nicht erschüttern. Prinzipien waren ihnen heiliger als Gottes Handeln: Jesus warf ihnen vor, ihre Traditionen seien wichtiger geworden als die Gebote Gottes.

Damit wird immer deutlicher, dass es eine *Religiosität* gibt, der gerade jene in die Falle gehen können, die einen heiligen Lebensstil führen möchten. Ich habe die Beobachtung gemacht, dass dieser „Sauerteig" der Frömmigkeit die Hauptversuchung für die engagiertesten Nachfolger Jesu darstellt. Wie ein zerstörerischer Computervirus, der sich auf die Festplatte einschleicht und automatisch jeden infiziert, der sich auf der Adressenliste von *Outlook* befindet, schleicht sich eine solche Religion ins Gefieder, wenn Engagement oder Glaubenseifer ihre Schwingen erheben. Sie korrumpiert und möchte alle auf ihre Seite ziehen. Wie der Islamismus von der Art eines Bin Laden, dem man nachsagt, dass er den wahren Islam korrumpiert hat, so wirkt auch ein mutiertes, religiöses Christentum, das lautstark über andere herzieht und sich leidenschaftlich, ja geradezu märtyrerhaft gibt – ein Fundamentalismus, den wir um jeden Preis vermeiden sollten. Ein „religiöses" Christentum ist weniger als nutzlos. Es schreckt Menschen ab, die von ganzem Herzen Gott suchen und sich von einer Kirche abgestoßen fühlen, die ihre ernste, privatisierte Frömmigkeit pflegt und dabei leer und bedeutungslos wird. Ein solcher Glaube nutzt den Menschen nichts – und er ist auch vor Gott kraftlos. Wenn man Jesus Glauben schenkt, dann verhallen die religiös eifernden Gebete auf dem Weg in den Himmel.

Es bedarf allerdings großer Gnade, um Christ zu sein, ohne religiös zu werden. Machen wir uns nichts vor, sie steckt in uns allen, die Religion. Wenn man wissen will, ob man selbst vom „Sauerteig" infiziert ist, kann man einen simplen Test machen: Fühlen Sie einfach Ihren Puls. Wenn Sie lebendig sind, ist es mehr als wahrscheinlich, dass Sie mindestens ein paar Vertreter dieses Virus in Ihren geistlichen Adern haben. Bitten Sie Gott heute noch um einen Gesundheits-Check, bitten Sie ihn außerdem um einen echten, lebendigen und demütigen Glauben, nicht die Scheinversion, die so billig zu haben ist. Gott empfindet nichts für bloße Religion. Ganz im Gegenteil, ich glaube, dass sie seinem Wesen zutiefst widerspricht.

Die Pharisäer waren Experten in einer Übung, die Gerard Kelly „beten und sich sehen lassen" nennt. Schon mit ihren Bekleidungsaccessoires, nämlich den *Tefillin*, machten sie eine modisch fromme Aussage: Es handelte sich um kleine Lederkästchen mit Schriftstellen darin. „Siehst du denn nicht, dass ich die Schrift liebe?", besagten sie überdeutlich. Dann die Quasten: Vom Gebetsschal hingen vier Quasten, die ebenso eine Feststellung bargen: „Aus dem Weg, ihr Leute, hier kommt ein Fürbitter."

Das war genauso eindrucksvoll wie hohl. Jesus verwarf diese Pose als „Heuchelei". Matthäus verwendet dieses Wort nicht weniger als 13-mal. In Palästina gab es einige ansehnliche Theater – eines lag in der Stadt Sepphoris, die ein paar Kilometer von Nazareth, dem Wohnort Jesu, entfernt war. Vielleicht hat Jesus als Junge die *Hypocrites*, die dortigen Schauspieler, gesehen, wie sie in ihren Masken über die Bühne stolzierten und gelegentlich ihre Kommentare zum Stück hören ließen. Andere *Hypocrites* wurden angestellt, um professionell die Tränen fließen zu lassen, nämlich bei Beerdigungen. Sie weinten und klagten um den ihnen unbekannten Toten und zerrissen ihre Kleidung an den Nähten, damit sie mit schneller Nadel für den nächsten Trauerauftritt gerüstet waren. Das Wort *Hypocrites* ging allmählich in den allgemeinen Sprachgebrauch ein, um jeden zu beschreiben, der etwas vorgeben wollte.

Gordon MacDonald hat dieses Vortäuschen als „Erkältung der Evangelikalen" beschrieben. Ein Glaube, der sich darauf ausruht, dass man Woche für Woche Begegnungen auf evangelikale Art erlebt, dass man sich schweißtreibenden Mühen unterzieht, um die Fassade zu wahren, stinkt nach Religion. Geht es uns um den echten, wahren Glauben? Dann zeigen wir doch unser wahres Gesicht, wenigstens einem einzigen Menschen.

Jesus beschreibt eine Szene, die Monty-Python-Qualitäten hat: Die Pharisäer geben Almosen und lassen die Trompete blasen, um darauf aufmerksam zu machen. Diese geistliche Schauspielerei verurteilte er in seiner großen Predigt in Bausch und Bogen. Jesus ging es nicht darum, dass ein öffentliches und gemeinsames Bekenntnis zum Glauben grundsätzlich falsch ist. Manche Christen sprechen sich gegen Gebetsversammlungen oder den Aufruf zum gemeinsamen Fasten aus. Das beruht auf einem Missverständnis. Dennoch sind öffentliche Podiumsrunden und Gebetstreffen ein besonders guter Nährboden für die Viren der Religion: Wir alle sollten achtsam damit umgehen.

Bloße Religion ist das Verderben echten Glaubens und Teil eines satanischen, biochemischen Feldzugs. Gehen wir demütig mit unserer eigenen Tradition um, respektieren wir die der anderen. Meiden wir Masken und Aufführungen, seien wir achtsam, wenn uns Beachtung geschenkt wird. Seien wir auf der Hut. Um Gottes willen.

The Ministry of Silly Walks (etwa: Das Ministerium für alberne Gangarten) ist einer der unsterblichen *Monty Python*-Klassiker. Dieser Sketch gewährte uns den unvergesslichen Anblick des schlaksigen John Cleese mit Schirm und Melone, der tänzelnden, weit schwingenden Schrittes die High Street entlangmarschiert. Die bizarre Absurdität wirkte genial. In anderen Sketchen von *Monty Python* wird ein Fußballspiel der Londoner Gynäkologen gezeigt; ein sehr toter Papagei wird in eine Tierhandlung zurückgebracht, deren Eigentümer darauf beharrt, dass der leichenstarre Vogel nur schlafe; eine von niemandem mehr erwartete spanische Inquisition wird vom glücklosen Kardinal Fang durchgeführt. Die Szenen prägen sich deshalb ein, weil sie das Lächerliche ins Extrem treiben.

Zurück zur Bergpredigt: Stammte der geniale Humor

Monty Pythons etwa nur aus zweiter Hand? In der Bibel werden wir nämlich mit Bildern von religiösen Philanthropen verwöhnt, die über ein Team von Trompetern verfügen, welche sogleich ihre Instrumente erschallen lassen, wenn eine Münze in den Opferkasten fällt. Weiterhin gibt es asketische Typen, die sich eher ab- als aufbrezeln, um möglichst hässlich auszusehen, damit jeder weiß: „Wir fasten wieder einmal." Leiernde Gebetsstreiter an der Straßenecke schwätzen in aller Ausführlichkeit daher, während Gott die ganze Zeit gar nicht zuhört ...

Auch das sind visuelle Übertreibungen (entlehnt aus dem Leben der Pharisäer mit ihren seltsamen Praktiken, die sie tatsächlich ausübten), Karikaturen, die uns fesseln und eine Form der Frömmigkeit bloßstellen, die wir wie die Pest meiden sollten.

Bitten wir also um eine heilige Impfung, hüten wir uns vor dem Virus der Pharisäer: Sie führen uns vor, wie man ein Glaubensleben *lieber nicht* führt.

„Dreh mal leiser"

Vor 300 Jahren ging ich auf eine Bibelschule. Jedenfalls ist es meinem Gefühl nach schon so lange her. Ich teilte mir das Zimmer mit einem radikalen, großäugigen Typen, dessen Leidenschaft für alles Spirituelle berüchtigt war. In unseren wöchentlichen Gebetsversammlungen hatte er stets seinen großen Auftritt und brüllte wie ein Ian Paisley[1]. Gebete, in die er reichlich Zitate aus der alten *King James*-Übersetzung einfließen ließ. Ein sehr eindrucksvolles Sprachgewebe. Er

---

[1] extremistischer nordirischer Protestantenführer

kannte nur eine Lautstärke: laut. Ob bei der Diskussion über theologische Ausführungen in Vorlesungen, ob bei Übungen im Predigtunterricht – er bellte, schimpfte und klatschte uns seine Worte im Stakkato um die Ohren. Besonderen Spaß hatte er dann, wenn er sich über die Hölle auslassen konnte. Man bekam den Eindruck, dass der Gott dieses Menschen vor Vorfreude zitterte, den größten Teil der Menschheit auf dem ewigen Grill zu verwöhnen. Mein Zimmernachbar kannte auch sanfte und verletzliche Momente und war bei mancher Gelegenheit ein durch und durch netter Kerl, aber viel zu oft kehrte er eine ziemlich hässliche Härte hervor. Einmal geriet er mit einem anderen Studenten in eine heftige theologische Auseinandersetzung über das Wesen der Erlösung. Ob die Erlösten wohl auf ewig bewahrt blieben, ohne befürchten zu müssen, ihre Erlösung zu verlieren? Ob die Nachfolger Jesu Auserwählte seien, die persönlich schon vor Beginn der Zeiten von Gott handverlesen worden waren? Der Streit schwelte langsam vor sich hin, bis er plötzlich wie ein Waldbrand ausbrach. Nun durften wir uns am Anblick dieser beiden Hitzköpfe ergötzen, die sich gegenseitig handgreiflich die Meinungen in den Leib boxten.

Ich hatte meinen hochexplosiven Kollegen jahrelang nicht gesehen, bis er vor ein paar Monaten völlig überraschend einen Auftritt in den Fernsehnachrichten hatte. Auch wenn die Redensart abgenutzt klingt: Ich konnte es kaum glauben. David Trimble versuchte, eine Rede zu halten, und ein Häuflein unbändiger Abgeordneter des nordirischen Parlaments schubsten und schoben einander umher und verursachten eine Schlägerei, die es zu einiger Berühmtheit gebracht hat. Und dort, inmitten der anderen, stand mit blitzenden Augen und drohendem Finger mein einstiger Freund – sein Zorn war trotz der Jahre unverwässert. Ein Mitleid erregender Anblick.

„Religiöse" Menschen können in Sachen Begeisterung ziemliche Leistungen vollbringen und ihre Leidenschaft und

Vehemenz kann uns durchaus einschüchtern. Auf Grund ihres eifrigen Argumentierens mag es ihnen gelingen, unsere Besorgnis hinsichtlich ihrer Ansichten zu dämpfen. Doch in geistlicher Hinsicht steht Lautstärke nicht unbedingt für Qualität. Keiner wird wohl bestreiten, dass die Pharisäer engagiert waren. Sie beteten mit ohrenbetäubender Leidenschaft und verfolgten Jesus mit pingeligen Fragen und waren hartnäckig wie Sherlock Holmes. Doch ihr Eifer hatte eine verdrehte, abartige, hässliche Seite. Wenn wir daran denken, wie Paulus sich voller Scham an seine extremistische religiöse Vergangenheit erinnerte, dann ahnen wir, dass nicht der Recht hat, der lauter schreit. Gott hält Ausschau nach echter Aufrichtigkeit des Herzens und lässt sich vom Lärmpegel der irregeleiteten Fanatiker nicht beeindrucken. Jesus hält uns deshalb an, aufmerksam zu beten, statt ständig wiederholend zu plappern. Damit will er uns nicht die Liturgien verbieten. Nicht die Wiederholung ist hier der Feind echten Glaubens. Vielmehr ist es das *Plappern*, für das der Himmel nur ein Gähnen übrig hat. Wenn uns ein wütender Enthusiast in „gerechtem Zorn" weismachen will, man müsse Jesus auf *seine* Art nachfolgen, dann sollten wir uns von solchen Ausbrüchen nicht einschüchtern lassen. Geschwafel ist nicht dasselbe wie Rechtgläubigkeit.

Vorsicht ist auch geboten, wenn man in sich selbst die Berufung verspürt, seine Mitmenschen zum rechten Leben zu führen, wenn man den Eindruck hat, ein „Wächter" zu sein, Gottes gezücktes Instrument der Korrektur. Manche Menschen wissen, wie man andere verletzt, ohne auch nur einen Schlag zu führen. Dabei stellen sie die kleinen Sünden der Mitmenschen ins gleißende Licht und betreiben Rufmord.

Die „Religiösen" führen stets ein Mikroskop mit sich, was aber niemandem hilft. Die Pharisäer nahmen es peinlich genau. Da sie die Kleinlichkeit zur Kunstform erhoben hatten, waren sie auch stolz auf ihre Angewohnheit, den Zehnten selbst vom Ertrag ihres Gewürzgartens zu geben – eine Verpflichtung, die das Gesetz nie verlangt hatte –, doch Wichtigeres ignorierten sie unverhohlen, nämlich Gerechtigkeit, Gnade und Treue. Der Glaube verkommt zur leeren Religion, wenn Kirchen bzw. Gemeinden und ihre Mitglieder bestimmte Gesetze und Regeln (von denen die meisten mit den eigentlichen biblischen Forderungen nichts zu tun haben) zum Maßstab dafür machen, wer dazugehört und wer nicht. Die Pharisäer dachten sich offenbar detaillierte Vorschriften für folgende Lebensbereiche aus: Wie muss man eine Braut bei ihrer Hochzeit grüßen? Wie muss man einer Witwe beim Begräbnis sein Beileid aussprechen? Darf man am Sabbat in den Spiegel blicken? Vom Spiegel ging nämlich eine echte Gefahr aus: Man könnte ein graues Haar entdecken und dann, o Schreck, versucht sein, es auszureißen. Und damit hätte man am Sabbat Arbeit geleistet.

Klingt das unsinnig? Ich habe einmal eine Gemeinde besucht, in der ein reisender Prediger als „Offenbarung" verkündet hatte, dass sich die wahrhaft geheiligten Frauen nicht mehr ihre Beine rasieren durften. Wieder so ein Schlag der Gesetzlichkeit gegen die Frauen. In extrem frommen Gemeinden sind es meist die Frauen, die als Erste Unterdrückung und Herrschaft zu spüren bekommen, denn Gesetzlichkeit ist eine sexistische Grundhaltung. Natürlich muss die Kirche Christi als Gemeinschaft bereit sein, hingebungsvoll nach der Ethik Jesu zu leben. Ohne diese Verpflichtung könnten wir nie unserer Berufung gerecht werden, der Welt ein Leuchtturm zu sein. Doch immer dann, wenn bei persönlichen Entscheidungen oder Gewissensfragen – wo sich in der Bibel kein klar anwendbares Gebot findet – Gesetzlichkeit und Kontrolle einsetzen, erhebt die leere Religion ihr hässliches Haupt. Gesetzlichkeit hat etwas mit Bequemlichkeit zu tun. Eine Gemeinde, die ihren Mitgliedern minutiös vorschreibt, wie sie sich zu verhalten haben, bringt Menschen hervor, die nicht mehr selbst denken und entscheiden können. Eine lebendige persönliche Beziehung zu Gott ist in einer solchen Kirche nicht mehr nötig: Man kann sich auf die Vorschriften verlassen, die andere festgelegt haben. Nehmen Sie so etwas nicht hin, hören Sie nicht auf, auch peinliche Fragen zu stellen, selbst auf die Gefahr hin, als rebellisch oder spalterisch zu gelten. Fragen Sie trotzdem und denken Sie selbst über solche Themen nach, denn vernunftlose Gesetzlichkeit darf man nicht hinnehmen. Sie legt den Gläubigen Handschellen an und verunstaltet den liebenden Gott mit einer obszönen Maske. Ein solches Christentum ist abstoßend und bedeutungslos für Menschen, die aus ganzem Herzen die Wahrheit suchen.

Die Pharisäer waren außerdem immer gut darin, lauthals beleidigt zu reagieren: Sie empörten sich über Jesus, weil er sich nicht in hochdramatischer Weise die Hände wusch, wie es die Tradition verlangte. Ironischerweise sahen sie im Gegenzug aber kein Problem darin, sich gegen ihn zu verschwören. Die „Religiösen" sieben die Mücken aus – die kleinen Fehler der anderen –, während sie das Kamel der eigenen Unzulänglichkeit schlucken. In einem anderen Wortwitz, der an *Monty Python* erinnert, sehen wir sie sorgfältig nach winzigen Splitterchen im Auge der anderen suchen, während sie tischgroße Balken übersehen, die aus dem eigenen Kopf ragen. Wiederum ist es bezeichnend, dass manchmal gerade der am lautesten schreit, der am wenigsten nach den Werten des Reiches Gottes lebt. Das gesetzliche Christentum ist mit stimmgewaltigen Heiligkeitspredigern überfrachtet, die, um es mit den Worten Jesu zu sagen, „selber gar nicht (tun), was sie lehren. Sie schnüren schwere Lasten zusammen und laden sie den Menschen auf die Schultern, aber sie selbst machen keinen Finger krumm, um sie zu tragen" (Matthäus 23,3–4).

Das religiöse Christentum freut sich über jede Gelegenheit, andere zu kritisieren und disqualifizieren. Wie ein Schiedsrichter, der „Aus" schreit, wenn der Schlagmann beim Kricket versagt hat, so fühlen sie sich umso mehr im Recht, wenn sie darauf beharren können, dass alle anderen im Unrecht sind. Einige der Allerfrömmsten, die mir je begegnet sind, sind wahre Staatsanwälte. Für sie ist das ganze

Leben ein immerwährender Feldzug zur Korrektur ihrer Mitmenschen. Sie sind selbst ernannte Wächter und Wächterinnen, die von allen anderen verlangen, so auszusehen und zu leben wie sie selbst.

Damit will ich nicht sagen, dass wir uns niemals ein Urteil erlauben dürfen. Der Bibelvers „Richtet nicht, damit ihr nicht gerichtet werdet" wird wohl so häufig missverstanden wie kaum ein anderer. Gerechte Urteile auf staatlicher Ebene sind unverzichtbar: Unsere Gesellschaft würde sonst auseinander brechen. Auch in der Kirche gäbe es keine Disziplin, wenn wir nicht mehr aussprechen wollten, dass manches Verhalten mit der Mitgliedschaft in der christlichen Gemeinde unvereinbar ist – und das erfordert ein Urteil.

Die Pharisäer aber hatten einen Hang zu *korrupten* Urteilen, die ihnen bei Jesus andauernd einen scharfen Tadel eintrugen. Sie ergriffen die Frau, die auf frischer Tat beim Ehebruch ertappt wurde, am Genick und schleppten sie herbei, um über ihr Schicksal zu diskutieren, als wäre sie ein beschmutztes Beweisstück. Wo aber war der Mann, der doch vermutlich gemeinsam mit ihr gesündigt hatte? Außerdem neigten die Pharisäer dazu, ganze Bevölkerungsgruppen mit ihren Vorurteilen zu belasten: „Warum isst du mit Steuereinnehmern und Sündern?" Geschwistern, die zwanghaft beleidigt sind, nähern wir uns am liebsten nur auf Zehenspitzen, weil sie für sich das Gebot in Anspruch nehmen: „Bringt nicht den schwachen Bruder zu Fall." Sie aber verwenden den Vers als Klausel, um dafür zu sorgen, dass ihre persönlichen Empfindlichkeiten niemals angetastet werden. Vielleicht würden wir den „Beleidigungsopfern" einen besseren Dienst erweisen, wenn wir ihnen zeigten, dass etwas Reife und Gnade ihrerseits ganz in Ordnung wäre.

Das Kreuz Jesu Christi ist ein Werkzeug zu unserer Befreiung und kein Mechanismus, um uns zu einem bedrückten, freudlosen Leben zu versklaven. Gerade dann, wenn wir Jesus mit größter Begeisterung nachfolgen, steht die bloße „Religion" als Hauptversuchung im Raum. Wie die Sünde hockt sie an der Tür und strebt danach, uns zu beherrschen. Seien wir wachsam und vorsichtig.

„Nehmt euch in Acht", sagte Jesus zu seinen Jüngern, „vor dem Sauerteig der Pharisäer und Sadduzäer" (Matthäus 16,6).

Josie Beckham

Es war ein *wunderschöner* Schuss von jener himmlischen Sorte, bei der sich Fußballreporter zu verbalen Begeisterungsstürmen hinreißen lassen; ein Ball, der im Fernsehen eine Serie von Zeitlupen-Wiederholungen in Gang setzt. Der Lederball rollte langsam auf die Spielerin zu, die ihn erst etwas nervös beäugte. Im Publikum knisterte es vor Spannung. Plötzlich, als hätte ein Schöpfergenius sie geküsst, trat die Spielerin einen Schritt zurück und setzte zum Gnadenstoß an. Die Arme abgewinkelt wie Flügel, mit guter Haltung und Balance, gelang ihr mit einem tiefen, satten Knall die perfekte Verbindung zum Leder, das sich in einem Beckhamgleichen Bogen kraftvoll in die Lüfte hob, ein Bild reiner Fußballpoesie. Irgendwo in der Ferne erhob sich die Menge wie ein Mann und spendete tosenden Applaus. Die Spielerin ging ganz im Augenblick auf und merkte nichts vom Begeisterungsschrei.

Dem Pastor hatte es den Atem verschlagen. Das kam *völlig* unerwartet, denn dieser perfekte Schuss fand nicht im Stadion oder im Park statt, sondern im Hauptraum – einige hätten *Heiligtum* gesagt – einer Kirche in Wales. Es war ein später Sonntagabend, als es passierte. Der größte Teil der Gemeinde gab sich genießerisch einem leutseligen Schwätzchen bei einer Tasse Tee hin, dem herzerwärmenden Ritual, das Zehntausende von Sonntagabendgottesdiensten krönt.

Der Pastor beobachtete die Szenerie und spürte jene angenehme Müdigkeit in den Knochen, die sich einstellt, wenn wieder einmal die untergehende Sonne den geschäftigen Sonntag beschließt, die Tassen klirren und die Atmosphäre sich entspannt. Der gerade beendete Gottesdienst war eine runde Sache gewesen, ein erfrischender Cocktail aus Lachen und Weinen mit dem Abschlussappell, wir sollten über unseren Glauben *nachdenken* und nicht ständig in den alten Gleisen fahren, bloß weil wir das schon immer so gemacht hatten. Ein Hauch von Gnade lag in der Luft.

Eines der Kinder hatte Ball gespielt, als es passierte. Der Fußball rollte über den verblassten Teppich auf Josie zu, eine rüstige 70-Jährige, die in den vergangenen 55 Jahren Gott und dieser Kirche die Treue gehalten hatte. Was würde sie jetzt tun? Die Betreffende vielleicht milde tadeln, was für einen Schaden Fußballspielen in der Kirche anrichten kann?

Die Spielerin, das war Josie. Sie blickte torhungrig zum Ball. Ein paar Sekunden lang war sie wieder 16, gehörte zur Mädchenmannschaft der Stadt. Sie hatte furchtbar gern gespielt, vielleicht war sie sogar der Star der Mannschaft gewesen. Und dann wurde sie, um es mit ihren Worten zu sagen, „gerettet". Eine Verbrüderung mit „der Welt" war nicht mehr empfehlenswert und Sport wurde als „weltlich" betrachtet. Einfach in der Mannschaft zu bleiben hätte die damals gepredigte Lehre verletzt, sich von „der Welt" fern zu halten. Also hängte Josie ihre Fußballschuhe zum letzten Mal an den Nagel und trat mehr als ein halbes Jahrhundert lang keinen Ball. Dies geschah nicht aus Angst, denn der Verlust hatte sie nicht verbittert. Sie kehrte dem Spiel den Rücken und stürzte sich mit ihrer gesamten Energie ins Gemeindeleben.

An diesem späten Sonntagabend tauchte dann der Ball vor ihr auf. Hinterher sagte Josie: „Irgendwie wurde die Vergangenheit auf einmal wieder lebendig." Also tat sie ihren meisterhaften Schuss. Dem Pastor stand der Mund offen, erst vor Staunen, dann vor Bewunderung.

„Ich habe festgestellt, dass vieles, was zur Sünde erklärt wurde, in Wirklichkeit keine war", erklärte sie später mit freundlichem Lächeln.

Als ich sie erzählen hörte, musste ich daran denken, dass ich immer noch zahllose Christen treffe, denen der Glaube nur sehr wenig Freiheit brachte. Allzu oft gerate ich an gute, freundliche, aufrichtige Gläubige, die sich leidenschaftlich für die Botschaft der Freiheit engagieren, aber aus einem gedankenlosen, überkommenen Dogma heraus in das schmerzhafte Korsett der Angst gezwängt wurden. Diese Menschen glauben an die Freude, doch schon ein Lachen macht sie nervös. Ab und zu befällt sie ein Zweifel (so geht es doch allen Menschen), aber ihrem Gefühl nach begehen sie einen Verrat, der nur mit dem von Judas zu vergleichen ist, wenn sie die inneren Kämpfe offen legen. Es sind Menschen, für die alles im Leben produktiv, nützlich und geistlich bedeutsam sein muss. Sie haben der Spontaneität, dem Spiel und ebenso den einfachsten irdischen *Späßen* abgesagt, als hätten sie das Spielzeug ihrer Kindheit zu Gunsten eines ernsten, fast besessenen Daseins als Nachfolger Jesu abgelegt. Sie sollten wieder nach Bällen treten; eine Sandburg bauen; laut lachen; sich ihrer Unsicherheit stellen; an einem Sonntag einfach mal kichern.

Wenn ich jetzt diesen zweiten Band beschließe, frage ich mich, ob der Himmel vielleicht darauf wartet, dass diese eingeigelten Christen sich ein bisschen mehr gönnen – mehr Leben. Und wenn sie noch so kleine Schritte in Richtung Freiheit wagen, dann fällt es im Himmel auf, und irgendwo in der Ferne erhebt sich eine riesige Menge und lässt einen ohrenbetäubenden Jubel erschallen. Und der Spieler geht ganz in diesem Augenblick auf und merkt nichts vom Begeisterungsschrei.